地方統治体制の形成と士族反乱

堤　啓次郎　著

九州大学出版会

はじめに

本書は、廃藩置県後の中央集権的統一国家形成の重要な要素をなす地方統治体制の形成過程と、その特徴を考察することを課題とし、直接的には、廃藩置県から三新法の成立にいたる時期の、旧西南雄藩である佐賀県における統治体制の形成過程と、その特徴を考察することを課題としている。

維新変革の国家的課題は、廃藩置県によって中央集権的な統一国家の基礎が成立したことを契機とし、一八八九年の大日本帝国憲法の制定、一八九〇年の国会開設を指標として天皇制国家が成立したことをもって、一応の実現をみた。これと照応して、明治国家の中央集権的な地方統治体制は、一八八八年の市制・町村制および一八九〇年の府県制・郡制の制定によって成立した。この近代日本の国家と地域との関係は、地方自治制度の形成過程として、多くの研究が積み重ねられている(1)。

廃藩置県後の地方統治体制の形成過程は、廃藩置県から大区小区制の時期の形成期、三新法時代の転換期、市制・町村制と府県制・郡制施行による成立期、におおまかに区分される。形成期である廃藩置県から大区小区制の時期は、旧藩政時代の封建的支配の基盤・要素を払拭し、政府の支配意図と政策を府県・村落にまで貫徹させるために、新府県や大区小区制に象徴される新しい行政区画と行財政制度・機構をつくりだすことが国家的課題とされた。転換期である三新法の時期は、大区小区制に象徴される画一的制度への反発と農民運動・自由民権運動への対応として、町村に公的地位を認め、町村に一定の自治を付与したが、それを郡長・県令・内務省が監督して官治的行政を貫くことが課題とされた。明治地方自治制の成立期とされる時期は、帝国議会の開設にそなえて、政党活動を防止する安定的な地方体制を事前に形成する意図から、名誉職・複選制による、地域有力者を中心とする地方自治制度を形成したものであるが、これも知事・内務省の強い官僚的な統制のもとに置かれた。

本書が対象とするのは第一期の形成期である。この時期、明治政府は、廃藩置県までの府藩県三治制に基づく地方統治体制にかわって、新たに府県区画と地方官人事、県庁機構・村落統治機構、権限・職制と指揮監督体系を整備して、政府に忠順な地方統治体制を形成することを課題とした。

一八七一年七月の廃藩置県によって成立した三府三〇二県は、一一月には三府七二県へと再編された。新府県庁の県官と県庁の構成は、一二月の府県官制、一八七二年一月の県治条例によって定められ、県官数と財政規模は県治条例中の官員・常備金規則によって設定された。この時期、大蔵省は、府県設定を、大藩中心主義、旧国郡制による一国一県主義、三〇～四〇万石規模の経済力を基準として推進し、新県の人事においては、他府県出身者を長官に任命する、県官採用を精選するなど、旧藩支配体制と断絶し、新しい中央集権的な県庁体制を形成することを方針としていた。この方針は、旧中小藩・旧佐幕藩などに対しては貫徹され、旧雄藩出身の地方長官らが任じられ、政府方針による果断で啓蒙的な県治を実施した。しかし政府は、旧西南雄藩・大藩に対しては、薩長土肥連合政権として出発した政府事情と脆弱性ゆえに、県名・県域、長官人事などにおいて政治的な一定の妥協を余儀なくされた。これらの県は、長官・県官ともに旧藩士族の強い影響下にあって、政府方針を軽視ないし歪曲し、国家統合や士族解体政策に強い反発を示す傾向をもった。この後、これらの府県の旧藩的・士族的影響を打破し、政府に忠順な府県機構を形成することが、明治政府の地方統治政策の重要課題となった。

征韓論争の分裂後、内政の責任機関として内務省が成立し、地方統治は新たな段階をむかえた。内務省は、殖産興業とともに、地方長官人事と警察行政を管掌し、地方統治を統轄した。この時期以降、農民運動は新政反対一揆から地租改正反対一揆へと展開し、士族の反政府活動が強まり、自由民権運動が進展しはじめる。台湾出兵・対清交渉、江華島事件・日朝修好条規締結など、対外問題が続き、武職常職意識をもち国家威信に敏感な士族を刺激した。内務省は、地方統治の困難な府県に対する対策を進展させる。内務省は、旧藩意識を保持した士族が県庁機構を掌握し、政府の支配意図・政策が貫徹しがたい「難治県」に対して、例えば、士族反乱を契機に佐賀県に、またワッパ騒動を契機として酒田県に介入し、統治体制の再編を進めた。一八七六年には、「難治県」の解消など、全国府県の統治権を確立することを中心課題として、三府六〇県から三府三五県への統廃合を実施した。翌年の西南戦争鎮圧を経て、内務省は全国府県統治の掌握を確立した。その意味で、一八七六年から一八七七年にかけての時期は、全国の地方統治体制に関しては一画期となった。この間、一八七五年に「府県職制並事務章程」を定めて職制と指揮体系を明確化し、一八七六年には府県長官の任地への定住化を強める県官任期例を制定した。

府県内統治は、地方長官が政府の基本方針の枠内で担当したが、地方統治の内実は府県政治にあった。県治は、政府の支配意図・政策と県下人民の置かれた状況・利害とが直接に対峙する場であり、地方長官は、その間で実効的な県治を進めることを任務とした。地方長官は、県庁機構・地方官僚機構の整備と掌握、大区小区制など村落統治機構の改革、地方民会の開設、統一化政策や国状掌握のための諸調査などの膨大な委任事務と県内・村落の固有事務への対応、県下住民の人心の慰撫と掌握などの課題が錯綜した県政の全政治状況に対処しなければならなかった。

本書は、佐賀県の統治体制がどのように形成され、どのような特徴をもったかの具体的な実態を明らかにすることを直接の課題とする。佐賀県は、廃藩置県によって成立した薩長土肥四藩連合政権の一翼であったが、旧藩支配体制・士族が県政に強い影響をもつ「難治県」への道をたどり、最初の組織的で大規模な士族反乱をおこした。その鎮圧を直接的な条件として、初めて中央集権的な、政府に忠順な県への再編が展開し、一八七六年には「難治県」

の最終処理としての三府三五県体制の統廃合の対象となり、廃県、三潴県・長崎県への管轄替となる。この過程は、旧西南雄藩地域がたどった一典型であり、廃藩置県後の政府が対処を迫られた困難な国家的課題であった。旧西南雄藩地域の旧藩政・士族の影響力を排除して統制を実現し、地方統治を中央政府に忠順なものにすることなしには、統一国家形成は進展しなかった。佐賀県の統治体制の形成過程とその特徴を検討することは、明治国家形成期の全国統治体制の形成過程とその特徴をとらえる格好の対象といえよう。佐賀県のこの過程を包括的、構造的に取り扱った研究はまだない。さらにこの作業は、西南雄藩・薩長土肥として概括されがちな地域に関して、佐賀県の固有の具体的性格と特徴を提示することになる。

考察においては、第一に、県の政治的な全体構造をとらえることに留意したい。地方統治体制の形成の考察は、例えば地方行政制度、郡制改革・大区小区制、あるいは個々の政策の展開のような個別的な形ではなく、県内の諸状況・条件が関係し結合した全体構造をとらえ、それとの関わりにおいて統治体制の問題を把握したい。県内の政治状況、県令の県治方針、地方官僚機構、士族の社会的位置と役割、民衆の置かれていた状況と行動などを、県の成立事情および旧藩体制の影響、中央政府の諸政策との対応などと関係させながら、具体的に考察する。このような全体構造において、「難治県」―士族反乱―中央集権的な県治体制の再編、の過程を把握したい。[2]

第二に、論旨との関係で、佐賀の乱、佐賀地域の士族的性格と士族の行動について考察することが一つの重要な要素をなす。士族反乱研究は、後藤靖氏によって天皇制国家形成上の課題として研究対象に据えられて以来、研究が継続されてきた。本書では、地方統治体制との関わりにおいて、佐賀の乱の発生とその構造・性格・特徴を検討する。地域社会のなかに位置づけて考察することは、例えば、「半独立国」のような特殊な地域社会である鹿児島県の性格に規定され、その影響を強く受けた西南戦争とは相違する、佐賀の乱の独自の構造と性格を明らかにすることになる。それぞれの士族反乱において、士族の存在形態、反乱の発生の要因と条件、構造と性格、地域社会への影響、鎮圧の特徴、反乱後の士族の存在状況と行動、などを多角的に検討することが必要であり、それらの研究の発展段階を踏まえて、天皇制国家の形成において士族反乱とは何であったか、の意味づけをすることが望まれるであろう。士族が近代社会にどのような位置と役割を果たしたかの検討も、同様であろう。(3)

本書の構成は、以下のとおりである。

第一章　佐賀県統治体制の形成と士族反乱の発生

本章では、廃藩置県後の佐賀県の統治体制が旧藩支配体制・士族の影響のもとに形成されたが、比較的早期にそれを打破する中央集権的な統治体制樹立を意図する改革が展開した。しかし征韓論とその後の政変によって、最初の大規模な士族反乱が発生するにいたった事情を考察する。

第一節は、廃藩置県後に形成された佐賀県の統治体制の特徴を検討した。佐賀県は、一八七三年一月まで県出身の権令が在任し、その後も旧藩士族が統治機構の圧倒的部分を掌握し、県務の錯雑・遅滞もあり、「難治県」と評された。村落統治にも士族が任用された。これらの背景には、旧佐賀藩では上級家臣の自治的な領地支配が展開し、また「地方支配」が存続して侍・卒身分の「在郷」が広く存在したことがあった。

第二節は、廃藩置県を契機として民衆の活動が活発化したことを検討した。県下各地で住民の伝統的旧慣的な村行財政に対する抵抗が強まり、また旧藩時代に起因する、土地所有権などをめぐる加地子地騒動・庄屋地騒動が激化し、一揆状況を呈した。民衆の活動の活発化は、藩政期には一件の一揆も発生しなかったといわれる佐賀地域のもっとも顕著な変化であり、県政方針の転換をもたらすことになった。

第三節は、一八七三年七月から岩村通俊権令が実施した中央集権的な県治体制をめざす改革を検討した。改革は人心慰撫と大区小区制改革、民会開設、県庁機構・治安体制などの掌握強化を基調としたが、その民政重視方針は授産事業などの士族対策を遅滞させた。

第四節は、佐賀の乱の構造と特徴を検討した。征韓論政変の県内への波及は、最初の大規模で組織的な士族反乱を導いた。征韓派は統一国家形成を肯定し、地券調など政府の政策を実施し、県庁機構を掌握した。憂国派は、封建復帰派であった。両派は「国難意識」・「有司専制打破」を媒介して提携し、蜂起した。参加状況および勢力は、旧藩の支配構造や版籍奉還後も家臣団間の私的結合が存続したことなどの歴史的事情が関わっていた。

第二章　士族反乱の鎮圧と県治体制の再建

本章では、佐賀の乱の鎮圧と乱後処理の特徴を考察する。

第一節は、内務卿大久保利通の鎮圧活動と岩村高俊権令の県治再建の特徴を検討した。大久保は、「臨機処分」権によって委任された全権限を行使して、早期鎮圧を実現した。第一に注目すべきは、その鎮圧活動は、法・権限、官僚機構、行政、司法、軍・警察、電信・運輸その他の諸設備など、外交権を含めて、必要で可能な全国家機構・機能を一元的に行使したことであり、政府にとってその後に向けての貴重な経験となった。第二に、全士族に対する行動調査、佐賀軍党与者の謝罪書提出・武器没収などを徹底し、「王師に抗する」ことを不可とする論理と意識を強要し、佐賀士族の政治的社会的影響力を解体する決定的な契機となった。第三に、乱後処理と統治体制の再編は、発足したばかりの内務省がみずからの地方統治能力を実質化する意味をもつものであり、岩村高俊権令の県治再建・人心慰撫に大久保・内務省は主導的な役割を果たした。

第二節は、鎮圧に際して、政府内部に、「臨機処分」権を大久保に与えた後、東伏見宮嘉彰を「征討総督」に任命するという方針・政策上の分裂、錯誤が発生したことを考察した。

第三節は、警視庁巡査の役割を考察した。反乱への対応策として巡査の武装化が初めて認められ、西南戦争時の巡査の「軍事化」の先駆けとなった。

第三章　統治体制の再編と自由民権運動の発生

本章では、佐賀の乱後に北島秀朝県令が実施した県治体制の再編過程と特徴を考察する。北島県政は、反乱鎮圧の基盤の上に、佐賀県士族の県政への影響を排除し、県庁・村落統治機構を改革し、県―県下人民の基本的な関係に基づく民政重視の、「難治県」から脱した中央集権的な統治体制を形成することを企図した。

第一節は、北島県令が、他府県人を大量に県官に採用し、執務能力を強化するなど県庁機構を改革し、警察機構を再編するなど、県政の掌握を強めたことを考察した。乱後の士族感情は不安定であったため、懲役刑者の他府県での服役、士族への授産・土着を推進し、士族の解体を進めた。

第二節は、北島県政は、人心を収攬して民政を安定させることを県治の基本に据えたことを考察した。戦禍と自然災害の発生を背景として、一八七四年秋以降、各地で住民の物議や騒動が多発した。住民の活動は、石代納や民費などへの疑惑、旧貢租体制の継続への反発、区戸長・村長の専断・不正の追及、伝統的旧慣的な村落行財政への批判におよんでおり、活動も出訴、県への釈明要求、代書人との提携など、活発であった。

第三節は、北島県令が、村落統治体制の再編の中心政策として、民費賦課法の改革と結合して、一八七五年三月、区制改革を実施したことを考察した。従来の旧藩支配領域の関係から細分化されていた四一大区九七小区制を、一郡を一大区とする集権的な七大区四六小区に再編し、執務の指揮・監督体制を明確化した。改革は、民選で選出された総代を下僚として、区戸長が村落的制約から比較的「自由」に村行財政を展開することを意図した。区戸長には佐賀軍に党与して除族刑を受けた士族も任用され、区戸長の官吏化と士族の再編が進んだ。北島県政は、士族反乱の鎮圧を基盤として、「難治県」という特殊な性格から、他府県と平準な性格の県治体制に転換することを意図した。

第四節は、一八七六年に、区戸長公選・民会問題が新たな政治課題となり、自由民権運動が展開し、県政の方針が転換したことを考察した。征韓派士族が設立した民権結社が区戸長公選を県に建言し、また地方官会議に傍聴出席した区戸長らも区戸長公選願を提出し、辞職や事務の渋滞が生じた。区戸長は、住民の政治的成長の前に執務の条件を失いつつあり、地方官会議での民会論の議論や全国の運動に影響を受けたものであった。九月の区戸長会議は町村会の開設を可決した。県は、一一月に戸長公選方針に転換したが、内務省の抑止指令によって実施できず、県会開設方針に切り替えた。しかしこれも一八七六年の府県統廃合の廃県・管轄替によって実現しなかった。状況は、民意調達を不可避とし、自治的行財政を何らかの形で施行することが必至であった。なお、佐賀の乱後の征韓派士族を中心とする自由民権活動を、三潮流に大別して概観した。

第四章　佐賀県の廃県・管轄替と政治状況

政府は一八七六年四月と八月、「難治県」を解消し、内務省の全国の府県への統括権を確立するために、三府三五県への府県統廃合を実施した。四月、佐賀県は廃止、三潴県へ管轄替となり、八月に三潴県は廃止され、佐賀地域全域は長崎県に合併された。本章では、一八七六年の府県統廃合が県民の反発と県務の混乱・停滞を結果したこと、長崎県下で民会活動が展開したこと、三新法の一定の自治が住民の政治的成長を高めた反面、戸長公選が民衆の間の政治的対立を助長させたことなどを考察する。

第一節は、佐賀県の廃止、三潴県への合併が、県民の反発と県務の混乱・停滞を発生させたことを考察した。廃県・管轄替は、人民集会、旧藩重役や区戸長の旧復歎願、県官の辞職、開成学校の閉校など、人心の反発や県務の混乱と後退をもたらした。長崎県への管轄替時には、三県間で引き渡し・引き継ぎを同時に行う異常事態となった。この間、区戸長公選要求、小区会開設願が提出された。

第二節は、長崎県下となった佐賀地域で、公選民会運動が展開したことを考察した。一八七六年八月の長崎県の公選民会の開設方針の表明後、第三八大区（藤津郡）三小区区会が認可を得て開会し、隣区を交えて民会運動が展開した。特徴の第一は、区会活動は、住民が自主的自生的に展開した「下から」の自治をめざす活動であった。第二は、区民が、行財政に対する監査・監督を区会固有の権限とし、行政に対する議会的機能をもたせたことである。第三に、活動の主体は、佐賀の乱時に佐賀軍に党与して刑をうけた征韓派士族や知識人的性格の士族であり、乱後の士族の転進の一つの姿を示した。第四に、民会が県の思惑を越えると、県は一八七七年八月、民会開設方針を撤回し、「各区町村金穀共有物取扱土木起工規則」による総代人制度を実施した。三小区区会は、議会の公共的機能を獲得することを優先させる方針に転換し、総代人に区会議員を兼務させることを出願した。

第三節は、三新法の実施において長崎県が意図したものと、戸長公選が結果したものを佐賀地域において考察した。第一に、長崎県は、三新法を地租改正作業の終了の見通しを確立した一八七八年一〇月の時点で実施した。県が三新法に期待したものは大きかった。経済的困窮の進展、地租改正にともなう民費増・地価決定に関する反発は激しく、各所で物議・動揺が発生しており、代言人・代書人の活動も活発であった。第二に、戸長選挙は、佐賀地域の特徴を示して士族が選出される傾向が大きく、辞職と改選が頻繁であり、郡長の介入による解任や辞職が顕著であった。戸長選挙は村内の政治的対立に影響され、またその関係を強める作用をもった。

註

(1) 地方自治制度の形成過程は、多くの研究が積み重ねられている。一九六〇年代以降、先駆的研究を継承して、大島太郎『日本地方行財政史序説』(未来社　一九六八)は、官僚支配と共同体秩序が政治的中間層によって媒介される構造と特徴を行政学の立場から論じた。大石嘉一郎『日本地方財行政史序説』(御茶の水書房　一九六一)は、政府と民衆運動との対抗関係において地方自治の形成をとらえる視点を展開し、地方自治制を自由民権運動に対する対応としてとらえた。以後多くの研究が展開されたが、極めておおまかに言えば、現在、次のような特徴があるように考えられる。第一は、地方制度研究のもっとも基本的な関心・領域の研究で、明治政府の全国統治の意図と政策、その展開過程の特徴を、地域社会の対応・対抗と関わらせて考察するものである。この代表的な著作として、大島美津子『明治国家と地域社会』（岩波書店　一九九四）がある。第二に、世界史的状況のもとに近代国家形成の法的制度的な整備を国際的な制度の継受状況の面から比較史的に検討するものであり、山田公平『近代国民国家と地方自治』（名古屋大学出版会　一九九一）がある。第三に、明治国家の立憲的性格の形成とも関わって、自治制度の形成の不可欠の構成要素である地方民会・議会機能の形成から自治制度形成を検討するものであり、渡邊隆喜『明治国家形成と地方自治』（吉川弘文館　二〇〇一）がある。

（2）本書の主要な関心は、地方自治制度の形成そのものではなく、明治初期の県治体制がどのように形成されたか、その構造と特徴は何か、というところにあり、県レベルに視点を置いた地方政治史研究とでもいうべきものである。すでに早くは、原口清『明治前期地方政治史研究　上・下』（塙書房　一九七三、一九七四）、有泉貞夫『明治政治史の基礎過程』（吉川弘文館　一九八〇）などがある。関係する研究は、個々の問題・事件・政策などを考慮すれば多数にのぼるが、当面、本書の課題である地方統治体制に直接関わるものとして、前掲大島美津子『明治国家と地域社会』、廃藩置県後の重要な政治課題が農民運動・士族対策であったことを指摘し、置賜県と山口県の士族問題を考察した松尾正人『廃藩置県の研究』（吉川弘文館　二〇〇一）、内務省の構造と地方制度政策の展開を考察した勝田政治『内務省と明治国家形成』（吉川弘文館　二〇〇二）がある。

（3）佐賀の乱は、廃藩置県後初の権力中枢部の分裂、徴兵制などの統一化政策と士族解体への士族の反発の広範な存在、農民運動の活発化、という明治国家形成期の動揺状況のなかで発生した、最初の大規模で組織的な武力反乱であった。そのために、佐賀の乱に関する言及は多く、多方面におよんでいるが、佐賀の乱を主対象として全体の構造や性格、特徴を論じたものは少ない。その主なものは、杉谷昭「佐賀の乱小論　上・下」（『日本歴史』第一二一、一二二号　一九五八）が『大隈文書』を利用して士族の動向を本格的に論じ、長野暹編著『「佐賀の役」と地域社会』（九州大学出版会　一九八七）が佐賀の乱を主対象として、佐賀藩の解体と士族の存在形態、県政の特徴と士族的性格、佐賀の乱の構造と性格を分析した。この間、西尾陽太郎「九州における近代の思想状況―国権論・民権論について―」（福岡ユネスコ協会編『九州文化論集　日本近代化と九州』平凡社　一九七二）、大久保利謙「明治政権下の九州」（福岡ユネスコ協会編『九州文化論集　明治維新と九州』平凡社　一九七三）などの九州の政治的、思想的特徴に関する研究が進められ、杉谷昭『江藤新平』（吉川弘文館　一九六二）、毛利敏彦『江藤新平』（中央公論社　一九八七）などの伝記研究が行われた。佐賀の乱の鎮圧に関して、羽賀祥二「明治初期太政官制と「臨機処分」権─農民一揆・士族反乱の鎮圧と委任状─」（明治維新史学会編『幕藩権力と明治維新』吉川弘文館　一九九二）は、軍事・警察・裁判の未分化の段階における国家権力の執行の特徴を論じ、佐々木克「大久保利通と佐賀の乱─明治七年の大久保の位置─」（佐々木克編著『明治維新期の政治文化』思文閣出版　二〇〇五）は、大久保利通の鎮圧活動に関連させて、この時期の「大久保政権」の性格を論じた。落合弘樹『明治国家と士族』（吉川弘文館　二〇〇一）の「征韓論の形成と佐賀の乱」は、佐賀の乱時の全国の情勢の不安定さを検討し、「佐賀の乱と情報」（前掲佐々木克編著『明治維新期の政治文化』）は政府の情報収集・利用の面から考察して、政府の危機は西南戦争以上に大きかったと論じた。岩村等「佐賀の乱拾遺」（大阪経済法科大学『法学論集』第五二号　二〇〇一）は、裁判・処刑の法的位置づけと佐賀裁判所の設置を考察した。二〇〇八年には『九州史学』第一四九号が「士族反乱研究の可能性」を特集し、飯塚一幸「佐賀の乱の再検討─周辺の視点から─」は、支藩小城藩の動向を中心にして、憂国派の組織、思想性、乱への関与状況を具体的に明らかにした。高野信治「『士族反乱』の語り─近代国家と郷土のなかの武士像─」は、「士族反乱」の「語られ方」に注目し、時代の価値意識によって「反乱」像が変化することを提起した。士族に関する研究は、落合弘樹前掲書も指摘するごとく、活発化させる必要がある。

なお、筆者の佐賀の乱・士族反乱のとらえ方に関する考えの一端は、前掲長野暹編著『「佐賀の役」と地域社会』の「序論」で示した。

目次

第一章　佐賀県統治体制の形成と士族反乱の発生

第一節　廃藩置県後の統治体制

(一) 県庁機構と士族的性格

一八七三年から一八七四年ころにかけての時期は、廃藩置県を経て中央集権的な統一国家の形成を急ぐ明治政権にとって、厳しい時期であった。学制、徴兵令、地租改正に象徴される統一国家形成のための諸改革の急速な推進は、農民の強い抵抗を招来し、一八七三年の農民一揆の件数は急増した。農民一揆は、政府から県令そして区戸長にいたる自らを困難に追いこんでいる敵を総体として攻撃の対象に措定し、公租公課減免とともに政策全般に反対した。また、統一国家形成を急ぐ明治政権に不満を増幅させつつあった士族は、征韓論の挫折を契機として反政府派としての旗幟を鮮明化した。いわゆる「明治六年政変」は、このような政治情勢の明治政権中枢部における反映であり、また、「内治」の充実化を主張する大久保利通らによって、国内統治体制確立への本格的対応として、民政の最高責任機関である内務省の創設が急がれたのも、このような政治情勢の深刻化にもとづくものであった。

統一国家形成期における明治政権にとっての重要課題の一は、人民統治体制、とりわけ地方統治体制を整備することにあった。一八七三年から一八七四年ころのこのような情勢は、それが順調に進展していないことを意味するものであり、内務省の創設の意図もそこにもとづいていた。その際、かつて討幕運動の中心勢力であった旧西南雄藩を中央集権的な統治体制に再編しなおすことは、重要な意味をもっていた。旧西南雄藩は、維新政権創出の中心的勢力であったが、維新後もそのまま明治政権の忠順な支持基盤になっていったわけではなかった。脱隊騒動を鎮圧することによって再編された山口県はともかく、「独立王国」的な鹿児島県、さらに高知県、佐賀県は、むしろ「難治県」への道を進んだ。鹿児島県や佐賀県においては、士族反乱が鎮圧されてはじめて中央集権的な地方統治体制が形成された。しかしこの三県にしても、中央政権との関係、地方統治のあり方、県内における士族・農民の位置や勢力関係などは、それぞれ異なっており、一律に旧西南雄藩、あるいは士族反乱地域と概括することのできない要素をもっていた。

本章では、農民や士族が前述のような積極的な行動を示したこの時期の、佐賀県の地方統治体制の形成について検討する。

佐賀県は、廃藩置県後、一八七三年一月までは旧藩出身の権令が在任し、その後も旧藩士族が県治に強い影響力をもち、県治は錯雑し渋滞した。五月から、高知県出身の岩村通俊権令の中央集権的な地方統治体制の編成が進展するが、征韓論政変の波及によって、最初の大規模な武力反乱である佐賀の乱が発生する。中央政権との関係に注目しつつ、人民との対抗関係のなかでどのような特徴をもった地方統治体制がどのように形成され、壊滅せざるをえなかったかについて検討する。第一節で廃藩置県後の統治機構の特徴を、第二節で県下人民の動向を、第三節で岩村通俊権令の地方統治体制の形成の特徴を検討し、第四節で士族反乱によるその壊滅、反乱の基盤や構造、性格について検討する。

一八七一年七月、廃藩置県の実施によって佐賀藩は佐賀県となり、支藩であった小城藩、蓮池藩、鹿島藩もそれぞれ県として独立し、また東松浦郡地方の旧譜代領であった唐津藩および唐津藩預りの幕領は唐津県となった。同年九月三日、佐賀県は県庁を伊万里へ移して伊万里県と改称するとともに、厳原県を合併し、佐賀県内にあったその飛地の東松浦郡田代、浜崎地方も伊万里県管轄となった。一一月一四日、伊万里県はいったん廃止され、小城県、蓮池県、鹿島県、唐津県を合併してあらためて伊万里県が新置され、佐賀県の原型がほぼ成立した。翌一八七二年一月二二日、伊万里県と長崎県との間で飛地が交換された。伊万里県内にあった長崎県管轄の西松浦郡大川野、笠椎、山口、川原、田代村が伊万里県へ移され、長崎県内にあった伊万里県管轄の彼杵郡諫早・深江地方、高来郡神代地方が長崎県へ移された。五月二九日、伊万里県は県庁を再び佐賀へ移して佐賀県と改称し、八月一七日には旧厳原県を長崎県へ移管した。ここに、県名・県域ともに佐賀県が確立した。

佐賀県は、その県名・県域ともに、このように旧西南雄藩の一である旧佐賀藩を中心に、隣接する旧譜代領・幕領を合併して成立した。府県の形成の類型の一として、県域は、大藩の場合、その大藩区域を新しい府県区域の中核として近接の中小藩域と旧府県を合併し、県名は、「勤王藩」の場合はその名称を県名としたことが指摘されている。[1]佐賀県の形成は、県名・県域ともに、その典型であったといえよう。

当時の佐賀県はどのような状況下にあり、地方統治に関してどのような特徴をもっていたであろうか。統治機構の検討から始める。

まず、県庁機構について検討する。

県庁の機構は、一八七一年一〇月の太政官達「府県官制」によってまず定められた。四等官の知事（一一月に県令と改称）・権知事（五等）、参事（六等）・権参事（七等）、典事（八等）・権典事（九等）、大属（一〇等）・権大属（一一等）、少属（一二等）・権少属（一三等）、史生（一四等）、出仕（一五等）の県官が置かれ、典事以下が租税、庶務、聴訟の三課を分掌した。ついで一一月、「県治職制」・「県治事務章程」、「県治官員並常備金規則」よりなる「県治条例」が太政官より達せられ、機構はより細密化された。「県治職制」は、それぞれの権官とともに令・参事・七等出仕を奏任官、典事・大属・少属・史生・出仕を判任官とし、それぞれの職制・職掌内容を規定した。「県治事務章程」は、県庁事務を各主務省へ稟議のうえ処分すべき事項と専決事項とに分け、それぞれ三一カ条、一六カ条に規定した。「県治官員並常備金規則」は、県官数、県庁経費等に充てるべき第一常備金、土木工事費等の緊急の費用に充てるべき第二常備金の金額を二〇万石を目安として定め、その増加比率を規定した。佐賀県は、五〇万石規模であり、県官五五名、第一常備金二九〇〇両、第二常備金八五〇〇両に相当した。その後一八七二年五月、「県治条例中常備金規則窮民一時救助規則改定」が達せられ、第一常備金は二九〇〇円、第二常備金は八五〇〇円と改定された。[2] しかし、後述するように、このような定限は当時の過大な執務量からすれば現状にあわないものであり、県官・常備金ともに大幅に不足するものであった。なお、典事は一八七三年八月に廃止され、中属・権中属が新たに設置された。

県首脳は、次のような経緯をたどった。一八七一年一一月、旧佐賀県大参事であった古賀定雄が伊万里県参事に任命され、翌年七月までその職にあった。その間、一八七一年一二月に旧幕臣山岡高歩（鉄太郎）が権令に任命されたが、実質的に県務をとることなく一八七二年二月に解任された。五月には、佐賀県士族で旧多久邑主であった多久茂族が浜松県権令から転じて伊万里県権令に就任し、翌年一月まで在職した。一八七二年一〇月には大分県士族石井邦猷が参事に就任し、一八七三年八月までその職にあった。一八七三年七月、高知県士族岩村通俊が権令に就任し、参事には置賜県士族森長義が就任した。岩村は、一八七四年一月にその任を解かれた。[3] 以上を図示すると、図1-1のようになる。

ここから、特徴的に二点が指摘できよう。

第一は、一八七三年一月まで、佐賀県出身者を県首脳に据える人事が行われていることである。

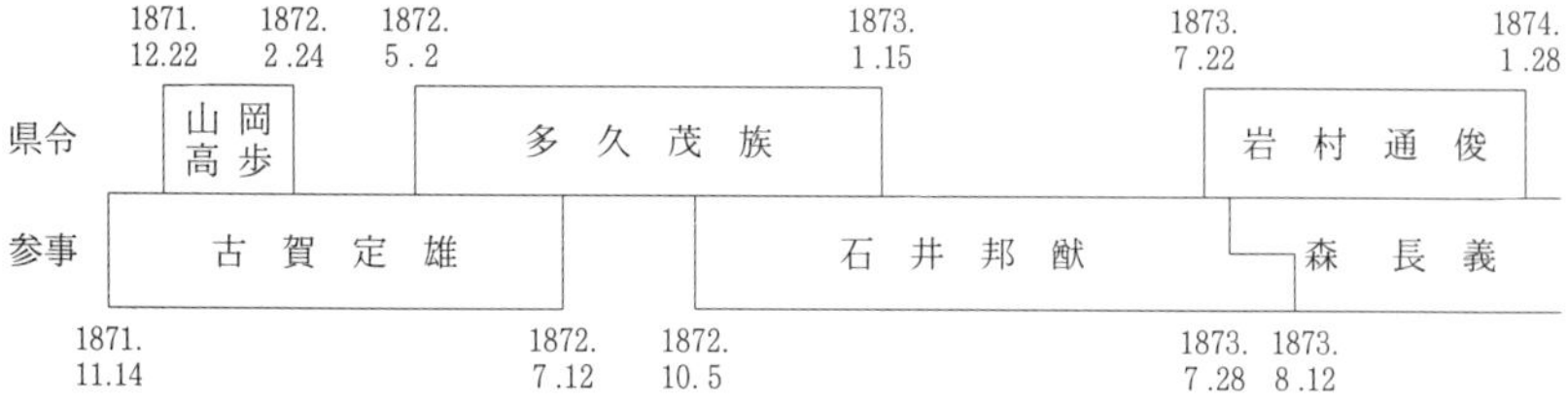

図1－1　県首脳部在任期間

註：日付は辞令交付日。
各年の『官省進達』，『東京往復』などより作成。

一般に指摘されているように、廃藩置県後、中央政府は、旧藩的要素を払拭して改革を断行し、新政権の支配意図と威権を貫徹させるために、同府県出身者をその府県の首脳部に据えることを避け、他府県出身者、とくに旧西南雄藩出身者を任用した[4]。県官の多くはその地方出身者が起用されたが、他府県出身の府県首脳が、彼らを状況把握と行政浸透のために指揮しつつ、旧藩的要素や地方の情実に左右されることなく大胆に改革を実行することが期待されたのである。しかし旧西南雄藩地域においては、このような全国的状況と異なって、同県出身者が県首脳に任用される例が多くあった。これは、廃藩置県後間もない新政権が、中央集権的な地方統治を確立することを意図して、一面では旧中小藩や旧佐幕藩の県に対しては他府県人の起用を強行しながらも、他面ではみずからの弱体さや不安定さのゆえに旧西南雄藩の勢力を無視することができず、一定の政治的配慮を講じなければならなかった事態によるものであった。

一八七二年段階で同府県出身者がその府県首脳に任用されていた府県は、九県を数える。佐賀県では参事古賀定雄、権令多久茂族の時期であり、一八七三年一月まで続いた[5]。

しかしこのような事態は、一面では新政の順調なすべりだしを可能とした反面、中央集権的統一国家を樹立するうえで阻害要因をなすものでもあった。旧西南雄藩出身の中央官僚が急速に国家官僚として成長していくのに比して、旧西南雄藩地域の諸県では、同県出身の首脳のもとにその地方出身の士族が県官の圧倒的部分を占める体制が形成され、それが士族意識、討幕運動・戊辰戦争の中心勢力であったがゆえの中央政権との同僚意識、自藩優越の雄藩意識を色濃く残存させる温床となり、中央政府の支配意図や政策の貫徹を妨げることになった。とくに、中央政府が集権的な統一国家形成を、領主制解体によって士族の諸特権を奪う形で進めるにおよんで、政府と旧西南雄藩士族との対立が強まり、旧西南雄藩地域は「難治県」[6]に転化し、士族反乱が発生するにいたる。他府県出身者の県首脳への就任とその県治の展開は、政府と士族との対立の一焦点となった。佐賀県は、このコースをたどることになった。

前記のような県治の体制は、鹿児島県においては一八七七年三月まで、高知県においては一八七六年八月まで続いた。これに比すると、中央政府は佐賀県に対しては、比較的早い時期にこの体制を打破しようとしたといえる。その時期は、多久茂族権令辞任後の石井邦猷参事の時期からであるが、中央集権的な地方統治体制が本格的に形成されるのは、一八七三年七月からの岩村通俊権令、森長義参事の時期からである。

第二の特徴は、図1-1に明らかなごとく、県令（ただし、実際にはいずれも権令である）の不在期間がかなり存在し、首脳部の交替が激しく、在任期間も短かったことである。

県令の不在を補う形で参事が任命されているが、県令の在任期間は二〜八カ月、参事は八〜一〇カ月であり、県令不在期間は約九カ月に達する。図1-1の日付はいずれも辞令交付日であり、入県に要した日数を考慮すると在任期間はさらに短くなる。極端な例であるが、一八七一年一二月に任官した山岡高歩権令は、一八七二年一月一二日に着県して一月一八日に離県し、「滞留中県庁出勤事務取扱候儀無之」[7]といわれている。県首脳部の交替の頻繁さや県令不在期間の存在が県治の遅れをもたらしたことは後年にいたるまでしばしば指摘されるところであるが、確かに、このような状況は、県治の統一的で体系的な展開を妨げるものであったろう。さらに、このことは、人民への影響の点でも無視できないものであった。岩村権令は一八七三年九月、「長官屢交換ニ付自然人民モ方向ニ迷居候意味モ不少[8]」と指摘したが、同年の春以降に人心の動揺と騒擾が強まったのは、直接的には旱魃という自然条件や、福岡県の農民一揆の発生に影響された面は大きいが、多久権令辞任後の県令不在期間であった。

新県設置後の佐賀県において、その首脳部に関しては以上のような特徴があった。県出身者の県首脳への起用、県首脳の頻繁な交替や不在は、当時の地方統治の課題、すなわち廃藩置県後の新県としての統一的統治体制の形成と中央集権化、中央政府の指令による改革の実施と新政策の展開という過大な任務を、統一的かつ体系的に遂行することを妨げるものであった。

次に、県官をみてみよう。

表1-1　県官数の変化

	1871年12月	1872年12月	1873年12月	1874年12月	1875年12月
四等官	1	0	0	1	1
五	1	1	1	0	0
六	3	1	1	0	1
七	0	0	0	2	0
八	1	1	6	2	2
九	4	7	1	1	1
十	4	5	3	6	9
十一	10	12	9	4	4
十二	13	15	5	9	16
十三	24	13	16	6	11
十四	9	21	12	11	11
十五	21	35	28	12	13
計	91	111	82	53	69
等外一等	0	6	13	8	18
二	0	0	0	6	23
三	16	9	4	5	4
四	4	31	6	2	3
五	1	0	4	0	0
六	5	0	0	0	0
計	26	46	27	21	48
合計	117	157	109	75	117

「辛未以降職員下調帳」（『明治九年中　雑書留』）より作成。

一八七一年から一八七五年にかけての県官数の概況は、表1-1の通りである。一八七四年に県官数が激減しているのは、佐賀の乱後の統制強化によるものである。

表1-1から指摘できる特徴の第一点は、県官の任官、辞職の変動が激しいことである。このような変動の激しさは、統治機構が確立していない維新後早い時期の特徴であり、全国的にも共通するものである。このような事態は、県首脳の県官掌握を弱めざるをえず、県官の職務に熟練する条件を損ない、総じて、県治の系統的な展開を妨げるものであった。その具体的な

事例については、後述する。

第二の特徴は、県官の全員を士族が占めていることである。一八七二、一八七三年のいずれにおいても、等外官をふくめて全県官が士族であった（表1－2）。等外官においては、約二六％から三八％の割合を卒が占めていた。当時にあって、県官の圧倒的部分を士族が占めるのは全国的に共通する現象であったが、旧西南雄藩の佐賀県では県官の全員が士族であった。士族のかつての支配経験や能力、知識などが期待されたのである。

この点に関して特徴的なのは、表1－3に明らかなように、県官のなかに占める佐賀県士族の割合が圧倒的に高いことである。一八七三年五月の場合、県官七四名の全員が士族であるが、その内、奏任官二名、判任官三名を除

表1－2　1872年度県官数

		奏任官	判任官	等外官	合 計
1月	士族	3	89	1	93
	卒	0	3	35	38
	計	3	92	36	131
2月	士族	3	79	6	88
	卒	0	4	50	54
	計	3	83	56	142
3月	士族	2	80	6	88
	卒	0	4	43	47
	計	2	84	49	135
4月	士族	2	80	7	89
	卒	0	4	46	50
	計	2	84	53	139
5月	士族	3	86	7	96
	卒	0	5	47	52
	計	3	91	54	148
6月	士族	3	85	7	95
	卒	0	4	44	48
	計	3	89	51	143
7月	士族	3	92	7	102
	卒	0	4	36	40
	計	3	96	43	142
8月	士族	1	78	9	88
	卒	0	4	44	48
	計	1	82	53	136
9月	士族	2	85	9	96
	卒	0	4	44	48
	計	2	89	53	144
10月	士族	3	84	8	95
	卒	0	3	34	37
	計	3	87	42	132
11月	士族	2	84	8	94
	卒	0	4	29	33
	計	2	88	37	127

註：12月は未調査のため不明。
『明治六年七月八月分　官省進達』より作成。

く六九名が佐賀県士族であった。奏任官のような県首脳部は別として、下級官吏になるにしたがって県官中に自県出身士族の比率が高くなる現象は全国的に共通する。しかしながら、右のような比率の高さは、旧西南雄藩に特徴的な現象であった。

県庁機構が佐賀県士族に事実上占拠されたようなこの事態は、四ヵ月前まで継続された佐賀県士族古賀参事および多久権令時代の県政の結果であった。もっとも佐賀県の場合、鹿児島県のごとき「独立王国」的なあり方であったわけではなく、後に触れるごとく、中央政府の指令にもとづいた施策が実施されていた。しかしその実効があがらず、士族意識・雄藩意識が前述のごとき危険性をはらむものである以上、中央政府がその支配意図と政策の貫徹をはかるためには、いずれ佐賀県のこのような体制は打破・再編しなければならないものであった。岩村権令の起用はその具体化であった。後にみるごとく、入県と同時に岩村は、他県人を積極的に県官に任用することをはじめとして、佐賀県士族に事実上占拠された県庁機構の改革に着手したのである。

当時の県庁内は、具体的にどのような状況であったか。この時期の県は、廃藩置県の事後処理を進め、新県として統一的な統治体制の形成を急がなければならない一方で、中央政府から頻繁に発せられる新政策・諸調査および固有事務を遂行しなければならないという過重な課題を負わされていた。そのため、県政全般にわたる混乱と停滞をまぬがれることができず、県治の機能は充分に効果をあげえなかった。

県内の状況は、次のような事例に象徴的に示されていた。

表1－3　県官出身県表

（1873年5月20日現在）（名）

	大分県士族	白川県士族	新治県士族	静岡県士族	三潴県士族	佐賀県士族	計
参事（六等）	1	0	0	0	0	0	1
権参事（七等）	0	1	0	0	0	1	2
権典事（九等）	0	0	1	0	0	4	5
九等出仕	0	0	0	0	0	8	8
十一等出仕	0	0	0	0	0	1	1
少属（十二等）	0	0	0	1	0	7	8
十二等出仕	0	0	0	0	0	11	11
十三等出仕	0	0	0	0	0	13	13
十四等出仕	0	0	0	0	0	1	1
十五等出仕	0	0	0	0	1	23	24
計	1	1	1	1	1	69	74

『明治六年五月六月分　官省進達』より作成。

一八七三年三月、大森権典事は石井参事に対して、地方官会同に備える「出納歳出入取調」が遅延せざるをえない旨を上申したが、その理由を次のように指摘した。「佐賀県丈ハ大体違モ無之儀ト存候得共、旧県之分帳簿不明了ノミニシテ其上壱纏メ相成居不申、一帳ヲ反古之内ヨリ尋出シ再取調直シ致シ候等実ニ猥雑言語ニ絶シ不都合之事ニ付、素ヨリ主任之責逃レサル儀ニ候得共、何レニ茂是節始メテ右帳簿ヲ繙閲致シ候儀ニ付其節之事務難相分、去迚第一課中明瞭承知之者モ無之、旧官員呼出シ相尋候而茂是以其節掛リ之者東京行いたしお里候杯申聞判然之処難相知、且一歳之御収納高等取調其内遣払差引過不足之儀租税課ニ於テモ同様悉知之者無之(9)」、と。

ここには、旧県の財政が不明瞭であり、帳簿など事務上の整理がこの時期になっても終了していなかったことが指摘されている。ここには、佐賀県が合併によって成立したという事情が反映しており、その根底には、旧合併県—旧藩の財政方式がそれぞれ異なっていたという問題があった。また後述する県庁の再三の移転の結果でもあった。さらに、県官の事務引き継ぎが効果的に行われておらず、県官自身が自己の職掌を掌握しえていなかったことが指摘されている。この背景には、前述のごとき県官の頻繁な辞職と職掌の交替があったのであり、また執務量の過大さゆえの執務の不行届、県官の能力の欠如などの問題が存在したと考えられる。地方統治上に枢要な位置を占める財政の統一的体制が確立していないという状況は、当時の県庁が新県の設置に対応しえず、機能的に遅れた状況にあったことを示していた。

このような状況は、財政面に限らず、この時期の県政全般をおおった特徴であった。地方統治の根幹である人民掌握の前提として重視された戸籍編成においても、同様な状況がみられた。岩村権令が入県二カ月後の一八七三年一〇月の時点で、「当県之儀令参事を始官員屢変換ニ相成、戸籍担当之官員も自ら無之姿ニ立至リ、戸籍等之儀何分調方不行届ニ而帳面類も不整ニ付、入県以来精々心配取調罷在候(10)」と指摘した状況であった。このような県庁内の混乱と執務の遅延は、期限つきの政府への上申書類の遅延を頻繁化させ、また政府指令の重要政策の実施の遅延をもたらすことになった。たとえば、一八七二年七月の大蔵省達による地券交付は遅々として進まず、一八七三年五月の段階で、わずかに旧佐賀市街および士族屋敷地分の一五カ町に交付されたのみであった。[11]

以上のように、この時期の県政は全般的に混乱し、遅延していた。このような事態をもたらした主な要因をまとめれば、次のことを指摘できよう。第一に、すでに指摘したように、県首脳の不在や交替が頻繁であったこと、および県官の任官・辞職が頻繁であったことである。第二に、合併によって県が成立したという事情によること、第三に、再三にわたって県庁の移転が行われたこと、第四に、財源および県官が不足していたこと、などである。

佐賀県が六県の合併によって成立したこと、およびそれが統一的な県治の形成を困難ならしめたことは、先述のごとく、財政の統一的把握が確立できなかった状況に示されていた。県は、一八七三年一〇月、雑税の統一に関して、租税頭宛に次のように指摘している。「当県管内雑税之義合併県々不同ノ仕来ニ而、同様之職業ニ而或ハ収税或ハ無税、亦ハ多分之利益アル開店モ無税ニシテ閣キ却而少々之稼人ハ収税申付候等、殆ト不都合之義も有之」、そのため改正が必要であるが、「何連ヲ是トシ何連を非トス未タ是ヲ捨テ彼ヲ取之義実ニ其根拠スル処無之ニ付而ハ徒ニ改正いたし難く、第一ハ従来多少之税金一時ニ潤色候得者自然増税之様ニ相成り衆庶之私情恐クハ物議をも生すへくニ付、是迄之税額ハ総而一旦相廃シ、更ニ商業之都合ヲ篤ト勘考之上別紙之通税額相定[12]」たし、と。

次に、県庁の再三にわたる移転が県治の混乱と遅延を結果した事情は、次のようである。岩村権令は一八七三年一〇月の時点において、「新県成立以来官員屢変転且移庁等有之候故、簿書類頗ル錯雑致居候[13]」と指摘した。県庁移転は、県首脳部の判断の誤りによるものであった。

古賀定雄が大参事であった旧佐賀県は、一八七一年八月、旧弊一洗を理由として、松浦郡の伊万里へ県庁を移すことを出願した。「兎角因循旧ヲ慕フ陋習ヲ脱シ兼候儀ハ一般之人情ニ有之」ので、県庁を移せば「一般之方向モ致一定諸事相運候基ト可相成[14]」、と。九月、県庁は移転されて伊万里県と改称された。しかし方針はすぐに転換する。一八七二年五月、多久茂族権令は、「一体同地（伊万里—引用者）者肥前国内西隅ニ方リ如何ニモ辺鄙而已ナラス、都而政令ヲ施ス中央ニシテ不扱ハ管内迂遠ノ向者因循ニ渉リ、事務自ラ即弁ヲ不為(15)」と主張して、県庁の佐賀への復帰を申請した。再度の申請では、佐賀が交通に便利であること、県官の多くは佐賀居住者であり、伊万里は商都であって県官に対する住民感情が融和的でないこと、庁舎新築に莫大な費用がかかること、などを指摘した。同月末、県庁は佐賀に復帰し、県名も佐賀県と改称された。その後一八七三年七月、県庁は、適当な建物があるとの理由で、松原町伊万里県出張所の建物から旧城内へ移転した。これでは執務の混乱は必然であった。

以上のような要因のほかに、県治の本格的な展開を妨げた要因は、財源である常備金の不足と県官の不足であった。政府との交渉において県がこの問題の打破をはかることにきわめて積極的であったことは、この問題の深刻さを物語っていた。

この問題の発端は、佐賀県が一八七〇年八月に提出した高反別帳が旧佐賀藩提出のものと相違することを理由として、政府が再調査を命じたことにあった。佐賀県は六八万石を主張したのである。数回の折衝を経て県は、一八七三年三月、今後は九一万石余を県の総石高としたい旨主張した。その根拠は、旧佐賀藩においては「草高」の呼称の習慣はなく、「従来田畑石盛無之、物成高ヲ以地米ト唱へ」、「地租ノ現石」をもっぱら呼称してきたというところにあり、従来石盛によって石高を定めてきた旧唐津県の「高反別仕出シ(16)」の法によって計算すれば九一万石余となる、というものであった。県はこのように、五〇万石の規模におさえられている定額そのものの増額をはかることを意図した。この主張が政府によって拒否されると、県は戦術を変化させた。

五月、県は、「官員入費トモ定額外至急之筋ハ先以夫々仕払置、追テ明細仕訳帳ヲ以申上候様仕度」、と願い出た。これは、緊急の場合は事後報告とすることを認めさせるという形で、定額外の支出増を実質的に獲得することを意図したものであった。願は、「一体管内之儀現地広莫一千二百余之閭里、不時検査或ハ巡廻等官員東西ニ奔走随而事務多端、如何程勉励候共人員不足ヨリシテハ遂ニ期限御布告取調及遷延、定額トモ名アッテ其実不被行」と現状を指摘し、「壬申正月以来官員一時ニ廃止新古の分段未明白事務殊之外及遷延居、之ヲ精ニシ遽ニ新県条例ニ照準シ候ニ者必官員入費等増加之儀ハ勿論ニ而、況方今万機御改正之折柄、西隅僻陬固陋之人民へ懇ニ加教諭百般施行上ニ於テハ其費又不少」、と主張した。この主張は、県設置以来の実況の一面を反映したものであった。大蔵省は、県官と定額金増に関しては「詮議之次第有之」[17]、追って指令するとしたが、事後報告の件は不許可とした。

ここにおいて県は、県官増員願という直截的な戦術に切り替えた。七月、「是迄ハ五拾万石之官員月俸高ヲ押へ大属以下之人員ヲ差繰出仕等外ヲ命シ勉強為致候得共、実際施行上ニおいて不行届」、そこで「当秋租税皆納迄之処官員月俸則今ヨリ毎月千円ツ、別段御下渡被下、皆納後ニ至候得者右之半高ヲ五拾万石之官員月俸高ニ増加被下度」[18]、と出願した。大蔵省は同月、当分の間一二等出仕以下の県官一五名の増加を許可した。こうして、定額そのものの大幅な増額は実現しなかったが、県官の一応の増員を獲得し、それによって県庁内の執務の混乱と遅延に対処することになった。

以上みてきたように、この時期の県庁機構は、一応のすべりだしはみたものの、県首脳の人事や財源・県官数などにみられる中央政府の地方統治の方針の未確立や現状無視、県首脳の方針の誤り、県成立の事情の複雑さなどが相乗しあって、その機能的確立を果たしえていない状況であった。

(二) 村落統治機構

次に、当時の佐賀県の村落統治はいかなる状況にあったか。人民統治の主要な場が村落統治である以上、その確立は県庁機構と同様に焦眉の課題であった。

この時期の村落統治の第一の課題は、旧藩的支配様式を払拭して、新たな統一的かつ集権的な統治様式を編成することであった。それは大区小区制の実施という形で具体化されるが、佐賀県の場合、一八七三年五月ころまでにほぼその形を整えた。しかしこの大区小区制は、岩村権令が入県直後からその改革を重視して急いだごとく、内部にさまざまな困難をかかえていた。

一八七一年四月に戸籍法が布告されると、旧佐賀県は七月にこれを実施した。[19]県下は三四大区七八小区に分割されたが、大区は約二〇〇〇戸内外、小区は八〇〇～一〇〇〇戸の規模であり、小区には五〇～一〇〇戸を単位として組がたてられた。大区に戸長、小区に副長が一名ずつ置かれたが、戸長の職掌は「諸願伺取扱等凡戸籍ニ係リ候儀ハ一切」であった。任期は両者とも三年であり、「長副モ在住ノ士族ヨリ入札撰挙スヘシ」と士族が公選によって選出されたが、「卒以下ト雖トモ人才次第撰挙勿論タルヘシ[20]」とされた。その後一八七一年一一月の合併による伊万里県の成立、さらに翌年の福岡県・長崎県との管轄地の分合を経て、一八七二年三月に区制改革が実施され、県下は四一大区九七小区に分割された。この大区小区制は戸籍法にもとづく大区小区制であり、行政体系への転換は、地域差はあるが全国的には、一八七二年四月の太政官布告一一七号による庄屋・名主の廃止と土地・人民に関係する一切を担当する戸長・副戸長の設置、一〇月の区長・副区長設置の大蔵省布達一六四号を経て進められた。佐賀県においては、一八七二年九月に転換された。

一八七二年九月、県は戸長・副戸長を新たに設置した。[21]翌一〇月に戸長職掌心得を布達するが、戸長は「最前布達置候通土地人民ニ関係之事件一切取扱[22]」と規定し、概略として、布告・布達の徹底、風俗教化、戸籍編成、諸願伺届、正租雑税収納、検地や堤防・橋梁営繕など一四カ条を示した。同時に、従来の「村役」、「散使」が廃止され、かわって一〇〇〇石に三名、二〇〇〇石に五名を目途として「手代り」が設置された。「手代り」は、小区を担当する副戸長の職務を補佐した。

戸長や副戸長は官選であったが、多く士族が採用されたといわれる。実態は今のところ知りえないが、「置県之際村吏之習弊ヲ一洗セントシテ、唯々条理上ヲ論スルヲ以旨トナス士族輩ヲ多ク村吏ニ採用致」[23]したと後年に指摘されている。「習弊一洗」の名のもとに、士族が旧支配階級としての経験や能力、知力を期待されて、新たな統治体制の担い手として再編されたのである。士族が村落統治の段階にまで据えられ、多く副戸長に任用された旧庄屋層よりも重視された状況は、旧庄屋層などの豪農層を主たる担い手とした全国的状況と異なって、士族の社会的位置が相対的に高い旧西南雄藩の特徴を示すものであった。副戸長に起用された旧庄屋層は、この時期から佐賀の乱前後にかけて、県官が「旧庄屋村役等ノ旧陋ヲ脱セスシテ副戸長ニ転任シ」[24]と評したごとく、その旧藩政時いらいの共同体的旧慣的な行財政、専断・不正のゆえに農民の厳しい攻撃にさらされた。これについては、後に詳述する。

区画割は、一八七三年一〇月の区画改正まで変動がなく、四一大区九七小区制が継続された。[25]一郡や一城下を複数大区に細かく分割したこの区割は、その成立事情から考えれば、旧藩的要素を払拭して新しい統治体制を樹立する方針としての画一性と、旧藩政期の支藩や上級家臣団の自治的な領地支配の存続など、旧藩政時代の特徴および県の成立事情の複雑さに規定された分散性との妥協の産物であった。県内は、県庁によって直接管轄される大区と、派遣された大属の出張所（六カ所）[26]によって管轄される大区とがあり、後に伊万里、塩田、唐津に支廨が置かれた。そのため、統治上の集権性には欠けるところがあった。

その後、各区の職務取扱所である御用取扱所の体制が整備され、大区小区制の整備が進められたが、県の統治が末端の人民にまで浸透するには、大区や小区の機構の整備のみでは不充分であった。一八七三年二月、県は「十人組惣代」の設置を布達した。県は、「布達書其外副長ヨリ各組惣代へ順達致候様之手順ニ無之而者御布達書其外不通之患有之」との名目のもとに、一〇戸を一組として惣代を選出し、三月四日までに届け出るよう指示した。惣代の任務は、五月の布達によれば、「貢米其外税納筋之儀、期限聊も無疎様銘々覚悟候通平日談合可申事」、「御布達之筋等副長ヨリ各村組合惣代ヱ相達候ハヽ、組合中無洩速ニ行揃之通遣可申事」、「銘々家職出精ハ勿論、平日懶惰之筋等無之通談合可申事[27]」、であった。惣代は、県の行政につらなる末端役員としての戸長や副戸長と異なって、いわば人民の側の世話役的位置に措定されるものであり、人民の代理として行政と人民との仲介を行う役割と性格づけられた。それゆえに、無給であった。右の惣代心得にみるごとく、人民の惣代としての機能は実質的に皆無であり、県の意図したものは、徴税と布達徹底というもっとも枢要で困難な課題を、人民の連帯責任において遂行させることにあった。

以上のように、大区小区制は次第に整備され、一八七三年五月ころには機構的に一応の成立をみた。大区小区制の編成は、県がこの時期に実施した政策のなかでは、比較的順調な進展をみせた分野といっていいであろう。しかし実際には、大区小区制は内部に様々な困難や問題をかかえていたのであり、次節でみるごとく、岩村権令がその改革を重視しなければならない事情が存在した。ここでは、岩村権令の赴任前にすでに表面化していた問題の主要なもののいくつかを指摘しておこう。

その一は、大区割の問題であった。四一大区という細分化がはらんでいた問題のうち、その集権性の弱さについては、すでに指摘したごとく、県は大属出張所や支廨の設置によって補ってきた。その他、一市街を複数大区に分割する区割が人民の現実生活から遊離している問題などがあるが、もっとも深刻であった問題は、細分化の結果として大区の財政負担能力が弱いということであった。

一八七三年五月、佐賀城下地域である第八、九大区の戸長は、連名で大区合併を願い出た。願は、両区は「別而小石高之場所柄」であり、「諸入費等凡計算相整候処過分之入費高ト相成、迚も戸副長費米ヲ以包含之筋ニ無之」、合併以外に方法がないと主張した。願の吟味の過程で、県官自身が両大区が「石高至テ寡ク」、「外大区ニ不相双内分難渋之振合」と認識していたことを表明したごとく、この合併願は、もともと両区の財政的負担能力が乏しいことを承知していながら、なおかつ両大区を分立するという無理を敢えて進めてきた県の方針が破綻したことを意味するものであった。県官自身も、両大区は「元城下一纏之場所柄ニ有之」、「合併相成候迚格別里方阻隔之患モ有之間敷」と述べたごとく、分割する必然性がないことも承知していた。にもかかわらず両区を分立した理由は、「一般之御栄出シ両区而已遅延候通ニ而者不相済」という行政最優先の方針にあった。現実を無視した県の行政優先策が、このような困難をもたらした根本であった。四一大区九七小区という区割は、県下各所でこのような困難を内包し、その破綻をみせつつあったと考えられる。それゆえに県官は、「何レ一般共其形況ニ従適宜合併諸事簡便ノ方法等追々被相設候品モ可有之[28]」と判断せざるをえなかったのであり、岩村権令の改革の主眼のひとつはこの点に置かれなければならなかった。一八七三年九月には、第二二、二五大区の合併が行われた。

第二は、惣代の設置が順調に進展しなかったことである。これは、徴税および布達が人民の間に貫徹しない結果を招くことになり、大区小区制の主要な機能の一部が充分に作動しないことを意味する。

たとえば第八大区の場合、五月になっても届け出がなく、県の督責によって、戸長があらかじめ人物を選定し、事務取扱所へ出頭させて承諾させる方法をとらざるをえなかった。これは実質的な官選であり、人民において自主的に選出させるゆえに実効を期待された自発性の喚起と連帯責任を弱めることを意味した。

惣代の選出が遅延ないしは忌避された主な理由は、その役割が先述のようなものであったことにあるが、無給であることに求めた者もあった。第六大区戸長中溝秀堯は、一八七三年五月、「抑無給ニシテ相勤候訳も有之間敷」として、「一戸ヨリ米三升ツ、貫物相立ニシテ御給与被下候通ニテハ如何可有御座」、と県に伺い出た。県は、惣代は行政につらなる末端役員ではないとして「貫物」、すなわち税として賦課することは不許可としたが、「組中申合セ、労ニ酬ゆるため何程ツ、歟自費を以給与之儀ハ適宜たる」こと、報酬は「各区当一無之而叶間敷[29]」につき戸長は商議せよ、と指示した。しかし一決しなかったため、県は惣代給与の議定のための総戸長会議の開催にふみきったのである。いずれにしても、人民にとっては、このような形で実施される惣代への報酬の供出は実質的には税納以外の何ものでもなく、また惣代の性格も、戸長・副戸長と同じく行政の末端につらなる村吏と同質のものと認識されることになった。

第三に、村落統治においてもっとも深刻であったのは、この時期は人心の動揺が激しく、県や戸長・副戸長に対する人民の抵抗が強まったことにあった。人民の抵抗の高まりは、村落統治を困難に陥らせ、先述した県治の混乱と遅延を基底的に規定した要因であった。

第二節　民衆活動の展開

(一) 伝統的村行財政への抵抗

廃藩置県から一八七三年ころにかけての時期の民衆運動は、従来のものに比して明らかな特徴をもっている。その特徴は、西日本地方に多く発生し、課題として公租公課の軽減、村役人の不正・専断の追及などとともに、学制や徴兵令など新政の中心課題に反対するなど、政府が急ぎつつある統一国家形成のための政策全般に反対し、自己の敵を政府―県―区戸長として統一的に見すえてたたかった点にある[1]。

この時期の佐賀地域の人民の運動は、一揆、あるいは新政策の中心課題への正面からの反対というような明確さは示さなかった。しかし、県下のこの時期の人心の動揺は激しく、一種の一揆状況というべき騒擾が各所で発生した。旧藩時代には数件の逃散をのぞいて明確な農民の抵抗らしきものが発生しなかったとされる旧佐賀藩領域[2]において、廃藩置県後にこのような活動が展開したこと、そこに民衆の政治的成長が見られること、さらに動揺と抵抗が高まった結果、県による統治が県下人民への対応を基軸として展開されざるをえなくなったことは、従来に比してもっとも注目すべき変化であった。

一八七二年から一八七三年にかけて顕著にあらわれてくる人心の動揺と農民の抵抗は、大きく三種に類別できる。県下に広範に存在し、県や区戸長を直接の対象とする収奪反対や末端役員の専断・不正反対の活動、西松浦郡地方を中心とする土地所有権をめぐる加地子地騒動、および東松浦郡地方を中心とする土地所有権などをめぐる庄屋地・居宅騒動、である。後二者は旧藩時代の支配に遠因はもちながらも、直接的には県の行政に帰因するものであった。そしてこれらの背景には、未曾有といわれた激しい旱魃と福岡県の農民一揆に触発された人心の動揺があった。

一八七三年一〇月、県官が作成した「県下人民之動勢儀案」は、次のように指摘した。「所々村落ニ於テ小沸騰相起之儀有之候得共、多ハ旧庄屋村役等ノ旧陋ヲ脱セスシテ副長ニ転任シ、民間仕組ノ米金或ハ民費分賦ノ出納等曖昧ノ処ヨリ醸来ル」[3]、と。農民騒擾が所々に存在していること、その原因の多くは旧庄屋層である副戸長の専断・不正にある、と指摘している。

確かに、この時期、その具体的事例は県庁文書においていくつも見ることができる。

一八七三年三月二五日から三一日にかけて、第一八大区(小城郡)において農民「百千人」が集会して「物議沸騰いたし不容躰ニ相及」、「間ニハ焔硝等買調ル向モ相聞」える事件が発生した。「副長」の「四五名ノ者元小城県手代其外仕組相成貫立銀有之候を、廃県ノ際会計掛ヨリ分配致候様被下渡候ヲ中途ニシテ預リ罷在候ヲ、小前ノ者共歎願ノタメ集会」したものであり、副戸長の専断を農民が攻撃したものであった。戸長上滝空蝉は「全ク一庁ノ御威光ヲ仮テ」鎮静化にあたったが、県官が「是迄辞遠之所ニ尚更戸副長ノ権威ヲ小民ニ振ハ如何ソヤ」と批判したごとく、戸長らの権威主義的対応が事態をいっそう紛糾させる結果になった。農民は、「蒼生ニハ一向過チも無之、然ルヲ戸長副長ノ場にお以て暴動集庶ノ律等有之段仰山ニ申諭シ、畢竟旧庄屋ニ片贔屓ノ心アルヨリ民情ヲ汲取不申」と反発したのである。上滝戸長は、このような農民の姿勢を「専ラ因循ニ固結して従前土地ノ風俗ヲ耳ニし、旧慣ヲ良法トなし日新の百度ヲ不相好而已ナラス、剰ニハ不定ノ政歟之様誤解罷在」、「頻ニ私門ノ訴ヲナスハ下愚ノ旧慣ナリ」[4]、と非難した。しかし実は、「不定ノ政歟」と認識するごとき批判精神と「私門ノ訴ヲナス」権利意識や行動こそが、この時期の農民の政治的成長を物語るものであった。県は農民の要求を正当なものと認めざるをえず、下渡金の分配を指導するとともに、四名の副戸長を聴訟課で糾問した。この後、四名の副戸長と上滝戸長は辞表を提出するにいたった。

同四月、第四大区（神埼郡）では、副戸長による河川修築費に関する不正が農民の追及によって発覚する事件がおこった。同大区一小区では前年三月に崎村の大井樋の修築が行われたが、修築については、用水を作水に利用するところから隣村小森田村が費用の二割を負担する契約がなされていた。修築費は二五〇円であったが、副戸長は、小森田村から負担金五〇円の内二〇円を受取っておきながら、二五〇円全額を村内に賦課したのである。そこで下坂村・詫田村の農民を中心に追及がはじまり、「申分無之処ヨリ重応問合ニ逢候末清七儀辞職願出」る事態となった。県は捕亡を派遣してこれを取り調べたが、「所得可致積ニ而も可有之哉之趣相聞」[5]との捕亡の報告をまって、副戸長の辞表を下げ戻したうえで免職処分を行った。

このほか、七月には、第一二大区（佐賀郡）では農民が集会のうえ、「抱夫料躰之姿ニ而石ニ付二三分程も多分ニ相懸」[6]けたと戸長を攻撃し、戸長は銀一五匁七分ほどを農民に返却せざるをえなくなり、県の糾問をうけた。九月には、第二二大区副戸長が「村中不服折合不相付」[7]ことを理由として辞表を提出したが、これは、「壬申秋貢租御取納帳ェ検見落嶋畠落口反返シ配当不仕、偖又貫物掛越其外数拾ケ条取収越ニ相成」[8]と古賀村をはじめとする農民に追及されたことによるものであった。

このように、各所で戸長・副戸長による専断や不正が行われ、農民はこれを直接的対象として攻撃した。このような事態は、戸長・副戸長の専断・不正がこの時期に集中して発生したことによるのではなく、旧藩時代いらい続けられてきた旧庄屋ら村落上層農による共同体的支配や専断・不正が、この時期の農民の政治的成長によってもはや不可能となったことを意味していたと考えられよう。当時の農民は、すでに第一八大区の事件で指摘したように、現実の行政に対する批判精神を強め、権利意識を伸張させており、戸長・副戸長の権威主義に対抗しつつ集会や追及を実行するなど組織的、行動的であった。

農民の行動は、たんに戸長・副戸長の専断・不正の追及にとどまらず、このような人物を末端役員にすえて行政を進める県への不信、および収奪そのものへの抵抗に貫かれたものであった。第三〇大区（東松浦郡）の事例が、そのことをよく物語っていた。

旱魃が猛威をふるっていた「六月下旬、三十大区小前農民雨乞トシテ田嶋神杜江参詣参籠帰途小休之場所等ニ而、何事やらん申合紛紜物議相醸」す状況が発生した。七月二日に二小区馬部村など二カ村の代表七名が、翌三日には一小区普恩寺村など四カ村代表四名が、不審の廉があるとしてそれぞれ一〇カ条、一一カ条の項目を掲げて唐津支廨へ出頭した。彼らは、副戸長に尋問したが「臍落差分兼」ねるので、県の説明を得たいと主張した。不審の項目は、付加税である「夫米」・「予備米」・「合米」・「甲別納」、石代納である「銀納立」、国桝を京桝に換算した余剰米である「升ノ上米」・「四斗俵差米」、大区小区の民費である「馬渡島馬代」・「徳末駅米」・「状持手使」・「役場繕」、後述する庄屋地・居宅騒動と関連する「帰農庄屋役米」、「御用木代」、などであった。支廨の大属永野恪一は、農民に対して付加税と石代納について説明し、戸長・副戸長の取り調べを約束した結果、農民は「疑惑致氷解候模様」にて退出した。永野は取り調べの必要を県に報告し、県は「不容易事件」として取り調べを指示した。

この事件の詳細は不明であるが、次の点が注目されよう。まず、これまでの事件と同様に、戸長・副戸長の伝統的旧慣的な村行財政が行われ、それによる増徴や不合理な村政に農民が反発していることである。県もこの点については従来から重視しており、この事件についても「右ハ兼而相達置候外無拠事故有之分課相整候ハテ不叶節者、其都度々々伺出指図ヲ得可申之処、無其儀処ヨリ右之次第出来」(9)、と戸長らを非難した。県としては、五月三日に、一八七三年度分貢租の皆納期限がせまったので、規定外の賦課が必要な大小区で未届の地区は一八日までに届け出よ、と布達したばかりであった。

次に、農民の抵抗は、戸長・副戸長の専断・不正による増徴に対してのみでなく、収奪そのものへ向けられていた。農民が付加税についての釈明を求めたことは、旧慣据置の名のもとに継続されている旧藩政下そのままの付加税の撤廃を要求したものであったといえよう。京桝使用時の余剰米をかかげたことも、その返還を要求しているものと考えられる。付加税については、それが不合理であるがゆえに県も苦慮していた。県は三月、「今日ノ際打追従前ニ据置候而者自然不名義ノ姿ニ移行可申」[10]として、種類は異なるが付加税である反米・口米の廃止を政府に建議していたが、許されなかった。農民の要求は、公租公課そのものの減免へ直接に向けられてはいなかったが、収奪反対の点ではかわりなかった。さらに、農民が支廨に釈明を求めたことが示すように、農民が自己主張を明確にし、県を相手として行動したことは注目されよう。後述するように、加地子地騒動においては小作人が県庁に直接におしかけて圧力をかけたが、このような動きはこれまでなかったことであった。この事件の場合、農民は、県官の説諭によって「疑惑致氷解候模様」に終わったが、専断・不正を行う人物を末端役員に任用することを含めて、自らの困難の源として県を直接の行動の対象にすえる段階にいたっていた。

以上のように、この時期は、農民の政治的成長によって抵抗が高まり、県下各所で事件が発生していた。農民の活動は、それ自体としては即自的な課題を解決することにとどまり、また激発することもなかった。しかしこのような状況が県下に広範に存在し、後述するごとき加地子地騒動や庄屋地・居宅騒動の展開、また旱魃と福岡県の農民一揆の発生によって人心の動揺が激しく、抵抗感が刺激されていたことは、県に脅威を与えるものであった。

（二）加地子地騒動と庄屋地・居宅騒動

次に、加地子地騒動についてみる(11)。

旧佐賀藩は、天保一二（一八四一）年八月、西松浦郡地方の皿山代官管内の伊万里郷・有田郷を対象として、以後五年間の小作料の三分の一減免を命じ、翌一三年一二月、全蔵入地を対象として向こう一〇年間いっさいの小作料を停止すべきことを命じた。一〇年後の嘉永四（一八五一）年九月には、さらにその一〇年間の延長を指令し、翌嘉永五年の一二月には、伊万里・有田の両郷に「上支配并分給令」を実施した。これは、（1）全小作地を没収する、（2）郷村居住地主には、三〇町以上所有の場合は六町まで、それ以下の場合は二割五分の土地を分給する、（3）郷村居住地主の商業活動を全面禁止する、（4）都市商人地主の所有する小作地は全面没収する、（5）没収した土地の処分は追って指示する、を内容とした。（5）については、結局は七割五分の土地が小作人に与えられた。その後文久元（一八六一）年、藩はこれを全蔵入地に実施した。これは、寄生地主を厳しく抑圧し、本百姓の土地緊縛と農商分離を強化しようとしたものであった。

藩政の終結と新政権の成立後、この措置をどう決着させるかが問題化した。県（当時は伊万里県）は一八七二年一月、所有権を復旧させることを意図して、地主から没収して小作人に与えられていた全土地を地主へ返還させ、小作料を半減するという第一次処分令を発した。地主側はこれを歓迎し、地券交付をひかえていたこともあって名寄帳の書き直しを急いだ。しかしこれには小作人が強い反発を示し、三月から五月ころにかけて一揆状況の抵抗を展開した。

有田郷では「二千余戸の小作致沸騰(12)」し、伊万里郷では小作人は、「名寄引直」を要求する地主とそれに同調する庄屋を各所で襲撃した。たとえば、地主が「三月半頃当郷曲川村新村分懸リ度庄屋喜平宅ニ罷出候処、同村百姓鐘太鼓押立数百人押寄リ致沸騰、庄屋宅相潰シ不法之働致シ候ニ付、地主共相恐レ逃亡候処追駆ケ石ヲ投散々之為体ニ逢」い、また「山谷村分百姓共鐘太鼓押立数百人相集リ、役々者たり共名寄直シ候儀相叶、寸地ニ而も引直シ候者押潰可申」、と強硬な姿勢を示した。大木村でも、同様に鐘太鼓をおしたて、もし地主が庄屋宅に来るならば「押寄木刀ニ而打伏可申」と威嚇した。彼らの行動は、「惣而者家別ニ集合不仕者ニハ料沽として一日ニ壱歩宛為差出、相洩候者ハ村迦シ可仕強制申合治定致」すなど、組織的であった。地主はただ「相恐」れるばかりであり、「只今之都合ニ而者迚も相対ニ而者届合不申[13]」と当事者間で第一次処分令が履行される見込はつかなかった。

その見通しは、地主のみでなく、県自身ももてない状況にあった。県自身が、小作人の抵抗の矢面に立たされていたのである。佐賀郡大詫間村では、小作人の沸騰は一八七三年一月に県官の説諭によっていったん鎮静化したかにみえた。しかし、「潜に煽動の人も有之たるやにて猶集会等繁々相催候由にて、同二月初め御官員御出張の処、小作之者沸騰不法の挙動にも相及候由、則夜より百余人の者県庁へ罷出」て圧力をかけた。この時、小作人は願書を提出したらしいが、詳細は不明である。その数日後の九日、「前行大詫間村沸騰の故にても可有之哉[14]」、県は第一次処分令の実施を撤回した。すなわち、「尚又僉議之次第有之、大蔵省伺之上相達品モ可有之候条、夫迄之処旧復加地子田畠之分者名前不差極地券取調可申事」、と。この県下への布達と同時に、県は大詫間村小作人に対して、願書下戻しの指令とともに、この布達を独自に達した。そこには、「但加地子旧復之義取消ト申義ニ者無之候条心得違等不致様候事[15]」と但書きが付加されていたが、実質的には第一次処分令が撤回されたことを意味した。この後方針は転換し、八月、岩村通俊権令によって、地主に二割五分、小作人に七割五分を所有させる、地主には特別の下賜金を支給する、という第二次処分令が発せられるにいたるのである。

以上のように、加地子地騒動において小作人は、県や地主を直接的に相手とする激しい組織的な運動を展開し、県の施策を撤回させた。加地子地関係の土地は、県下全田畑六万町歩の約三%を占める程度のものであったが、このような農民の運動は、県下の農民に大きな影響を与えたと考えられる。

庄屋地・居宅騒動は、東松浦郡の旧唐津藩領・幕領一帯に発生した[16]。

唐津藩は、文禄二（一五九三）年に寺沢氏が封ぜられ、慶長二（一五九七）年に入部していらい近世的な所領体制が形成され、以後五代の譜代大名が交替して領知した。文化一四（一八一七）年に水野忠邦が一万七千石を上地したが、その幕領地は幾度かの変遷を経て天保三（一八三二）年には全域が唐津藩預りとなった。

寺沢氏は、戦国期に松浦地方を支配した波多氏、鶴田氏、草野氏の家臣に系譜をもつ在地土豪を多く大庄屋、庄屋に採用した。その後大久保氏の時代の延宝二（一六七四）年に、庄屋を農民から切り離し、村落支配の末端に強力に組みこむことを意図して、庄屋を村落支配の実績によって配転する転村庄屋制が開始された。その後の領主はこれを継承して実施し、当初の一〇カ年転務制の原則は次第に無視された。とくに文化一四年に封ぜられた水野氏は、転村制を強化したといわれる。その結果唐津藩には、藩初いらい世襲的に同一の村の庄屋をつとめてきた相続庄屋と、転村によって村替わりをした交替庄屋、いわゆる転村庄屋の二種類の庄屋が存在した。さらに後者は、転村の際に、現在の持地を跡庄屋に譲って転任先で先任庄屋の名請地を引き継ぐ者と、先任庄屋が土地をもったまま隠退したため、村の手余り地・無主地を新たに庄屋地として充てられる庄屋の二種類があった[17]。維新後、この転村庄屋の庄屋地と居宅の帰属が問題化した。

一八七一年三月、一八七二年二月と、村落の統廃合と庄屋の削減が実施された。とくに前者では、大庄屋が二〇名から一一名へ、二〇〇カ村の庄屋が九〇カ村へと削減された。廃役となった庄屋は、山林や田畑の庄屋地と居宅を支給されて帰農した。この庄屋の帰農を契機として、農民が、庄屋地は村有地であるとして庄屋地の、また居宅は民費によって営繕がまかなわれてきたとして居宅の引き渡しを要求する運動を開始したのである。庄屋地の返還を要求する運動は一八七三年秋以降、とくに佐賀の乱後に本格化し、それ以前の時期は居宅引き渡し要求の運動が主であった。またこれには、献木代金下げ戻し要求の問題がからんでいた。この庄屋地・居宅騒動は、地券交付作業の進展と関わったことによって先鋭化するが、たんなる土地所有権をめぐるものではなく、農民の旧庄屋に対する運動は他の行財政問題とも関係して激しく、一種の政治的社会的運動のような性格さえ窺わせるものであった。

庄屋地問題に関しては、すでに一八六九年ころから動きがみられる。「明治二年白木村人民之内旧庄屋ト兼テ確執ヲ生シ既ニ暴挙ノ萌有之」、「自村而已ナラス他村ヲ煽動シ、藤川村平原村ニ波及シ正ニ満地ニ押及サントス」る状況となり、首謀者が「拘留」[18]された。この時は、旧庄屋の報告によれば、旧庄屋の「私有ノ証跡判然タルヲ以テ各村雷同ニ及ス」[19]とされているが、農民の不満は広範にくすぶっていたようである。その後「廃藩立県之際所有主ノ処分無之処ヨリ村々紛議ヲ生」じ、「明治六年秋御改革（一〇月の岩村通俊権令による区制改革―引用者）ニ依リテ村長ヲ被置私共一同免職之際、村方ヨリ云々申立争論ニ及」ぶなど次第に緊迫化し、佐賀の乱の時期には「佐賀本庁ニ於テ暴動差起リ随テ各村人気沸騰、衆寡不相敵如何躰乱暴ニ及茂難計痛心」[20]といわれる事態に進展するのである。一八七三年末、伊岐佐村では、旧庄屋が山林を売却しようとしたことに激昂した農民が大挙して旧庄屋宅を襲い、打ちこわしたといわれる。[21]

当面するこの時期の農民の主要な行動の対象は、庄屋居宅問題であった。

庄屋居宅は、「数百年間譜代之諸侯御入替ニ就而者、其領主之政体ニ随ヒ役人巡回休泊等之弁利ニ寄リ、建替修繕等ハ村々方法ニ依リ民費ニ課」[22]され、庄屋の転村の実施によって「自然ト役宅ト唱エ」られるようになった。「建家之分者都而新作営繕共民費」であり、「建具通等之品而已」[23]旧庄屋の私費でまかなわれた。旧唐津藩は一八七一年の改革時に、廃役庄屋は住宅がなく、また「役宅減少随而営繕費茂相減」じるとの理由によって、廃役庄屋へ「給与」し、その旨を藩内に布達した。同時に「在役ノ者」へも同様の措置を行う方針であったが、「下方江之申渡延引」[24]し、そのまま佐賀県へ合県となったため、処分は明確でないままであった。農民は、民費によってまかなわれてきた「役宅」を「私宅」として旧庄屋に給与したことを不当として、その返還を要求したのである。

一八七三年五月ころから旱魃の影響が強まると、「当今之旱魃ニ而雨乞ニ託シ集会致シ人気不穏之気勢相見、戸副長之説諭不相用向モ有之[25]」というような人心の動揺が広まった。六月一二、一三日ころ、元有浦村組村の農民が集会し、二九日に寄合を実施して「組備器物」を売り払い、分配する行動にでた。八月二日、三五〇名ほどの農民が集会し、旧庄屋である副戸長の松隈杢郎にその居宅を「入札払」することを通告した。松隈は、このような措置は自分のみでなく転村庄屋全体にかかわるとして反論し、また玄関だけは座敷にしたいので残してくれるように要求したが、仲介者の一〇戸惣代が松隈宅へ「申出ニ参リ候半跡ヨリ小前之者大勢罷出、坐敷通玄関並部屋迄入札いたし」たのである。

このような動きは、有浦村だけに限らなかった。元馬部組村では、「第七月何日頃歟時日聢と不相分候得共、太良村郷社ヨリ中尾村太良村雨乞之節、馬部村組々儀組備器物偖又坐敷通部屋共入札払致度、右ハ切木（切木村―引用者）エも小前之者ヨリ渡方為相成趣ニ付如何可然哉」と「談合」し、組合村全体へ「相触」れた後、馬部村副戸長の宮崎幸七郎へ「入札払」を要求した。農民は、居宅の「入札払」のみでなく、「組備器物」と同時に「諸帳面」の提出を執拗に要求した。「帳面」の提出要求は、庄屋地の帰属権の検討や居宅への民費の支出額の掌握のためであるか、あるいは広く庄屋追及のための旧村行財政全般の点検のためであるのか不明であるが、新しい動きであった。八月二日、農民は有浦村の時と同様の形でおしかけ、「入札払」を強行した。さらに一一日には、普恩寺村でも元今村組村の農民三〇〇名余が集会し、同様の実力行使を行った。一七日には小加倉村で同様の行動がおこったが、副戸長および県によって派遣された捕亡の出張によって農民は「引払」い、打上村では農民と副戸長が「双方熟談之上入札払[26]」を実施した。藤平、田代の両村でも同様であった。

このように、旱魃による人心の動揺を背景として、連絡をとりあった形での農民の実力行使が広範に発生した。県と唐津出張所は措置に苦慮したが、民費によってまかなわれてきた以上は居宅を農民の所有とせざるをえないという建前と、旧唐津藩による旧庄屋への給与という既成の措置との間で効果的な解決策を見いだせなかった。しかし、このような農民の実力行使と、さらに旧藩時代の献木代金をめぐる農民の行動が発生するにおよんで、県は、県官と捕亡を派遣して「鎮撫」することを急がなければならなかったのである。

献木代金問題も、庄屋地や居宅問題と同様に、農民の旧庄屋に対する攻撃であった。唐津藩では、「郷村小前之者共自分持附之山々ヨリ領主江良木ヲ立木ニテ進上致シ、官費営繕入用之時々ニ至リ伐木相成」ることが行われてきた。一八七一年、旧知事小笠原長国は、今後これを官用に使用することはできないので、入札払を行ってその代金を学校設置資金として使用するように指示した。そのため一部の村では学校設立に費消し、一部では旧庄屋が保管した。「然るニ昨今小前農民共副長江相迫リ、右進木代現金相預リ居候分并其頃学校費用ニ遣払相成候分共、是非分配受取度強情申募」たのである。この騒動の実態は不明であるが、旧庄屋の措置伺に対して唐津出張所は、両者の「協議之上」[27]学校設置に充てるようにと指示した。農民の不満はより強まったものと考えられる。唐津出張所は、庄屋居宅・献木代金問題がこのように紛糾化するにおよんで、「鎮撫」のために「捕亡吏八人斗リヒ差越」ように県へ要請した。結局、捕亡は三名が派遣され、取り締まりを実施した。唐津出張所は、「筋々之手数不経、剰へ数カ村之農民令集会其主謀タル罪科不軽所行ニ付、本庁聴訟課ニ於而御糾弾相成方」[28]を建議し、県は糾弾方針を固めた。

以上のように、旧唐津藩・幕領地域では、旧藩時代にこうむった不利益を回復することを意図して、その執行者であった旧庄屋に対する農民の運動が展開された。農民は、相互に連絡を取り合ったと考えられる数百人規模の組織的な実力行使を展開した。しかも、農民は、旧藩の支配に起因する課題のみを対象としたのではなく、県―戸長・副戸長を相手とする全面的な抵抗ともいうべき行動を展開した。前述のごとく、「入札払」を強行した普恩寺村など元今村組村、あるいは馬部村や加倉村は、収奪と戸長・副戸長の専断・不正に反対し、県を直接の対象とした抵抗の姿勢を示したのである。このような状況は旧唐津藩・幕領を広くおおうものであり、またこの地域の農民は、明和八（一七七一）年のいわゆる虹の松原一揆、天保九（一八三八）年の幕領全域にわたる村方騒動、一八七一年の打ちこわしをともなった一揆など、たびたびの農民運動を展開した経験をもっていただけに、県にとっては憂慮すべき事態であった。

以上みてきたように、この時期、県下には広範に農民の抵抗が存在し、その一部は実力行使をともなっていた。では、このような農民の抵抗がこの時期にたかまってくる要因は、何であったろうか。これまで指摘してきたもの以外の要因としては、第一に、旧慣据置による苛税の継続、第二に、直接的契機として、一八七三年春からの大規模な旱魃の発生、第三に、同年六月に発生した隣県福岡県の農民一揆の影響、などを指摘できよう。

地租改正終了までの貢租の旧慣据置は、付加税や雑税をもふくめて苛税の継続を意味し、民費その他の新たな賦課が負担をいっそう重くした。その状況は、県も認めるところであった。県は、口米・反米など付加税の免除を申請した再伺で、「旧佐賀藩并属藩管下管民分賦之法七公三民ニ而、其上反米壱石ニ付五升、口米壱石ニ付四升相懸無類之苛法、凶作之歳柄者収穫米大概公納ニ差向農民共夫食ニモ差支計算之処、御維新以来旧例之外戸副長給料其他地券調戸籍調等村費相高貧困切迫之村々多く、此儘御救助之法無之候而者凶村ニ茂立至景況ニ有之」[29]と指摘した。これは旱魃によって凶作となる見通しとなった一八七三年一一月の指摘ではあるが、苛税であることを県も認めていることが明確に示されている。これは、後に地租改正によっても裏づけられた。地租改正の報告書は、「其最モ苛斂ナルハ壱岐ノ国ナリ、佐賀島原之ニ次キ」、「管内（地租改正終了時の一八八一年は、佐賀地域は長崎県管轄下であった―引用者）ヲ通計スレハ苛重ニ失スルヲ以、改租ニ際シ其減スル所ノ租額金三拾九万弐千四円余ノ多キニ至レリ」[30]、と記した。減租率は三五％となり、全国最高を記録した。[31] このような状況では、自然災害は致命的影響をもたらすものであった。

一八七三年、大規模な旱魃が西日本一帯を襲った。五月ころから被害が顕著となり、七月には一時雨に恵まれたが、八月には再び旱魃が襲った。田植えから苗つきの時期であるだけに、人心の動揺は著しかった。

旱魃は、「当今之旱魃ニ而ハ早中田植付ハ不及申、一般白割レ之田地ト相成候上ハ、少々之降雨等有之候共迚も晩田植付之程無覚束、最早季節差急キ候得ハ明田トモ相成ヨリ外無之」[32]、「第一人馬之用水ヲモ逐日難渋差迫」[33]る状況をもたらした。小城郡では四四カ村が、佐賀郡では六カ村四九〇町余・地米三〇一〇石余が、杵島郡では三〇カ村・三三八九町余・地米二六〇三八石余が被害をうけた、と各戸長は報告した。この結果秋の収穫時には、県によっても「大凡五分通之損毛」[34]とみつもられ、千三百八十余カ村から検見が出願されるにいたるのである。

「日夜雲霓ヲ渇望シ候得共益以乏尽ニ及ヒ手ヲ束テ策ナシ、終ニ天ヲ怨ミ人ヲ咎メ動スレハ滴水ヲ争ヒ口論ヲ生シ人気不穏ノ勢」[35]が、県下全域にひろがった。各所で水論が発生し、農民は戸長・副戸長の説諭を無視し、わざわざ県官を出張させて決着をつけようとする事態であった。[36]農民は各所で「為雨請村々帰依ノ神社江数日参籠」し、「人気及屈托動ハ廻水之口論而已相醸不穏」[37]な状況をつくりだした。

このような事態に対して県や戸長・副戸長がいかに苦慮したかは、次のような行動にあらわれていた。五月、直管地域の戸長は連署をもって、三日間の「浮立」の許可を願い出た。これは、「金鼓ヲ鳴ラシ雨ヲ鬼神ニ祈ル」民間習俗であり、県はすでに前年一〇月、非科学的で「開化」にもとり、「無謂事」[38]への出費は不可であるとして禁止を布達していた。それを県は、農民の神社参籠や集会がいかなる事態を惹起するかの懸念をも承知のうえで、「一時活法ヲ施行シ却テ百事奨励ノ一端トモ可相成哉」として、「民情不穏之趣も相聞候ニ付格別之詮議ヲ以而」[39]許可した。それのみか、県は、大蔵省に届け出ずに専断をもって第二常備金を支給して「一大区一ケ所之三日三夜御祈禱」[40]を各大区の神社に命じた。また「巡回心得大意」九カ条を作成して、塵芥投棄や子供の遊水、牛馬洗いなどによる河川の汚濁を防止するため、等外官三名をして河川を巡廻させた。県は、どのような方法をもってしても、人心の鎮静化をはかることを急務としたのである。県首脳による被害の実地検分を要求した戸長らの願いに対して県が、被害の「甚敷郡村者長次官以下追々御巡回ニ相成候ハ、幾多之慰民ニも相成、且何より不程之場ニ不相赴都合も可有之」(41)と対処したのも、同様の意図にもとづいていた。現実に、すでに指摘したごとく、一部では農民の実力行使が発生していたのであり、次に触れる福岡県の農民一揆の影響も具体的にあらわれつつあった。

旱魃を直接的契機として福岡県嘉摩・穂波の両郡にはじまったこの一揆は、一〇万人が参加したといわれる。この一揆は、政府—県—戸長を自己の敵として明確に認識し、収奪と新政全体に反対したものであった。佐賀県官の報告によれば、その要求は八カ条であったといわれる。一揆は、年貢半減、旧知事・士族による藩政の復活、官山林の従前据置、太陽暦の廃止と旧暦への復帰、開明政策の放棄などをかかげて、「区々戸副長之宅ヲ及破却公用之簿書類一切焼捨」(42)、電信施設を破壊し、被差別部落を焼き、「富家豪商」宅を破壊し、県庁を襲撃した。

一揆勢は「当県へも乱入之勢」(43)をみせたが、県内の状況はこれに呼応しかねない不穏な情勢であった。福岡県と隣接する東松浦郡地方の情勢が、それを端的に示していた。第二八大区では、「福岡県人民動揺致居候趣隣県之儀ニ而追々小前之者伝承仕居候得者、雨乞として神社参籠之末如何之儀出来候哉も難計」(44)い情勢であった。事実、前述のごとく第三〇、三一大区では神社参籠を契機として、庄屋居宅・献木代金問題に関して実力行使が発生し、一一カ条や一〇カ条を不審とする農民の、県—戸長・副戸長を相手とする行動が展開していた。戸長や副戸長は、「銘々帰村参籠の場所へ出張、水利掛引その他教諭人気取鎮メ専一」(45)と腐心したが、彼らが恐れた根拠は充分に存在していた。

県は、県内がこのような状況であっただけに、一揆勢力の県内への侵入防止に精力を集中した。県は、熊本鎮台に対して二、三小隊の派遣を要請するとともに、県官・士族によって県境の防備を固めた。県庁内は、帰宅後も県官の自宅待機を命じて非常体制をしき、「本庁事務繁劇外役内備一人も難相欠」(46)き状況であった。さらに、県内で士族三〇〇名を召募し、福岡県権参事団尚静につけて福岡県に派遣し[47]、また鎮圧のための兵器その他の運送体制を、人馬の徴発が農民の反発を招くことを承知で進めた[48]。

福岡県の農民一揆が早期に鎮圧されたこともあって、結局、一揆勢力の県内侵入、あるいは県内での呼応という事態はみられなかった。しかしその影響は、すでにみたごとく、具体的に存在した。人心の動揺の進行、各所での種々の騒擾の発生という事態は、県の統治はこのような事態に対応することを基軸に据えなければならないことを意味していた。これは、旧藩時代に比して、維新後の佐賀県における変化のもっとも注目すべきものであった。

以上、岩村通俊権令が赴任して本格的な地方統治体制を形成する以前の佐賀県の特徴を検討してきた。県庁機構は混乱して機能的に未確立の状況にあり、佐賀県士族に事実上占拠されたような状態にあった。村落統治もさまざまな困難をかかえており、何よりも、人心の動揺と抵抗が強まっていた。岩村権令は、このような情勢に対応しつつ、中央集権的な安定的な地方統治体制の形成に取り組まなければならなかった。

第三節　岩村通俊県政

（一）県治方針の刷新と統治体制の再編

一八七三年七月二二日、高知県士族岩村通俊が佐賀県権令に任命された。岩村は、翌七四年一月二八日、工部省四等出仕に転ずるまでの六カ月間、その職にあった。八月中旬ころであったと考えられる岩村の入県によって、佐賀県の地方統治は新たな段階をむかえることになった。

岩村は、一八七一年一二月に任命された山岡高歩権令が実質的に県務をとらなかったことからいえば、事実上、最初の他府県出身者の長官であった。中央政府による岩村の任命は、前節でみたような佐賀県の状況を考えれば、佐賀県士族に事実上占拠された体制を打破し、安定的で効果的な地方統治体制を確立して県治の遅れを回復し、佐賀県を中央政府に忠順な地域に再編することを意図したものであった。岩村は赴任直前に大蔵卿大隈重信と会談し、施策の一部については大隈の助力を得ていたが、入県後も大隈・大蔵省の種々の援助をうけた。これは、佐賀県出身の大隈の郷党意識による部分はあるとしても、より本質的には、内務省成立前において地方統治をも自己の管轄としていた大蔵省の、中央集権的な地方統治を佐賀県に貫徹させる意図からする配慮であったと考えられよう。岩村県政の課題は、前記のように、人心を鎮静化し、県庁・村落統治機構を機能的に再編し、中央集権化することにあり、それは中央政府が注目するところであったとともに、佐賀県士族である県官をはじめとして、全県民の注目するところであった。

岩村が入県後早々に着手した問題は、第一に加地子地問題の処分、第二に他県人の県官への採用などによる県庁機構の再編と邏卒設置による治安体制の整備、第三に区制改革と区役員の改選であった。このことは、当時の県治の課題に対する岩村の関心のありようを端的に物語るものであった。

八月三〇日、県は加地子地処分の第二次令を布達した。すでに前節でみたごとく、一八七二年一月、県は地主の所有権の復活をはかるべく、地主から没収して小作人に与えられていた全土地を地主へ返還させ、小作料を半減するという第一次令を発したが、県を直接の攻撃対象に据えた一種の一揆状況というべき小作人の抵抗をうけ、二月九日に同処分を事実上撤回した。第二次令は、このような経過の上に、小作人に土地の七分半、地主に二分半を所有せしめ、地主には「手当金」として一反につき六〇銭の下賜金を与えるというものであった。

一次令に比して小作人に有利な二次令の処分は、一次令に対する小作人の抵抗に苦慮した県首脳部の判断が影響したところは大きかったであろうが、最終的には赴任前の大隈との打ち合わせにもとづく岩村の判断によるものであった。岩村は、「加地子田畑裁判ニ付金一万両丈ハ御下ニモ可相成段御内諭拝承、大ニ安心」(1)と語ったごとく、大隈との打ち合わせにおいてすでに二次令の方針を示していたと考えられるが、公式に八月初旬、大蔵省宛に「管内加地子田畑之義ニ付内伺」を提出して申請した。岩村は、「猶赴任民情等観察之上表立可相伺心得ニ候得共、此段一応奉伺候也」ということわりを付した上で、二次令とほぼ同内容の「加地子田畑処分節目」を示して、許可を申請した。「伺」は、旧佐賀藩の天保年間の処分いらい三〇年が経過しているので、「或ハ子孫ニ譲リ或ハ転売致シ、自然小作ノ者自有地ト心得候」という現状理解を示し、「今日ニ至リ復旧ニ付愚民之苦情啻切ノミナラス、到底細民之生計ヲ妨ケ可申奉存候」、と一次令を批判する。その上にたって岩村は、二次令の方針を「抑強扶弱」・「細民撫字」にもとめた。すなわち、「因テ事情斟酌其宜ヲ得ンニハ、抑強扶弱之意ヲ存シ昨春之令ヲ取消シ、更ニ別紙節目ノ如ク処分仕候者時宜適当可仕」、「雙方鎖末ノ苦情ハ不省断然布令、一意竭力累年之紛情ヲ解キ随テ細民撫字之道可相立奉存候(2)」、と。

一次令と二次令との間にある大きな差異は、加地子地問題に対する県の認識の姿勢の相違を意味していた。一次令は、所有権を復旧させるという理念的側面に比重を置いた対策であった。これに対して二次令は、三〇年間の経過と現実の状況への対応を基調としたものであり、いわば政治的側面に比重を置いた現実主義的な対策であった。このような変化をもたらした要因は、三〇年の経過ゆえの一次令に対する小作人の抵抗の激化であり、それが問題の解決を紛糾化させているのみならず、県治にも著しい影響を与えているということにあった。二次令の果断な処分の意図は、加地子地問題が単に累年の課題であったからだけではなく、小作人の抵抗が県下の人心の動揺や抵抗を刺激し、統治機構の機能的な未確立の状況とあいまって県治を遅延させている現状を打開することにあった。小作人に有利な形で解決することが、人心の鎮静化に効果的に働くという岩村の判断こそが、二次令実施が他の政策にもまして急がれた要因であった。「抑強扶弱」・「細民撫字」という方針は、何よりも人心を緩和する論理であった。大蔵省は八月八日、「無余儀事情相聞候ニ付申立之通可取扱(3)」とこれを許可し、下賜金に要する額を上申するよう指示した。

県は、二次令の実施を急いだ。九月早々、大蔵省へ下賜金総額の増額を申請し[4]、一〇月には、地主からの下賜金申請がすでに行われているので、「御下金ヲ待候而ハ機会を失シ人心ニ差響[5]」として第二常備金からの繰替下付を願い出た。また県下には、下賜金の申請については地主のみの出願では確定できないとして、小作人の連署と戸副長の奥印を要することを指令した。このような県の姿勢は、「加地子ノ義ニ付沸騰不尠候得共専ラ貧民ノ困窮ニ起ル義ニ候処、此度御再評斟恕之御指令ニテハ、地主ノ歎願等ハ頗ル相起ル可候得共説諭弁解を持テ鎮定可致相見込候[6]」という見込みにもとづいており、小作人の支持を得られれば地主の反対を封じこめて解決できるという判断であった[7]。

予想されたごとく、地主の反発は強かった。九月二〇日、第一三大区（佐賀郡）の地主二二名が、一〇月上旬には第三五および三七大区（松浦郡）の伊万里・有田地方の地主一四五名が再度にわたって異議を申し立てた。例えば後者の場合、地主は四グループに分かれて同文の歎願書を提出した。彼らは、「昨暮ヨリ飯米等モ専当切借用仕候間露命取繋申候者不少、当暮之加地子米も小作之所有と御座候得者、先以眼前之切迫実ニ難尽筆紙」と窮状を訴え、「我々伝来罷在候地面之儀者、先祖之者共家業勉励之余力ヲ以不動産之第一ト相心得相求、且亦開拓等仕候地面ニ而」、「全以御取揚切ト申義者有之間敷」、「御再評」によって「何卒天保寅年已前ニ相復ヒ下[8]」されることを要求した。地主たちは県官の説得を承服せず、所有権の回復を主張して再度の願書を提出したのであり、一部の地主は「何分落合兼候ニ付、東京罷登於大蔵省今一往歎願仕[9]」ことを計画した。管轄の伊万里支廨は、「当廨限強テ相禦候通ニテハ却テ下情折合不相附哉難計[10]」として、県にその処理をまかせざるをえなかった。県はこれに対して、佐賀藩の天保年間の処分以来「三十余年ノ久ヲ経旧官員取扱ノ振合初中後画一ナラス種々事情モ有之候得共、到底嘉永年中上支配ト為シ二部半ヲ地主ニ差遣シ七部半ヲ小作名前ニ引直シ候以来現業相貫キ居、昨壬申春処分ノ通ニハ何分難行事実有之候ニ付、彼此斟酌大蔵省稟議御指令ノ旨ヲ以施行致シ候事ニテ、嘆願之趣難聞届候事[11]」、という指令をくり返した。県は、地主の所有権の主張に対して、現実の土地所有の状況を前面に押し立てて回復が困難であることを強調するしかなく、結局、権力を背景とした抑圧策によって地主の反発を封じこめる方法をとらざるをえなかった。

状況は好転せず、県みずからが「御旨柄未タ全ク貫徹不致[12]」と評するごときものであったため、県は、一一月一二日から一二月一日にかけて、「為諭達」、小出光照大属ら三人の幹部を派遣した。彼らは、説諭の末、地主から「御達之通現地取調作主熟談地券御渡可奉願」という請書を、小作人からは「今後現地引分方ニ付而元地主ヘ対シ公平ヲ本トシ互ニ和熟致、此上御役所之御厄介不奉掛様可仕」という請書を提出させ、「地主元小作人共各自敬服之事ニ付今後違乱之筋ハ絶テ相生不申[13]」と岩村に報告した。これは地主にとっては強権による抑圧策以外の何ものでもなく、地主は「彼此御斟酌の上御処分に付、承服於不致は承服迄の処居籠でも致して可為致承服、不為承服処にては其咎にも可被処様の御沙汰」、「乍不服不得止御諭達奉戴承候」の状況に追いこまれたのである。しかし状況は県の思惑通りには進まず、地主は「陰に不平を鳴し今に紛糾不相止」、「実地着手の運に至り兼」ねる観があった。

このような状況にいたって、県の強行策は中央からも批判をうけることになり、二次令処分の実施は行きづまった。「到底民情抑制圧服せしむる等の義無之様致し度、其由て来る処非常の権法に出るに付結局の処分も権宜に不渉を得ざる事情も可有之候得共、方今民権漸厚の際、若し事情を熟考せず条理を尽さざる処より、更に官の裁判を請求するに到り候ては、独り其県のみならず官の体裁に関係可致儀に付、其辺厚く御注意[14]」、と。二次令による処分は結局、佐賀の乱の勃発によって実現せず、乱後に新たな方針による処分の実施が模索されるのである。

以上、岩村入県後の加地子地処分についてみてきた。処分自身は結局不能に終わったが、右のような経過は、加地子地問題が県政に占める位置が大きかったことを意味していた。とりわけ、小作人の抵抗を鎮静化させることが人心の動揺の緩和・統制に重要な意味をもち、県治の推進の条件を強めると認識されたがゆえに、岩村によって「非常の権法」による処分方針が採用され、強権による解決という方法が企図されたのである。

岩村は、このような人心の鎮静化のための対策を進める一方で、もう一つの課題である県庁・村落統治機構の改革を早くから進めた。まず、県庁機構について検討する。

岩村は入県直後における統治機構改革の課題を、次の二点に置いた。その一は、前述したごとき佐賀県士族に事実上占拠された体制を打破して県庁内の掌握度を強め、機能的に整備することであった。県士族に占拠された体制は、「難治県」という性格を形成する主要な要因であり、県治の混乱・遅延の原因の一つであった。しかしこの問題は、これまでの歴史的経過ゆえに相当に困難な課題であり、岩村は、他県人の県官幹部への採用と県庁内分掌の改革から着手した。その二は、治安体制の整備であった。これは人民統制の上からも急がなければならない課題であったが、費用や佐賀県士族との関係の問題などが存在した。そしてこのような改革を行うと同時に、中央集権化することが必要であった。

岩村は、九月段階で、「私入県之砌官員黜陟等も有之事務多端[15]」、「此度ハ他県之者モ始而採用致候儀ニ付、熟連も初政如何と仰望致候者人情之常ニ而、此際別而苦心罷在候[16]」、とその苦慮しているところを語った。岩村による他県人の県官への採用は、彼が権令に任命された直後の七月から進められた。その全体像は知り得ないが、今判明するところのみを表示すれば表1-4のようになる。

九名の他府県出身者が採用されている。これは、一八七三年五月現在の権令・参事をのぞく県官七二名のうち他府県出身者が三名であった（第一節の表1-3）ことからすれば、かなりの増加を意味した。さらに八月に八名、一一月に一〇名の佐賀県士族県官が免官となっていることからすれば、他府県出身者が新たに採用された可能性もあり、県官中に占める他府県出身者の割合はもう少し高かったことが考えられよう。人数にみる限りは、佐賀県士

表1－4　他府県出身県官就任表

採用日	官　位	職　掌	氏　名	出身県	族籍
7月27日	十等出仕(大　属)	出納・庶務課	渥美　広通	東京府	士族
8月25日	八等出仕(大　属)	庶務課	小出　光照	青森県	士族
	十等出仕(中　属)	租税課	北代　揆一	高知県	士族
	十四等出仕	租税課	吉田　正義	白川県	士族
	十五等出仕	出納課	酒井　正義	青森県	士族
9月3日	八等出仕(大　属)	租税課	多田銃三郎	静岡県	士族
	十等出仕(中　属)	庶務課	五十川　中	千葉県	士族
	十一等出仕(権中属)	租税課	岡田　光金	千葉県	農
10月27日	十三等出仕(権少属)	聴訟課	貝原　寛一	福岡県	士族

註：渥美広通は任命当時は大属であるが，8月4日の管制改定によれば中属に相当。
『明治六年二月以降　四課回達』より作成。

族の割合が圧倒的に高いという事実そのものに大きな変化はなかったが、岩村の意図は明白であった。

注目すべきことはむしろ、新採用者の県庁内における位置の点であろう。九名のうち、大属が二名、中属が権官をいれて四名（表1－4の註のごとく、渥美広通を含む）である。当時の県庁機構は、県令・参事、および参事を補佐する七等出仕が中枢部をなし、庶務・聴訟・租税・出納の四課の職掌は大属が責任者として統轄した。大属・中属は具体的執務の責任者・実質的推進者であり、県の幹部であった。従ってこのような人事は、岩村が県庁内の掌握度を強め、その方針を実践するための重要な布石であったといえよう。事実彼らは次第に県庁内での位置を強め、一八七三年一二月段階では六名いたといわれる大属のうちで、小出が庶務課の、多田が租税課の、渥美が出納課の責任者であり、そのもとに、他府県出身の中属らを課内の主要な職掌の主任に据える体制が形成された。例えば、租税課の場合、大属の多田が地税掛・雑税土木掛の主任を兼ね、北代が地租改正掛の主任であった[17]。このような体制の形成は、同時に、県庁内の職掌分担の再編を進め、機能的向上をはかることでもあり、また五十川中属による「五カ条の誓文」の県庁内への掲示[18]、後述する地方民会である議事所の開設の推進などにみられるごとく、地方統治に新しい要素を導入する条件を拡大するものでもあった。

岩村は、八月二五日、戸長の選任の問題とともに、邏卒設置の方法について建議することを各課に命じた。「右二条ハ官民之有益ナル固ヨリ論ヲ俟タス、雖然新規施設ノ際其方法宜ヲ不得ニ至テハ却テ人心ヲ迷惑セシムル事アルヘシ」、ゆえに「其方法并施行之順序遅速等[19]」について建議せよというものであった。

この時期の県内の治安は、聴訟課の指揮のもとに捕亡が担当していた。捕亡は、一八七二年一月の捕亡吏の設置の布達によって設置されたものであり、「職務は罪犯を探索するに始め、捕縛して裁判官に附するに終る[20]」ものであった。その規模は、一八七三年二月の段階で、本庁捕亡が一一名、七出張所捕亡が計二六名であった[21]。各区や町村には、民費によって村取締、番人などの制度が設けられていた。しかし前節でふれたごとく、庄屋地・居宅騒動、献木代金騒動で唐津支廨から捕亡の派遣が要請されたことにみられるように、この程度の規模では治安体制としては極めて不充分であり、邏卒設置の検討が急がれた。

さらに、七月一九日に違式詿違条例が公布され、その県内における実施が迫られるにおよんで、治安体制を整備することは急務となった。

違式詿違条例の県内実施に関しては、岩村と県官との間に見解の相違があった。八月四日、中山平四郎七等出仕は、県内の民情と準備の不足を理由として、実施延期を願い出た。すなわち、「当県之義者辺隅之地ニ而民間旧来之風習有之洗除致兼、違式詿違之条例冊子之通ニ者俄然一々難被相行」、「殊ニ邏卒取設方之義も当今協議中之事ニ有之[22]」、また権令・参事ともに在京中であるので、帰県後協議の上で実施したい、と。太政大臣三条実美は、九月一四日付をもってこれを許可したが、その指令が着県する前に、岩村は同条例を施行したのである。すなわち、「未タ御指令不相成内私入県ニ付、見込之筋も有之、右条令既ニ掲示」した。その「見込之筋」とは、「入県已来追々民情ヲ察スルニ、辺隅慣習ヲ以テ寛恕致シ置キ候而者遂ニ旧習ヲ脱スルノ期無之ニ付[23]」、というものであった。ここには、県治のあり方に関する両者の姿勢の相違が明確に現れている。もちろん岩村にしても、この後、地租改正などのような困難な施策に関しては、「辺隅」ゆえの民情の「旧慣」を理由として自己の方針を政府に承認させる方法を用いるが、入県時のこのような姿勢は岩村の県治の基調ともいうべきものであり、彼の従来の県治あるいは県官にたいする批判の焦点も、この県治のあり方に関する姿勢にあったと考えていいであろう。岩村の邏卒設置に関する諮問は、このような経緯の上にたっていた。

諮問にたいして、三人の県官が各課を代表する形で答議した。邏卒の規模は五、六〇名を要すること、困難な問題はその経費をどこに求めるかということであるが、官金に「定額」がある以上は官金から支出することができないこと、しかし民費という形で「民ニ賦スル」ことは「是民ヲ保護スルノ名ニシテ収斂ノ実アリ、智者ノ言ハサル所仁者ノ為サル所」、という点では三人の間に異見はなかった。そこで、聴訟課の中島彦九郎大属は、現在「一万金」ほどあるところの「元藩主ヨリ出」る「再興米」、「元代官所仕組ニテ人民ヨリ集ル所」の「役内銀」、および「雑税ヲ収納」して充てれば可能であると主張した。

庶務・聴訟課兼務の石井貞興大属は、付加税である「口米」・「反米」の免除を現在申請中であるので、その「減省スル物」を充てることを主張した。「再興米」は官金に確定し、「役内銀」は元来「民間金穀交換等ノ間銀」であるので、貧民救助・学校費などに費消すべきものであるからであった。租税課の北代揆一中属は、県下一般に方法をたてて設置する場合はよほど遅延するであろうから、当面のところ捕亡に兼務させ、二、三名に一日に一回ほど巡邏させることを主張した。しかし、どの意見もその実現性や効果の点で問題が残り、結局、石井の「今年農事不順商賈不融通ノ景況アリ、少シク猶予ヲ持テ方法ヲ建テハ民幸亦多ナランカ」という意見に添う形で、岩村は、「暫事見合可然事」(24)と指令した。

岩村は、別の案をもっていた。彼は同月、大蔵省宛に中央からの邏卒の派遣を要請したのである。岩村は、「先般赴任以来当県之事情見聞致候処、素ヨリ僻土之義ニ而風化ニ不浴ハ申迄モ無之、況長官屢変換ニ付自然人民モ方向ニ迷居候意味モ不少」、「此度者他県之者モ始而採用致候儀ニ付、熟連も初政如何と仰望致候者人情之常ニ而、此際別而苦心罷在候」、「就中頃日違式註違条例御頒布ニ付則施行仕候へとも、未タ戸長之人撰其当ヲ得不申、且邏卒之如キハ更ニ其役ニ無之、如此教具未整ニシテ目下条例ヲ以相糺候義者如何ニモ遺憾之到ニ候、戸長精撰之義ハ折角取調中ニ候得共、邏卒ニ到而者頗ル民費ニ関係候義ニ付容易ニ其運ニ到兼殆当惑致候」、と苦衷を述べ、「何分僅之捕亡吏ニ而ハ説諭者勿論監察相行届兼候義ハ深御推了被下」、「願者くハ格別之御評議ヲ以テ、凡一ケ年間邏卒壱百人至急御指下者相成間敷哉」[25]、と申請した。この願書の前半部分に示されているごとく、岩村入県後の県庁内の雰囲気には微妙なものがあった。その「初政如何」が注目されていたがゆえに、その一つである違式詿違条例の施行を効果あらしめるためにも、邏卒制度の整備は重要な課題であった。

岩村は、民費負担が困難であることを理由として、邏卒の「指下」を依頼した。これは、前節でみたごとき県下人民の状況、また右にみた県官の建議の結果からすれば、残されていた新しい解決法の一つであり、大隈と打ち合わせの上で赴任した岩村にして可能であった方法であった。しかし「指下」の要請には、経費問題の解決以上の政治的意図がこめられていたと考えられる。なぜならば、経費の問題の解決のみを意図するのであれば、政府の経費による中央からの派遣ではなく、県内で邏卒を募集し、その費用の特別支給を政府に申請する方法も残されていたからである。岩村の意図は、経費問題の解決のみでなく、「指下」自体にもあったと考えなければならない。それは、県庁機構を佐賀県士族によって占められた体制を打開する問題、すなわち他府県人の県官への採用と同質の問題であったといえよう。県内で募集した場合、その圧倒的部分を佐賀県士族が占めることを避けることは困難であろう。佐賀県士族によって事実上占拠されてきた県庁機構の改革に腐心している岩村にとって、そのような事態は許容できないことであった。さらに、邏卒に対する岩村の統制力は、佐賀県士族の場合に比して、中央から派遣された場合は、確固たるものになりうる。岩村にとって治安機構を掌握することは、本格的な地方統治体制を形成する上で重要な意味をもつものであり、同時に、中央からの邏卒の派遣は、中央集権的な地方統治体制を樹立する上でも一歩を進めるものであった。岩村の邏卒派遣要請の意図はこのようなものであったが、一〇〇名という規模に関する限り、その実現度は乏しいものであったというべきであろう。

岩村は、このような出願をする一方で、同月、捕亡費定額の増額を願い出た。県の管轄は他県に比すれば九〇万石余にのぼり、定額の捕亡費では取り締まりが行き届かず、また「当春来隣接之県下沸騰ニ就テハ、当県下取締向別而注意可致処何分行届兼」た経験を根拠として、定額外の「二割増」[26]の六三〇円の支給を要請した。すでに前節でみたごとく、人心の動揺と抵抗の進展は、県治の困難を深刻にしており、県に不測の事態が発生しかねないという危惧を与えたのである。

岩村は、一方では加地子地処分にみられるごとく一定の譲歩によって人心の鎮静化をはかりつつ、他方で治安体制の強化をはかることによってこのような事態に対応しようとした。

邏卒の派遣は、一〇月になって実現した。大蔵省は一〇月一七日、警保寮邏卒一〇名を派遣すること、当分は官費を支給するが、「着県後実際之景況ヲ按じ」[27]て民費賦課法を定め、二、三カ月のうちに届け出よ、と指令した。こうして邏卒の官費支出による中央からの派遣自体は実現したが、それは申請の規模をはるかに下まわるものであり、岩村の政治的意図を実現するには不充分なものであった。そこで岩村は、二〇名を増員する措置を講じた。大蔵省は、邏卒派遣の要請に対して佐賀県へ一〇名、三潴県へ三〇名を同時に派遣したが、その際「両県之振合ニ依リ便宜分合可致」ことを指令した。そこで「当県ハ何分十名ニてハ実際届兼候間、三潴県へ打合セ十名ハ当県譲請、十名ハ当分借請都合二十名丈相談、三十名当県へ引受相雇置」[28]くことにしたのである。

こうして、入県後から岩村が進めてきた治安体制の整備は、不充分ながらも一定の進展をみせた。しかしこの邏卒制度は、次節で述べるごとく、一八七四年一月にはいると急展開をみせ、佐賀の乱の勃発に直接に関わっていくことになる。

以上のように岩村は、権令就任直後から、県庁機構における佐賀県士族の比重を弱め、機能的に再編し、自己の統制力を強化する施策を、治安体制の整備をも併せて、推進した。このような施策は、中央集権的で安定的な地方統治体制を本格的に形成する上での不可欠の課題であった。

一方、村落統治に関して、岩村はどのような施策を実施したであろうか。すでに前節でみたごとく、岩村赴任前の統治体制はその内部に種々の困難をかかえ、特に戸長・副戸長の専断・不正が続発したことも原因となって人民の抵抗を広範に発生させ、県治の困難を招いていた。岩村は赴任後の県治のなかで村落統治体制の整備を重視し、区制改革・区役員の改選を進めた。

岩村は、前述のごとく八月二五日、「戸副長黜陟相成候ニ付、勤怠扨又才器之当否等新命之人見込等詳細進達仕候様[29]」、県官に諮問した。この諮問に先立って岩村は、入県後に戸長に対して区制改革に関する建議を行うよう指令した。岩村は、県治の矛盾と困難がもっとも集中している現場の戸長によって実態を掌握し、彼らに依拠して区制改革を実施しようとしたのである。戸長たちは、連署をもって建議した[30]。残念ながら史料的にその建議を知ることはできないが、他にも戸長による個別の建議が行われており、そこから戸長の現状認識と県への要望のおおよその内容を知ることができる。以下、八月二五日に第一八大区戸長上滝空蝉によって提出された「謹白」・「見込書」、九月に第二九大区戸長江口彦五郎・三〇大区戸長長谷川熊治によって提出された「建白[31]」を中心に、検討してみよう。彼らの建議は、単に区制改革に関する範囲にとどまらず、当時の県治全体におよんでおり、区制改革はそのなかに位置づけて言及されていた。

彼らの現在の最大の困難は、人民の政治的成長による抵抗の高まりによって、戸長・副戸長の権威がゆらぎ、執務の効果があがらないというところにあった。「謹白」は、「各区ノ戸長ニ於テモ亦私同様碌々トシテ尽力ノ実際聊モ相見不申、殊更ニ地券調ノ上帳或ハ小学校設立ノ御栄出シ等畏承罷在ナカラ速ニ其成功ヲ奏スル能ハス、其他期限物ノ御布達モ唯責ヲ防クカ為ニ一方ヱ触流置候迄ニシテ一向急埒イタサス」、と現状を指摘した。また「建白」

は、「本月中私共不才ヲ以職ヲ辞スルニ御採用無之」、「毎度申上候地券調方運不申実ニ恐縮之至御座候、当今之形情ニテハ其成功ヲ慮ルニ其期何レノ時ヲ期ヤン、御体裁ヲ挙ルニ時ナシ憂苦至極ナリ、夫故先般モ職ヲ辞スルニ至ル」、と主張した。これらの主張は、例えば上滝であれば「愛国ノ微志」[32]をいだくがゆえの多分に誇張された表現ではあるが、前節でみたごとき人心の動揺と抵抗の高まりのなかで特に、上滝は旧藩仕組代金の下付金の分配をめぐって、江口や長谷川は庄屋地・居宅問題・献木代金をめぐって農民の騒擾が発生した地域の担当者であるだけに、その執務の困難さや遅滞についての認識には厳しいものがあった。

彼らは、このような遅れや困難をもたらしている原因を、人民が「因循」であり「陋習」を脱し得ないことにもとめた。人民は、「全ク置県以後県治ノ要領ヲ了解セス、唯々陋習ヲ固守スル」(「建白」)、「当十八番大区ノ義ハ就中山隅ニシテ、無識ノ民庶共世襲ノ変改ハ自然ノ勢ヒナル事ヲ了解不致処ヨリ、専ラ因循ニ固結して従前土地ノ風俗ヲ耳ニシ、旧慣ヲ良法トなし日新の百度ヲ不相好」状況にあり、それのみか「剰ニハ不定ノ政歟之様誤解罷在」、「下愚之旧慣」として「頻ニ私門ノ訴ヲナス」(「見込書」)ために騒擾が発生する、というのが彼らの認識であった。しかし、現実には「因循」や「陋習」が強固に存在し、それが執務の困難を招来するような事情はあったとしても、前節で述べたごとく、「不定ノ政歟之様」に県治を把握し、「私門ノ訴ヲナス」ような行為は、実は人民の批判精神や権利意識の成長を意味するものであり、維新後の人民が政治的に成長してきていることを物語るものであった。

それゆえに、「戸副長ノミニテ説諭奮励ストモ素ヨリ民費支給之賤吏、屢スレハ疎マレ且孤疑ヲ生シ可申」(「建白」)状況が生まれたのであり、また「戸副ノ場ニお以て暴動集庶ノ律等有之段仰山ニ申諭シ」、「民情ヲ汲取不申」ような戸長の権威主義的対応がなされた場合には、「其後戸副長之権力モ自然ト相潰レ、方今ニ而ハ御用取扱所ヨリ呼出候人有之候而も不参位ニ相成居」(「見込書」)るような人民の抵抗の高まりが発生したのであった。上滝ら士族戸長にみられる治者意識と愚民思想を内容とする士族意識は、一方ではみずからの執務に関する強い使命感を生みだしながらも、他方では、伴いがちな権威主義的姿勢によって人民の抵抗を助長するものであった。

人民の抵抗の高まりをその「因循」・「陋習」にもとづくと認識した彼らは、その原因についても言及した。「建白」は、「昨今農民苦情ヲ鳴シ疑惑ヲ生スルモ、元公租ヲ軽スルヨリ起ルト恐察ス」と、「従来ノ慣習難去」い結果としての貢租軽視にもとめた。すなわち、「従来ノ慣習難去、不納不足ノ者ハ期ニ臨ミテ其掛里正ニ哀情ヲ乞、里正モ不得止他ノ調達ヲ以官ニ供シ、然シテ年ヲ送ルノ風今ニ存セリ」、それゆえに軽視するのだと。この時期、貢租不納者がある場合、ひとまず不足分を民費や大区小区の経費等によって補塡して納入し、後に不納者に完済させることは県下一般に日常的に行われており、それがもたらす公財政上の問題をめぐって紛議が絶えなかったのは事実であった。[33]そのため「建白」は、「昨壬申十月御布告ノ次第モ有之候ニ付、租税其外取立ノ儀ハ十戸惣代ニテ取纏、若シ期ヲ過キテモ不納アラハ十戸組合ニテ相弁スルノ法ヲ立ラレナハ十戸互ニ可遂吟味乎」、と提案した。

また「見込書」は、その独得の統治方針観から県の施策を批判して、次のように述べた。「そ連頑民ヲ牧スルハ金穀ニ而懐ル歟又ハ権力ヲ以威シ候歟、此両策ニ依サレハ人望ヲ得かたし」、現在は経費多端の折であるので「御振恤ノ御手モ難被相付」、そこで「法律等厳ニ被行」、「信賞必罰ニ被相行、民庶畏服仕候道無之而不相叶」、と。しかし、「頻ニ私門ノ訴ヲナスハ下愚之旧慣」であるにもかかわらず、「其片言ヲ尤ニ聴官員方間ニ者御座候哉ニ而、下方益々狡猾ニ流レ」、「下愚横着ヲ構ヘ上御布令ノ御旨ニ悖リ、下戸副長ノ説諭をも納サル通ニ成行申候」、と県官の姿勢を批判した。これは直接的には、第一八大区における騒擾に関して、県が農民の主張を正当と判断して下付金の分配を実施させた件を批判したものであるが、人心の鎮静化を県治の重要課題とする県の現実主義的な対応の姿勢を上滝の統治観から批判したものであった。

このような状況下に置かれていた戸長は、それを打破するために、県への依存度を強めてその効果的な対策を要請した。彼らは、「県官現地実況御巡回地券ヲ始廉々御諭達、尚御検査之儀至急ニ有御座度」、あるいは「当年ヨリ大検見ノ噂アリ、未タ御布令ハ無之候得共弥大検見御確定ニ候ハ、今ヨリ至急御発令相成度、是田畠引付六ケ敷是ヲ勉励シ其功ヲ奏セハ地券ヲ調査スルノ一助可相成」（「建白」）、と県官の巡回・説諭や検見の実施を要請した。しかし彼らがもっとも重視したのは、区制改革・区役員の改選であった。

「謹白」・「見込書」は、「各区ヨリ自分受持ノ場所一躰ノ景況ヲ具状致サセ、其土地ニ応シテ戸副ノ人撰且分区之御処分相成方ニ可有御座」、と現地の実情に即応した区制改革・区役員の人選を要請したが、特に重視したのは人選の問題であった。上滝は、先に引用したごとき戸長・副戸長の執務が進展しない状況の指摘に続けて、「加之下情化域ニ趨キ候様説諭ノ不行届ハ全ク戸副ノ人撰允当ナラサル故歟」、と戸長・副戸長に能力・資質が欠けている点を問題視した。と同時に、「畢竟御県政ノ不進官員方且戸副ノ因襲ニ在リ」、と県政の遅延の原因は県の側にもあることを指摘した。県の「因襲」とは、県が貢租徴収の円滑化のために人民との摩擦を避けることを重視する採用方針をとり、能力・資質に欠ける人物を戸長・副戸長に任命することを意味していた。すなわち、県は「租税ノ方向ヨリ申サハ必旧吏ヲ用ヒスンハ事務弁セサルノ論」にたって、「戸副ノ義ハ一躰平常ノ好人物ヲ御採用ニ付、方今創業ノ器ニ的当セス」、と批判した。彼には、それなりの根拠が存在した。彼は、「戸副ノ人撰允当ナラサル故」に、副戸長だけでも改選したいと一八七二年一一月に県に申請したが、県は「其論衆幾シト雖トモ各区ノ副長ニ差響」くとして許さず、「殆ト遺憾ニ不堪候得共、詮方ナク其侭ニシテ斯ク姑息罷在」、その結果、翌一八七三年五月、その副戸長が原因となって騒擾が発生したという経験があった。そこで上滝は、「改革ハ只大区ヲ御合併相成候迄ニシテ其戸副ヲ依然ト御用ヒ」るような「姑息」な改革を避けることを県に要請し、「寧ロ此機会ニ皆貶黜シテ其器ニ応スル人材ヲ御抜擢相成度」と主張したのである。この論理は、「建白」の場合も同様であった。「建白」は、「今日副長ノ名ニシテ元里正ナリ、古ノ人ニシテ古ノ民ヲ御スル束縛ノ法アレハ然リ、古ノ人ニシテ今ノ民ヲ御スル甚難シト云ヘシ」、と旧庄屋層が多く採用された副戸長を特に問題視し、彼らが専断・不正その他によって人民から攻撃され、執務が進展しない状況をふまえて、「方今創業ノ器ニ的当」しないことを指摘したのである。「建白」の意図したものは、「望ラクハ士族壮年ノ者ヲ撰シ一旦民ノ耳目ヲ新ニシ、改釐ノ基定テ後人材登用モ不晩哉ニ恐察ス」、というところにあった。

このように、建議した戸長は人民の抵抗に苦慮した人物たちであり、彼らは、専断や不正その他の「因循」・「陋習」によって人民の抵抗を助長している旧庄屋層出身の副戸長を特に問題視し、士族から「方今創業ノ器ニ的当」する人物を採用せよと要求した。ここに、佐賀県設置いらい進められてきた士族戸長・副戸長に依拠する村落統治体制が、いっそう進められようとするのである。

この時期、戸長が重視した区制改革の課題としては、人選の他に、大区合併の区役員給料およびその分課法などがあった。大区合併については、戸長への建議指令の際にすでに県が表明していたとも考えられるが、前節で指摘したごとく、行政最優先の方針ゆえに分割不要の市街を複数の大区に分割し、県下を四一大区に編成するような大区制は、人民の実生活から遊離し、また過大な財政負担を人民に強いるゆえに、合併その他の再編が必然とされる状況にあった。上滝は「謹白」のなかでこの問題についても言及し、二大区を合併し中央に区役所を設定しても、土地広大であり山野を含むので往来に難渋し、事務も「弁用不致都合」があるので、「其辺ノ状態ハ尚篤ト御注意可被下」（「謹白」）と要請した。戸長以下区役員の給料およびその分課については、「斯ル年柄不人気之次第ニ付即今取立方難出来」(34)という状況であるゆえに、不公平の是正その他の適性化を要求していた。

区制改革に関する戸長の関心は、このようなものであった。県は、江口・長谷川らの「建白」に関して、「建言之趣頗ル確立之論ナリ、近日潤色処分之上詳細可及指令候条書面留置候事」(35)、と指令した。上滝の「謹白」・「見込書」の場合は、それが三月の騒擾に関して県と異なった判断をかなり含み、県の措置にたいする批判も強かったため、県官の間で異見があり、指令内容を容易に統一することができなかった。

岩村は、このように戸長や県官への諮問を行いつつ、区制改革の作業を進めた。改革の緊急性は、県にとってと同様に、戸長にとっても大きいものであった。戸長連署の建議がなされてから一月も経過しないと考えられる九月八日、佐賀地方の戸長一〇名は、改革の実施の遅延を理由として戸長辞職願を提出した。願は、建議をしたにもかかわらず「今以御改正無之諸般淹滞ハ勿論、追々新穀御収納之期ニ相望ミ当凶作ニ而者就中大手入之業前可有之処、打追之通ニ而者弥以季節遅とも相成、終ニ人民之疾苦ヲ醸シ候通立至リ候而ハ甚以恐入候次第[36]」と指摘し、辞職を主張した。その直後、第一六、一七、一九、二〇の四大区の戸長も、同文の辞表を提出した。旱魃による被害が大きかったがゆえに、予想される収穫・税納期をひかえての人心の動揺や抵抗の高まりに対処する体制を、早急に整備しておく必要があったからである。

一八七三年一〇月、県は区制改革を実施した。その特徴は、次の点にあった。

第一に、従来の二〜三大区を合併し、四一大区から一八大区に再編したことである。合併区は、例えば第八・九大区のように呼称され、一つの大区取扱所が適当な場所に設置された。この結果、県下は一八大区九七小区に分画して統治されることになった。これは、大区割の前述のような欠点を是正したものであり、人民の現実生活により即応した体制に修正し、大区の規模をその区民の財政負担能力に適応させ、民費を減少させて人民の負担軽減をはかろうとするものであり、同時に、村落統治の集権化を進めようとするものであった。この後一一月、四一大区という区割がもたざるをえなかった村落統治上の分散性を補うために設置されていた三カ所の支廨が廃止され、全県下が直管化されて単一の直接的な村落統治体制が成立した。

第二は、大区取扱所に筆生・小使を設置し、執務体制を強化したことである。筆生は、戸長の指揮下で大区事務を補助する職であり、原則として三名の設置が認められた。従来、膨大な量の執務を消化するために各区務取扱所では、筆者あるいは雇などの名称の事務補助者が、民費あるいは区役員の私費によって置かれる場合が多かったが、その設置や経費などに関して区民の疑惑を招きやすく、紛議の主要な原因の一つとなっていた。筆生の設置は、このような要因を少しでも除去するとともに、何よりも、戸長・副戸長の執務の遅れを回復することを意図したものであった。小使の設置は、三名を原則とした。しかしこれらの定員に関しては、地域によって職掌や人数の需要度に差異があるため、県は、副戸長、村長、筆生、小使の人数を地域の広狭・人戸の疎密に応じて調整することを許した。例えば、副戸長一名を減じて、筆生二名を増員するなどのことが可能であった。

第三に、村落に村長を設置し、小使を付属させるなど、村落の執務体制を強化したことである。村長は、県の布達によれば、「副戸長手代ヲ村長ト改称候事」[37]、と小区を担当する副戸長の執務を補助する「手代」の改称されたもののごとくであるが、単なる名称の変更ではなく、戸長の指揮のもとでの村の行財政全般の責任者として設置されたものであった。布達された「村長心得」は、「村長職制ハ其合併村中之風俗ヲ正シ諸般ヲ整理シ、御布告ヲ能ク了解順達シ、正副戸長ノ指揮ヲ受、租税之事ニ於テハ事務所ヨリ相渡候御伝帳ヲ以無已議期限ヲ迦サス取纏メ事務所租税部江収納候事」[38]、であった。村長は、布告・布達の徹底と徴税を任務とする一〇戸惣代を指揮して、村中の「諸般ヲ整理」する行財政の責任者であった。小区を担当する副戸長の執務の補助者として複数が配置されてきた「手代」にかえて、県が村長を設置したことは、民情の掌握と統治の貫徹をより容易にしようとしたものであり、正副戸長の執務の推進のための条件を強化することを意図したものであった。小使は、村長の執務の補助者として、一〇〇〇石に二名、二〇〇〇石に三名を基準として設置されたが、その規模は、村の広さや人口などの条件によって一定の融通性が与えられた。

このように一〇月の区制改革は、人民の現実の生活への即応性を強めるとともに、民費を減少させる形でその財政負担へも一定の配慮を示しながら、戸長・副戸長の執務条件を整備し、村落統治の集権化をはかることを意図したものであった。

区制改革にともなって、戸長以下の改選が実施された。史料的にその全体像を知ることはできないが、先の戸長の建言に添う形で、士族の採用が進んだであろうと推測される。戸長一名、副戸長四名が当時の規模であるが、現在判明するかぎりでは、五名全員が士族である大区が計三区、五名中の四名が士族であり、一名が族籍不明であるが士族であると推測される大区が計四区、三名が士族であり、二名が族籍不明である大区が一区である。その他の大区は正副戸長の氏名が部分的にしか判明しないが、そのなかには、例えば佐賀市街の二つの大区や武雄のような、全員が士族であったろうと推測される大区が含まれている。[39] 副戸長の人選については、県は「戸長并組惣代ノ具状を以撰定」する方針を決定していたが、区制改革が実施されたので、「此節丈ハ新命戸長差出を以、官ニ於テ撰定相成方ニ者有間敷哉[40]」という県官からの建議がなされており、この建議が実施されたとするならば、前述のごとき戸長の提言に即して士族の採用が進んだと考えられよう。上滝空蝉が戸長であった第一八大区は、合併されて第六・一二・一八大区となったが、三月の騒擾の原因をなした旧庄屋出身の四名の副戸長は免職され、上滝および新たに任命された副戸長は、全員が士族であった。

区役員の改選は、必ずしも順調に進んだわけではなかったようである。副戸長の新しい任命が遅れたため執務に渋滞が生じたり、塩田支廨のように、戸長の新任命がないうちに旧副戸長を罷免したごとき混乱が生じていた。前者の例を示したのは、第九大区の場合であり、「我々儀九番大区副戸長被命置、今般区制御改革ニ而戸副長共最早新命相成、新古混動ニ而諸栄出且諸等区々ニ有之、不都合ノミニ而終ニハ人民之疾苦ヲ醸シ候通ニ移行可申[41]」、と副戸長五名は連署して辞表を提出した。

村落統治体制の整備は、このような区制改革の実施を重点に、それと関連する施策が同時に進められる形で展開された。なかでも、人民の疑惑や抵抗の原因を除去し、人心を緩和する政策が重視された。一〇月一八日の貢租・民費分課の結果を村長宅前に掲示せよという布達も、その一環であった。大区の区務取扱所にたいする県布達は、

「従来貢納並民費之筋分賦精算之儀戸副長ニテ相整兼、内分ニテ筆者ト申者ヲ相雇、其入費矢張民費ニ相立候処ヨリ曖昧ノ取計モ有之、依之民間之不審モ不尠哉ニテ以ノ外不宜次第」、と従来慣習的に行われてきた民費による筆者の雇傭を厳しく批判した。筆者の雇傭は、民費の負担増および仕事内容の不鮮明さゆえに、人民の疑惑を招きやすいものであった。それ故、布達は、「此後ハ戸副村長ニテ計算取立之上、向六月ニハ貢納ハ勿論民費分賦之割合迄村長ノ宅前ニ掲示場ヲ置明瞭相示候条、其節ニ到リ不都合之義等無之様兼テ心得可申置候事」を指令した。同時に県下一般に対しても、「従来貢納民費並民費取立之義ニ付小前ニ於テ不審之義モ不尠哉ニ付、向六月ヨリ其村長宅ニ於テ掲示場相設委細ニ相示シ候条、尚不審之廉モ有之候半ハ其筋ニ申出候様」、と布達した。これは、徴税を公開することによって人民の疑惑を減少させることを意図したものであるが、同時に、掲示場の設置は人民に県治の意図を浸透させる上で有効な手段となるものであった。掲示場の設置は、「極メテ妙ナリ、下民ノ疑ヲ解スル之レニ若ハナシ」と県官の間で評価され、新聞を掲示して「開化ヲ補ン事[42]」も計画された。さらに「本年（一八七三年―引用者）第貳百拾三号布告之通、掲示日ヨリ三十日ヲ経レハ人民知を得タル事と看倣ス[43]」という規定の制定は、掲示場の役割をいっそう大きなものとした。県は二月五、七日の両日、破損せずまた風水にも堪えられる掲示場を設置することを、細かい点にまでわたって指令したのである。

岩村が権令就任直後から積極的に推進した施策は、以上のようなものであった。それは、人心を鎮静化し統治機構を再編するという当時の県治の課題のなかで、とりわけ急を要する加地子地問題を解決すること、他県人の県官への採用によって県庁内の掌握と機能的再編を進め、区制改革・区役員の改選によって人民の抵抗を緩和するとともに、県治推進の条件を整備すること、を直接の焦点とした。これらの施策は、岩村県政の基礎作業をなすものであり、彼による地方統治体制の本格的形成の第一段階をなすものであった。当時焦眉の課題であったこのような施策の推進の上に、この後、他の重要施策が実施される。しかし県治の遅れが全面的で著しいものであったがゆえに、これらの施策の成果を待って他の重要施策を実施するという余裕はなく、地券調や収穫・税納を控えての対策など、当面の対応を迫られている諸施策が次々と実施されていった。

九月七日、租税課は、地券調の促進のために、地券掛県官を派遣することを起案した。地券調は「遅延相成訳無之筈」であるが、「地券発行之御趣意而已ニテハ村方下々迄貫徹致兼候都合可有之哉も難計」、地租改正条例も発布されたので急がなければならない、というものであった。この県官の稟議は、なぜ「貫徹致兼」るのかという点に関する認識が欠けているところに問題はあったが、県官の派遣による督責という方針は、岩村の赴任を契機として、従来よりも積極的措置を講じなければならなくなっていたことを意味していた。これに関連して、戸長を県庁へ出頭させて岩村権令が直接に説諭する案なども出されたが、二つの意見が対立した。庶務課の石井大属は、従来の県の方針を踏襲して、次のように主張した。地券調の遅延には特別に「子細」があるわけでなく、「全ク戸副長随意ニ因」るのであって、「曾テ十八番大区戸長上滝空蝉ノ建言中ニ云、隣区ヲ顧ミテ遅延ス他ノ故有ルニ非ス」、と上滝が「謹白」において指摘した「期限物ノ御布達モ唯責ヲ防クカ為ニ一方ェ触流置」くごとき戸長の職務怠慢に原因がある。従って、地券掛から「子細ニ事務ノ順序ヲ差図」し、「遅延ノ元由戸長ニ在ル者ハ是ヲ責メ、副長村長ト其事実ヲ将テ期限等相立、不任其任者其所分ヲナサハ」特別な措置を講じなくとも進展する、と主張した。戸長の姿勢に責任があるとするこの見解は、先にみた戸長の建議に記された村落の実情を充分に理解していないことを意味していた。戸長の職務に対する姿勢に欠陥があることは事実であったが、それ以上に、人民の政治的成長に伴う抵抗によって戸長の権威が動揺し、執務全般が困難になっていることに問題があった。

これに対して、森長義参事は、地券調の遅延は「畢竟県官不注意ニ帰スル論ヲ待タスト雖モ、未タ民情切迫懇誠ニ其令ヲ心得サルニ由ル(44)」、と主張した。彼は、人民の困窮や人心の動揺、抵抗にこそ、根本的な原因があると認識した。事実この時期、「村地反別代価調等ニ付種々孤疑を生し兎角遷延(45)」するような状況が存在し、また地租改正に関して「民間ニ於ハ従来ノ租額ヨリ百分ノ三収納相成候義ト誤解イタス者往々有之哉ニ相聞」えるような、人心の疑惑や抵抗が存在した。県は、「事柄不容易[46]」として、地租の算出方法の具体的な雛形を例示してこれを戒める布達を出さなければならない状況であった。

森は、このような事態を認識し得ず、効果的対策を実施し得ない県官にも責任がある、と指摘したのである。これは、石井大属に代表される従来の県官の姿勢、およびその施策を批判したものであった。その認識の上に、彼は、県官派遣は「戸長新任相済ミ候上懇々談示ヲ遂ケ、而後一時ニ発セント欲ス」、ゆえに県官を派遣して督責するという布達を発して「人心ヲシテ予メ覚悟ヲ極メシムルヲ要ス[47]」、と主張した。緒局、森の判断に添って裁決され、一〇月三日、地券掛県官が一〇月下旬から出張して検分する旨の布達がなされた。

地券調はこのように、区制改革の実施後に具体的な積極策が実施された。そこで岩村は、租税寮からの地券交付の推進を意図した進行状況の問合せに答えて、次のように上申した。「元来当県之儀者西辺之僻土ニ而、其民頑固世体ニ暗き処より自然旧慣を甘し改正を不欲、村地反別代価調等ニ付種々孤疑を生し兎角遷延罷在、是迄度々説諭を加へ候得共今以調方出来不致村方茂有之趣ニ付、拙者入県以来地券渡担当之官員江厳敷申談、戸副長並地券掛附属等江茂督促為致候得共、既ニ券状渡済之分者佐賀旧城下市街並貫属屋敷之分而已ニ而、其余未一郡一区ニ而茂皆渡之場合ニ至兼」ている、そこで「即今之姿ニ而者未地券渡済不相成村々俄ニ改正法施行致候ハヽ、民心ニ払戻却而窒滞を醸し争論とも可相成者必然之形態ニ付、先一旦券状相渡一郡一区成共渡済之上其分ヨリ追々改正法施行之手順ニ相運可申心得ニ有之」、「来甲戌年中管下一般改正法施行可相成目的者立兼候[48]」、と。

しかしその後、区制改革・区役員の改選によって、「民情切迫」あるいは「孤疑」などの人民の抵抗によって遅延している地券調が促進することを期待した県の思惑は、必ずしも満たされたわけではなかった。時期はちょうど収穫期にあたっており、後述するごとく、旱魃による被害が著しかったために大規模な検見が実施されなければならなかったのであり、人心の動揺は強まり、県自身が検見の実施や人心の慰撫に忙殺されるのである。一二月四日になって、県は地券調の提出期限をそれぞれの状況にもとづいて申告せよと布達したが、効果はあがらなかった。県は翌一八七四年一月一四日、これ以上遅延しては「実ニ不体裁且見込通ニも運ヒ兼、本省江之御猶予期限ニも成功難相成歟」として、二月二〇日限り提出するよう指令した。布達は、佐賀県のみが遷延し地調帳とも提出しないようでは「実ニ不体裁不而已民費も嵩ニ相成」る、このような状況は「畢竟戸長已下精不精ニ寄」るのであり、「若日限及遅延候村方ハ諸帳簿持参於庁下取調可申事」、と但書を付して強調した。この時期、県下の一部では「不日落成[49]」の地域もあったとされている。しかし結局、佐賀の乱の勃発によって、これは成功をみなかった。

収穫期、さらにはその後の税納期が近づくと、県は、積極的な人心慰撫策を推進した。前節でみたごとく、この時期、旧慣据置による苛税の継続、大規模な旱魃による被害によって人心は動揺し、あるいは人民の政治的成長によって人民の抵抗は強まっていた。さらに一〇月初め、暴風雨が県下を襲い、「方今世間一種流行病相行劇性之向ハ屢々斃候もの数多有之[50]」、といわれる伝染病が発生した。従って、人心を慰撫し、不測の事態が発生することを回避するとともに、貢租・民費を確保することは重要な課題であった。

岩村は、一〇月一四日に県下に布達した上で、小出光照大属以下三名の県官を同道して、一七日から県内巡視を行った。巡視は、すでに旱魃が激化していた六月、第一六大区戸長らによって、あるいは前述のごとく、九月に第二九、三〇大区戸長らによって要請されていたものであり、その要望は戸長のなかに強かった。この時期の岩村の巡視は、区制改革実施後の県下の実情を掌握し、地券調その他に関して戸長らの執務を督責することを課題としていたが、旱魃・風災後の収穫の見分と検見実施の事前調査としての意図をもつものでもあった。さらに何よりも主要な目的であったものは、人心の慰撫であった。第一六大区戸長らによる旱魃による被害の巡視願に対して、県は「追々巡視相成義ニ候条其旨可相心得事」と指令していたが、その意図したものは、巡視が「幾多之慰民ニも相成、且何より不逞之場ニ不相赴都合も可有之[51]」というところにあった。この意図は、この時期になっても意義が小さくなるものではなく、収穫・税納期をひかえているだけにむしろ増大していたといえよう。岩村は約二週間後の一一月一日に帰庁し、旱魃と風災によって「稲粟等大ニ損シ大凡平均五分通之損毛ニも可有[52]」と大蔵省に報告した。この巡視は岩村に強い印象を与えたらしく、この後、負担軽減のための付加税廃止の大蔵省への申請、全県的な検見の実施、などの施策が進められた。

一一月二四日、租税課の多田銃三郎大属は、「口米反米免除之儀ニ付戸長共より申立之趣茂有之候得共、右者容易ニ御伺済難相成筋と見込候得共、恤民之尊志を以御伺可相成御決議ニ付」、と岩村の指示にもとづいて伺案を起草した。伺案は、前節に引用したごとく、旧慣据置の結果、佐賀地方は、七公三民の貢租および口米・反米などの付加税など「無類之苛法」が継続されており、凶作の年は収穫米はほとんど貢租に充てられ、農民は食糧にも困窮している、その上維新いらいは戸副長給料・地券調・戸籍調などの村費がかさみ「貧困切迫之村々多く、此侭御救助之法無之候而者凶村ニ茂立至景況ニ有之[53]」、今年は旱魃・風災によって大きな被害をうけているので、一年間だけ免除してほしい、と主張した。大蔵省は、地租改正終了まで旧慣据置であることを理由として、不許可とした。翌年一月、県はさらに伺を提出し、「前事件御差許無之ハ人気沸騰者勿論、去秋未曾有之干損大違作ニテ貧村ハ忽チ潰ニ及ヨリ外無之[54]」と指摘して、一年間の免除を再要請した。このように負担軽減という形で、収穫・税納期をひかえた人心慰撫策が推進された。

収穫が平均五割方の減収となると評価されただけに、検見は大規模であった。県下で「千三百八十ケ村余之村々悉皆検見願出[55]」る状況となり、当然ながら県官のみでは足りず、「一時御雇之者数十名[56]」を指揮して翌年一月一七日に終了した。検見は出願村が多数であること、および「検見法従前之仕来ニ而甚手数相懸」るものであったため、「本官雇両三人ツヽ組合セ一日一組三ケ村宛検見致シ、二十一組として日数二十二日程相懸り、往返日数を加え二十五日」を要し、帳簿精算に関しても、「検見仕出シ諸帳簿等旧慣法ニ而殊之外煩細、実不容易手数相懸り」、「三十日も相懸」ると予定される大規模なものとなった。このようなものであったため、「少人数ニ而連々検見仕居候而者刈旬ニ相後連下民難渋仕候而已なら須、自然坪様登合相減貢額ニ相響御不益不少[57]」であるので、数十名の一時雇を、県は事前の大蔵省の許可をうけることなく、専断をもって雇い入れて作業を進めた。このような県の姿勢は、検見の規模が大きく、また刈り取り期を遅らせてはならないという事情が働いていたとはいえ、岩村が、被害状況を実際に見分し、人心の動揺と抵抗の高まりのなかを巡視したことによっていると考えられる。岩村は、この経費支出を大蔵省へ事後申請した。同省は、臨時雇傭自体は余儀ない次第であるとしながらも、岩村の専断は不都合であると批判したが、出格の訳をもって許可する、と六五〇円の支給を了承した。また一一月二八日には、「当秋作ハ全ク不毛ノ場所モ有之、追々畑落願出候村々不少[58]」、と畑作の部引きを申請するための雛形も布達した。

以上のように、岩村は、入県直後の加地子地処分、県庁・村落統治機構の再編を意図した第一段階の施策の上に、地券調や県内巡視、付加税免除申請、検見などの施策を実施した。収穫や税収期をひかえた対策であるこれらの施策は、人心慰撫を主要な関心としており、その意味では加地子地処分の基調と同質のものであった。

(二) 民会の開設

岩村は、この経過の上にたって、一一月から統治体制の編成の第二段階とでもいうべき施策に着手した。これは、一一月の戸長の県庁への出務、翌一八七四年一月の地方民会である議事所の開設を内容とした。県庁内の掌握と機能的再編、および村落統治機構の執務条件の強化と集権化を主な内容とした第一次段階は、地方統治体制の基礎的条件を整備しようとしたものであった。それに対して第二段階は、戸長の能力を強め、官吏化し、県庁と村落統治機構の結合を強化して県庁を中心とする統治を進めようとするものであり、これを民意調達という新たな統治方式によって補強しようとしたのである。このような方針は、従来の佐賀県政にはなかったものであり、岩村県政の特徴を示すものであった。

一一月一三日、県は戸長に対して交替で県庁に出務せよと布達した。その第一条は、「管内之戸長十八名を仮ニ十八大区と見做し三大区を以一組と相定免、右一組之者十日を請持郡中惣代として県庁へ詰切り、布告を下ニ達し諸願伺等を上ニ達するを司り、上下情実貫徹スル様可致候事」、第二条は「八の日を以て惣戸長之庁ニ昇ルを廃し、更に月の十五日を以て各郡戸長会議を開くへし」、「但令参事及諸課官員之内ヨリ此席ニ出候事(59)」、第三条は、戸長が出務できないときは副戸長が代理することを認める、というものであった。この指令は、一一月初めに、唐津、伊万里、塩田の三支廨を廃止し、全県下を直管化したことをうけての施策であった。

この施策がもっていた意味は、次のような点にあった。第一に、この施策は、全県下の単一で直接的な統治を実現しようとするものであったことである。区制改革は、四一大区を一八大区に集約化したことによって、従来の大区割がもっていた分散性を補う機能をもたせられていた支廨を廃止する条件をつくりだした。そこで県は、戸長の県庁における執務によって県の統治意図の徹底と民情把握を潤滑にさせ、単一で直接的な統治を内部から支える機能を果たさせようとしたのである。惣戸長会が廃止されたのは、戸長の県庁への出務、および郡戸長会議への県令以下の県官の出席によってその機能を代行しうると判断したからであった。また郡戸長会議の開催は、行政を郡単位で集約し統括しようとするものであるが、この地域の実状により即応した形での集約・統括は、単一で直接的な統治を効果あらしめるものであった。第二に、この施策は、戸長の行政能力・資質を養成することを意図していたことである。すでにみたごとく、県治の遅れは、戸長の行政能力や資質の欠如に原因の一端があり、人民の抵抗の高まりに関しても、また同様のことが指摘できた。県庁における執務によって能力を練達させ、県治の担い手としての自覚と視野を拡大させることは、「創業の器」としての条件を養成することであり、県治推進の不可欠の課題であった。

第三に、この施策が、県による戸長の掌握と統制を強化し、戸長を官吏化し、県の官僚的支配をいっそう推進しようとするものであったことを指摘しなければならない。岩村は、他県人の県官への採用によって、佐賀県士族によって事実上占拠された体制を打破し、県庁内に対する掌握と統制を強めた。他方、村落統治機構においては、旧庄屋層出身者が人民の抵抗を惹起し、県治の遅延の原因をつくっていた状況下では、士族戸長への依存度を強めることは余儀ないことであった。しかし県官と戸長との関係は、必ずしも順調であったわけではなかった。第一八大区戸長上滝空蝉は、先述の「謹白」・「見込書」において、県官の戸長にたいする権威主義的姿勢を批判した。彼は、「只今ノ如キ使部ノ受付ニ而容易ニ官員方ノ傍江罷出候義も不相叶、恰モ奴僕ニ等キ御取扱御座候[60]」と指摘した。県官の側は、これと異なった見解をもっていた。租税課の多田銃三郎大属は、戸長が県官を軽視する傾向があると批判した。多田は、「当県戸副長等級之儀確定之御達者無之哉ニ候得共、其挙動見分仕候趣ニ而者十一等官以上之体ニ而殆官員を軽視仕候歟ニ茂被相察候」と指摘し、「如斯厚御取扱相成候者素ヨリ深御趣意も可有之事ニ御座候得共、一般ノ御成規ニ対シ違戻之儀ニ相当可申哉も難計」いので、大蔵省へ伺いの上、「相当ノ等級[61]」を定めるよう上申した。このような認識の対立は、県官と戸長との関係が潤滑でないことを意味しており、戸長の県庁における執務は、両者の関係をより緊密化させようとするものであった。さらに、戸長の県庁における執務は、岩村による戸長の掌握と統制の強化を促進するものであり、この施策において、戸長を通じて村落統治機構への統制強化をはかろうとしたのである。また戸長の県庁における執務は、戸長を官吏化することを意味しており、彼らを担い手として組みこむことによって、大区小区制による官僚的統治をいっそう進めようとしたのである。

以上のように、支廨の廃止と戸長の県庁における執務という政策は、第一段階の施策の上に、統治能力の向上をはかり、県庁のもとに村落統治機構をより強く結合させ、全県下の統一的で直接的な官僚的統治の条件と能力を強化することを意図したものであった。しかしこのような戸長の執務の現状を無視した施策は、戸長の抵抗にあい、彼らの要求によって一八七四年一月まで実施が延期された。一月にはいって県は、もはや満期ゆえ「交番順繰之規則相建、来月一日ヨリ施行致候様可致[62]」と布達して実施を指令したが、佐賀の乱の勃発によって実質化されずに終わった。

全県下の直管化と戸長の県庁への出務を命ずる施策が推進されていた時期に、他方では地方民会を開設する準備が進められた。

地方民会は、周知のごとく、行政の円滑化を意図して、明治初年ころから開明的な地方官によって設置された県治の諮問機関であった。そこでは、県官・区戸長が主要な構成員であり、民情把握や統治意図の徹底、事務打ち合わせなどが主要な議題であった。その後、農民運動や自由民権運動の展開によって県治の安定的基盤を確保することが緊急の課題とされるにおよんで、民会が重視されるようになり、民意調達機関としての役割を強めた。議員のなかにおける公選議員の割合がふえ、審議事項のなかに地方自治的要素がとりいれられるなどの変化がみられた。大区小区制下の官僚的統治の展開のなかで、人民の自発的賛助を喚起する民意調達方式が採用されたことは、その後の歴史展開を考えれば、一つの画期をなすものであった。

一八七三年一二月、県は、「民事関係」のことを論議する「議事所[63]」を開設することを布達した。布達は、議事所を翌七四年一月一三日から毎月一三日に開設する、「民事関係」について意見があれば、議案にして毎月一〇日までに提出せよ、但し私怨によるものは採用しないと述べ、二四章よりなる「佐賀県議事定則」をともなっていた。一八七四年一月七日、県は、議員を選挙せよと指令した。すなわち、「今般県庁下江議事所相開管内之事務ヲ為議候ニ付、其区内ヨリ議員二名差出可申」として、佐賀第八・九大区、唐津第二九大区、小城第一七大区、蓮池第一〇大区、鹿島第三九大区、田代第一大区を選挙区として指定した。議員は「則区内之惣代人にして、其議定スル所ハ其区内一般之公論ト見做」すと規定し、そのため「広ク人民ニ布達シ入札セシメ高札之者可申」、「入札」[64]は封のままで提出することを命じた。同月一三日に第一回議会が開かれ、県は開場した旨を二四日に大蔵卿・内務卿に報告した。

民会は、議事定則によれば、次のようなものであった。議会の目的は、「専ラ管内之民事ヲ議」することにある。従って、「敢テ大政ヲ漫議シ敢テ民人ヲ臧否スル事ヲ許サス」、また「旧藩ノ弊臭ヲ帯テ開化進歩ノ妨碍トナルヘキ論説ヲ申スヲ許サス」、と論議を県内の民政に関わることに限定するとともに、岩村のもとでの新たな県治を推進させることを強調した。「旧藩ノ弊臭」を排することは、すでにみたごとく、岩村県政の基調とするところであった。議会は、県官、正副戸長、公選議員によって構成する。県令が議長、参事が副議長、大属が幹事に就任し、戸長、各課から一人ずつの県官、および公選議員が議員を構成する。公選議員は、すでに指摘した地域から各二名を「其土地ノ居民投牌ヲ以テ定ム」のであるが、その具体的な選挙規則は付されていない。県が別に作成したことも考えられるが、その布達が見あたらないことを考えると、各地域の便宜にまかされたとも考えられる。議場は、旧藩校である弘道館を仮議場にあてた。審議事項は、「一意問題」と「可否問題」の二種類であり、前者は「方法ノ如何ヲ問」うものであり、後者は「方法ヲ示シテ施行スヘキヤ否ヤヲ問」うものである。裁決は、無記名投票により、可決・否決ともに出席者の三分の二以上の賛成を要し、それに満たないときは未決とする。議長は、「可否ニ関セス特権ヲ以テ取ルト取サルトヲ定ムル」権限をもっているが、不採用の場合は「演義書ヲ作リ各議員ヲ喩」さなければならない。議案提案権は特別に規定されていないが、県令にあったと考えられる。建議も許されている。議員の建議が採決された場合は、「誰某ノ建議ニヨリテ衆議ノ上可ト決シ施行スル旨ヲ書シ、他ノ布令書ト別ツヘシ」、と通常の布達と区別されている。議会の開閉権は、「議長特権」[65]であった。

この開設がいつごろ構想され始めたかは、明らかではないが、一一月下旬には議事定則の草案が作成された。従って、全県下の直管化、戸長の県庁への出務という施策が実施されたころには、すでに民会開設の構想が存在したと考えられる。開設の準備を担当したのは庶務課中属の五十川中であり、彼は、三潴県の議事規則を参照して草案を作成し、一一月二五日に提出した。彼は、「本庁も月の十五日ニハ戸長会議も御座候事ニ候得ハ、議事之則も御定置無之而者不相成歟と被存候間、未定稿ニ者御座候得とも先入御覧置候ニ付御可否ヒ下候様奉願候[66]」と提出の意図を述べたが、戸長会議において議事定則を頒布ないしは審議する予定であったとも考えられる。

五十川中属による草案と成稿との間には、三点において差異がある。草案には五十川自身の手によって朱が入れられているが、その三点をのぞけば字句の修正が主であった。

主要な修正部分の第一は、議題に対する議員の答議書を無記名とすることを、新たに章を建てて独立させたことにある。これは、議員の自由な論議をひきだすことを重視したことを意味していよう。第二に、「旧藩ノ弊臭」を除去する必要を強調する文章を加えたことである。原案にはなかったこの部分が、五十川自身の手によってではあるが文章化され、欄外には「書入ヘシ」と朱書されている。岩村の手になるものであるが、これは、彼の入県時の施策にみられたように、旧藩的要素や佐賀県士族の影響を排した新たな県治を推進しようとする姿勢のあらわれであった。

第三は、構成員として、公選議員を新たに加えたことである。五十川の原案では、議員は県官と戸長によって構成され、公選議員は含まれていなかった。公選議員の章は、五十川の手によって文章化されているが、章数を欠いた貼紙の形で新たに組みいれられている。そこでは、公選議員は、県官・戸長に対して「加員[67]」と位置づけられている。しかし、公選議員が追加されたことは、人心を鎮静化し、県治の遅延を打開するためには、民意調達という新しい統治方式を採用することが急務であるという判断が働いたことを意味していた。公選議員を加えることは、県治への人民の自発的賛助を獲得する可能性を開くものであり、また議員は「其区内之惣代人にして其議定スル所ハ其区内一般之公論ト見做」す論理によって、施策の推進をはかることが期待されたのである。これは従来の佐賀県の統治に比して、明らかに一歩を画したものであった。ここにおいて民会は、当初の県官・戸長による事務打ち合わせ会議の性格から、県治の諮問機関としての性格を強めたといえよう。さらに、公選議員を加えることが検討された段階では、議事定則に規定された各地から二名という規模よりも、より広く民意を調達することが考慮されたようである。欄外の朱による書きこみによれば、佐賀から六名、小城から四名、蓮池から三名、鹿島から三名、唐津から一二名、田代から三名の計三一名の議員を選出させることが検討されたようである。最終的には、各地から二名の計一二名の規模とされた。この間の事情は不明であるが、後述する県治の諮問機関という民会の性格、「旧藩ノ弊臭」の排除などの問題と関係していると考えられる。

こうして佐賀地方初の議会が開設されたが、議会の審議内容、議員の選出法やその氏名・階層など、その実態は史料的に不明である。しかし設立経過や議事定則から、次のような特徴を指摘できよう。

第一は、この民会は、当時各地で設立された民会と共通の性格をもっており、県治の諮問機関であったということである。構成員に県官・戸長を含んでおり、県令以下の県官が議長・副議長・幹事などの役職を独占していること、議長である県令が開閉権をもっていること、さらに、審議内容が「管内之民事」に関して「方法ノ如何ヲ問い、また「方法ヲ示シテ施行スヘキヤ否ヤヲ問」うものであること、議長である県令が決議の採否「特権」をもっていること、などがそのことを示している。また、民会が公選議員を含むものである以上、行政が何らかの形でその影響をうけざるをえない事態が予想されるが、これへの対策も準備されていた。公選議員の人数が減少せしめられたことは、この問題と関わっていたと考えられるが、決議の採否権を県令がもっていることがその主要なものであった。建議が採択された場合の処理の面でも、対策がたてられていた。建議を「衆議可ト決シ施行スルトキハ誰某ノ建議ニヨリテ衆議ノ上可ト決シ施行スル旨ヲ書シ、他ノ布令書ト別ツヘシ」[68]、という規定がそれである。ここでは、建議の採択されたものと県の行政上の布令とは明確に区別がたてられる仕組になっていた。それはまた、建議の採択による施策が、県治上の困難や人民の反発をまねくなどの結果をもたらした場合、その責任の多くは建議者が負わなければならず、その逆の場合、その功績は民会を開設した県が占めることを可能にする仕組みでもあった。

第二に、民意の調達のしかたが、佐賀県の統治の特徴によって貫かれていたことを指摘できよう。議員選挙区はいずれも佐賀県を構成した旧藩、すなわち佐賀本藩、蓮池・小城・鹿島の支藩、唐津藩と幕領、対馬藩の田代領の領域に従って区分されており、選挙区として指定された大区はいずれもその中心地であって、士族が集住しており、その影響力が強い地域であった。従って、二名という人数の少なさもあって、選出される議員はいずれも士族であることが当初から予定されていたといえる。このような士族的発想がとられた背景には、士族の支配経験、知識や「開明性」、先にみたごとき「愛国ノ微志」が期待されたこと、前述の村落統治において士族依存策がとられざるをえなかったような事情、また次項で見るような士族統制上の対策の必要性、などが考えられよう。士族議員が当初から予定されていたことは、士族の合意を調達することを意味する。民会の開設は、結局、「惣代人」・「公論」の名のもとに、士族的合意によって人民のそれを代位・代行させ、それによって統治体制を補完しようと意図したものであったといえよう。ここに、民会開設のもっとも主要な政治的意図があったのである。

しかし士族の合意を右のようなものとして県治のなかに位置づけることは、両刀の剣であり、県庁機構を佐賀県士族に占拠された状況と同質の危険性をはらむものであった。それゆえに、「旧藩ノ弊臭ヲ帯テ開化進歩ノ妨碍トナル」ことを戒める一文が規則中に新たに加えられなければならなかったのである。「旧藩ノ弊臭」の排除は、岩村県政の基本方針であったが、民会に関する限り、それは切実な問題であった。士族公選議員の民会内部における比重を高めることが避けられなければならなかったのも、同じ理由からであったろう。

以上、岩村県政の展開をみてきたが、その基調は、人心を鎮静化し、統治機構の掌握と統制を強化し、機能的に再編することにあった。安定的で効果的な中央集権的地方統治を推進すべく派遣された岩村にとっては、まず他県人を県官に採用して佐賀県士族に事実上占拠された体制を打破し、彼らの県庁内における影響を低下させることは、同時に岩村の県庁内の掌握と統制力を強化することであり、岩村が県政を展開する基盤を強化することであった。村落統治機構の場合は、人民の抵抗の高まりのゆえに士族戸長らに依存せざるをえなかったが、岩村は、県庁出務によって戸長の執務能力を養成しつつ、彼らの掌握と統制を強化することを意図し、県庁機構のもとに村落統治機構を緊密に組みこもうと企図した。さらにこのような統治体制を、民会という新しい統治方式を採用して、士族の合意を調達することによって補完しようとした。このような彼の施政は、人心の動揺を鎮静化し、抵抗を緩和するための諸施策を展開しつつ進められたのである。次にみるごとく、岩村が就任した時期は、すでに士族統制策が必要となっていた時期であった。しかし、県治上緊急であったがゆえの農民対策の重視は、士族対策の遅延を結果した。士族対策の遅延によって増幅された士族の不満は、征韓論の挫折によって士族反対派の組織化へと進展し、県首脳との対立を強めた。それはまた、他県人が採用されたとはいえ、いぜんとして佐賀県士族の影響が大きかった統治機構内部へも派及し、征韓派士族による統治機構の私有化が進展した。こうして、佐賀の乱が発生する条件が醸成されていった。

(三) 卒禄問題と士族授産

この時期、明治政府による統一国家形成の結果、経済的、政治的特権を剥奪されつつあった士族は不満を増大させ、抵抗感を強めた。岩村通俊が権令として赴任した時期は、士族のそのような動きがすでに顕著になっており、何らかの統制策が必要となっていた。

この時期の佐賀県士族のありようを象徴的に示したのは、次の二つの事件であった。一つは、一般的に蔓延していた経済的不満を背景とし、削減された「禄」の旧復を求める卒の活動であり、他の一つは、現政権に不満を抱く封建派士族の組織化の動きであった。両者は、直接的にはそれぞれ異なった行動のあらわれ方をしているが、根底においては結合する要素をもっており、ともに当時の広範な士族層の不満を代表したものであった。

前者は、「旧佐賀藩卒家禄之義ニ付歎願之筋有之、集会等致候」[69]と指摘された問題である。すなわち、これまでたびたび「禄」について歎願したが目的を果たせなかった旧佐賀藩卒が、赴任した岩村に歎願書を提出するとともに、九月にはいると、「当節鳩森神社辺江会集」し、「此度ハ一応大蔵省へも御伺可相成歟、左候ハ、歎願人之内惣代を以四五人上京彼是周旋可致と相決候由」[70]、と集会や大蔵省を相手とする行動をみせはじめた。この問題は、直接的には削減された「禄」の旧復をめざす行動であるが、その根底において、禄の削減や戊辰戦争後における諸隊の解散、士族籍か平民籍かの族籍の再編の問題など、藩制改革や士族解体のあり方に対する根本的な反発に発する問題であった。それゆえに広範な士族の注目するところでもあり、影響するところは小さくなかった。この問題は、当時の士族のもっとも一般的な雰囲気を象徴するものであり、また旧佐賀藩、現政府、県の措置の継承・断絶の複雑な関係が介在したこともあって、県にとってはやっかいな問題であった。

卒は、一八七三年三月から四月にかけて二度の歎願、八月には岩村に対して再々願を提出したが、彼らの要求したものは次のことであった。「我々家禄之義去ル巳秋ヨリ地行落米引残額高ノ四部ニ被命置」かれたが、「右ハ大隊御編束ニ付壮年千余之人員兵隊御組立相成相応之兵給被渡下、右等ノ筋ヲモ被相充候歟御時勢柄ヲ相考指付何歟難奉願一同奉畏罷在」、その後「大隊御廃止相成一般兵部料ノ義秋ヨリ皆甘相成候上ハ自余同様被相甘被下度」[71]というものであった。すなわち、一八六九年に従来の諸隊が解散されて大隊があらたに編成され、その際、卒の「禄」高は従来の四割支給とされたが、これは「大隊」兵士の給料などの財源のための措置であると判断したので命に服してきた、しかし昨年秋に「大隊」が廃止され、士族以下が供出してきた「兵部料」がすべて解除されたので、自分たち卒の「禄」も旧に復してほしい、と主張したのである。しかし、卒と旧佐賀藩―県の間には明確な見解の相違が存在しており、卒の主張が実現することは困難であった。

問題の経過は、概略以下のようなものであった。佐賀藩は一八六九年、藩政改革の一環として軍制改革を実施し、従来の諸隊を解散して「大隊」を編成した。この措置は、「士分之儀御切米之多寡ヲ以相当之軍役被仰付来候得共、今度軍制御一変人撰諸隊御編束相成」と従来の軍役奉仕の原則と異なる徴兵方式であった。その際、「極小身之面々隊中之日課難怠、家業等相欠家内致困窮儀不少」ことを考慮して、九石以下の士族兵士に対しては入隊期間中、九等級にわけて五斗から三石六斗を増給し、従来無役であった二、三男の兵士に対しては三石六斗の兵士給を与えることとした。卒に関しては、「卒組切米之義専兵給ニテ其器量相当之者可被相抱処、数百年太平之末其内羸弱徒ニ名目ニ相加候者間々有之、今度軍制御一変ニ付新ニ人撰ヲ以御編束相成」と位置づけた。そのうえで、「隊ニ相洩候者不少、是迄御優恩ニ繋リ家内迄致扶助来候者一時困難之義勝ニ可有之」、また入隊兵士の場合も「極小身之者過半有之」、かつ「簡練其外出人無絶間御切米増減等之規則も被相立兼候」ことを考慮して、卒に対して「組切米之義是レモ頂戴高之四部丈」与え、兵士給として三石六斗を支給することとした。また老幼疾病など兵役に堪えない卒に対しては、「数代之功労難被閣筋ニ付、是迄給禄頂戴高之貳部通被渡下、苗字帯刀被差免」[72]措置をとった。一八七〇年二月になって佐賀藩は、「給禄ノ内ヨリ一人前之軍役米三石六斗差出」すこと、すなわち「大隊」維持のための財源を確保するために禄の「差出」[73]を指令した。これによって三六石以上は一〇分の一、以下漸次減じて、五石以下は一〇〇〇分の一が削減されて「兵賦」[74]にあてられ、同時に兵士給はすべて三石六斗に統一された。その後一八七一年一二月、大隊が解散されたので、伊万里県は、大蔵省に稟議してその承認を得たうえで、翌一八七二年二月、「給料ノ内部掛ヲ以兵給ニ相充置」くことを「皆甘」[75]、すなわち禄の「差出」措置を全面的に解除して旧に復した。

問題は、「大隊」編成時の卒の「禄」の四割への削減が、いかなる性格のものであるかにあった。卒は、「御時勢柄ニ付専奨励ノタメ御差操ヲ以兵給ノ筋被相充置候ニ付テハ兵賦之筋ニ可有御座」[76]と主張したのであるが、この措置を実施した佐賀藩側の見解はこれと明確に異なるものであり、県もまたその見解を継承した。

藩の見解は、次のようなものであった。卒は「元来一代抱之者ニ候」、しかし「時勢ニ随ヒ卒ノ子卒ト為リ暦年之久シキ世襲之姿ニ相成、当時難捨置事情不得止処ヨリ更ニ扶助米ト名ケ、病身幼少ニ至ル迄一般給与候義全ク家禄同様之訳ニテ、一時之給与ニ無之」[77]、と。すなわち、卒は元来「一代抱」であるため、諸組が解散された以上は卒「禄」は打ち切られるべきものであるが、現実には「世襲」の姿になっており、「禄」の打ち切りが与える影響に配慮して、従来の「禄」高の四割ないし二割を、「扶助米」の名のもとにあらためて「禄」のような形で支給したのである、と。卒給はほんらい「兵給」であって、禄ではなかった。藩は、卒が「一代抱」であるという建前を、「世襲」となっている現実に一定の配慮は加えながらもあらためて明確化したのであり、その結果、従来の切米の四割ないし二割が「扶助米」の名のもとに恩典として与えられることになったのである。一八六九年一二月の布達では、卒は「一代御抱え之者ニ候得共、世ニ随ヒ子孫世々之様被召抱永続之姿ニ相成居、数百年代々勤切之末モ有之候ニ付テハ、以後被召抱候者ノ義モ成丈右子孫之内ヨリ可被相撰」[78]とも述べられていた。この前提は、諸組が解散された時点での旧藩司籍所の布達ですでに示されていた。一八六九年八月、司籍所は、「卒之儀御抱一代限リ之義ハ前々ヨリ之御規則勿論之事ニ有之、惣是迄跡式等願出来たり候得共、今般組被相廃候ニ付テハ以来自分ヨリ願出ニ不及、人撰ヲ以御抱軍事局ニ於テ精撰政府達出之上兵隊ニ被仰付」[79]、と指令しており、一〇月には軍事局がいっさいを担当することが布達された。

これに対して卒が前述のような見解を主張した根拠は、藩が卒と士を明確に区別し、卒は「一代抱」であるという原則を優先させたのに対して、実態は「世襲」となっており、実際の働きにおいては士卒を区別することができないという現実論にあった。彼らは、「従来嫡子孫ニ至ル迄組筋等之歎願願済相成、子孫無之者ハ血統ヲ糺シ跡式相続申付相成来候ニ付テハ子孫相続世襲ニ其紛無之」、「数百年来旧主直印ヲ以テ給与有之[80]」と現実を指摘したが、この点は藩も認めるところであった。実際の働きにおいても彼らは自負をもっており、不当に処遇されることに反発した。彼らは、「長州御追討ニハ両度出兵、奥羽其外争乱ニ相至リ卒之義戦死或ハ御賞典等数十人ニ相及居、士卒兵ニ於テ少モ相変候義ハ有御座間敷」、と働きにおいてもその結果としての処遇においても、士卒の間に質的差異のないことを主張した。それゆえに「大禄ハ減シ少禄ハ増候通御潤色相成候社当然之処、極小輩ニ却テ相減シ[81]」、と藩の措置を不当として反発した。

この問題は、藩政改革の時から紛糾化し、卒の抵抗が継続されてきた。改革担当者は、徒、船手、足軽、小道具組などの卒への給米はその「武職を勤むる給料」であって、禄ではない、それは給米石高を記した「一紙筈」を組頭へ渡し、それを組内部で適宜に配当し、また組頭が年々これを「任免与奪」したことからも知られると主張した。これに対して、「之を家株と認めて相続し、家株を売買し、組頭も黙許し来りたる事」を指摘して「家禄」と認めるべきであるという主張が「当局者[82]」のなかからも行われたが、結局、「一代抱」であることを明記したうえで、「扶助料」という名目の事実上の「禄」を支給することになったのであった。これに対する卒の反発は強かった。「数千人員之内旧藩草創之砌ヨリ処々ノ取合戦死或ハ殉死之子孫等数多罷在、三百余年其都度云々懇篤之仕成モ有之候ニ付微禄軽輩之身分ナガラモ累代之厚恩ヲ一統感戴罷在、聊報国尽忠之志操ヲ励シ」てきた彼らは、「近クハ長州御追討奥羽之役ニ至リ数百里ノ外攻城略地拠身命紛骨仕、翌巳春帰陣戦地ノ草鞋脱歟不脱之際従前之軍制一変、諸組廃止大隊御編束ニ付テハ暦代之家格ニ悖リ一代抱ノ儀ト御布達有之ニ付、一統人気及動揺一時憤激之余リ名簿返上ノ場ニ立至リ候[83]」、というごとき激しい反発をみせた。一二月二〇日には、脱走して上京した十余人の卒が、

右のような軍制改革の主謀者とみなした江藤新平を虎ノ門に襲撃した。(84)

このような反発はその後も維持され、一八七一年一二月にふたたび沸騰した。「本月十二日頃伊万里県庁江士卒数百人押寄議論沸騰之風聞有之、是ハ全ク旧禄云々より相発リ候義と申事ニ御座候」事件が発生し、「今度之議論沸騰ハ士卒之論尤之様風聞ニ付旧禄渡方御取計」を急ぐ必要があると指摘され、「年内中ニ而も其侭被閣候而ハ如何之大変出来候哉も難計(85)」と憂慮される事態となった。士卒は、「大隊」が解散された以上は「旧禄」に復すことを要求したのであり、県庁への直截行動という激しい手段をとった。県はこの月、大蔵省に対して「兵賦」の「皆甘」の許可を申請し、また卒の身分取扱いに関する伺を政府へ提出したが、これらは右のような士卒の動きに対応した措置であった。前者は前述のごとく、許可を得て一八七二年二月に実施された。後者において県は、「当県貫属卒ノ義元一代限リ召抱ノ者ニ候処自然ト世襲之姿ニ相成居候処、御一新ニ付一昨巳年改テ一代限ニ相立置」いたのであるが、「当節立県廃藩ニ付テハ皇国一般ノ体裁ニ関係致候間、世襲又ハ一代ノ者ニ候哉御確定ノ次第(86)」の指令を要請した。政府の指令は、「一代限」と定められてはいても「世襲」の姿になっている場合は士族籍とするというものであり、その後の県の処理はこの線に添うことになった。しかし、卒の「禄」の旧復は、その後も実現しなかった。県は、一八六九年一二月の措置における佐賀藩の見解をそのまま引き継ぎ、一八七三年三月の卒の歎願に対して「旧藩適宜之制ヲ以改正禄高確定之上ハ難聞届(87)」と指令し、以後もその方針をとり続けた。そのため卒は、着任直後の岩村に三度目の歎願書を提出するとともに、集会して意思を結集し、大蔵省を直接の交渉相手とする戦術に拡大したのである。岩村は、「惣代人上京之儀者不当然」であるから、万一上京の模様であれば責任者を呼びだし「親敷説諭を加へ指留可申(88)」という方針をとった。結局、岩村は、代表者一〇人余を県庁へ出頭させ、一二月五、九、一五日の三日間にわたって説諭を加えた。しかし卒は承服せず、大蔵省へ願書を提出する旨を強硬に主張し、岩村もそれを受けいれざるを得なかった。

この問題は、直接的には卒の問題であって士族全体に関わるものではなかったが、その性質からいって共通する要素のものであり、当時の全士族層のもっとも一般的な関心に関わる問題であった。それは、一八七一年一二月における士卒数百人の県庁への直接的な圧力行動からも知られよう。彼らの行動は、「禄」の旧復という経済的課題が中心であったが、士族解体と統一国家構想のあり方の問題に関連していく可能性をもったものでもあった。また、彼らの現政権・県に対する批判的見地をおし進めるならば、後の憂国党や征韓党に容易に結合していくものであった。

次に、この時期の士族の活発な動きは、封建派士族の組織化が進展したことにも示されていた。「貫属数十名島津隅州殿上京ニ付形成上一派之見込相立、間ニハ上京等致県下ニテ寺院ニ集会[89]」する動きがみられた。後に佐賀の乱をひきおこす憂国党の母体が形成されつつあった。

活動の中心となったのは、副島義高、木原隆忠、中川義純、村山長栄らであった。彼らは、島津久光が上京した一八七三年四月ころに上京し、山岡高歩を通して政府に建白書を提出したといわれる。それは政府の採用するところとならず、副島は木原、中川を東京にとどめて帰県し、佐賀市街の宝琳院に集会し、時事を講じ、組織化を進めた[90]。この組織は、一八七四年一月に憂国党となり、副島、中川、村山の三名は佐賀の乱に参加して斬刑に処せられる。

彼らの組織化の契機となったのは、一八七三年四月の勅使派遣に応えた島津久光の上京であった。久光は廃藩置県後の政府の施策に対する不満から鹿児島にこもり、久光の東京へのひきだしを主要な意図の一つとした一八七二年六月の天皇巡幸にも応えなかったが、翌年の勅使派遣に応えて上京することになった。周知のごとく久光は、当時における守旧派の代表格であった。彼は、一八七二年の天皇巡幸の際に一四カ条の意見書を提出し、例えば「詳量出納事」で政府の秩禄処分方針を真向から批判するなど、旧領主階級の立場から政府の諸政策を批判した。その欧化主義に反対し封建復帰を主張する姿勢は、政府の内に立っても貫かれた。左大臣就任後の一八七四年五月に提出した改革意見書は、礼服・租税・兵制を旧に復することをはじめとして、従来の諸政策を正面から否認して封建復帰を主張した。このような久光が上京して国政に参与することになったことが、日ごろ同じ政治的姿勢を有していた副島らに刺激を与えて公然たる活動を開始させ、保守派士族の組織化を進めさせることになったのである。なお、この時の久光の上京は、結髪帯刀の二五〇名の鹿児島県士族という「武力」を擁しての上京であり、その威力が守旧派士族を力づけたであろうことが推測される。この後、副島らの久光への接近は急速に進んだ。征韓論の挫折後、副島は鹿児島へ赴き久光に会見して征韓のことを議したが、久光に諭され、それを『南遊概略』として著して同志に与えたという(91)。

岩村権令は、「即今会集之人員も相減候由ニ候へ共、巨魁等ニ至候而者容易改心之場ニも至兼可申哉」と評し、副島や木原などその「巨魁」が県下士族に一定の影響力をもつ人物であったがゆえに、「実ニ当県之一難事」、あるいは「何分私党相立候而者県下一般開化ニ進候儀者実ニ目的無之長大息之至」、と歎じた。岩村はこの問題をすでに大隈に報告していたが、大隈はこれを重視し、軍隊派遣を考慮したようである。「於　閣下ハ兼而当県之事情御親察も御座候故一時兵隊御指下之御賢慮も竊ニ承知仕候儀ニ付、其運ヒ相成候様内願仕候事ニ御座候」、と岩村もいったんは大隈案に賛成した。しかし「猶又熟考仕候ニ此際兵隊御指下ニ而者、所謂吹毛求疵之愚者無之哉と配慮罷在」と岩村の判断は変化し、「ト角此一条者　廟堂之御確論を奉仰候間可然御賢慮ヒ仰付度」と依頼した。岩村は、軍隊派遣が「吹毛求疵」となること、すなわち強硬策が刺激となって不測の事態がおこることを懸念したのである。そして岩村は大隈に対して、領袖の一人である木原隆忠が出京中であるので、彼を「何と歟御説諭万事氷解仕候儀者相整間敷哉(92)」とも依頼した。「難事」と「長大息」するわりには平凡な対応であるが、すでにみた人心への対応策に示されていたごとく彼独得の慎重な方法であるともいえよう。

以上のように、佐賀地方においてはこの時期、士族解体や統一国家形成のあり方に関わる批判や反発が具体的な形をとりつつあった。このような傾向は、この時期においては大なり小なり全国的に共通するものであったが、全国有数の「難治県」である旧西南雄藩の佐賀地域において、廃藩置県後はじめてというべき本格的な地方統治体制を形成しようとする以上、岩村県政は士族統制を効果的に推進しなければならなかった。岩村県政は、この課題にどのように対処したであろうか。

岩村県政の基調は、人心の鎮静化をはかり、統治機構の掌握と統制を強化するとともに機能的再編を推進し、民意調達方式を採用することによって統治の安定化をはかろうとするものであった。その際、農民の不満を解消し、人心を鎮静化することに主要な関心がはらわれたことは、みてきたとおりである。それに比して、県下の士族の不満や抵抗を緩和し統制するための積極的な士族対策に関しては、特別に精力が集中された形跡はみえない。士族解体が政府の基本方針であることからすれば、士族の不満を解消して彼らの自発的賛助を獲得することが困難であったことは事実である。しかし士族授産・士着政策などのように、その方法がまったくなかったわけではなく、岩村県政下においても計画された。だがそれは、充分な効果を発揮することはなかった。岩村県政の場合、端的にいえば、県治上緊急であったがゆえの農民対策の重視が、士族対策を結果的に遅延させ、所期の効果をもたらさなかったというのが実情であった。このような状況のまま、佐賀地方は征韓論の挫折による激動の時期をむかえることになるのである。この農民対策重視ゆえの士族対策の遅延という事態を特徴的に示したのは、士族土着政策であった。

士族の授産・士着政策は、士族の不満や抵抗を緩和しつつ士族解体を推進する施策として、県政のなかでは重要な位置を占める。佐賀地方においては士着政策は、一部には廃藩置県以前からすでに実施されていた。岩村は入県後この点に注目して、官有林は「無代価」で、竹木は「低価」で払い下げて士族の帰農化を進めることを計画し、政府と交渉した。この計画は、「自余差響」くとして政府の許可するところとならなかったため、政府と合議のうえで、「旧知事献納金も有之右之内を以」て「相当之代価」[93]にて払い下げる方針に転換した。「旧知事献納金」とは、一八七一年七月、佐賀県知事鍋島直大が行った献上金をさす。彼は、家禄の三分の二および祖先からの遺金四〇万両の内からその三分の二を、「当今御用多端之折柄万分之一を茂奉補度、且当藩士族土着用並ニ藩債支消之用差競居候茂有之向、右辺之費用等ニ御採用被下候半者難有仕合」[94]として献金した。県はこれを、政府からの「相当之代価」による山林・竹木の払い下げのための費用に充てることを計画したのである。政府の許可を得た県は、布達の時期は不明であるが、戸長に対して対象とすべき山林の面積や境界、竹木の尺廻りおよび両者の価格などを取り調べるよう指令するとともに、士族に対して、払い下げをうける意思の有無を届け出るよう布達した。

しかしこの施策は、順調には進展せず、所期の効果をあげえなかった。士族からの払い下げ希望届がふえつつあった一〇月下旬になって、作業の実施方法に関する対策が検討されなければならない状況であった。問題は、戸長による山林・竹木取り調べがほとんど進まなかったことにあった。「掛り戸副長ニテ取調候様云々被相達、然処最早収穫之季節ニ差向キ就中大旱之末台風之災害ヲ加ヘ早晩ノ稲作検田不少村方繁劇之際、戸副長ニテ調査難行届」[95]ことが原因であった。

確かにこの時期は、前節で詳述したごとく、人心の動揺が激しく、それと厳しい緊張関係をもって県政が展開されつつあった時期であり、人心慰撫のための農民対策が大きな比重を占めていた。一〇月から一一月にかけて、区制改革、地券調、民費精算、収穫、検見など、困難な課題が山積していた。しかもこれらの作業は、未曾有といわれた旱魃の被害とその後の風災による人心の動揺に対応しつつ進められなければならなかった。その点からいえば、膨大な作業を要する山林・竹木調査をこの時期に戸長に課すことによって進めようとした県の判断は、現実的でなかったといわなければならない。士族土着政策は、県治上緊急であったこれらの結果によって遅延せざるをえなかったのである。

一〇月末における善後策の検討は、県官を派遣して調査を急ぐべきであるとする租税課の建議を契機として行われたのであるが、この時点での検討は、いわば窮地に陥った形での対応であった。この吟味に加わった県官の間には、戸長による調査は不能であること、したがって県官を派遣して行うべきであるとする点において異見は存在しなかったが、県治上の施策のなかにおける山林・竹木調査の位置づけに関しては明らかな異見があり、それが派遣すべき県官の規模などの違いとしてあらわれた。

一方の見解は、この施策の遅れが「人気」に関係する深刻な問題であること、および県官派遣そのものに関しては租税課の建議と同意見であったが、次のごとく主張して違いをみせた。すなわち、「一時数十名ノ雇官吏被相部候テハ費用少カラス」、「今般支庁御廃止在務之官吏都テ被免候、付テハ月棒金額モ融通相付可申哉ニ付、先以等外三五名ヒ相雇租税課官員ノ内成丈差繰両三名右雇引連出張取調相成」べきであると主張した。この見解は、「当時収穫季節検見派出ニ而官員引足リ兼候際ニ付、重キヲ以先トスレハ検田済之上次ノ議ノ如クいたし可然歟(96)」というものであった。この考え方は、費用の問題がからんでいたからではあるが、農民対策を優先させる見解であり、士族の動揺や抵抗よりも農民の動揺・抵抗、人心の安定を重視していたのである。これまでの県治の展開も事実上この見地に立っており、戸長が立っていたのもこの考え方であった。ここには、後に述べるごとき窮地に追いこまれた形での対策の検討であったにもかかわらず、いぜんとしてこれまでの政策上の位置づけが維持されていた。

もう一つの見解は、租税課の建議に積極的に賛意を示して、戸長に調査を命じた布達を「断然」取消し、「一時官員新命相成期限ヲ立調査速ニ可行届夫々被相運」ことを主張した。その根拠としたものは、予想される士族の反発であった。この主張は、県庁の責任を説いて次のごとく述べた。すなわち、「抑モ士族中へ期限ヲ以被相達置追々出願相殖候上ハ至急夫々御栄出無之テ然間敷、自然県庁之不手捌ニテ無故時日及遷延候テハ一般ニ対シ庁之信義モ不相立、且ツハ旧知事特別之美意モ庁之遅緩故恐ラクハ暴論妄評ヲ醸シ候通引移リ、終ニ庁之不体裁ヲ論スルニ至候半ハ何ヲ以之ヲ説諭スル之理アランヤ」、とみずからの「不手捌」による「無故」遅延の責任を厳しく指摘した。しかし彼らをもっとも強く動かして調査促進を決断させたものは、「兎角ニ機会ヲ失スレハ沸騰ヲ生セン、季節ヲ遷延スレハ冱寒凍雷之為メニ現業ヲ施ス可カラス[97]」という点にあった。士族の「沸騰」への恐れと計画が烏有に帰すという窮地に追いつめられた認識が、県官の即時派遣による調査を決断させた。

　検討の結果、後者の線に添う形で裁決された。これ以上の遅延は許されないという判断が働いたのであろう。一週間後の一一月五日、県は、戸長に対する山林・竹木調査指令を取り消し、県官を派遣して調査するので戸副長においても「成丈ケ差繰ヲ以出張手助可致[98]」ことを布達し、一三日には調査費用の政府負担を申請した。それによると県の計画は、山林約二〇〇〇町歩を目的とし、県官および村方雇夫をそれぞれ六名ずつ雇用し、県官と雇夫一人ずつを一組として、一日に二町ずつの作業を晴天一七〇日間実施するという大規模なものであった。願は、「本年旱損違作ニ而千三百ケ村余之村々検見願出、定額之官員ニ而引足兼一時御雇之儀を茂申上置候程之次第ニ而、何分出張為致官員無之」、と事情を説明した。前節でみたごとく、前日の一二日には、数十名の検見掛を雇用する必要があるとしてその費用の国庫からの支出を要請したばかりであった。そのうえで願は、今回の払い下げが「旧知事献納金」によって行われることを根拠として、「右者元来出格之御評議を以他県ニ無之御処分相成候儀ニ而全余分之手数ニ付、平常之県務と者自ラ別般之姿」であるので、その費用は「別途御下渡之積を以夫々取掛リ追而正算仕上ケ可仕[99]」ことの許可をもとめたのである。

　実際の作業は、その後急速に進められた。一二月四日には、調査が終了した第二大区（養父郡）一〇カ村、三大区（三根郡）四カ村の山林・竹木の入札施行の布達が発せられ、翌一八七四年一月四日には、落札者の決定が布達された。しかしその後の全面的で本格的な作業の実施は、征韓論・政変を契機とする混乱と佐賀の乱の勃発によって実現されなかった。

山林・竹木払い下げによる士族授産・土着政策は、岩村県政下でほとんど唯一というべき積極的士族対策であった。しかし右のように、県庁・村落統治機構ともに農民対策に精力を集中せざるをえない事情のしわよせをうけて、この施策は遅延し、充分な効果をもたらすことなく終わった。

一八七三年春の大規模な旱魃を中心とする自然災害は、右にみたように土着政策の遅延という形で士族に影響を与えたが、彼らの不満をより直接的に増幅する影響も与えた。災害の結果としての米価騰貴が士族に打撃を与えて不満を増大させ、後にふれる憂国党の小野組襲撃というごとき士族の行動の素地を準備していったのである。

佐賀県士族はこの時期まで禄を正米で受けとっていたが、これが自然災害の影響を直接うけることになった。一八七三年一月七日、県は、禄はこれまで蔵米から支給していたが、今後は「筈切手」を渡すので、禄主は「村方直向引合」[100]にて米を受けとるようにと布達した。これは、蔵米支給の場合の農民の俵拵の手数、および禄主の運輸の手数をともに省くことを意図したものであった。同月二七日、県は「米券」交付の割合と交付日を指定するとともに、「米券」を受けとって「村割相整候上其村々長江差遣シ現米引換可申事」[101]を指令した。「米券」は、四〇石以上は二〇石、四〇石以下四石九斗九升九合九夕以上は半分、三石以下は全部支給し、残部は翌年二月に全部石代で支給するというものであった。ところが、旱魃などの影響によって「追々石代納相増既ニ家禄半渡も不引足、正納別而寡ク」[102]なるにいたり、ついには納税の全部が石代納となったのである。県はこの間の事情を、「昨癸酉年貢米之儀旱魃大風等ニテ異常之凶作ニ付テハ米性別テ悪敷、何分正納ノ運相付兼候ニ付悉皆石代納致度各戸長中ヨリ願出候、右者兼テ御布告之旨モ有之候義ニ付差許候」[103]と説明した。ところが「石代」は平均米価をもって一石につき三円六〇銭五毛七糸であったが、災害によって「民衆食料ニ茂引足兼」る不作であったため、米性は悪かったにもかかわらず米価が騰貴し、一八七四年一月段階では一石につき四円一三銭一毛八糸となった。士族は「石代」で家禄を受けとって米を購入しなければならなかったため、受けとった「石代金ヲ以現石買入候得者多分之間際相立、実以御一新以来減禄之末貫属之者難渋」[104]という苦渋をあじわわなければならなかったのである。

この後佐賀地方は、中央における征韓論・政変の影響を直接にうけて激動の時期にはいる。

第四節　佐賀の乱の発生

(一) 反乱派士族の組織化

一八七三年末から翌年はじめのころにかけての佐賀県の政治情勢は、すでにみたように複雑で流動的な状況にあったが、これをさらに激化させたのは、征韓論の県内への浸透と征韓党の結成であった。これは、在野士族の動揺と激化をもたらしたのみならず、県支配機構の内部にまで直接に波及し、県庁、およびかなりの地域の村落統治機構は征韓派の掌握するところとなった。これに刺激され、憂国党の動きも激化した。

一八七三年一二月二三日、佐賀市街の煙草屋に二五名ほどの士族が集会し、征韓党を結成した。これは前月上旬、東京において、いわゆる「明治六年政変」で下野した江藤新平と県士族との間で、征韓論を県内に拡大することが相談されたことによるものであった。県士族は、朝倉尚武、中島鼎蔵、徳久幸次郎、村地正治、留学帰りの山中一郎、香月経五郎らであった。彼らは、この活動を西郷隆盛・鹿児島士族と提携しつつ進める計画で、働きかけを行ったが、時期尚早として拒否されたという。この集会で、江藤に党首就任を依頼すること、江藤と副島種臣の帰県を促すことが決定された。江藤はこれを承諾し、翌年一月一三日、離京して佐賀へ向かうことになる。なお、この時点までの佐賀県下において、征韓論を主張して士族が目立った活動をした形跡はみられない。

征韓派の活動が本格化するのは、前月の決議にもとづいて上京していた中島が、一月中旬に帰県し、江藤の党首就任の承諾と帰県、少し遅れての副島種臣の帰県予定の情報をもたらして以降である。その画期をなしたのは、一六日の元町の小松屋での集会であった。

征韓派およそ七十余名が参加したといわれるこの集会は、その後の征韓派の活動の基本方向を示す三つの方針を決定した。第一は、「征韓先鋒請願事務所」の設置を決定したことであり、第二に、その会場として、旧藩校の弘道館を県から借りうけること、第三に、県庁機構の掌握を企図したこと、であった。[1]

この時期の征韓派の目的は、一月下旬から二月はじめにかけて作成されたと考えられる「建白書」、および「征韓党趣意書」に示されている。

征韓党が目的とするところは、「建白書」によれば、一八七三年一〇月の征韓論争の際に政府部内で主張された征韓即行反対の論拠はすでに崩れたので、「切ニ希クハ征韓ノ廟議至急御決被遊度、臣等ヲ以テ其先鋒ニ命セラレハ何ノ幸カ之ニ如カン」、というところにあった。反対の論拠の第一は、樺太での日露居住民間の紛争を根拠とする「今朝鮮ヲ伐タハ其勢ヒ必ス魯ト兵端ヲ開クニ至ラン」ということであったが、これは、ロシア政府が「我政府ニ対シ異図ナキ実意ヲ表」してきたことによって、解消した。第二の論拠は、「我政府府庫盈タス兵器整ハス国力微弱、未タ遠征ノ師ヲ出ス能ハス」ということであった。そこで「之ヲ同志ニ謀リ十日ヲ出スシテ会計兵器等粗備レリ同志ノ士已ニ数千人ニ及ヘリ」、したがって政府はすみやかに征韓断行を決定し、自分らをその先鋒に任じられたい、と主張した。「法律ヲ顧ス猥リニ兵器ヲ聚メシ所以ノ者ハ、国家ノ為未曾有ノ大辱ヲ雪キ人民ノ通義ヲ伸ルノ秋ニ当ツテハ、会計兵器ノ如キハ自カラ充実スルノ確證ヲ表セント欲シテ也」。さらに「征韓党趣意書」においては、「在廷の諸臣」が「偸安」と「詐術」をもっぱらとした結果、「憤怒擾乱終ニ今日救ふ可らざるに至れり。是を以て憤起せり」[2]、と征韓党を結成した趣旨を説明した。すなわち、今年元旦、各国公使はその権利がないにもかかわらず、内地旅行の許可を天皇に直訴するという無礼をはたらいたが、このような軽侮をうけたのは、朝鮮がわが国に対してはたらいた無礼を問わなかったからである。また征韓論争当時、動揺した近衛兵・教導団に対して、現在は対露問題こそ緊急であると政府は主張して鎮静化をはかったが、その後ロシア政府が謝罪してきたことからすれば、大臣の当時の主張は「詐術」にすぎなかった。そのため「憤怒擾乱」は全国に満ち、征韓断行を要求する声は各地に満ち、枚挙するにいとまがないのだ、と。

このように征韓派は、「国力」を「会計武器」と等置し、「国家ノ為未曾有ノ大辱ヲ雪キ人民ノ通義ヲ伸ルノ秋」にあたっては、おのずから「国力」は充実するのだと主張して、政府に征韓断行をせまった。この精神主義的傾向は、開戦の決意を表明した二月一二日の檄「決戦之議」にもみられるが、これは、国家威信を昂揚させ、人民の通義を伸張するのは自分たちであるという自負心にもとづくものであろう。それは、佐賀征韓派士族の存在意義の主張でもあった。「先鋒」を請願したのはそれゆえであり、そこには徴兵軍隊に対する自己の優越性の主張のみならず、他地域の征韓派士族に対して自己の優位性を誇示しようとする藩閥意識が濃厚に存在していた。さらにこのような征韓派の主張は、「有司専制」に対する強い非難を基礎に置いていた。征韓の閣議決定がくつがえされ、国家が未曾有の恥辱にみまわれたのは、「在廷の諸臣」の「偸安」と「詐術」のためであり、これこそが「有司専制」の弊害であると彼らは認識し、「憤起」したのである。「征韓先鋒請願事務所」の設置は、この主張の根拠を確立するために、武器を携帯して集会し、征韓論を拡大する拠点を確保しようとしたものであった。

第二の方針の具体化は、同日夜、高木太郎ら一二名が、森長義参事宅におしかけ、議事所の借用を申し入れる形で実行された。これは、県との間ではじめての本格的な衝突となった。高木らは、「今般庁下へ相開キ候議事所ニ於テ私共議事相催度、明十七日同所拝借致度」、と申し入れた。前節において検討した地方民会、すなわち一月一三日に弘道館を会場として開設された議事所の借用許可をもとめたのである。森参事は、私宅での申し入れであることを理由としてこれを拒否したが、高木らはこれを非難し、「罵律」を犯す言動を行った。彼らは、「罵律を犯候段ハ敬伏候得共、征韓之論ニ至リ候而ハ人民之義務より来候義ニ付敢テ政府ニ於テ御構無之条理、私共於テハ此一議ハ力ヲ尽シ而主張致候積リ」と主張した。結局、党幹部の説得によって、なお強硬論はあったものの、いったん占拠していた弘道館を引き払い、与賀馬場の延命院を事務所とした。この衝突は、県首脳部の危惧を強めた。森は、「征韓之儀ヲ喋々相唱候ハ外々をも煽動可致哉も難計心配仕候ニ付、一旦差押置度存居」るが、本来的には政府に起因する点が大きいとして、「昨年中内閣大臣数輩其外海陸将校数名免官有之国内人心恟々之折柄、征韓論等党与相立若シ御政体之妨碍とも相成候而ハ甚以不堪心配至急御取締有之度」(3)、と政府に要請した。

第三の方針に関しては、県官への征韓党加入の働きかけを基本として、征韓派士族の県官任官、彼らによる県庁機構の掌握などが進められるが、これについては後述する。

このように、二月五日に佐賀士族の動揺を鎮圧するために鎮台兵の出兵が発令された旨の情報がもたらされるまでの段階の征韓党の活動は、小松屋集会において決定された方針にもとづいて展開された。江藤が嬉野滞留の後、佐賀に入ったのは一月二六日であったが、これによって征韓派は人気沸騰し、活動を強めた。

征韓派の「先鋒請願」は、集団で上京して行う計画であったようである。一月初頭ころの計画として、「此節征韓之儀ニ付出京候得は支度其外入用も候間」、その資金調達を征韓派が県庁機構を動かして行っており、「県官員も同行到候者も可有之」、といわれている。しかし上京時期は、「右ノ面々出発期限は前参議副島氏時機見計帰県之筈ニ付夫レヲ待候由」(4)とも、「三月」(5)ともいわれ、具体的には決定されていなかったようである。

他方、征韓派のこのような動きに刺激され、あるいは対抗して、憂国派士族の動きも活発となった。

憂国派士族は、前節で指摘したごとく、一八七三年一〇月ころには、副島義高らを中心に、寺院に集会するなどの動きをみせていた。翌年一月一二日、東京の島義勇邸において、木原隆忠、中川義純、上京してきた重松基吉、村山有蔵らが会談した。この席上で、岩倉具視暗殺計画などにみられるような征韓論争破裂後の不穏な情勢が検討され、憂国党結成の原案がつくられた。一月中旬、副島はこれをもとに「憂国社申合書」を起草し、宝琳院を拠点として保守派士族の結集を本格化した。憂国社は、その目的を「輦轂の下物騒に付、何時も馳上り、鳳輦を守護し、御私邸を守護する為、有志の面々集会相成事」と定め、「皇国の為、旧藩の為、天下蒼生其外次第を推せば一区一村の為、身の為、奮慨を起さゞるべけんや」という「立志」によって設立されたものであった。この根拠を支えたのは、「武士の本職なきは、大政府の御定なれども、人々国家の為め、忠奮義烈を踏めば、皇国志士の本意なるべし[6]」、という武士意識であった。征韓派が、国権の確立を重視する立場から征韓断行を主張し、その先鋒に任じられることに自らの存在意義を置いたのに対して、憂国派は、天皇・旧藩主の守護を重視し、そこに自らの存在の根拠を置いたのである。

征韓派が西郷と連絡をとったのに対して、憂国派は島津久光と提携を強めた。副島は、憂国党を結成後、鹿児島に久光を訪ねた。久光は、征韓論は政府の問題であって、人民が私に論ずべきことではない、また行動はすべて「主義」をもって行うべきであると説き、保守派を組織化しようとする憂国党に理解を示したといわれる。副島は、「天下の事情次第、薩州には従二位公は元帥として満国罷上り候覚悟の由、其節は態と人を以て此県へ示合せ相成約定の上実印をも取替致し置候[7]」、と約定をとりかわした。

憂国党は、島に党首就任を依頼した。島は、二月七日に離京するが、その二日前に太政大臣三条実美に招かれ、佐賀の情勢について懇談し、帰県して鎮撫にあたることを約したという。

憂国派は、天皇・旧藩主守衛のためと称して、武器を携帯して集会し、出京の計画をもっていたようである。憂国派は、「征韓派出発致候得は法琳院派も別ニ出発可致と申居候由[8]」といわれる。しかし憂国派は、後述するように、征韓派がその活動のために県庁・村落統治機構を利用しえたのに比して、活動資金の調達は困難であったと考えられ、二月一日、佐賀県の官金取扱いを行っていた小野組出張所に無理な金談をせまった。このことが政府へ打電され、士族の暴発と判断されて、政府に早期鎮圧方針を決断させる要因となった。

二月五日ころまでの征韓派、憂国派は、このような状況にあった。しかしこの二派とは別に、元佐賀藩大参事前山清一郎を中心に、宗龍寺に集会した一派があった。この士族は、征韓、憂国派が勢力を拡大し、激化するのに対して、「非常警備を名とし、急に正誼の徒を収め」、「名分条理の理を皇張し」て「大義の在る所を知らしめ」、もって「其勢ひ自ら解散し、物情鎮定するを得」ることを目的とし、二月四日から結集をはじめた。その際、「竊に情を森参事に通じ、私事に非るを達し」(9)たごとく、県や旧藩門閥層と連絡をとり、政情の安定化をはかることを標榜した。幹部には、竹野敏行、村山十郎、江口礼蔵、田中軌一ら県官、小代靖ら戸長層などがいた。勢力は二百数十名程度であったようである。この前山派は、開戦後は、嚮導その他で積極的に政府軍の一翼を担った。

二月はじめころにかけての佐賀県士族のこのような動きは、政府の早期鎮圧方針を招くことになった。

二月三日、佐賀県東京出張所から憂国派の小野組襲撃の報をうけた政府は、内務卿大久保利通を中心に、早期鎮圧方針を固めた。同日、岩村通俊に替わって一月二八日に佐賀県権令に任命された弟の岩村高俊は、陸軍卿山県有朋に対して、熊本鎮台兵の出兵願を提出していたが、それは不測の事態に備えることを理由としていた。岩村高俊は、小野組襲撃の連絡をうけたので、「今後何等之義出来可致哉難計片時モ其侭難閣ニ付、御省熊本鎮台兵ノ内六小隊程予防ノ為メ至急出張被相整度」(10)と主張した。これに対して政府は、四日に鎮台兵を出兵させ、県官と協議してすみやかに鎮圧すべきことを達し、七日には、隣県に波及する恐れのある場合は「臨機処分」すべきことを熊本鎮台に指示した。この間四日には、大久保は岩村権令に赴任を急ぐよう指令し、七日にはみずから鎮圧のために九州へ出張することを願い出、九日に承認をえた。一〇日、大久保は、政治的権限のみならず、軍事的にも「臨機処分」できる権限を与えられ、一四日に東京を出発する。

大久保のこの早期鎮圧方針は、「一体九州諸県凡而恂々タル形勢被察候、何分にも佐賀之挙動常ならぬ者相違無御坐候[11]」という認識によるものであった。とくに、鹿児島、熊本、あるいは「福岡県其外広島鎮台出火長崎出火蓮池城出火之電報有之候ニ付、小子是非実地ニ派出シ処分イタシ度[12]」、「兎角此一打ヲ以叩キ付不申候而ハ朝権ヲ示シ候訳ニ至リ兼候大事之機」であるので、「此節之行深思熟慮之上此ニ及たる[13]」のだと、大久保は説明した。佐賀士族の動向が、他地域の士族のみならず、軍隊内部に波及することを防止しなければならないとして、大久保は早期鎮圧を主張したのである。

この時期、征韓、憂国派は必ずしも武力蜂起を決定していたわけではなかった。政府の早期鎮圧方針が、それを決定づけることになった。

二月五日、佐賀への鎮台兵出兵が発令されたこと、および岩村権令が七日に赴任する旨の電報が佐賀県庁東京出張所からもたらされたことによって、征韓、憂国両派は、急速に開戦に傾いた。岩村権令が率兵して入県するという島義勇がもたらした情報が、それを決定的なものとした。一一日、江藤と島は会談して開戦を決定し、両派は戦争準備を進めた。その際、江藤は征韓党の意志統一をするにあたって、「台兵より一つの布告等も無之、突然入城相成候得ば、猶頭に白刃を向けられ、手を束ねて待つが如し[14]」と主張したという。島も、「今日旧主並に父母墳墓の地、一時焦土と相成候に堪へ難きの至情[15]」から、開戦に決意したと述べた。これは、武士意識と藩意識を色濃く残存させている佐賀士族の心情に訴え、「国難意識」をおこさせ、蜂起に結集していく論理として、効果的であったろう。佐賀の乱が広範な士族をまきこんで展開された要因の一つは、政府による早期鎮圧方針への反発と、それと裏腹の関係にあるこの心情であったろう。それゆえに、従来、対立関係にさえあった征韓、憂国両派の提携が可能となったと考えることができよう。

両派は開戦準備を積極化し、一三日、征韓派は「決戦之議」を草して蜂起の正当性を主張し、目的を示した。「大国権行はるれば、則、民権随て全し。それを以て交戦講和の事を定め、通商航海の約を立つ、一日も権利を失へば、国、其国に非ず」、先にわが国は朝鮮によって「無前の大耻を受く」、そこで昨年一〇月に閣議は征韓を決定したが、「二三の大臣偸安の説を主張し」てこれをくつがえした。「嗚呼国権を失ふこと、遂に基極に至る」、「如斯失体を極めば、是よりして、海外各国の軽侮を招く、其底止する所を知らず」、国家主権はすべて彼に制限され、「数年ならずして、全国の生霊、卑屈狡獪、遂に貧困流離の極に至る、鏡に掛けて見るが如し」。そこで「是を以て同志を謀り、上は聖上の為め、下は億兆の為め、敢て万死を顧みず、誓て此の大辱を雪がんと欲す。蓋し人民の義務にして、国家の大義而人人自ら以て奮起する所なり」、しかるに大臣は「己れに便ならざるを以て」われわれに兵をさし向けた。よってやむをえず「先年長州大義を挙ぐるの例に依り[16]」応戦する、と。

征韓派は、「有司専制」を排し、征韓を行って国権を確立することを目的とし、この「大義」を明治維新に際しての長州藩の役割に擬している。この時期には、「今の政府は有て既に無きに近し。故に無きものと見做し、新政府を立ん」、「前参議は、国家大功の臣なり。之を却けて、姦臣をして朝政を恣にせしは、大に国体を誤る」などという主張が存在したといわれ、「姦臣排除」による新政権の樹立が公然と叫ばれた。これを敷衍するならば、「有司専制」が「国体を誤る[17]」という指摘は、自分たちが実現した明治維新の理想が「有司専制」によって裏切られたと征韓派が認識していたことを示しているともいえ、征韓派が「第二の維新」を行うという「大義」を自負していたと推察できよう。

しかし「有司専制」を打倒した後、いかなる政権・国家を樹立するかについては、明確ではない。江藤らを政権担当者にすえ、征韓を断行して国権確立をはかることは意図されているといえようが、この点をのぞけば、現政権に対する批判はみられない。これは、次にみるように、憂国派が内政をはじめとしてかなりの具体性をもって現政権を批判していることに比して、著しい特徴をなしている。これは、征韓問題をのぞけば、前参議としての江藤は政府が実施した全政策に一定の責任をもたなければならなかったという事情が関わっていよう。

これに対して憂国派が目的としたものは、封建復帰であった。憂国党は、天皇・旧藩主の守護を主張して結集したが、その意図するところは「旧藩主を返し、士族の禄を復さん[18]」というところにあった。開戦後、島義勇は、奏上文を書いて挙兵の趣旨と目的を示した。明治維新にあたってすべての人民は、「信賞必罰、万機其処を得、神世質朴の風に被復候半と希望」したが、「豈図ん、恩賞不当、刑罰顚倒、奸臣専横」、島津久光をはじめとする「中興」の「有功の士を退け、無功無頼の奸才を挙げ、蛮夷の習風に心酔し、開闢以来、未曾有の苛政暴法、重斂被相行、外国の黠奴を親む父兄師友の如く、華士族及人民を待は、讐敵の如くし、四海荒蕪し、怨嗟の声、路に満つ」、しかるに両大臣は「奸臣の為に愚弄を受け、浅薄なる権謀術数のみを施し、天下の人心を失却し、猥に殺伐の気を起し」、「忠諒なる」肥前、肥後、鹿児島、土佐の士族を討伐しようとしている。今般われわれは「暴兵を打攘」った。この上は「内国の大政を御変更為在、外は不逞無礼の朝鮮国を御征討被成候は勿論、支那、露西亜其外たりとも、我の臣僕とする御目途被為立候はで不相済」、何よりも「中興の諸元老を厚く御慰諭の上御登用、内は御仁徳を被為施、外は御武威を被為張、封建郡県並び行はれ候はで、迚も神州治り候目途決して無之候[19]」、と主張した。憂国派は、内には「仁徳」を施し、外には「武威」を張る政治を希求するが、そのためには、何よりも「中興の諸元老」を登用して大政を一新し、それによって「封建郡県並び行はれ」る政治体制を樹立する必要を強調した。この「封建郡県並び行はれ」る体制の意味は、必ずしも明確ではない。天皇政府による中央集権的な統治=「郡県制」と、旧藩主のもとでの、家禄を旧に復された士族による割拠的な統治=「封建制」とが並存する政治体制、おおよそ版籍奉還以後、廃藩置県以前の体制が憂国派の意図するところであったと想定できよう。彼ら士族は、かつての幕藩時代の士族そのものではなく、「尊王愛国」の士族なのである。この封建制肯定が、「征韓之議ヲ否トハ不申候得共、学校屯集之面々トハ全体異論ニテ、当時ニ至リテハ雙方来往拒絶致居候由[20]」といわれたごとく、憂国党と征韓党の体質の相違、両者の不和をもたらしたものであった。

この両者は、思想的に相容れない性格をもっていたが、提携して蜂起した。この提携を成立させたものは、前述のごとく、政府の早期鎮圧方針にもとづく岩村高俊権令の率兵入県に対する反発、佐賀士族としての「国難意識」、薩長に対する藩閥意識などであると考えられるが、「有司専制」を打倒しなければならないという政治方針が共通していたことを指摘しなければならない。「有司専制」打倒後の樹立すべき国家構想は大きく異なっていたが、まず「有司専制」を打倒することを課題として連合が組まれたと考えられる。この時期の両派の規模は、正確にはわからないが、三〇〇〇人ほどであったといわれる。

このような状況下に、岩村権令は、下関で権令を待ちうけていた森長義参事の県内情勢の報告にもとづき、熊本鎮台兵三三二名を率いて、二月一五日、県庁が置かれていた佐賀城に入った。翌朝未明、征韓、憂国両派が佐賀城を攻撃したことによって、佐賀の乱は本格的にはじまったのである。

二月二二日、佐賀士族軍を賊徒と規定し、鎮圧することを宣言する太政官布告が発せられ、同日から政府軍は攻勢に転じ、本格的な戦闘がはじまった。二二日の朝日山の戦、二三日の寒水・田手村の戦、二七日の境原の戦を経て、政府軍は三月一日に佐賀城に入城し、鎮定は終了した。この経過については諸書に譲る。[21]佐賀の乱の特徴、性格などについては、本節（三）で言及する。

（二）乱の発生と統治機構

では、県支配機構はこのような政治情勢にどのように対応し、いかなる影響をうけたか。

まず県庁機構について検討する。

一八七三年から翌年はじめにかけて、県が複雑で困難な課題に直面していたことは前述したが、一八七四年一月以降、県は征韓論政変にともなう影響を直接にうけることになった。県庁機構は、征韓派によって掌握され、私物化されるにいたった。

県庁機構と佐賀の乱との関わりをもっとも端的に示すものは、県官吏の佐賀の乱への参加状況であろう。県官吏は、一八七四年にはいって辞任・任官などのかなりの変動があり、実態をつかむことが難しい。そこで、とりあえず、一八七三年一二月現在の県官数で検討してみよう。表1-5にみるごとく、奏任・判任官八二名のうち半数の四一名が征韓党、憂国党の佐賀軍に参加し、等外官では二七名のうち、七四%の二〇名が参加している。この他、等外出仕雇や日給雇、官林調査雇や地租改正掛雇などの臨時雇用者が五四名、牢番六名が参加していることが知られる。一八七四年一月以降、征韓派の影響力が県庁内にひろがるにつれて、他府県出身者を中心に、県出身者もふくめて辞職者がふえ、県官総数は一般的に減少する傾向にあったと考えられるが、一部には新任者もみられる。

参加者の特徴をみてみよう。表1-5中の八等官は庶務課の石井貞興大属であり、県庁幹部として庁内事務の中枢部分に関わった。彼は、征韓党幹部として、資金調達などの分野で県庁機構を利用したが、敗戦後に鹿児島へ逃亡し、桐野利秋にかくまわれ、西南戦争に参加して捕えられ、斬刑に処せられる。一八七三年一二月には大属は六名いたが、翌年一月下旬には各課一名ずつの四名であったようである。十一等官の斬刑二名は、権中属の西義質と香月経五郎である。聴訟課担当の西は一八七二年八月に任官し、征韓党の斥候長で、のちに白石団を指揮した。香月は江藤に従って帰県して任官し、職権によって武器調達などを行った。懲役二年は、征韓党会計・輜重掛の成富元達であり、租税課地税掛を担当した。禁錮一〇〇日は、香月と同じく一月下旬に任官した村地正治であり、彼は征韓論政変の以前は大蔵省租税寮十一等出仕であった。石井や西がすでに県官であって征韓党に入党したのに対して、香月や村地は征韓党の目的を実現するために県官に就任したと考えられる。十二等官の懲役三年は少属武藤貞重であり、征韓派の小城隊参謀となった。十三等官の懲役三年は、征韓党一番隊長となった横尾純喬であり、懲役

表1－5　佐賀軍への参加県官数

	1873年12月の県官数	佐賀軍への参加県官数	備　　考
四等官	0	0	
五	1	0	
六	1	0	
七	0	0	
八	6	1	脱走後，西南戦争に参加，斬刑
九	1	0	
十	3	0	
十一	9	7	斬刑２名，懲役２年１名 禁錮100日１名
十二	5	2	懲役３年１名，除族のみ１名
十三	16	7	懲役３年１名，懲役２年１名 除族のみ１名，割腹自殺１名
十四	12	13	除族のみ１名
十五	28	11	除族のみ１名
小　計	82	41	
等外一等出仕	13	7	
二	0	0	
三	4	8	除族のみ１名
四	6	2	
五	4	3	
小　計	27	20	
合　計	109	61	

註１：各刑は除族を含んだ刑であり，「除族」は除族のみの刑である。
　２：出典の文書には佐賀の乱勃発前に辞任した県官３名が含まれているが，これらは表に加えていない。
『明治九年中　雑書留』，『明治八年中　東京往復　往復係』より作成。

二年は蓮池隊司令となった中野格一である。このように、佐賀の乱に参加した県官は、圧倒的に征韓派が多い。憂国派に所属した県官としては、十三等出仕で租税課地税掛担当の権少属大塚公速が知られるのみである。彼は、憂国党会計長をつとめ、割腹自殺した。

以上、表1－5から指摘できる第一は、県官の奏任・判任官の半数、等外官の七割をこえる部分が佐賀軍に参加したこと、第二に、県官の等級が下降するに従って参加者が多くなるが、庶務課の大属という幹部、権中属という中堅幹部からもかなりの参加者をだしていること、第三に、佐賀軍に参加した県官の圧倒的部分が征韓派であり、憂国派はごく少数であること、第四に、征韓党幹部で斬刑に処せられた八名（石井貞興をふくむ）のうち三名が県官であったごとく、参加県官のなかには征韓党幹部が比較的多いこと、である。これらの特徴は、征韓派が県庁機構を掌握することを重視し、意図的にそれを推進したことを意味しており、これは、彼らが基本的には現支配機構を支えた人々であったという征韓派の性格と関わっている。逆に、憂国派は、封建復帰を意図する勢力であるゆえに、政府・県の支配機構の内部に身を置くことがほとんどなかったと考えられよう。これについては、後述する。

これに対して県官のなかには、前山隊に所属したものもあった。江口礼蔵（一八七四年一月一日現在で権中属）、木塚興家（同少属）、村山十郎（同権少属）など九名であり、十三等出仕以下が多い。彼らは、江口、村山が会計、木塚が一番隊心遣（司令）であったごとく、幹部であった。

この他に、開戦後の自己の出所進退を明らかにした履歴を乱後に提出して、征韓、憂国両党に参加しなかったことが判明している判任官が一七名いる。したがって、佐賀軍に参加しなかった奏任・判任官は、前山隊九名、森参事を加えて、二七名となる。この事実から考えると、「県庁は、真に事を談ずるもの、他より来れる官員三四名に過ぎず。其他、佐賀人にして、正義論の者（前山隊—引用者）ありと雖も、十が八九は皆征韓論にして」[22]という森参事の指摘には、誇張がある。しかし、「佐賀県庁は征韓同論ニ付参事ヲ除ク之外官員も皆会議ニ出席致候由」[23]という指摘もされており、征韓派による県庁機構の掌握が強かったこと、他方で、庁内において自己の明確な立場をもちえず、征韓派に同調的立場をとった県官が存在したこと、は事実であろう。

このような征韓派による県庁掌握は、一八七四年一月、とくに中旬以降に急速に進んだが、これを可能とした背景の一として、この時期が県令不在期間であったことを指摘できよう。

岩村通俊権令がいつ辞任を考えはじめたかは明らかではないが、一二月一七日に上京し、年末から年頭にかけて東京に滞在した。通俊は、一月一四日に横浜で、当時神奈川県権参事であった弟の高俊と会い、佐賀県権令への就任を依頼している。これは、事前に大隈重信と相談した人事であった。二八日、通俊は工部省四等出仕に、高俊は佐賀県権令に任命された。この間、通俊が帰任して県治をとったか否かは、確認できない。帰任しなかった公算が大きい。

すでに前節でみたように、通俊は、これまでの短期間での県令の交替が県治の遅れをもたらしたと強く批判した。彼は、その遅れのなかで、人心の安定化をはかり、県庁・村落統治機構への統制力を強化し、中央集権的な地方統治を推進する廃藩置県後はじめての本格的な県治を展開し、一定の成果をあげつつあった。その彼が、突然、就任後半年で辞任したのである。辞任の理由は明らかではないが、おそらく「難治県」としての佐賀の統治の困難さによるものであろう。

県治は、森長義参事が大属以下を指揮して担当することになった。参事を補佐すべき七等出仕中山平四郎は、すでに一一月二二日に依願免官となっており、森参事はいわば孤立した形であった。森参事が、征韓、憂国両派の士族反対派に対して対策らしきものを実施した形跡はみられない。後にみるように、征韓派士族の統制を征韓党幹部に依存するような状況であった。この結果、森参事は、県庁機構を掌握した征韓派によって操縦されるにいたったのであり、この意味では、県令不在がもたらした結果は大きかった。

征韓派による県庁機構の掌握は、森参事によると、一月一六日の小松屋集会において方針化された。この時、鹿児島を訪ねて帰県した士族によって提起されたと考えられるが、「長義以下、他より来れる官員を自ら退かしめて、県庁内をして、恰、鹿児島県庁の如くならしめ、同貫属のみを置き、十分に事を挙ん」という方針が決定された。その後、この方針を貫くために他県出身の県官を「暗殺」すべきであるとする意見がおこったが、結局、方針を転換して「却て官員を拘留し、百事県庁の所為と為んことを謀る」[24]にいたった。これは、他府県出身県官の追放や「暗殺」が事実上不可能であり、佐賀士族による県庁機構の地方割拠的な占拠を恒常化することが困難であることから、征韓先鋒請願のためには現実的で効果的な方針に転換したといえようが、征韓派が県庁機構を掌握し、参事をも操縦しうる見通しをもっていたことを意味していると考えられよう。

征韓派の県庁機構掌握を前進させたのは、一月下旬の香月経五郎、村地正治の県官就任であった。江藤が二六日に帰県したことは征韓派の志気を昂揚させたが、江藤が森参事に人材登用を勧めたことによって、江藤とともに帰県した香月、村地が県官に採用されたのである。香月は前年一二月末にイギリスから、村地は同じく秋にアメリカから、ともに留学を終えて帰国したばかりであった。一月二八日、森参事は江藤を訪ね、「県情ノ硬ナルヲ語リ処置振ナドヲ相尋ネシニ付テ、右ハ人才ヲ更選スル方ナルベシ」と江藤が答えたため、「此時ニ香月経五郎始テ歴セシヨシニテ、夫ヨリ森参事ノ処分ニテ香月経五郎ヲ八等出仕ノ場ニスヘ、中属竹野喜伝太ヲ退ケ、村地才一郎ヲ挙テ出納掛トナシ、石井竹之助ナト、一同ニ県庁ニ列シテ参事ヲ孤柱トナシ、県庁ノ権ヲ其一党ノ手ニ入レ、公然ト学校ヲ以テ征韓党ノ屯集所トナシテ、徒党ヲ募リ兵器ヲ集メルコトト相成候[25]」という状況になった。香月の地位と職掌については確定しないが、香月と村地の任官によって、後に前山隊の本営付（参謀）に就任する竹野敏行を辞職させ、庶務課の石井貞興大属と香月、村地らが、征韓派の勢力を背景として県庁機構を掌握し、森参事を孤立させて「百事県庁の所為と為」して先鋒請願を行う体制がつくりだされたのである。森参事のこのような処置は、香月や村地、あるいは彼らを通じて江藤によって征韓派の統制をはかろうとしたものであろうが、これは、森参事の孤立状況とその県治能力の弱さを物語っているといえよう。このような状況と対応して、一月下旬から県官の辞職者が増大した。

こうして県庁機構は、一月下旬にはほぼ征韓派の掌握するところとなり、先鋒請願、後には開戦準備のための征韓派による県庁機構の私物化が進んだ。二月四日に佐賀への鎮台兵出兵が命令された旨の五日付の東京事務所からの電報を受けとったのが香月であったごとく、征韓派の県庁掌握は全般にわたっていたが、殊に武器・弾薬、資金、糧食などの準備において、征韓派県官は職権を利用した。「香月ハ出納中属ニ登官ノ即日ヨリ武庫司ヲ呼出シ、四方ノ武器弾薬ヲ運送セシ[26]」め、陸軍省武庫司から県が預かっていた旧佐賀藩の武庫を押領して火薬を製造し、大砲鋳造をこころみたという。石井大属は、第八・九大区の「民積金」一二〇〇〇円余を征韓派の戸長石井源蔵らとともに横領し、また旧知事家禄代金のうち二五〇〇〇円を、職権をもって出納課員を指揮して詐取した。弘道館への集会や出兵時の資金、糧食については、「租税課の官員預れり」[27]といわれる。租税課は、判任官二六名のうち一六名が、等外出仕は七名のうち六名が佐賀軍に党与しており、権中属などの中堅幹部を成富元達ら征韓派が占め、憂国派の大塚公速も権少属として雑税掛を担当していた。

このような征韓派による県庁機構の私物化を象徴的に示したのは、征韓派士族への先鋒請願のための資金融資計画であった。

二月三日、藤井伝八権少属が長崎に到着し、長崎銀行へ佐賀県宛の三〇万円の融資を申し入れた。長崎銀行へ申し入れたのは、その佐賀出張所が「法琳院派ヨリ無理之金談有之候処ヨリ恐怖ヲ生シ引払」ったからであった。この融資は、「此節征韓之儀ニ付出京候得は支度其外諸入用も候間、外ニ不法之金調等致候筋無之、就而当月中家禄相渡申度三拾万円程入用」というものであり、その「支度」とは「武器買入レ等」[28]を意味していた。家禄支給については県は、一月二二日、これを可能にするための「繰替御下渡」をすでに大蔵省に申請していた。これについては、後述する。したがって今回のこの「家禄」は、大蔵省によって許可されるか否かわからない正規の家禄に代わる臨時の「家禄」、すなわち先鋒請願のための支度金であった。

このように県庁機構は、征韓派によって掌握され、私物化された。ここにおいて森参事は、「百事県庁の所為と為ん」ことを意図する征韓派によって監視体制のもとに置かれ、操縦された。「四五日已前（二月四日より—引用者）森参事は一応同氏旧県江引取右之趣意を以尽力可致との事ニ候処、段々相留メ候向キ有之、且此節征韓之儀ニ付而ハ官員モ同行致候者可有之ニ付、跡県用ヲ欽キ不申様相当之人選可差出、兎も角県庁ハ連続御用取扱有之度申立候趣ニ而当時相留リ居候[29]」、という状況であった。

しかしこのような征韓派による県庁機構の私物化は、主として征韓先鋒請願の準備、および開戦準備に限定されており、県政そのものの全般的私物化は明確にはみられない。士族的利益を擁護する施策は、とくに家禄問題などにおいて企図されるが、それは政府の政策体系のなかで処理され、何よりも領有制を解体して中央集権的な統一国家を形成するための基本政策そのものに対する対決姿勢は、みられない。征韓派のこの点が、「封建郡県並び行はれ」んことを希求する憂国派と基本的に相違するところであり、また鹿児島県の、家禄と貢租徴収権をもつ士族による軍事的支配体制を日常的行政体制とし、中央政府との関係においても「半独立国」的性格をもつ状況と相違する点であった。

岩村県政の方針を基本的に踏襲した森参事による県治は、一八七四年にはいっていっそう繁劇をくわえた。岩村県政において実施された加地子地処分、地券調、付加税免除、戸籍編成などの重要政策は、この段階で完了したものはなく、すべてが途上であった。千三百八十余カ村にのぼる検見だけは、一月一七日に終了したが、貢租徴収という困難な課題に対処しなければならなかった。すでに指摘したように、この季の収穫は、旱魃・風災によって凶作となったため、貢納は一月に五割、三、五月に二割五分ずつの分割納が許可されたが、納入の困難さが軽減されたわけではなかった。災害によって米性が悪かったため、納税はすべてが石代納になったが、石代納については、「近来他ノ管轄よりも姦商入込石代納引受等之義受合候趣相聞、若小前共軽々之利ニ迷ひ引受差出候」ような「不行届」[30]を防止するなどの対策も必要であった。民費徴収も重要課題であり、すでにみたように、区戸長の対応がからんで民心に直接に影響する問題であった。一月一七日、県は民費分課法を改正し、二九日には石代納価格を石当たり三円六二銭五毛七糸とすることを布達し、これにもとづいて徴税作業を進めた。これを担当した租税課地税掛の古川保助少属が、「二十六大区ヨリ三十二大区ニ至ルマテノ癸酉地租帳調担当セシヨリ、勘合ノタメ本年二月十三日佐賀出発」[31]したごとく、この作業は一貫して継続されていた。

地券調も同様に、この時期の重点課題として推進されていた。すでにみたように、一月一四日、県はこれ以上の作業の遅延は許されないとして、二月一〇日限り提出するよう指示した。この指示は、「若日限及遅延候村方ハ諸帳簿持参於庁下取調可申事[32]」という但書きを付したものであり、この時期はその作業の最中であった。県はさらに一月一八日、「地券調書追々上帳ニ付帳内清算等有之候処、失セ地減シ地切割切開従来番号無之向其他地所錯雑之模様も有之」ので、「疎漏錯雑」なきように「地引図ヲ製[33]」するよう指示した。

この他、一月中旬以降においても、戸籍編成、各大区取締の設置、売薬取締、清酒醬油醸造鑑札交付などの作業、あるいは天皇の写真下付につき人民の一見を許す、紀元節拝賀などの布達など、各分野の業務が行われている。このことは、征韓派によって県庁機構が掌握された後も、一応は日常的な業務は実施されていたことを示している。森参事は「党に入りし官員、断もなく自侭に出庁せず。故に諸課の事務殆ど廃するに庶幾す[34]」と指摘したが、このような傾向はあったものの、先に引用した「兎も角県庁ハ連続御用取扱有之度」という征韓派の方針が、実際に展開されていたといえよう。

地券調が一貫して進められていたことは、注目していいことであろう。地券調は、地租改正の前段階の作業として、領有制解体の一階梯をなすものである。したがってこの作業が征韓派によって阻止されることなく進展していたことは、征韓派がこの時点で、少なくとも地租改正の方針に明確に反対していたわけではないことを意味している。

旧佐賀藩においては地方知行制が広範に存在したが、これは、一八六九年の藩政改革の一環として、八月一五日に廃止され、藩庁が土地人民いっさいを支配することとなり、家臣は蔵米支給に切り換えられた。その際、「大配分」として一定の自治を許されてきた旧藩上級家臣などの陪臣も、本藩に組みいれられた。これら士族はその後、下士層に相対的に有利な形ではあったが、禄制改革による削減をこうむった。一八七三年一二月二七日には秩禄奉還の法が公布されたが、公布直後であったためか、これに関する直接的な対応はみられない。この地方知行制の廃止と禄制改革は、憂国派が禄の復旧を企図したごとく、士族の不満を大きくしたと考えられるが、しかしこれは、県庁機構を掌握した征韓派によって具体的な行動に反映されていない。このことは、この当時の征韓派のもっとも強い関心が、征韓断行と征韓先鋒に任じられることにあったことを示しているといえよう。

しかし士族的利益の追求が、考慮されなかったわけではない。

その一は、家禄問題である。家禄については、一八七三年一一月、県が蔵米支給をやめて米券で支給し、禄主が自己に便利な村方から直接に受け取る方式に変わったが、その後、凶作によって正米による貢納が困難になった結果、石代金で支給されることになった経緯については、前節で指摘した。

一月二二日、県は、岩村権令・森参事名をもって大蔵省に対して、家禄の「繰替御下渡」を出願した。すなわち、家禄・賞典禄は「十二月一季に渡方可取計之処、米繰都合ニ寄リ翌二月迄渡方可取計旨御布告ニ付精々苦慮」してきた、ところが昨年は天災によって凶作となり、そのため県下一般が石代納を願い出たので家禄の現米渡しは困難となった、ついては「一月ニ五部納三五両月五分納ニテハ家禄二月渡シ済ニ運兼、貫属之者共減禄之末難渋罷在候間渡方及遅延候得者一層難渋ニ付、貫属渡高米拾貳万八千四百石之内二分五厘高米三万貳千百石ニ付三円六拾貳銭五厘七糸替ヲ以拾壱万六千貳百貳拾円貳拾九銭七厘、三五両月五分納相済候迄繰替御下渡御座候様仕度[35]」と主張した。県は、凶作ゆえの納税期限延期による家禄支給の遅延を防ぐことを意図したのである。

さらにその一週間後の二九日に県は、凶作による米価騰貴のために、石代金によって支給されることになった家禄の損失を補塡することを計画した。規定によって家禄を算出する基準である石代価格は三円六二銭五毛七糸であるが、現在、米価は騰貴して石当たり四円一三銭一毛八糸となっている。そのため「前件相渡候石代金ヲ以現石買入候得者多分之間際相立、実以御一新以来減禄之末貫属之者難渋之次第難黙止」ので、「当年限三円六拾貳銭五毛七糸へ壱割弐分五厘増代価ヲ以渡方御許容御座候様仕度」[36]と、現実の米価をもって家禄を支給することを申請した。しかしこれは、規則に準拠すべし、として許されなかった。この間、出納課および庶務課は、現在の日給雇の人数では二月中の家禄支給の作業自体が困難であり、これは士族の人気にも影響するとして、七名の臨時増員を起案した。これらは、士族的利益の擁護を意図した施策であった。しかしこれは、士族の利益を恣意的に追求したものというよりも、社会的、経済的状況への対応的性格のものであった。

これに比して、この時期に実施された警察制度の整備は、征韓派の意向を反映したものであった。

前節で既述のように、岩村通俊権令は、人民の負担増への一定の配慮を講じつつ、赴任後の県支配機構における自己の統制力を強化する方向で治安体制を整備することを意図して、中央からの邏卒の派遣を政府に要請し、一八七三年一〇月、三〇名の警保寮邏卒の派遣が実現した。県は一月二二日、邏卒益山兼繁の出張を本人の要請によって解き、二八日には病気を理由とする出願によって二〇名の出張を解き、翌日、残り全員に対して県は、邏卒本人の出願によることなく、「暇差遣」と指令した。その理由は、「最早当県番人之方法相立候」ことにあった。この「番人」は、風俗改良・人心安堵を目的として、一月に第八・九大区戸長、副戸長から行われた申請にもとづいて、二〇名を、「民費を以失費半高為差出、賦金ヲ以半金差出シ、為取締貫属之内より人撰之上取設」[37]けたものであった。警保寮派遣の邏卒を帰京させるこの措置に関して、征韓派と邏卒との間で何らかの了解、ないし提携が存在したか、あるいは両者が対立関係となり、征韓派が事実上追放したのか、事情は不明である。しかし、この邏卒が内務省直属の邏卒であったこと、この時期が江藤の帰県によって征韓派の志気が昂揚した時期であったこと、邏卒に代わって設置した「番人」が、「暴挙之砌党与相組」[38]と指摘されたように佐賀軍に参加したこと、などの点から考えれば、少なくとも、邏卒を帰京させる措置が征韓派の意向に添うものであったことは確かであろう。ちなみに、「番人」設置を申請した第八・九大区の戸長石井健一は、「不快中」であったために佐賀軍に参加しなかったが、副戸長の白浜雅知、馬渡邁俊、松永方一は征韓党に党与してともに除族処分に処せられ、この出願を許可したのは庶務課で、聴訟課を兼務していた石井貞興大属であった。

以上のように、県庁機構は征韓派に掌握されて、開戦をむかえることになった。

二月五日、鎮台兵の出兵、岩村高俊権令の赴任の連絡がもたらされると、征韓派は急速に開戦方針に傾いた。森参事はこの時点で事実上、県治の責任を放棄するにいたった。森参事、聴訟課の小出光照大属らは、下関で岩村高俊権令と連絡をとると称して、二月五日に突然に出県し、出納課の渥美広通大属も同様の理由をもって一四日に長崎へ向けて出立した。森参事の出県は、事前の連絡と準備なく行われたため、「依之満庁騒然外来ノ官員或ハ辞職或ハ脱去、足ヲ留ムル者僅ニ五名[39]」といわれる混乱をもたらした。二月五日以降、県庁機能は著しく低下し、その状況のまま岩村高俊権令の着任をむかえることになった。その状況は、「二月十五日岩村権令入県ニ依リ管内布達等ノ事務取量ラヒシニ、各官多クハ退出シ留ル者僅ニ数名[40]」といわれた。翌一六日未明、征韓、憂国両軍は攻撃を開始し、一八日に権令らは脱出して県庁は壊滅した。

次に、村落統治機構と佐賀の乱との関わりについて検討する。

戸長・副戸長、村長、筆生ら村落統治機構の担い手が佐賀の乱にどのように対応したかを、現在判明するもののみではあるが、整理してみよう。表1-6は、全村役人層の氏名が判明しないこと、判明した場合でも佐賀の乱への関わり方が不明であるものがかなりいること、などの問題点をもっているが、一応の特徴を示している。

この表から、おおよその傾向として、それぞれの総数との関わりでいえば、征韓、憂国両軍に参加する傾向は戸長がもっとも強く、村長がもっとも弱いことが指摘できよう。この原因の第一は、族籍にあろう。すでに指摘したごとく、この時期の戸長は全員が士族であり、副戸長は、地域的に差があるが士族が相当の比重を占め、村長は農民の比率が大きかった。杵島郡の旧佐賀本藩領、および「大配分」領の須古領を管轄区域とする第二二・二五大区

表1-6　村役人層の参加状況(1)　（名）

	参加				不参加	前山隊	不明	計	備考
	征	憂	両徒	小計					
戸長	7			7	4	1	1	13	全18大区に各1名
副戸長	22	2	6	29	10		8	48	全18大区に各3～4名
村長	11	11	13	35	93	1	2	131	
筆生	6	3	2	11	17	1		29	

註：参加の内,「征」は征韓党,「憂」は憂国党,「両徒」は両党に参加したことを意味する。『明治七年　騒擾謝罪書類　庶務課』,『明治七年　騒擾一件ニ付伺書　庶務課』,『明治七年三月　願伺届　第一課』,『願伺届　庶務課』,『大木喬任文書』238より作成。

の村長は、全一五名のうち平民籍が八名である。この一五名は、全員が佐賀軍に参加していない。戸長層は士族層のなかではある程度の有力者であったと考えられるが、このことが、自主的に両党に結集した場合は別として、旧支配領域を単位として、身分的階等制によって構成されることが多かった両派の軍事組織に関わりを強くしたとも考えられる。戸長は全一八名のうち、七名が佐賀軍に参加したことが現在知られるが、今後判明するにしたがって参加者はふえるであろう。

第二に、戸長や副戸長の場合は、征韓党への参加者が圧倒的に多く、憂国党への参加は少ない。これは、県官の場合と同じく、封建復帰を願い、現支配体制を肯定しえない憂国党的意識をもった士族は、現在の支配機構のなかに身を置きえなかったことのあらわれであろう。

次に、表1-6を大区ごとに整理しなおした表1-7を掲げる。

佐賀の乱において主戦場となったのは県東部地域であったが、表1-7によると、佐賀軍に党与して出兵した地域は、西部の藤津郡地方にも広がっており、北部の唐津地方からも参加している。佐賀の乱が、県全域におよぶ争乱であったことが知られる。

表1-7によると、戸長、副戸長の参加が比較的多い地域は、第四・五大区、三八・三九大区、四〇・四一大区、および一・二・三大区、八・九大区、一〇・一一大区などであり、村長の参加に注目すると一九・二一大区も加えることができよう。戸長や副戸長の参加が村長の参加に直接的に連動していないため、この

表1－7　村役人層の参加状況(2)　（名）

大区	戸長						副戸長						村長						筆生						備考
	参加			不参加	前山隊	不明	参加			不参加	前山隊	不明	参加			不参加	前山隊	不明	参加			不参加	前山隊	不明	
	征	憂	両徒				征	憂	両徒				征	憂	両徒				征	憂	両徒				
一・二・三	1								2	2			3			33		2		1		5			
四・五	1						3		1				1	1		31			1	1		2			四大区蓮池隊
六・一二・一八									3						2	10						2			
八・九				1			3							4	11		1		1		2		1		
一〇・一一				1			4																		
一六・一七・二〇	1						2					2													
一九・二一					1		1	1		2			1	6		4				1		4			一九大区小城隊 二一大区多久団
二二・二五				1			2			2						15						4			二五大区須古団
二六・三二・三五				1						1		2													
三三・三四								1		1															三三・三四大区 武雄団
三六・三七						1						4													
二七・二八	1									2															
二九・三〇・三一	1						1												1						二九大区唐津隊
三八・三九	1						3						4						2						三八・三九大区 蓮池隊
四〇・四一	1						3						2						1						四〇・四一大区 鹿島隊

註1：参加の内，「征」は征韓党，「憂」は憂国党，「両徒」は両党に参加したことを意味する。
　2：七・一三，一四・一五，二三・二四大区を欠く。
『明治七年　騒擾謝罪書類　庶務課』より作成。

（名）

一八		八・九		一〇・一一			一九・二一			二二・二五		
一八	小計	八・九	小計	一〇	一一	小計	一九	二一	小計	二二	二五	小計
14	341	1,272	1,272	605	641	1,246	113	705	818	74	213	287
4	213	418	418	357	167	524	29	15	44	7	4	11
10	128	854	854	248	474	722	84	690	774	67	209	276
373	848	1,723	1,723	611	956	1,567	174	623	797	70	245	315
0	1	230	230	31	27	58	0	0	0	0	0	0
387	1190	3225	3225	1247	1624	2871	287	1328	1615	144	458	602

表のみから結論することはできないが、これらの地域は、征韓、憂国両軍への士族の参加数が多かった地域である。それは、次の表1－8に示されている。

表1－8は、佐賀の乱鎮定後の三月七日、内務卿大久保利通によって指令された、両軍への党与人数調査の結果を集計したものである。結果は、『明治七年　騒擾謝罪書類　庶務課』としてまとめられた。この統計には、実際に出兵した数のみでなく、党与の謀議に関わった人数もふくまれているようであり、また支藩や「大配分」領の士族団の場合は、それぞれの単位集団＝「団（団結）」ごとに集計されている。集計結果は、県東部、中央部の地域しか残されていない。

表1－8によれば、第一・二・三大区、四・五大区、八・九大区、一〇・一一大区は参加者が不参加者を上回っており、一九・二一大区、二二・二五大区はほぼ同数である。なおこの統計には、「両徒に組みす」という分類がある。これは、征韓、憂国党のどちらかに参加した者の合計を示していると判断される。

第一・二・三大区は、旧対馬藩領と旧佐賀本藩領の地域である。旧対馬藩領からの参加はなく、数字は旧本藩士族の参加を意味している。佐賀の乱は、佐賀藩士族の事件であった。憂国派よりも征韓派が多いことが注目される。四・五大区は、旧本藩領、および旧支藩の蓮池藩領とからなる。四大区の旧蓮池藩士族は、蓮池隊というまとまった単位で行動した。蓮池隊は二派に分かれ、三

表1-8　佐賀の乱への士族の地域別対応状況

大　　区	一・二・三				四・五			六・一二・	
大　区　別	一	二	三	小計	四	五	小計	六	一二
両徒に組みす	0	246	99	556	556	354	910	250	77
内訳 征韓党に組みす		169	77	445	445	242	687	174	35
内訳 憂国党に組みす		77	22	111	111	112	223	76	42
両徒に組みせず	92	358	143	242	242	388	630	323	152
その他（旅行・行方不明・その他）	0	2	0	0	0	0	0	0	1
合　　計	92	606	242	940	798	742	1540	573	230

註：八･九大区は，史料に散逸があり，また大区別に区分することができない。
『明治七年　騒擾謝罪書類　庶務課』より作成。

八二名が征韓党に党与し、一五二名は両徒に組みしなかった。八・九大区、および一〇・一一大区は、旧本藩領の地域で、前者は城下の地域をふくんでいる。八・九大区に関しては、史料上、大区別に区分することは不可能であり、また史料に散逸の部分があるので正確な数は不明である。一八七四年三月現在の士族戸数は、合わせて二四〇九戸である。[41]党与者が他地域に比して格段に多く、憂国派が征韓派よりも多い。一九・二一大区は、旧支藩の小城藩、旧本藩、竜造寺系で親類同格の「大配分」領である多久家領の地域である。二一大区の憂国派が圧倒的に多いのは、団結としての多久団六九〇名によるものである。多久団は、三三・三四大区の親類同格の「大配分」領武雄家の武雄団と同様に、当初は憂国党に党与した。その後の憂国党の開戦決定に際しては、武雄団とも協議の上、「王師抗衡之挙動一統承服致シ兼候」として反対したが、二月一六日の開戦後、憂国党から出兵を強要され、「同県管轄中ニ而全出張不致候而者忽人土蹂躙塗炭之艱苦必然ニ付、不得止一時之権略ヲ以テ[42]」五〇名を出兵させた。同じく武雄団も、士族四名・卒六〇名を出兵させた。多久団、武雄団は後に撤兵し、二月二六日に長崎を発して佐賀へ向かって進軍してきた政府・海軍部隊の指揮下に二小隊を派遣し、嚮導などをつとめた。多久家、武雄家と同じ親類同格で二五大区の須古家の士族団二〇六名も、憂国党に党与した。これに対して、二九・三〇・三一大区の旧唐津藩士族一一一名、三八・三九大区の旧支藩蓮池藩の塩田在住士族一二〇名、四〇・四一大区の旧支藩鹿島藩士族一九八名は、いずれも征韓党に党与した。

党与した戸長、副戸長層の役割をみてみよう。彼らは、それぞれ幹部の位置を占めた。第四・五大区戸長の石井源蔵は、石井貞興大属とともに八・九大区の「民積金」一二〇〇〇円を横領するなど、征韓党の「周旋並ニ会計輜重等」を担当した。彼は、副戸長の石井周蔵らと「烏合ノ兵ヲ集メ隊伍ヲ編成シ司令ヲ置キ、其上総長ヲ迎ヘテ官軍ニ抗敵[43]」したとして、懲役七年の刑に処せられた。石井周蔵は、征韓党第一〇番小隊長をつとめ、石井源蔵と同罪で懲役五年に処せられた。一六・一七・二〇大区戸長の留守経昌は、二月一六日の開戦後に編成された征韓党第一七番小隊、すなわち小城征韓党隊の司令となり、二三日の寒水村の戦闘で戦死した。旧支藩の小城藩士族は、一月末ころ二派に分かれ、一派は「御親類」の田尻種博を隊長として、戊辰戦争出兵時の編成によって三小隊を編成し、憂国党に属した。規模は、三〇〇～三五〇人前後とみられる。これに対して他の一派は、留守、県官武藤貞長、副戸長徳本寛斐・藍山範介らが幹部となって有志を募り、征韓党小城隊を編成し、出兵した。戦闘にあたっては、田尻の率いた小城三小隊は、どのような事情によってであるかは不明であるが、留守らの征韓党隊とともに、終始、中島鼎蔵の指揮下で征韓党部隊として行動しており、戦後の分類においても征韓党側に分類されている。ともに征韓党に党与した旧支藩の蓮池隊、鹿島隊、さらに留守らの小隊の働きかけによるのかもしれない。第一九・二一大区の場合は、副戸長二名、村長七名、筆生一名の計一〇名が党与し、その内訳は征韓党二名、憂国党八名であったが、憂国党に参加した八名は全員が多久団に所属した。

第二九・三〇・三一大区の戸長安住百太郎は、小城郡の旧多久家の士族で、郡域をこえて松浦郡の唐津町を中心とする地域の戸長を担当していたが、彼の場合は、その担当区内で旧唐津藩の士族を征韓党に結集する役割を果たした。二月四日ころ、「彼方（唐津─引用者）ニテモ戸長元多久士族安住百太郎ト云ヘルモノ征韓ノ説ヲ以テ鼓動シ、間ニハ異議ノ人モアレトモ凡ソ三百人計リ高徳寺ヘ集議半ナリ[44]」といわれ、結局、一一一名と戸長安住、副戸長一名、筆生一名が同盟し、安住は斥候をつとめた。このように、自ら有志を結集して党与した区村役人層のほかに、士族団の一員として出兵したものもあった。三八・三九大区、四〇・四一大区の戸長・副戸長、村長、筆生らは、鍋島彬智を総司令とする旧鹿島藩の士族隊の一員として出兵した。

これら党与した村役人の行動は、征韓党や士族団の一員として、士族としての性格に終始したという特徴をもっている。村落統治機構の担い手として、村落や農民を組織し、政府への対抗を共同の戦いとして展開することはなかった。彼らにおいて、佐賀の乱は、あくまでも士族の行動であり、農民に働きかける姿勢はみられなかった。農民においても、すでに前節においてみたように、維新後の収奪強化や新政策に対する抵抗、庄屋地・居宅問題や加地子地問題をめぐる騒動などが展開されていたが、農民の側から士族の行動に積極的に呼応していく姿勢はみられなかった。

征韓、憂国両党は、蜂起するにあたって、政府の「苛政暴法、重斂」を非難し、自己の行動を「下は億兆の為め」と正当化した。しかし村落や農民は、彼らにとっては自己の目的を推進する手段、徴発の対象にすぎなかった。森参事は、「戸長、預の役内金と称せるものを借受たる由。又曾て石代（納）を差許したるに、戸長限り正米納を達したるは、其間、差を征韓党の費用に充んと欲する由[45]」と指摘した。同様に征韓党や憂国党が重視し、全県域的に実施したのは、夫丸、資金、糧食などの徴発であった。例えば、一〇・一一大区副戸長の江口勢平、村嶋親義、高木平八、中溝喜代助は、「此度暴動以来金穀出夫等之儀渠等カ強談ニ任セ不容易儀と者奉存候得共、時勢柄不得止処より村方江一時調査之取計仕」た。彼らは「渠等カ強談ニ任セ[46]」と自己の行動を正当化したが、四名は征韓党の「副代官ノ心得[47]」の地位にあり、任務としてこれを行ったのである。戦後、四名はともに除族の刑に処せられた。

征韓党は、その組織のなかに、六名の「代官ノ心得」、一八名の「副代官ノ心得」を置いた。「副代官ノ心得」には、一・二・三大区、四・五大区、八・九大区、一〇・一一大区、二二・二五大区の副戸長のうちから一一名を任命した。「代官」の任務内容が何であったかは判然としないが、民政的な意図がこめられていたとしても、現実には右のような輜重、夫役関係の周旋が主要なものであったろう。徴発の対象は、資金、糧食、焚出し、夫丸などから、草鞋、浮立鐘、あるいは武器関係の操業など、広範囲にわたった。徴発の要求は、各大区の戸長、副戸長へ、場合によっては各村長へ直接になされており、全県域におよんでいる。村役人層は対応に苦慮したが、ほとんどの場合、「押テ相断候ハヽ、直チニ民家江立入手々ニ相募リ候ハ眼前之儀ニ有之、左候テハ当節柄人民保護肝要之際下々之迷惑不少、忽チ動揺ヲ生候儀ニ付勢不得止」(48)という趣旨によって、便宜をはかった。三三・三四大区の場合は、「金穀其外之督促モ有之候ヘ共、貫属一統より書面ヲ以相断」(49)ったが、この地域は、武雄団が固い結合をもって優勢な勢力を張っていた地域であった。徴発に対する村役人層の対応には相当大きな振幅があり、両党に党与して出兵しなかった村役人であっても、右記のような口実によって、かなり積極的に対応した者もあった。

村役人のなかには、征韓派とは対照的に、少数ではあるが、政府支持の立場で活動した者があった。第一九・二一大区戸長の小代靖は、前山清一郎とともに、前山隊の本営という最高幹部の地位にあって活動した。三三・三四大区副戸長の二位景暢は、武雄団の幹部の一人として、憂国党の蜂起に反対し、政府軍の嚮導、警備隊副司令をつとめた。しかし彼らにおいても、その行動が士族団の幹部としての行動であり、士族としての行動であった点は、征韓、憂国両派の場合と同様であった。むしろこの時期の村役人としての職務を全うしたのは、次のような反政府の佐賀軍、政府派の前山隊のどちらにも所属しなかった人々であった。

第二六・三二・三五大区副戸長の菊池山海郎は、佐賀の乱に対して次のように対応した。「佐賀表近来征韓論差起り近々登京之積り、依之用途金調達之儀懸合来候」につき、その趣旨を推問したところ、「勿論県庁官員協議之上ニ付不日登京御倫旨申受之運ニ及居候由ニ付退而勘考候処、順逆判然、乍併一般合議之事ニ而微力之可及儀ニ無之慨歎」した、鹿島の征韓派士族からの「調金示談」に対しては「私思慮差含集金延期為致、基偬出金不致」という対応を示し、「然ル中廿六大区江小前集会之風聞有之、同月七日為説諭罷越」して鎮静につとめ、「同廿日ニ至伊万里市中騒擾之趣承リ、坐視難致同夕より出勤説諭尽力罷在候[50]」。また六・一二・一八大区副戸長の上滝空蝉は、「佐賀県下所々ニ於テ憂国征韓ヲ唱ヘ有志ノ者寄集遂ニ県官之人々迄来会商議ニ被相及候得者、真ニ堂々タルノ大事件ニテ可有之相考、二月初頃小城小学校江罷越留守経昌其外江征韓之大意ヲ尋、尤論議ト見込志ニ於テハ一旦同意仕」、しかしその後「戸長小代靖其外ヨリ承候処、彼両党共全ク私怨ニ出候様子ニ付管見之筋有之、同月八日家禄并士籍奉還仕候段江口前権中属江別紙之通願書差出置申候、随テ勤方之義ハ打追尽力罷在候[51]」、と。菊池、上滝の二人は、征韓、憂国両党に対する自己の判断をもち、執務を継続した。上滝の場合、情報を前山党の戸長小代靖によっているが、両党の理念や行動に対する批判を経て、家禄・士族籍を返上するにいたっていることが注目される。上滝は、前節においてみた一八七三年八月の県への建白のなかで、「縦令身ハ水火ニ砕クトモ敢テ厭ハス、伏テ冀フ所ハ聖朝愛撫ノ盛旨ヲ戴キ維新ノ隆治疾ク卒浜ニ及ンヿヲ欲ス」と自己の「憂国ノ微志[52]」をのべ、一八大区戸長としての職務への献身の覚悟を表明した人物であった。右の別紙「願書」をみることができないので「管見之筋」がいかなるものであったか不明であるが、明確に領有制解体を肯定し、自主的にそれを実践しようとしたのである。

村役人の多くは、菊池や上滝のような明確な判断をもちえなかったものが多かったであろう。しかし、征韓、憂国両党にも、また前山隊にも党与しなかったこれらの村役人層によって、県庁が壊滅した後も村落行財政は維持されていったのである。

(三) 佐賀の乱の性格と構造

佐賀の乱の全体的な特徴について検討する。

まず、組織的特徴についてみる。

征韓、憂国両党の斬刑に処せられた最高幹部は、表1‐9、1‐10のとおりである。征韓党幹部の特徴は、（1）年齢は、相対的に若い。これは憂国党幹部と比するとき、明確な特徴をなしている。（2）禄高は、現米高において、憂国党幹部に比してかなり低く、下士層に位置する。（3）戊辰戦争の従軍者が、圧倒的に多い。（4）官僚、軍人、県官の経験者・現職が圧倒的に多い。留学生は、その予備軍である。彼らは、廃藩置県後の中央集権的統一国家形成の方向を基本的に肯定し、支配機構を内部から支えた人たちである。この表中には該当者はいないが、この範疇には、村落統治機構の担当者である区村役人をいれることができる。党与した区村役人については、征韓党への党与が圧倒的に多かったことは、すでにみたとおりである。

これに対して憂国党幹部の特徴は、（1）年齢は、相対的に高い。（2）禄高は、現米高において、征韓党幹部に比して高い。中士層に属する。（3）旧藩時代には組頭、代官、目付などの地位にあり、戊辰戦争には半数が従軍している。（4）維新後は、開墾、閑居などの退隠的生活をおくり、中央・佐賀県の支配機構の担い手になったものはいない。その意味では、禄に依存する側面が強い。これと関わって、政府に建白するなど、現状批判的姿勢が強い。（5）島・重松・副島が兄弟、島・福地が従兄弟にあたるなど、族的関係が濃い。

以上のことから、征韓派は明治政権の担い手であり、憂国派が旧藩支配機構の担い手であったことを指摘できる。これは、両党の政治的、思想的特徴と関わる。右にみた諸特徴は、単に幹部層のみならず、両党に結集した士族層全体において、基本的傾向として貫かれていたと考えられる。

両党の勢力を、『大隈文書』、『大木喬任文書』などによって整理すると、表1‐11のようになる。勢力については、実態不明の部分が多い。

両党の勢力については、二月一六日未明の両党による佐賀城攻撃を境として、特徴がみられる。佐賀城攻撃の主

表1－9　征韓党幹部表

	年齢	禄高			現職	経歴
		元高	現米高	改正米高		
江藤新平	40	17石5斗　升	5石1斗2升4合	5石0斗9升　合		参議
山中一郎	25	37.5	13.1.4.5	16.6.4		留学(明2～明6.9)，租税寮十一等出仕
香月経五郎	25	50.0	14.6.4	13.7.8	権中属	留学(～明6.12)
西　義質	36				権中属	戊辰戦争従軍（賞典禄20石），陸軍中尉，伊万里県権少属，佐賀県権大属
中島鼎蔵	25					戊辰戦争従軍，左院奉職
朝倉尚武	32	31.5	12.6.0	12.2.2		戊辰戦争従軍，東京鎮台陸軍少佐，佐賀県権大属
山田平蔵	31	18.7.5	5.4.9	5.4.5		戊辰戦争従軍（賞典禄200石），伊万里県中属，佐賀県少属（明6.11辞任）
石井貞興	34				大属	戊辰戦争従軍，佐賀藩少参事，佐賀県権典事・大属

禄高は『士族禄高取調帳』，現職は『明治八年中　東京往復　往復係』，経歴は『西南記伝』，『江藤南白』などより作成。

勢力は、両軍ともに、基本的には両党に自主的に結集した士族勢力、いわば「有志結合的勢力」であり、開戦後は、旧支藩や上級家臣の旧支配領域を単位として組織された勢力、いわば「団的結合勢力」が新たに加わった。旧支藩の場合は、蓮池隊のごとく「隊」とよばれ、「大配分」級の家中の士族集団の場合は、武雄団のごとく「団」とよばれた。征韓党は、当初「整兵十五小隊ヲ編成」したが、「追テ諸団詰ヲ募リ惣テ二十五小隊トナル(53)」とされている。各「団的結合勢力」は、その出兵経過について、開戦後に両党からの出兵要請が脅迫をともなって強化されたことを述べている。

攻撃前の両党勢力については、旧佐賀本藩士族を中心として「有志結合的勢力」の結集がはかられたが、両党間に一定の差異がみられる。征韓党は、すでにみたように、相対的に若い士族層、戊辰戦争従軍者、県官、村役人などを中心とするいわば横断的な結集を進めたようであり、それが軍事力編成における小隊編成という形に反映していると考えられる。

表1－10　憂国党幹部表

	年齢	禄	高		現職	経　　歴
		元　　高	現 米 高	改正米高		
島　義勇	51	62石5斗	18石3斗 升 合 勺	16石5斗7升		秋田県令（明 5.6 辞職）
副島義高	47	87.5	25.6	21.2.6		川副代官，明 6.4 上京建白
村山長栄	30	200.0	59.1.8.2.5	37.5.9		戊辰戦争従軍，常備隊隊長（明 4），閑居・開拓，明 6.4 上京建白
重松基吉	49	62.5	18.3	16.5.7		上佐賀・横辺田代官，江戸藩邸公用人，閑居，明 6.4 上京建白
中川義純	55	93.7.5	29.3.6.5.5	23.6.1		十人目付，戊辰戦争従軍，閑居，明 6.4 上京建白
福地常彰	41	86.5	25.9.1.2.8	21.4.4		組頭（足軽頭），極役，長州征討，戊辰戦争従軍

表1－9に同じ。

また士族戸長ら村役人による有志の結集や資金、糧食、夫丸などの徴発が行われたが、これが反乱を全県域的に拡大することになった。

憂国党の場合は、「有志結合的勢力」の性格よりも、旧身分的関係が勢力の結集や軍事力編成に重要な要素となった。それは、一月二五日の憂国党会議への出席者(54)、憂国党軍の総大将への武雄邑主鍋島茂昌の任命計画、四大隊の一である忠奮隊隊長への須古邑主で旧本藩執政の鍋島安房の二男克一の任命などにみられる。

旧支藩や「大配分」級の上級家臣の士族団は、早くから征韓、憂国両党によって党与の働きかけをうけていたが、開戦後、出兵することになった。その直接的契機は、出兵しなければ攻撃するという「脅迫」と、鎮台兵入県を「国難」とする意識であった。武雄団の場合、憂国党によって、「所見ノ空論ハ可有之候得共、最早兵端相啓ケ国難切迫此期ニ至リ可致傍観訳有之間敷、万一同意於不致ハ一挙暴発ニ可及ト暴威ヲ以脅迫出兵ヲ促レ(55)」たといわれている。この「国難意識」は、蜂起した士族に共通する意識であったといってよい。

旧支藩や上級家臣の家臣団の結合は、維新後も強固に維持されてきた。このうち後者の士族的結合を、「団」とよんでいる。佐賀藩では、地方知行制が広範に、明治初期にいたるまで存続したが、一

表1－11　征韓・憂国両党の勢力

	正規隊	諸　　　隊
征韓党	15小隊	蓮池隊3小隊，鹿島隊2小隊，小城隊3小隊，川久保団1小隊，白石団6小隊，唐津隊，多久隊(蒲原正標隊)，小域隊(留守経昌隊)
憂国党	4大隊	川久保団，武雄団，多久団，須古団，諫早団

『大木喬任文書』,『大隈文書』より作成。

八六九年八月に廃止された。しかしその後も、便宜的な措置として、大配分領の上級家臣の家臣団組織は、「軍団」の名のもとに維持されてきた。一八七〇年一二月には、藩庁によって「軍団」の吏員・官等が定められ、領域内の行政面も担当することになった。その間の事情は、藩庁による土地人民の一元的支配は長い沿襲ゆえに急には行い難いので、「一時権宜ノ処置ヲ以旧采地ニ於テ軍団ヲ結セ、従前歳入高ノ内給禄ヲ除ノ外余米ハ悉ク軍団中兵給等之諸費ニ給与シ、請負ノ姿ニ相定候[56]」とされている。「軍団」は、白石、神埼、川久保、多久、武雄、須古、諫早、神代、深堀、久保田、村田の一一団であった。「軍団」は廃藩置県・常備隊の廃止によって最終的に廃止されたが、その後も家臣団の結合は、「団」という通称によって、旧邑主を中心として、私的な形で維持されてきたのである。

このように、各地に士族的結合が強固に存続したことが、人員・武器をもふくめて、武力蜂起の組織的基盤をなしたのであり、同時に組織的特徴をうみだした。その特徴は、両党の軍事力編成が主として旧藩政期の支配領域にしたがってなされたこと、旧支藩隊や団は戊辰戦争に従軍した軍事力組織に基本的によっており、旧身分制的な編成秩序によっていること、などである。旧本藩のみならず、旧支藩隊や団が参加したことによって、蜂起は全県的なものとなった。

表1－11にみられる諸隊のなかで、注目されるのは、旧支藩隊が征韓党に党与し、団のうち親類同格の武雄団、多久団、須古団、すなわち竜造寺系の士族団が憂国党に参加していることである。旧支藩隊の小城隊については、既述のように当初は憂国派であったから、断定的に考えることはできない面もある。この間の事情は不明であるが、本藩との関係、また旧

蓮池藩などの支藩が本藩にならってある程度の藩政改革・軍制改革を行ったような姿勢が征韓派への結集をもたらしたものであろう。

以上のような特徴からすれば、征韓党がもっている新しい要素はあったものの、組織的には征韓、憂国両党ともが、旧佐賀藩の構造的特質と深く関わっていることが指摘できるであろう。

次に、政治的、思想的特徴についてみよう。

佐賀の乱は、政治的、思想的性格の異なる征韓党と憂国党とが提携しておこした反政府武力蜂起であったことに、大きな特徴がある。

征韓党は、征韓を即時断行すること、征韓先鋒に自分たち佐賀士族が任じられることを直接の目的とした。それは、征韓によって国家威信を回復することが、万国対峙の必須の条件であり、国内的には民権確立の不可欠の条件である国家主権を確立することになる、という認識にもとづいていた。したがって征韓先鋒に任じられることは、武職の常職を解かれた士族の存在意義を再確認することになり、佐賀士族の優位性を示すことになると判断されたのであり、そこには藩閥意識が色濃く存在した。中島、村地、香月ら幹部は、鹿児島、高知など他地域に比して「佐賀独リ後レタリ」と称して征韓論の拡大をはかり、「他県ヨリモ後レタル由ヲ聞キ六十ノ翁モ切歯杖ヲ曳テ会所江趣ク」(57)状況であったといわれる。また江藤は、征韓は、「官兵を仰がず、県地一般の士気を鼓舞し、其兵の準備に至りては、副島、江藤も自費を擲ち、其費に充て、以て尽力せん」(58)と語ったといわれる。

征韓党の特徴は、基本的には、廃藩置県後の中央集権的統一国家形成の政治方針を肯定し、それを推進する勢力であったことにある。それは征韓派が県支配機構の担い手であったこと、征韓派は県庁機構を掌握した後も、中央政府との連絡のもとに、その政策体系のなかで県政を推進したこと、地券調の推進にみられるように、領有制解体を推進する立場にあったこと、などに示されていた。征韓派が開戦決定に際して、征韓の即時断行による国権確立以外に、政府に対して内政面での政策上の対決点を示していないことにもこのことは示されていよう。しかしこのことは、征韓派が「偸安」と「詐術」をこととする「二三の大臣」の政府を支持していたことを意味するわけではない。

征韓派の挙兵は、「有司専制」を打破し、新しい政権を樹立することを意図したものであった。国権確立をもたらすものとして、いったん閣議決定され、国民が「憤起」した征韓を非征韓派がくつがえしたことを、「有司専制」の弊害を象徴的に示すものであると征韓派は認識し、「其己れに便ならざるを以て、我に兵を加」えたこともまた、「有司専制」の専横と理解された。さらに征韓派の一部には、すでに引用したように、前参議は国家大功の臣である、これを斥けて姦臣をして朝政をほしいままにさせたことは「国体を誤る」というごとく、「有司専制」が「国体を誤る」という認識が存在した。これは、「有司専制」が、王政復古・万国対峙をかかげた明治維新の理想を裏切っていると征韓派が認識していたことを示していると理解できよう。征韓党が、挙兵するにあたって、みずからの行動を明治維新時における長州藩の役割に擬したことは、このことと関係していよう。

しかし「有司専制」打破後の政権・政策構想については、明確ではない。江藤を中心として下野参議を復帰させることは当然予定されていたであろうし、士族の特権回復も考慮されていたであろうが、前記のような特徴からすれば、一八六九年の藩政改革によって形成された鹿児島の「士族軍事独裁体制」の樹立へは結びついていかないであろう。地方士族が国家構想をもつこと自体が、困難であったといえるかもしれない。江藤の場合も明確でない。江藤には、司法省改革から民撰議院設立建白書の署名にいたる要素と、一八七一年三月の「対外策」[59]および一八七三年に徳久恒範に語ったといわれる対外思想の要素とが混在している。前者は、「近代的法治主義と封建的専制主義の混合的性格」の「司法立国主義」[60]とも評されるが、フランス法に基礎をおく市民的権利の一定の擁護と立憲主義的傾向を意味する。後者は、ロシアと提携して朝鮮、中国を略取し、中国の富強化を進め、その後ロシアを駆逐し、天皇を北京に移して永世の帝都とする、という侵略主義的国権拡張の要素である。この二要素は、国権確立のための征韓断行という形で、佐賀の乱においては後者が優越している。しかし、民権確立こそが国権の強化をもたらすという本来的な民権思想からすれば、転倒した論理ではあるが、民権への一定の考慮ははたらいている。現在のところ、江藤の国家構想を明確にすることは困難である。

これに対して憂国派は、禄の復旧と藩主の復帰をはかり、「封建郡県並び行はれ」ることを目的とする封建復帰派であった。島義勇は挙兵にあたって、「有司専制」が「中興の諸元老」を斥け、開明化政策、苛政暴法、重斂などを行って「信賞必罰、万機其の処を得、神世質朴の風」をめざした明治維新の理想を汚したと批判した。維新の原動力であった旧西南雄藩の士族層を敵視していることを非難し、「中興の諸元老」を登用して内政を一新し、「封建郡県並び行はれ」る政治体制を確立し、海外に武威を張ることを求めた。

憂国党は、旧藩邸の守護、旧藩主の復帰の主張にみられるように、旧藩への帰属意識を強くもち、封建復帰を企図する勢力であった。このゆえに憂国派は、廃藩置県後の中央集権的統一国家形成の方向を全面的に肯定することはできず、中央から地方にいたる支配機構のなかに、その担い手として身を置くことができなかった。したがって通常においては、征韓党とは対立関係をとったのである。また蜂起にあたって憂国党は、征韓党と同じく「有司専制」打破を企図した。しかしそれは、封建復帰を実現することを意図してのものであった。

憂国党は、藩政改革時に削減された禄の復旧を具体的課題としてかかげた。その意味で憂国党は、基本的には領有制解体に反対の立場であった。この武士的特権の回復は、領有制解体に不満をもっていた当時の士族らの広範な意向を代弁するものであり、憂国党が同志を募るに際しての有効な論理となった。

征韓、憂国両党は、このような政治的、思想的差異をもっていた。したがって、両者を無前提に混同、ないし同一視してはならない。

では、性格の異なる征韓、憂国両党を提携して蜂起させた要因は何であったか。第一に、政府の早期鎮圧方針に対する反発であり、すでに江藤や島の場合にみたごとく、佐賀県貫属士族としての武士意識にもとづいた「国難意識」であったろう。第二に、挙兵に際しては、薩長に対して肥前の政治的地位を高めたいという薩長に対する藩閥意識がはたらいたであろう。第三に、両党が「有司専制」打破を挙兵の課題としていたことを指摘できよう。両党は、樹立すべき政権・政策構想においては大きく異なっていたが、当面の課題においては「有司専制」を打破することでは共通していたのであり、一種の連合戦線の形をとったのである。「国難意識」という共通の意識を基盤として、藩閥意識に支えられた「有司専制」打破という共通の戦いとして、佐賀の乱は展開されたといえよう。

なお、両党において、「征韓」が士族結集の論理として効果をもったことは、注目すべきであろう。万国対峙のための国権拡張の対象が、なぜ朝鮮であったのか、という問題である。士族の意識においては、朝鮮蔑視意識が歴史的に形成されてきた。とくに佐賀の場合、豊臣秀吉の朝鮮出兵の拠点であったこと、鍋島直茂・勝茂の出兵が竜造寺氏から鍋島氏への政権の転換の画期となり、鍋島氏の軍事・政治的権力確立の基礎を固めることになったこと、など佐賀地域独自の要素がからんでいるのではないかと推測される。

佐賀の乱の鎮定が三月一日に終了すると、内務卿大久保利通は、権令岩村高俊とともに戦後処理に着手した。戦後処理は、士族いがいの平民の征韓、憂国両派への協力を免罪とすること、兵火罹災者の救済、病院の建設と負傷者の官費による治療などの民政安定化策と、脱走者の捕縛、乱軍参加者の調査と逮捕、武器の没収、裁判と処刑など反乱そのものの処理の両面で進められた。

乱参加者は一一八二〇名、そのうち佐賀県士族一一七六九名、長崎県士族四二名、宮崎県士族一名であり、刑に処せられた者四一〇名、免罪された者一一二三七名、戦死・自殺者一七三名といわれる。(61)

旧西南雄藩の一である佐賀県においては、一八七三年一月まで在任した県出身の権令のもとに県士族が県統治機構の圧倒的部分を占め、その体制によって中央政権との「同僚意識」や自藩中心主義の「雄藩意識」を色濃く残存させつつ、県治が展開されてきた。このような地方統治体制は、中央政府の支配意図や威権を貫徹させるものではなく、中央集権的な地方統治体制の形成が必然化された。

この課題を負ったのが、一八七三年七月から開始された岩村通俊県政であった。この時期の佐賀地域の主要な社会的、政治的特徴は、農民運動がほとんどみられなかった旧藩政期と異なって、人民の政治的成長と抵抗が強まったことであり、県治は基本的階級対抗関係への対応を重視して展開されることになった。またこの時期は、領有制を解体し、中央集権的な統一国家の形成を進める諸政策が、本格化された時期であった。この影響をもっとも強くうけたのは旧西南雄藩地域であったが、佐賀県も例外ではなく、佐賀の乱がおこった。

佐賀の乱は、明確な国家構想はもちえないながらも、基本的には中央集権的統一国家形成の方向を肯定し、国家主権の確立を重視する征韓派と、封建復帰を企図する憂国派とが、「国難意識」を基盤とし「有司専制」打破を共通の課題として提携し、蜂起したものであった。憂国派は勿論、征韓派は、さまざまな面において旧佐賀藩の構造の特質とその解体の特殊性を刻印されており、佐賀の乱も同様であった。

佐賀の乱の早期的で徹底的な鎮圧は、いわば佐賀地域の廃藩置県を実質的に終了させ、本格的な、中央集権的な地方統治が形成される条件をつくりだした。士族にとってこの敗北は、意識上、思想上の「士族解体」を急速にもたらすものであった。これによって中央政権との「同僚意識」は切断され、ある意味ではみずからの位置を相対化することができる条件ができたともいえよう。佐賀の乱の鎮定後、佐賀県でも自由民権運動がはじまり、農民運動と結合した士族代言人・代書人の活動などが強まった。

四月二九日、岩村高俊権令にかわって、北島秀朝が県令に就任する。北島秀朝県政は、佐賀の乱の鎮定の実績の上に、基本的階級対抗関係に即応した地方統治体制を本格的に確立し、中央集権化すること、さらに佐賀の乱鎮定後の反対派士族の抵抗に効果的に対応することを課題として、進められる。

註

第一節

(1) 大島太郎『日本地方行財政史序説』一二六、一四六頁。

(2) 常備金については、石高の称の廃止にともない、一八七三年一〇月二〇日の「官員常備金割賦規則」によって改定された。これは、県官・常備金の規模を反別・人口によって定めるものであり、佐賀県は県官六七名、第一常備金三三一三円とされた。しかしこの規則は、一〇日後、精密な検討を要するとの大蔵省の建議によって取消しとなった。

(3) 権令・参事の任免日は、佐賀県立図書館蔵『明治行政資料』のなかの各年の『官省進達』、『東京往復』などによっている。『百官履歴』、『明治史料顕要職務補任録』などを参照したが、日付に多少の異同がある。特に多久茂族の辞任日については、『顕要職務補任録』は一八七二年七月一二日としており、大きく異なっている。辞任日が一八七三年一月一五日であることは、「多久茂族履歴書」(『明治七年一月二月分　官省進達』)、この日付の辞令書類を受けとった旨の、東京の佐賀県出張所宛の請書を提出していることで確認される(『明治六年　東京往復』)。

以下、使用する史料は、特別に註記しない限り、同館所蔵のものである。

(4) 福島正夫「明治初年の地方官と郡政改革」(『地方史研究』二四号)七頁。同『地租改正の研究』一〇八―一〇九頁。

(5) 静岡県・鳥取県(一八七二年七月まで)、岡山県・徳島県(一八七二年九月まで)、熊本県(一八七三年五月まで)、京都府(一八七五年七月まで)、高知県(一八七六年八月まで)、鹿児島県(一八七七年三月まで)と佐賀県である(大島美津子「地方政治」(福島正夫編『日本近代法体制の形成』上、一四八頁))。

(6) 「難治県」は、不平士族の多い県、県治の困難な県、中央政府との対立が強い県をさし、明治初期においては鹿児島、高知、佐賀、山口、石川、愛媛、酒田県が「難治県」とされ、佐賀県は赴任をいやがられる県であったといわれる(大島美津子前掲論文一四九―一五〇、一五二頁)。

(7)そのため県は、旅費は支給するが月給は支給しなくてもよいかと大蔵省へ伺い出ている(「山岡権令旅費並月給伺」(『明治五年諸　願伺届控』))。なお岩村権令の場合、一八七三年七月二二日に辞令を交付されたが、佐賀への出発予定は八月九日とされている。

(8)『明治六年　諸願伺届控』。

(9)「出納歳出入取調遅延致シ候儀ニ付申上候」(『明治六年三月四月分　官省進達』)。

(10)『明治六年自九月到十月　官省進達』。

(11)一八七三年五月の段階で、佐賀市街第八、九、一〇大区の一五カ町分が交付されたのみであり、この状況は岩村通俊権令入県後の九月まで同様であった。「既ニ券状渡済之分者佐賀旧城下市街並貫属屋敷之分而已ニ而、其余未一郡一区ニ而茂皆渡之場合ニ至兼」、と指摘されている(「租税頭江返状案」(『明治六年自九月到十月　官省進達』))。

(12)『明治六年　諸願伺届控』。

(13)「辛未已来御勘定帳大蔵省へ差出候ニ付進達案」(『明治六年自九月到十月　官省進達』)。

(14)「県庁移方伺」(『明治五年　諸願伺届控』)。

(15)「県庁移方伺」(『明治五年　諸願伺届控』)。

(16)「官員並常備金定額ニ付伺案」(『明治六年自二月至三月　官省進達』)。

(17)「官員并定額金之儀ニ付上申」(『明治六年中　御指令物』)。

(18)「大蔵省へ官員増之儀ニ付伺案」(『明治六年七月八月分　官省進達』)。

(19)達は、「今般相達候戸籍編製ノ儀ハ人民ヲ保護安堵セシメン為ナレハ、管内地方ニ於テ予メ区画ヲ建テ、隣里郷党ノ制ニ随ヒ一夫モ其業ニ安セサルナク鰥寡孤独モ其所ヲ得サルナク、専ラ沿襲錯雑ノ弊ヲ除き、普く上下ノ情実通達スルヲ旨とす」、と諭した(『明治四年　官省進達』)。

(20)『明治四年　官省進達』、『佐賀県史料七　県治之部』(国立公文書館蔵)、『武雄市史』中巻、八四―八六頁。

(21)現在のところ、この布達そのものを見ることはできないが、「戸副長之儀昨壬申九月相立、給料ノ儀ハ雛形ヲ以及布達候」

(「直管戸長并支解へ達案」(『明治六年五月ヨリ八月　達帳』))とあることから知られる。
(22)『明治五年壬申八月　御布告書』(『峯家文書』唐津市相知図書館蔵)。
(23)「地租改正着手之儀ニ付上申」(『明治八年　官省進達』)。
(24)「県下人民動勢之儀案」(『明治六年　庁則』)。
(25)一八七三年一〇月の区画改正においては大区の合併を行い、一八大区となったが、呼称はそのままで、たとえば第八・九大区、第二三・二五大区のごとく称された。
(26)神埼、佐賀、牛津、唐津、伊万里、塩田にそれぞれ置かれた。
(27)「十人組惣代心得儀ニ付伺」(『明治六年五月ヨリ八月　達帳』)。
(28)『明治六年四月ヨリ八月迄　相済物』。
(29)「組惣代給料ニ付伺」(『明治六年四月ヨリ八月迄　相済物』)。

第二節

(1)後藤靖「士族叛乱と民衆騒擾」(岩波講座『日本歴史』一六)二六〇―二六二、二八二―二八五頁、原口清『日本近代国家の形成』一五一頁参照。
(2)『佐賀県史』中巻、二〇五頁。佐賀藩では、元和の初年ころには数件の逃散が発生したらしいが、藩体制が確立して以後は、諫早領の諫早一揆の一件のみであったといわれる。
(3)『明治六年　庁則』(佐賀県立図書館蔵)。
以下、使用する史料は、特別に註記しない限り、同館所蔵のものである。
(4)「謹白」・「見込書」(『明治六年　相済物』)。この事件を『佐賀県警察史』上巻は「徴兵反対動揺」としている(二八〇頁)。であるとすれば、新政策の中心課題に対する抵抗が顕著にはみられない佐賀県においては注目すべきことであるが、史料を確認できず、現在のところ不詳である。
(5)『明治六年　相済物』。

（6）同前。
（7）同前。
（8）「第廿二大区一小区佐留志村石井弾三郎其外伺出之末御取調ニ付答書」（『明治九年ヨリ同十四年　人民願伺届』）。
（9）『明治六年四月ヨリ八月迄　相済物』。
（10）「反米其外廃止ニ付伺」（『明治六年三月四月分　官省進達』）。反米とは、藩財政が窮迫化したため石当たり五升ずつ課せられた献米であり、口米は、貢米の蔵入・廻漕費および欠減米用として石当たり三〜四升を課せられた付加税である。この願は、旧慣据置の名のもとに許されなかった。
（11）加地子地騒動については、『伊万里市史』四四一―四七五、五五一―五八六頁にくわしい。なお、佐賀藩のこの政策に関する研究としては、小野武夫『佐賀藩の均田制度』、芝原拓自『明治維新の権力基盤』第一章参照。
（12）「加地子旧復願」（前掲『伊万里市史』五五六頁）。
（13）「手続覚」（前掲『伊万里市史』五五六頁）。
（14）前掲「加地子旧復願」。
（15）『明治六年一月ヨリ四月迄　達帳』。
（16）庄屋地騒動については、現在のところまとまった研究がない。『佐賀県農業史』一四一頁以下、『相知町史』下巻、五〇三頁以下を参照。
（17）幕領における転村庄屋制、庄屋の存在形態などについては、長野暹「天保中期における村方騒動の一考察―肥前上松浦郡幕領地の村方騒動について―」（佐賀大学『経済論集』一〇巻一号）を参照。
（18）「持地故障ニ付歎願」（『庄屋地一件』）。
（19）「副書」（『庄屋地一件』）。
（20）「旧庄屋地御処分願」（『庄屋地一件』）。
（21）『相知町史』下巻、五〇七頁。
（22）「持地住家之源由進達」（『庄屋地一件』）。

(23)『明治六年　相済物』。
(24)「大小里正役宅私宅江給与之儀ニ付申上候事」(『明治六年五月ヨリ八月　達帳』)。
(25)『明治六年四月ヨリ八月迄　相済物』。
(26)「届」(『明治六年　相済物』)。
(27)『明治六年四月ヨリ八月迄　相済物』。
(28)『明治六年　相済物』。
(29)「口米反米免除之儀ニ付再応伺書」(『明治六年自十一月到十二月　官省進達』)。このような苛税であったにもかかわらず、凶作の年に「潰」が多く出なかったのは、藩が救助米を施行する慣習があったからであるとしている。
(30)明治文献資料刊行会編『府県地租改正紀要』上巻、長崎県の部。
(31)丹羽邦男「明治維新と地租改正」(古島敏雄編『日本地主制史研究』)三〇一頁。
(32)「当旱魃ニ付而十六番大区壱番小区河上村ヨリ同三番小区下江良ケ里迄西芦ケ里水道上之処早中田植付不相成候御届」(『明治六年四月ヨリ八月迄　相済物』)。副戸長九名が連署した同書は、四四カ村の被害状況を述べ、「現状之振合至急御見分ヒ成下候ハヽ、第一人気ニも相拘リ可申候」、と人心不穏の状況に対する県の積極的な対応を要請した。
(33)「旱魃之儀ニ付再御届」(『明治六年癸酉七月八月分　官省進達』)。
(34)「旱損届」(『明治六年自九月到十月　官省進達』)。
(35)『明治六年四月ヨリ八月迄　相済物』。
(36)五月、第一四大区二小区では、農民数十名が廻水問題で騒ぎ、戸長の説諭に承服せず、県官の出張を余儀なくさせた。戸長は不行届を理由に辞表を提出した(『明治六年四月ヨリ八月迄　相済物』)。
(37)「願」(『明治六年四月ヨリ八月迄　相済物』)。
(38)『明治五年壬申八月　御布告書』(『峯家文書』唐津市相知図書館蔵)。
(39)『明治六年四月ヨリ八月迄　相済物』。
(40)「伺」(『明治六年四月ヨリ八月迄　相済物』)。県は、六、七月にかけて、第二常備金から各大区毎の神官へ三円ずつを支給して、祈禱させた。八月、岩村権令は、「実以現地之景況不堪痛苦、就而者庶民蒼穹之余リ騒立候哉も難計」、「右者相伺御指令可受之処、前条切迫之景況ニ而不得止専断取計候由ニ御座候、私義赴任前既ニ施行之事ニ有之」として、一二三円の支給を大蔵省へ申請した。大蔵省は、「官庁ヨリ祈雨祭式執行候ハ不都合ニ候得共、此度限聞届」、と許可した（「雨乞祈禱料ニ付願」（『明治六年　諸願伺届控』））。

（41）『明治六年四月ヨリ八月迄　相済物』。この時期は、本文後述の福岡県の農民一揆が発生していた時期であったため、この方針は、「福岡県騒動一件鎮定否之振次第」という条件つきであった。

（42）この一揆の要求は、佐賀県官の報告によれば、次の八カ条であった。「旧知事公御帰国之上御政治被下度事」、「田畑諸税共年貢半高御受納相成度事」、「士族中藩政ニ旧復士族之本務ヲ専行有之度事」、「官山林ハ従前之通据置被下度事」、「畑税現大豆御取立廃止米納ニ服シ候事」、「太陽暦廃止旧暦相用度事」、「農商者其業を務メ穢多ハ元之通御取扱相成度事」、「専ラ西洋之事躰ニ狗ヒ且社寺を合併より当大旱災を相醸候ニ付テハ右を致廃絶度事」、である（「福岡県下暴動之儀ニ付御届」（『明治六年癸酉七月八月分　官省進達』））。

（43）前掲「福岡県下暴動之儀ニ付御届」。「巨魁之存意ハ福岡県ヲ圧置直ニ当県江も乱入致含ニ有之候処、当県ヨリ護送之人数差遣候儀ヲ風聞致シ恐慌心を生シタル哉之由」、と鎮定後に帰県した県官は報告している。「護送」とは、以下本文のごとく召募士族の福岡派遣のことである（「福岡県騒擾之儀ニ付再御届」（『明治六年癸酉七月八月分　官省進達』））。

（44）「戸籍調日延願」（『明治六年　相済物』）。

（45）同前。

（46）『明治六年四月ヨリ八月迄　相済物』。雨乞祈禱を命じた河上社が県社であるので、「庁使」を派遣するかとの伺に対して、県はこのように主張して拒否した。

（47）召募隊は、権典事中島彦九郎、権大属西義質らが指揮して団参事の護送にあたった。隊は二五日出発、二六日午後六時ころに福岡に着いたが、すでにあらかた鎮定しており、翌日早朝に帰途につき、二九日に帰県した。

（48）その費用は七一一三円余であり、県は七月に大蔵省に請求した（『明治六年癸酉七月八月分　官省進達』）。

第三節

（1）岩村通俊書簡　大隈重信・陸奥宗光宛（一八七三年）八月八日（『大隈文書』B一四六―一（早稲田大学図書館蔵））。岩村の加地子地処分に関して赴任前の会談において大隈が内諾を与えていたことは、次の史料によって知られる。「先般加地子田畑処分之儀稟議御指令之旨ヲ以実地ニ就彼是斟酌之上布達取斗候」（「加地子田畑之義ニ付伺」（『明治六年　諸願伺届控』佐賀県立図書館蔵））。

以下、使用する史料は、特別に註記しない限り、佐賀県立図書館所蔵のものである。

（2）『明治六年中　御指令物』。

（3）同前。

（4）「兼而ハ大約金五六千円ニ申出候得共、赴任之上猶又熟考仕候処、田畑共壱反歩ニ付金六拾銭下賜可然と相決、凡金七八千円ニ茂可相成歟と被存候」、と岩村は上申した（『明治六年　諸願伺届控』）。

（5）「加地子田御下金ニ付伺」（『明治六年　諸願伺届控』）。

（6）「県下人民動勢之儀案」（『明治六年　庁則』）。

（7）岩村は、二次処分令による決着に関しては、楽観視していたようである。九月二四日の大隈宛の書簡において岩村は、「何分目下損徳ニ関候儀ニ付苦情申立候事ハ無余儀次第と奉存候、乍去此一条者必静謐可相成ニ付左様御安心可ヒ成下候」と述べた（『大隈文書』B一四六―二）。

（8）「旧復地ニ付説諭之旨を以再願之書付」（『明治六年　相済物』）。

（9）『伊万里市史』五五六頁。一二月の中央からの連絡によれば、「御管下人民の内、先頃出京加地子田畑の儀ニ付其筋え苦情を内訴致し候者有之趣相聞」（『伊万里市史』五五七頁）とされているが、実際に上京して歎願した地主もいたようである。一八七三年九月二〇日、佐賀郡地主二二名が県に対して提出した歎願書中、署名者の大木照三郎の部分は、「右東京御歎願中ニ付代」として瀬川藤之助が署名捺印している（『明治六年　相済物』）。

（10）『明治六年　相済物』。

（11）「加地子地御処分之末三十五三十七大区地主共ヨリ歎願ヘ御指令案」（『明治六年　相済物』）。

(12)『伊万里市史』五五七頁。

(13)「加地子田畑之義ニ付伺」(『明治六年　諸願伺届控』)。

(14)『伊万里市史』五五七頁。

(15)「日本坑法御施行ニ付工部省江伺案」(『明治六年自九月到十月　官省進達』)。

(16)『明治六年　諸願伺届控』。

(17)岩村は、県庁内の執務の遅滞が著しいゆえに、それを打開することに腐心した。そこでは県官の能力が問題となるが、とりわけ地券交付作業の担当者を確保することに苦慮している。岩村は大隈に対して、「庁中事務混雑之件不少候、要者長官屢変換之罪歟と奉存候、就中租税課に関し地券渡方一向ニ相運居不申、当今地租改正法も御発令之儀ニ付速ニ其運相付度存候へ共何分其人を得不申、甚難渋仕候」、と指摘した上で、「租税寮可然人物も有之候ハヽ、一時当県江御指下ハ相成間敷哉、右諸県ニ関し御不都合ニ候ハヽ、当県へ採用仕度」と依頼している(岩村通俊書簡　大隈重信宛(『大隈文書』B一四六―一二))。

(18)五十川中属は、「庁中へ御誓文を掲くる儀ハ兼而吟味済之処今以其事ニ被及不申速ニ相掲可然、且ツ掲示所ハ令参事之座上ニ当ル高所へ木板へ認メ恰モ額之姿にして掲るを可とす」、と上申した(『明治六年　庁則』)。「五カ条の誓文」を県治の中心理念として位置づけ、それを庁内に宣言するような措置は、これまでなかったことであった。

(19)『明治六年　庁則』。邏卒設置に関しては、後述するごとく県官の答議がなされたが、戸長人選に関しては、「其方法并施行之順序遅速等」の根本問題に関わる答議はなされなかった。

(20)「司法職務定制」の「捕亡章程」の部分で定められた。『佐賀県警察史』上巻、七三―七四頁。

(21)出張所捕亡には、この時期まで佐賀県管轄下であった厳原の出張所捕亡三名を含んでいる。

(22)『明治六年癸酉七月八月分　官省進達』。

(23)「違式詿違条例布令ノ儀ニ付左之通申立可然哉」(『明治六年自九月到十月　官省進達』)。

(24)『明治六年　庁則』。

(25)『明治六年　諸願伺届控』。岩村は、「邏卒之儀ハ至急御聞済相成候様仕度、左も無之而者一切取締相付不申、腐心此事ニ御座候」、と大隈に対して個人的にも依頼した(岩村通俊書簡　大隈重信宛(『大隈文書』B一四六―一二))。

(26)「捕亡費定額増之義ニ付伺」(『明治六年　諸願伺届控』)。
(27)『明治六年十月ヨリ　司文外工官省布達貫』。
(28)「邏卒之儀ニ付大蔵省へ御届案」(『明治六年自十一月到十二月　官省進達』)。
(29)『明治六年　庁則』。
(30)第一八大区戸長上滝空蝉の「謹白」は、「現今区制御打合セノ御改制相成筈ニ候間戸長之見込ノ次第建言仕候様御達ニ付、綱領ノ義ハ仲間一統ヨリ署名ニテ具状仕置候」と指摘している(『明治六年　相済物』)。これは、井手一ら一〇名の戸長連署の「戸長辞職願」の、「我々儀戸長被命置区制御改革之儀最前戸長中連署委曲遂御達」、という指摘によっても確認される(同前)。
(31)「謹白」・「見込書」、「建言」ともに『明治六年　相済物』。
(32)上滝は、「謹白」・「見込書」提出の動機を、「縦令身ハ水火ニ砕クトモ敢テ厭ハス、伏テ翼フ所ハ聖朝愛撫ノ盛旨ヲ戴キ維新ノ隆治疾ク卒浜ニ及ン事ヲ欲ス、是茲レ私カ素志ナリ」、と述べた。ここには、士族戸長の自負が示されている。
(33)県はその対策として、「村役場入費之如キ民費ニ課スヘキ者ヲ官金ヨリ繰替候義者不相成候事」、とこれを禁じた(「今般戸副長改正ニ付左之件々可相心得事」(『明治六年　相済物』))。しかし、現実の困難ゆえに、この慣行がやむことはなかった。
(34)第三〇大区戸長長谷川熊治「乍恐職掌上ニ付申建書」(『明治六年四月ヨリ八月迄　相済物』)。
(35)『明治六年　相済物』。
(36)「戸長辞職願」(『明治六年　相済物』)。
(37)『明治六年九月ヨリ十二月迄　達帳』。
(38)『官事私記』(『峯家文書』唐津市相知図書館蔵)。
(39)正副戸長全員が士族であった区は第一六・一七・二〇大区、三八・三九大区、四〇・四一大区、四名が士族であり、一名が族籍不明であるが士族と推測される区は、四・五大区、一〇・一一大区、六・一二・一八大区、一九・二一大区の四区、三名が士族であるが二名が族籍不明である区が二二・二五大区である。全県的に、旧幕領・譜代領であった松浦郡地方をのぞけば、ほぼ全員が士族であったと推定される。右の典拠は、『明治七年　騒擾一件ニ付伺書』、『明治七年　騒擾謝罪書類』、『明治七年三月　願伺届』、『明治七年十一月　区村長人撰名簿』、『明治八年第三月　管下布達并決議録』である。

(40)『明治六年　庁則』。

(41)第九大区副戸長森茂樹ら五名「辞職願」(『明治六年　相済物』)。県は、「追々可及処分候条此旨可相心得」、と指令した。県としても、その抱負とは裏腹に、一挙に全県的に実施するという条件にはなかったようである。

(42)『明治六年九月ヨリ十二月迄　達帳』。

(43)「管下掲示場之儀ニ付戸長ヘ左之通相達可然哉」(『明治六年九月ヨリ十二月迄　達帳』)。

(44)『明治六年九月ヨリ十二月迄　達帳』。

(45)「租税頭江返状案」(『明治六年自九月到十月　官省進達』)。

(46)「地券税ニ付民間疑惑ヲ生シ候哉ニ相聞ヘ因布達案」(『明治六年九月ヨリ十二月迄　達帳』)。

(47)『明治六年九月ヨリ十二月迄　達帳』。

(48)「租税頭江返状案」(『明治六年自九月到十月　官省進達』)。

(49)「地租帳差出方之儀ニ付吟味」(『明治七年一月ヨリ三月ニ至ル　管下布達』)。

(50)この伝染病への対策として、第八大区一小区の「私費病院」のアメリカ人教師スロンおよび医生鐘ケ江晴朝らは、治療法を活版にして配布することの許可を県へ願い出た(「活版被免度願」(『明治六年自九月到十月　官省進達』))。県も、積極的にこれに対応した。

(51)第一六大区戸長以下九名は、「現状之振合至急御見分ヒ成下候ハ、第一人気ニも相拘り可申」、と巡視を要請したが、県官の吟味も同意見であった(『明治六年四月ヨリ八月迄　相済物』)。

(52)『明治六年癸酉七月八月分　官省進達』。

(53)「口米反米免除之儀ニ付再応伺書」(『明治六年自十一月到十二月　官省進達』)。

(54)「口米反米免除之義ニ付再々伺」(『明治七年一月二月分　官省進達』)。大蔵省はこれに対して、「是迄納来候税額ニ候得者強て民苦ヲ可醸儀ハ無之条精々説諭上納可為致」と指令した。

(55)「検見官員不足ニ付一時雇入之儀大蔵省御届案」(『明治六年自十一月到十二月　官省進達』)。

(56)「郡邨地租帳差出期限猶予願」(『明治七年　官省進達』)。

(57)「検見官員不足ニ付一時雇入之儀大蔵省御届案」(『明治六年自十一月到十二月　官省進達』)。
(58)『明治六年九月ヨリ十二月迄　達帳』。
(59)「此度支廨被廃候ニ付戸長へ達し左之通」(『明治六年九月ヨリ十二月迄　達帳』)。起案段階ではこの達は六カ条からなっており、本文のほか、戸長の県庁滞在費は管内一般に賦課すること、旅費は大区に賦課すること、筆生・小使も各区から「操合」をもって派遣すること、が含まれていた。しかしこの三カ条は、庶務課大属石井の、費用は遠近などによって不公平があり、筆生・小使は出庁不要であるという建議によって、布令されなかったようである。
(60)『明治六年　相済物』。
(61)「副戸長等級ノ儀ニ付愚存之趣申上書」(『明治六年　庁則』)。戸長の県官軽視の風潮は、傾向として存在したことが考えられる。一八七四年一一月段階の密偵報告では、「佐賀県下ノ区戸長ハ旧弊ヲ固守シ漫リニ威権ヲ逞フシ各区ノ扱所ハ恰モ小県庁ノ如ク、区長等ハ仮令ヘ県令ヨリ命スルトモ容易ク出庁セス、加之輒モスルト上下ノ情ヲ壅塞ス」(「佐賀三潴ノ二県派出中捜索書」(『三条家文書』国会図書館憲政資料室蔵)、という指摘がなされている。この指摘は佐賀の乱後のものであるが、佐賀の乱以前においても存在したであろうことが推測される。多田の建議は、県治推進のためには、県令ないしは県官による戸長の統制の強化が不可欠であるとするものであり、従来の旧藩士族的影響を受けた県治の方針に対する批判であった。また、租税課主任である多田の、「課外之儀ニ御座候得共心付候間此段申上」るような県官としての姿勢も、岩村の県治に関する姿勢と共通するものであった。
(62)「戸長順番ヲ以テ県庁詰切云々之義ニ付達」(『明治七年一月中　管下布達写』)。
(63)この民会の名称は、県官の間でも一定していない。「議事所」とも呼ばれ(「議員選挙之義ニ付達」)、「広議所」(「広議所開場届」)とも、また単に「議場」(「佐賀県議事定則」)とも呼ばれているが、ここでは一応、「議事所」と呼ぶことにする。
(64)「議員選挙之義ニ付達」(『明治七年一月中　管下布達写』)。
(65)『明治七年第一月　官事録』(『峯家文書』唐津市相知図書館蔵)。
(66)「佐賀県議事定則」(『明治七年　諸規則書』)。
(67)同前。

(68)「佐賀県議事定則」（『明治七年第一月　官事録』（『峯家文書』唐津市相知図書館蔵）。
(69)「県下人民動勢之儀案」（『明治六年　庁則』）。
(70) 岩村通俊書簡　大隈重信宛（『大隈文書』Ｂ一四六―二）。
(71) 八谷助作其外「卒ヨリ家禄部渡甘願」（『旧佐賀藩卒復禄一件書』）。
(72)「大隊編成ニ付旧藩庁ヨリ之達」（『旧佐賀藩卒復禄一件書』）。なお、この布達には除隊者に関する条項が定められている。「追々老年病身等ニテ兵隊被免候者有之ニ至リ、其節数年勤労之者及老後差向難渋可致事ニ付、右等ハ勤労之厚薄ニ依リ一代御扶持米被渡下義ニ候」。ここには卒が「一代抱」であること、したがって「難渋」に配慮して「禄」ではない扶助米を与えるという方針が直截に示されている。
(73)「佐賀藩庁達」（『旧佐賀藩卒復禄一件書』）。
(74)「禄制法」（『旧佐賀藩卒復禄一件書』）。
(75)「伊万里県庁ヨリ達」（『旧佐賀藩卒復禄一件書』）。
(76) 久米源十其外「家禄甘再々願」（『旧佐賀藩卒復禄一件書』）。
(77) 同前。
(78)「大隊編束ニ付旧藩庁ヨリ之達」（『旧佐賀藩卒復禄一件書』）。
(79)「旧藩司籍所達」（『旧佐賀藩卒復禄一件書』）。
(80)「演達之記」（『旧佐賀藩卒復禄一件書』）。
(81) 久米源十其外「家禄甘再々願別紙」（『旧佐賀藩卒復禄一件書』）。
(82)『鍋島直正公伝』六、四二一―四二二、四六五頁。
(83)「演達之記」（『旧佐賀藩卒復禄一件書』）。
(84)『鍋島直正公伝』六、四七五―四七六頁。
(85) 松平俊平書簡　大隈重信宛（『大隈文書』Ｂ三〇九―一）、日本史籍協会編『大隈重信関係文書』一、四二七頁。
(86)「卒之儀ニ付テ伺」（『旧佐賀藩卒復禄一件書』）。

(87)「県庁ヨリノ指令」（『旧佐賀藩卒復禄一件書』）。
(88) 岩村通俊書簡　大隈重信宛（『大隈文書』Ｂ一四六―二）。
(89)「県下人民動勢之儀案」（『明治六年　庁則』）。
(90) 黒龍会編『西南記伝』下一、七三三頁。
(91) 同前。
(92) 岩村通俊書簡　大隈重信宛（『大隈文書』Ｂ一四六―二）。
(93)「山林調諸入費之儀ニ付申上書」（『明治六年自十一月到十二月　官省進達』）。
(94)『明治四年　官省進達』。
(95)『明治六年九月ヨリ十二月迄　達帳』。
(96) 同前。
(97) 同前。
(98)『明治六年　達帳』。
(99)「山林調諸入費之儀ニ付申上書」（『明治六年自十一月到十二月　官省進達』）。
(100)『明治六年第十月　公布書写』（『峯家文書』唐津市相知図書館蔵）。
(101) 同前。
(102)『明治六年九月ヨリ十二月迄　達帳』。
(103)『明治七年一月二月分　官省進達』。
(104)「貫属渡石代金価増之儀ニ付願」（『明治七年一月二月分　官省進達』）。

第四節

(1) 征韓派士族の行動については、黒龍会編『西南記伝』上二、四〇三―四〇九頁。鹿児島との関係については、二月一六日付の大山格之助書簡（大久保利通宛）が、山中一郎ら四名が一月下旬に一〇日ほど滞在し、「処々相尋候人モ有之由」、その後、蓮池士族二名が情報収集に訪れたことを記している（立教大学日本史研究室編『大久保利通関係文書』二、一八六頁）。

（2）「建白書」は、『大隈文書』A五二二（早稲田大学図書館蔵）。この文書は、『西南記伝』下二、四〇七頁、的野半介『江藤南白』下、三九九―四〇〇頁にも収録されているが、語句が若干異なる程度で、同趣旨である。「征韓党趣意書」は、『江藤南白』下、四〇〇―四〇一頁。

（3）『明治七年一月二月分　官省進達』（佐賀県立図書館蔵）。
以下、使用する史料は、特別に註記しない限り、同館所蔵のものである。

（4）「今二月四日佐賀県権少属藤井伝八咄之次第書取」（『大隈文書』A二一八）。

（5）二月六日、中牟田倉之助が岩倉具視宅を訪ね、語ったといわれる。「暴徒決意三月ヲ期シ候旨追々中牟田ニモ内聞ノ由」、とある（岩倉具視書簡　大久保利通宛（立教大学日本史研究室編『大久保利通関係文書』一、三二八頁））。

（6）的野半介『江藤南白』下、四二八―四二九頁。

（7）同前、四三〇―四三一頁。

（8）前掲「今二月四日佐賀県権少属藤井伝八咄之次第書取」。

（9）黒龍会編『西南記伝』上二、付録四一頁。

（10）「熊本鎮台兵出兵願」（『明治七年一月二月分　官省進達』）。

（11）大久保利通書簡　伊藤博文宛（日本史籍協会編『大久保利通文書』五、三六三頁）。

（12）『大久保利通日記』下、二三七頁。

（13）大久保利通書簡　北代正臣宛（日本史籍協会編『大久保利通文書』五、三六一頁）。

（14）「江藤新平口供書」（黒龍会編『西南記伝』上二、四九三頁）。

（15）「島義勇口供書」（的野半介『江藤南白』下、付録二一頁）。

（16）黒龍会編『西南記伝』上二、四二四―四二五頁。

（17）同前、付録三一―三二頁。

（18）同前、二八頁。

(19)島義勇書簡、同前、四三六―四三七頁。
(20)前掲「今二月四日佐賀県権少属藤井伝八咄之次第書取」。
(21)黒龍会編『西南記伝』上二、的野半介『江藤南白』下、などを参照。
(22)黒龍会編『西南記伝』上二、付録二八頁。
(23)前掲「今二月四日佐賀県権少属藤井伝八咄之次第書取」。
(24)黒龍会編『西南記伝』上二、付録三〇頁。
(25)『明治七年　佐賀動乱記事』。
(26)『大木喬任文書』二八〇（国会図書館憲政資料室蔵）。なお、この史料によれば香月は出納課中属に任用されているが、前出の本文所引史料では村地が出納課とされている。
(27)黒龍会編『西南記伝』上二、付録三一頁。
(28)前掲「今二月四日佐賀県権少属藤井伝八咄之次第書取」。
(29)同前。
(30)『明治六年九月ヨリ十二月迄　達帳　県庁』。
(31)「官員履歴」（『明治七年自一月到六月　官省進達写　文書』）。
(32)「地租帳差出方之儀ニ付吟味」（『明治七年一月ヨリ三月ニ至ル　管下布達』）。
(33)『明治六年第十月　公布書写第一号　峯焠』（『峯家文書』唐津市相知図書館蔵）。
(34)黒龍会編『西南記伝』上二、付録三二頁。
(35)「家禄石代繰替御下渡願」（『明治七年一月二月分　官省進達』）。
(36)「貫属渡石代金価増之儀ニ付願」（『明治七年一月二月分　官省進達』）。
(37)「警邏其外之儀ニ付伺」（『明治七年三月ヨリ五月迄　官省進達』）。
(38)同前。
(39)「官員履歴」（吉田正義）（『明治七年自一月到六月　官省進達写　文書』）。

(40)「官員履歴」(村山舒賀)(『明治七年自一月到六月　官省進達写　文書』)。
(41)『明治七年甲戌三月二十五日改　佐賀県各小区戸籍職分総計』。
(42)『日記』二月一四日条(武雄文化会館蔵)。
(43)『府県史料　佐賀県史料』県治之部(国立公文書館蔵)。
(44)『日記』二月四日条(武雄文化会館蔵)。
(45)黒龍会編『西南記伝』上二、付録三〇頁。
(46)「御処分伺」(『明治七年　騒擾一件ニ付伺書　庶務課』)。
(47)『大木喬任文書』二八三(国会図書館憲政資料室蔵)。
(48)「御処分伺」(『明治七年三月　願伺届　第一課』)。
(49)同前。
(50)「武雄本営江申上候条々御届」(『明治七年三月　願伺届　第一課』)。
(51)「御処分伺」(『願伺届　庶務課』)。
(52)「謹白」(『明治六年　相済物』)。
(53)『大木喬任文書』二八三(国会図書館憲政資料室蔵)。
(54)憂国派は一月二五日に集会し、組織を決定した。参謀が鍋島茂昌(総蔵)(旧国老で武雄邑主)、鍋島兵次、鍋島守五郎、軍事掛が中川貫之允、重松基吉、副島謙助、福地彦太郎、村山平左衛門、書記が宮富定助、仁戸田秀次郎、田尻幸吉、会計が大木忠之進、古野辰次、野口藤太、松野武右衛門、江島重七、と定められ、これは「元須古屋敷会合衆掲示」とされている(『大木喬任文書』二七五、国会図書館憲政資料室蔵)。
(55)「謝表」(『明治七年三月　願伺届　第一課』)。
(56)『明治四年　官省進達』。
(57)『大木喬任文書』二八〇(国会図書館憲政資料室蔵)。
(58)「石井貞興口供書」(的野半介『江藤南白』下、付録一四一頁)。

(59) 同前、二八八―二九八頁。
(60) 原口清『日本近代国家の形成』(岩波書店)一三六頁。
(61) 黒龍会編『西南記伝』上二、四八八―四八九頁。乱参加者の総数と各県士族の合計数は、合致していない。

第二章　士族反乱の鎮圧と県治体制の再建

第一節　佐賀の乱の鎮圧と乱後処理

（一）佐賀の乱の鎮圧と乱後処理

本節の課題は、一八七四年二月に発生した佐賀の乱の鎮圧後の乱後処理と、そこにおける県治体制の再建がどのように展開されたかの具体的な姿を検討することである。鎮圧の責任者として、軍事・司法・行政にわたる広範な権限を「委任」されて現地に赴いた参議兼内務卿大久保利通は、反乱が各処に波及しかねない当時の緊迫した社会状況においては、佐賀県士族の反乱を早期に軍事的に鎮圧することを主要課題とした。内務卿という国内統治の最高責任者としては、潰滅した県治体制を早急に復旧させ、中央集権的で安定した県政を再編することは固有の課題であった。同時に、発足したばかりの内務省としては、佐賀県の統治体制を再編することは、自らの地方統治能力を確立し、国内統治の責任機関としての地位を実質化する一画期としての意味をもつものであった。従って、岩村高俊権令によって開始された県治体制の再建は、大久保利通・出張内務省の主導と積極的援助のもとに進められるという特徴をもつことになった。以下、大久保の直接的指揮による乱後処理を、県治体制との関わりに注意しながら、次に岩村権令による県治体制の再建を、大久保・内務省の意向と関わらせながら検討する。

参議兼内務卿大久保利通は二月九日、佐賀県鎮定のための出張命令をうけ、翌一〇日、太政大臣三条実美から鎮定権限に関する「委任状」を交付された。大久保は一四日に横浜を発ち、途中大阪で陸軍指導部と打ち合わせ、一九日に博多に到着、本営を設置した。この日に征討命令が到着し、二〇日、野津鎮雄陸軍少将が率いる鎮台兵が進発し、二二日から戦闘を開始した。戦闘は、二四、二六日の休戦をはさんで激しく展開されたが、二三日の鎮台兵の神埼攻略をさかいに、佐賀軍は敗走状況となった。二三日夜に江藤新平ら征韓党幹部が鹿児島へ向けて逃走し、憂国党は二八日に謝罪書を提出したが容れられず、同夜、島義勇ら幹部は鹿児島をさして逃走した。二八日深夜、長崎県から進発してきた海軍兵・長崎県士族隊が佐賀城への入城をはたし、翌三月一日、野津ら陸軍も入城して、鎮定がなった。大久保も至り、佐賀城外の宗龍寺に本営を設置した。大久保はこの日、鎮定がなったこと、人民は安堵して生業に励むことを県下に布達し、大阪以西の諸県に佐賀軍逃走者の捜索・捕縛を命じた。この日から、大久保の直接指揮のもとに、佐賀の乱の乱後処理が始まる。

「委任状」によって大久保に委任された権限は、次のようなものであった。

参議兼内務卿大久保利通

佐賀県下凶徒暴動之報有之為鎮撫出張被仰付候ニ付左之件々御委任候事

一　凶徒犯罪判然タル上ハ捕縛処刑之儀ハ勿論、臨機兵力ヲ以鎮圧之事

　但死刑ト雖モ臨機処分ノ事

一　他県方向ヲ誤リ凶徒ニ応援等可疑挙動有之候ハヽ、臨機処分、兵隊ヲ分配之事

一　県官奏任以上ト雖モ方向ヲ失シ其職ヲ誤者ハ之ヲ免黜シ、随行官員又ハ其他人選ヲ以参事等心得申付候事

一　県官中衆ニ超ヘ尽力奏功候者ヘ一時ノ慰労褒賞等取計候事

一　臨時県官ヘ命令ヲ伝ヘ候事

一　時機ニ応シ陸軍出張官員ヘ協議シ鎮台兵ヲ招キ、又ハ最寄県々ヨリ人数ヲ召募候事

明治七年二月十日　　太政大臣三条実美花押(1)

第一項の軍事指揮権、検察権、裁判権の行使の規定は、大久保の任務の主軸をなすものであった。軍事指揮権は第二、六項にも規定されている。第二項から第五項までは、県官及び県政への指揮命令権、人事権、賞罰権を定めている。これらは、内務卿の地方官への指揮・監督権に密接に関わるものであるが、太政官の決裁を経ることなく、大久保に委任されることになった。第二項は、佐賀県に限定せず、憂慮される各地の士族の動揺に対応するものであった。第六項は、軍事動員権、士族隊の召募権を定めている。このように、大久保に委任された軍事・行政・司法に関する「臨機処分」の権限は、非常事態に的確に対処するための広範なものであり、後に見るように、大久保は江藤新平らの捜索に関して外交権に属する権限をも行使しており、事実上「全権」に及ぶ権限を委任されたものであった。

三月一日に軍事的鎮圧がなると、大久保は、ただちに乱後処理方針の策定に着手した。大久保は、本営にあった工部省四等出仕岩村通俊、内務少丞武井守正、同六等出仕石井邦猷に対して、九カ条の諮問を行った。諮問は、乱党与者の処刑基準、戦死者の家族や兵火罹災者などへの救助内容、租税金穀の調査、党与者の捜索や佐賀軍が徴発した金穀などの実態調査など、三項九カ条からなっていた。二日、岩村通俊らは次のように答申した。

一、賊徒巨魁ノ者ハ梟首（中略）但婦女小児ハ措テ不問

一、巨魁ニ亜ク首長ノ者ハ斬
一、賊論已ニ定リ而シテ一時首長タル者ハ流或懲役
但遁走就縛者ハ斬
一、凡士民ノ兵卒軍務ニ関カル者ハ其軽重ニ依リ贖金或ハ除役
但民ノ枉テ賊徒ニ与スル者ハ措テ不問
一、斬罪人并ニ戦死ノ家族共目下飢渴ニ迫ル者ハ一人一日玄米三合ノ割ヲ以テ先以当分救助ヲ賜フヘシ
一、民ノ兵火ニ罹ル者ハ金十円以下ノ救助ヲ賜フヘシ
一、病院ヲ速ニ建テ正賊ヲ分タス厚ク瘡痍ノ治療ヲ施スヘシ
一、老幼廃疾救助ノ典ハ徐々ニシテ可ナラントス
一、賊徒旧知事ノ金穀ヲ略奪シ或ハ民間ニ脅迫財ヲ出サシムル有無等ハ司法県官ニテ糺スヘシ
一、凡遁走ノ姓名等ハ司法県官ニテ急ニ相糺スヘシ
一、租税金穀調査ノ事ハ県官ニ達スヘシ(2)

この答申には、いくつかの特徴がみられる。第一は、首謀者に対する厳罰主義であり、これは各地の士族の動揺に対する見せしめ的効果を意図した意味もあろう。第二に、これに比して、平民の党与を不問としたことにみられるように、平民に対しては士族と分離して寛大な方針をとった。第三に、負傷者治療や兵火罹災者救助に見られるように、仁慈恩典主義をとり、人心の収攬をはかろうとしていることである。これらは後に、処刑に関しては権大判事河野敏鎌の「擬律」に具体化され、救済や調査の方針は大久保や司法省出張官員、岩村高俊権令によって実施される。なお、答申者の内、岩村通俊は権令として一八七三年七月から翌年一月まで、石井邦猷は参事として一八

七二年一〇月から翌年八月まで佐賀県に在任した経験をもち、県内事情は心得ている人物であった。

鎮定後大久保は早速、軍事・警察力を再編成するとともに、乱後処理に備えた。大久保は、「当県下平定候得共猶以後之動静予防之儀緊要之事ニ付、熊本鎮台兵一大隊外小倉大村之両隊ヲ以当県之鎮圧ニ備ヘ[3]」ることとし、その他の鎮台兵の帰営、各県士族隊の解散を指令した。大阪鎮台兵は熊本鎮台で一時待機することとし、広島鎮台兵は帰営させた。士族隊は、大久保が「委任状」にもとづいて召募したものであるが、その数は、福岡隊二八四二名、長崎隊一一九一名、小倉隊五三一名、三潴隊六〇五名におよんだ。このほかに、山口県から「邏卒の名号[4]」で編成した隊があり、大分県の士族隊もあった。これらには、小倉隊二〇〇名、大村隊三〇〇名を除いていずれも三月二日から三日にかけて解隊が命令された。こうして軍事力を縮小する一方で、大久保は、警察力を増員した。大久保の要請によって長崎に着いた警視庁巡査二〇〇名をただちに佐賀へよびよせたことによって、巡査は二五〇名となり、彼らが乱軍逃走者の捜索や県内治安維持の主力となった。この巡査については武装化が計画されており、正院への伺がなされていた。三月一〇日、「巡査之者共非常ニ当リ兵器ヲ執テ従事致度段伺ニ付允許セシメ、仮令非常之間ト雖兵器ヲ執ルハ必正院内務卿之下命ヲ得ルニ非レハ難相成旨、正院ヨリ仰渡サレタル旨東京本省ヨリ報告有之[5]」。この時の巡査は、後の西南戦争時に派遣されたような軍事力としての性格ではなかった。

佐賀県士族のなかで政府支持派である前山清一郎隊も、乱後処理において積極的に活動した。森長義佐賀県参事によって「現今征韓党ノ跋扈し県庁ヲ蔑如シ人民ヲ掠虐スルヲ憎ミ、県庁ヲ保護シ官民ノ安寧ヲ謀ラント亦同志ヲ集メ国家ノ為メニ大ニ尽力ス、其誠忠感スヘシ[6]」といわれた前山清一郎が率いた士族隊は、二月一五日の佐賀軍の県庁攻撃を岩村権令に通報し、両党から憎まれた。勢力は二四一名とされるが、県内事情をよく知るために、出張官員の活動の先導や護衛、佐賀軍逃走者や武器の探索、などの第一線で活動した。前山隊は三月二日、大久保から鎮定につき帰宿せよ、解隊は指示を待てと指令されたが、乱後処理に従事し、解隊命令がでたのは党与者の処刑がほぼ終了した四月一五日のことであった。

　これらの軍事・警察力とともに、乱後処理を担ったのは、大久保に随行し、あるいは佐賀県に出張を命じられた中央官省および近隣諸県の官員であった。その数は、勅任・奏任官二七名、判任官三〇名(7)といわれる。中央官省からの出張者の内、七等出仕以上の比較的高位の官員を表にすると、表2－1のようになる。

表2－1　出張官員表

省	地　位	氏　名	出　身	備　考
内務省	少　丞	武井守正	飾　磨	
	五等出仕	北代正臣	高　知	
	六等出仕	石井邦猷	大　分	元佐賀県参事
	六等出仕	河野通信	山　口	
	七等出仕	西村亮吉	高　知	
大蔵省	大　丞	渡辺　清	大　村	
	七等出仕	河北俊弼	山　口	
工部省	四等出仕	岩村通俊	高　知	元佐賀県権令
司法省	権大判事	河野敏鎌	高　知	
	大検事	岸良兼養	鹿児島	
	権大検事	杉本芳熙	佐　賀	
	七等出仕	井上　毅	白　川	
外務省	少　輔	山口尚芳	佐　賀	
文部省	五等出仕	畠山義成	鹿児島	
左　院	五等議官	増田長雄	白　川	
開拓使	少判官	西村貞陽	開　拓	

『公文録　佐賀征討始末一　明治七年』,『公文録　佐賀征討始末七　明治七年』より作成。

　内務省、司法省関係者が多いことは職務上から当然であるが、鹿児島、白川、高知県出身者が多いこと、佐賀県出身者や県政経験者が含まれている。前者は反乱の波及防止が必要とされる場合に備えたもの、後者は県内事情を熟知していることが重視されたものであろう。左院副議長伊知地正治が、「本人儀元来熊本産ニ而先年来唐津民政ニモ預リ、西国筋之形勢取馴居候而人柄相当ニ付至急被差越度存候」(8)として、五等議官増田長雄を推薦したことが、このあたりの事情を物語っている。近県では、特に長崎県が海路の輸送、情報・通信、および佐賀県への進撃の基地としての役割をはたし、同県官員の活動力は大きかった。このほか、鹿児島県や山口県士族が、逃走者の捜索その他の諸活動に参加した。

　大久保が直接指揮した乱後処理のなかで、最も大規模で厳重に行われたのは、逃走した江藤新平、島義勇ら首謀者と幹部の捜索・捕縛活動であった。大久保は既に二月二四日、鎮定後の党与者の逃走を予防するために大阪以西の諸県に警戒すべきことを布達していたが、三月一日には改めて捜索・捕縛を通達し、四日には江藤らの人相書を添えて捜索を指示した。捜索は当初、長崎県沿岸、壱岐・対馬の捜索、白川、鹿児島県令への警戒の指示から始まったが、江藤らの逃走経路を追って、捜索は鹿児島、宮崎、四国へと拡大された。三月五日には大蔵大丞渡辺清を白川県に、権大検事岸良兼養・長崎県権参事兵藤正懿を鹿児島県に、二一日には、内務省七等出仕西村亮吉を四国に、岸良を大阪・神戸に、海軍秘書官遠武秀幸を四国諸港に派遣し、二四日には岩村権令を四国に派遣した。大久保は、官員、近県県官、士族を出身県や県の内情についての熟知度に応じて縦横に駆使し、海軍軍艦や輸送船を活用した。このような特徴のほかに、鎮定によって県行政の再建に踏み出したばかりの重要時期に岩村権令を派遣したことは、大久保が江藤らの逮捕をきわめて重視したことを示している。

海外への捜索が実施されたことも注目されよう。朝鮮に関しては、厳原の出張外務省と相談して手配することが検討された。中国については、大久保は、三月二日、江藤らが白川県の蒸気船舞鶴丸を奪取して若津港を出帆したことが明らかになると、大蔵省七等出仕河北俊介と内務省五等出仕北代正臣に上海・香港出張を命じた。二人は、三月一〇日に上海に到着したが、領事品川忠道の手配によって中国政府は上海、福州、厦門などの港湾へ軍艦を派するなどの手配を行っていた。(9) 二人は香港に渡る予定であったが、江藤逮捕の報によって帰国した。この中国への捜索は、規模の大きさだけの問題ではなく、大久保が外交権まで行使したという点で注目される。「委任状」には外交権に関しては特別に規定されていないが、大久保が反乱鎮圧に関する「全権」の行使を認められていたことを示している。

大久保は、島の捜索に比して、江藤の捕縛を一貫して重視していたようにみえる。江藤逮捕は、佐賀の乱鎮圧の象徴のようなものであり、乱後処理方針の第一項「梟首」の罪刑方針にみられるように不可欠の要件であった。大久保は、「進退維谷若投死にてもいたし而ハ実ニ遺憾と是のミ少しく関心仕候」(10) と述べている。江藤らの逃走については、「此節ノ降伏ノ始末無比例醜態ニテ、大将逃ケ出シ候故已下尽ク散在、捕縛等ノ手数誠ニ余計ノ手間取ニ御座候」、「佐賀ノ習風ト八乍申一箇ノ男子タル者無之、只々今日ニナリ候而ハ一命ヲオシミ候ノミ」と非難し、「江東等カ煽動ヲ受けタル一同ノ処ハ初テ欺罔セサレタルヲ知り、江東カ肉ヲ喰ハン事ヲ欲スル勢ヒニ有之[11]」と記している。

以上のような捜索の結果、島義勇ら憂国党幹部一六名は三月一〇日に逮捕され、一六日に護送されて佐賀に着いた。征韓党幹部は二四日以降逮捕が続き、四月一日に江藤を逮捕した旨の連絡が大久保に届き、岩村権令が護送して江藤らは四月七日に佐賀に到着した。

党与者全体の取り調べは、三月一日から権大検事杉本芳熙を中心とする検事局によって開始された。乱鎮定直後は、「賊徒共各処屯集之趣ニ付其各処ニ就キ速ニ謝罪之道可相立旨可申聞事　但謝罪不服之輩之有候ハ、捕縛ハ勿論若手向候ハ、臨機之処分不苦事」と、大村警備隊が「警備隊巡邏出張心得[12]」にもとづいて巡邏するような状況であった。三月七日から大村士族隊、小倉士族隊と巡査若干を県下に分遣して逃走者の捜索が強化されたが、これは「前山隊三十余名之カ嚮導タリ[13]」という形で実施された。

三月七日、大久保は、担当の開拓少判官西村貞陽からの伺にもとづいて、佐賀軍への加担者全員の乱時の出処進退、出兵の日数と任務などの詳細な調査を、雛形を付して佐賀、長崎両県に命じた。「賊徒巨魁以下脅従附和之者ニ至ル迄征韓憂国両党ヲ区別シ一大区限各惣人員取調、賊中之課役其外別紙雛形ニ照準シ詳細記載、来ル十日限リ出張当省江差出可申」というものであり、「唐津・小城・多久・武雄・須古・鹿嶋・久保田・蓮池・白石・川久保等元一藩ヲナシ、或者旧陪隷ノ如キ一団結ヲ以テ人数差出候分ハ大区ニ不拘其団限リ取調、且賊徒ニ不与者ト雖モ老幼病気等ヲ頭書シ各大区共別紙ニ取調可差出[14]」と命じた。この後段は、小城・蓮池・鹿島の三支藩、多久・武雄・須古・久保田・白石・川久保などの「大配分」と称して独自の知行地をもち、家臣団を抱えていた上級家臣団は、版籍奉還・廃藩置県後も「団結」と称して家臣団の結合を保持してきたため、これが佐賀軍へのまとまった部隊としての出兵の基盤となったのである。不参加者の調査も実施された。この取り調べは、県を通じて区戸長が担当することとなり、乱後の混乱と一時に輻輳した行政事務のなかでも実施が急がれ、『騒擾謝罪書類』[15]としてまとめられた。

大久保が逃走幹部の捕縛や党与者取り調べとともに重視したのは、佐賀軍参加者の兵器の没収であった。鎮定日の三月一日、大久保は、「銃器刀鎗ヲ取り揚サレハ謝罪ノ実際検覈シ難き」[16]として三月五日までに官に納めよと佐賀、長崎両県下に布達した。これは、加担者の兵器だけではなく、「賊徒ニ不与平民所持之銃器ト雖モ一旦県庁江可差出」[17]と平民所持をも対象とする徹底したものであった。鎮定を確実ならしめ、以後の抵抗の条件を奪おうとするものであった。この強硬方針は、士族は勿論、猟銃なども一時官収されるとあって平民の間にも抵抗があり、作業内容が煩瑣なこともあって作業は進まなかったようである。士族の間では、「小城武雄等器械差出方ニ付人心恟々紛紜之趣」となり、内務省六等出仕西村亮吉らが一週間にわたって出張しなければならなかった。岩村権令は三月五日に、明六日から兵隊が県下に出張して取り調べる旨を達し、大久保も改めて七日に、「大村小倉両隊ヲシテ毎戸点検セシムル」[18]ことを達した。大村、小倉両隊に対しては五日に山田顕義陸軍少将から「粗暴之振舞無之様」、「随従及人夫ニ至迄威権ケ間敷義無之様注意可致」として四カ条の「出張ニ付心得書」が指令された。「心得書」は、反乱軍が散在しているので取り調べのため兵器を取り上げる旨懇切に説諭すること、但し猟銃などは取り調べの上追って返却することを丁寧に伝えよ、兵器は町村ごとに整理し記帳せよ、取り調べ済みの家は「其隊長調印ヲ以改済ノ文字其門戸ニ貼置くヘシ」[19]、兵器は適宜の場所にまとめおき佐賀へ送れ、というものであった。兵隊・巡査の巡回は例えば、第二二・二五大区の場合は三月一二日から巡査二人が廻村した。作業は五月二三日に結果が内務卿に報告され、二五日には内務卿名で乱軍に荷担しなかった者の兵器を返却する、加担者のものは没収する旨が布達された。猟銃の返却は生業にも関係するゆえに早くから申請されたようであり、五月上旬に許可された。一〇月に

表2-2　兵器没収表

	一時引揚総数	官没	分捕得遺失物無印銃官没	返却
洋銃	5851挺	2754	1102	1995
和銃	4283挺	1771	333	3181
大砲	18門	5		
弾薬	120箱	11	109	
合薬	17箱	1	16	
刀剣	19089本	7771	1	11317
脇差	25694本	4998		20656
槍	3013筋	1036		1977

「騒擾所関一覧概表」(『公文録　内務省之部三　明治八年六月』)より作成。

佐賀県が報告した兵器没収の結果は、表2-2のようである。「分捕得遺失物無印銃官没」とは、乱軍参加者の兵器の押収されたものをさし、従って官によって実際に没収された全体は、これと「官没」とをあわせたものとなる。

この兵隊・巡査による毎戸点検による取り調べや兵器没収は、県下士族に深刻な心理的影響を与えたであろう。またこのときの武装解除によって、一八七六年から翌年の西南戦争にかけての士族反乱の時期に、呼応を計画した佐賀県士族の間に武器の不足が深刻な問題になるのである。

なお、このとき没収された刀は、台湾出兵に利用することが計画された。佐賀県は、六月四日の指令によって五〇〇本を選別し、長崎出張蕃地事務局に送付した。[20]

一方、平民の乱軍への参加については罪を問わないことが方針であった。大久保は、三月三日、農商民の乱軍への出兵・金穀提供は「賊徒之脅迫ニ出候儀ト実ニ不憫之事ニ付、仍テ一切其罪ヲ被宥候条愈以致安堵精々生業可相営」と布達した。これは先に見た乱後処理方針にそった措置であり、平民を士族から切り離して寛大主義をとり、人心収攬をはかろうとしたものであった。大久保はこの事情を、「江藤以下討議ヲ以人心ヲ煽動シ各処之士族一時争テ其虚喝ニ奔走致シ候処ヨリ、下細民ニ至迄勢ヒ不得止時機ニ会シ無余儀出兵納金致」たのであって、農商民の行動は「公布之書類ヲ誤解シ聚衆致し候類ニ無之」、すなわち農民一揆のような行動ではない、「細民ヲ安堵セシメ其方向ヲ定め候儀至要之見込[21]」と判断して実施した、と大臣・参議宛に報告した。岩倉具視は、これに対して「実ニ御上策[22]」と評価した。

確かに反乱時には、征韓、憂国両党による資金・労力確保のための行動が、非合法的、強制的方法をともなって盛んに行われた。例えば、経過は不明であるが、第二七大区では二小区を中心に、石炭商・醸造業者・質商など一三名に対して旧唐津藩士山田道正、海老原里美らから資金の「皇国之為御事件ニ付御依頼」[23]がなされ、三八七円五〇銭が提供された。二小区の本山村、長部田村、高取村からもあわせて九円六〇銭の出金がなされた。このような状況は、県下の多くでみられた。なお、これらの出金は、いずれも三月九日から二九日にかけて全額が返済されている。また、征韓党のなかには「代官ノ心得」が設置され、夫役、資金、食料その他の調達活動を行った。「代官ノ心得」には征韓派の区戸長が多く任命され、彼らは区戸長・村長へ働きかけた。要請を受けた区戸長・村長らは、「押テ相断候ハ、直チニ民家江立入手々ニ相募候ハ眼前之儀ニ有之、左候テハ当節柄人民保護肝要之際下々迷惑不少忽チ動揺ヲ生候義ニ付勢不得止[24]」として、調達要請に応じることが多かった。

岩村高俊権令は三月一〇日、乱軍へ提供の金穀を調査せよと布達し、各大区でその作業が進められた。四月九日に大久保は、平民・士族ともに乱軍への金穀の提供はその罪を問わないことを改めて布達し、同時に乱軍への売却物代価の未受け取り分は、今さら受け取るべき筋になしとして、その調査を命じた。佐賀県が一八七四年一〇月に行った報告によると、乱軍への供出は、米一四二石五斗八升、金銭八二四円七七銭三厘、草鞋三九二〇足、雑品代価四八円四〇銭三厘、夫役九八二六名、となっている[25]。この数字には、先に見たような返却分が含まれているか否か不明であるが、夫役の多さと比較すると、たぶん含まれていないであろう。

大久保は、この施策の効果について、みずから次のように評価している。「当県下景況実ニ無人之境ニ入りタル心持之処、追々と人気も折合逃散之者も続々として帰来し、今日に成候而者市街丈は各本業に就申候、昨日も巡回仕候得者開かざる之店無之候、農商者仮令賊徒江使役せらるゝ者といえとも一切罪を問わさる旨布告いたし候故大に安んし候向に相見得候[26]」、と。

次に、負傷者の官費による治療、兵火罹災者の救助など、人心収攬的要素の政策についてみてみよう。この方向性は既に乱後処理方針で設定されていた。三月二日、岩村権令から大久保に対して、県内設立の病院において官費による治療を行いたい旨の願が出された。それは、乱軍負傷者は「其罪雖可悪右憫然之至りニ付、従前民費ヲ以取設候病院即今開設申付療養為致度」、しかし「匆々之際民費方法難取調候条当分之内官費御給与被下度、左候得者愈以至仁之御趣旨人心安堵可致」[27]、というものであった。大久保はただちにこれを許可した。岩村権令は三月四日、「当分ノ内官費ヲ以病院取開療養指許」ことを県下に布達し、七日にも「入院費用之儀食料之外一切官費ニ而相賄」[28]ことを再達した。乱後、非常事態であることを理由とする県政の経費の官費支給願、あるいは民費賦課が困難であることを理由とする官費支給願が、様々の形で佐賀県から申請される。この点については後にみるが、「委任状」によって全権を委任され、また内務卿でもある大久保の出張は、佐賀県政の再建に関してこのような現実的意味をもった。

戦闘での負傷者は、政府軍二〇一名、佐賀軍一六二名とされる。[29] 鎮定直後は軍・民間ともに医師が不足したが、軍関係は急速に改善されたのに比して、民間ではそれが困難であった。医師一一七名が佐賀軍に荷担した疑いで自宅謹慎を命じられていたからである。大久保は、岩村権令からの要請によって、三月二〇日に治療に限り外出することを許し、二四日には両党への党与者以外の謹慎を解いた。

佐賀県は三月二五日、官費による治療実施の具体化の一環として、これまで民費で賄ってきた佐賀病院の医師・薬剤師の給料一八名分一二九円を、官費支給に切り替えることを申請し、許可された。さらに病院雇アメリカ人医師スロンの契約が四月で切れるため、さらに六カ月間の雇用継続の許可を申請した。その費用は、県庁にある乱軍の募金一万二〇〇〇円から支給するとし、官費によるスロンの通訳の雇用継続願とともに許可された。

兵火罹災者の救助は、以下のようである。大久保は三月四日、『兵火ニ罹レル人民艱苦ノ情実ヲ察シ且戸数貧富検査[30]」のために、内務省六等出仕河野通信を巡回させた。河野には前山隊員が随行し、一二日に本営へ帰営した。この調査にもとづいて大久保は、三月二〇日、一四〇六名に対する一万九八四五円の「賑恤」の実施を布達した。布達は、「其県賊徒暴動之砌兵火ニ罹ル者凡千六百家ニ及ヘリ、中ニハ其財物ヲ掠奪セラレ或ハ兵役ニ駆使セラル丶者不少、其残忍苛酷固ヨリ賊之賊タル所以ト雖トモ、憫モ無辜之細民ヲシテ號呼糾走告訴スルナカラシム」、乱を鎮定したので「格別之御賑恤」を下賜する、「普ク至仁之朝旨貫徹[31]」するよう告諭すべし、と達した。これをうけて岩村権令は、同日、「管下一同天明御鴻恩之無限ヲ致感戴、各自安其所無懈怠可励生業[32]」と布達した。

これより先、岩村権令は三月二日に、県官を兵火罹災地に派遣して、応急措置をとらせていた。県警保課の旭魁一は神埼駅に出張したが、「村長某ハ賊徒随従之故ヲ以家族ニテ逃亡、小前多クハ他村縁類江夫々離散実ニ憫然之至リ[33]」と状況を報告し、目下飢渇に迫る者への救助の施行許可をもとめた。県庁は、県治条例の救助規則によって、焼亡難渋者に対して、男一日三合、女同二合を基本とする救助米を一五日間施行するよう指令した。

大久保はこれに対して、「其ままに而難差置情実故此度は格外之処分も無之而ハ相済ましく愚考」、しかし「戸長は悉く逃散[34]」したので、河野に県官をつけて巡回させたのであった。これに対して岩倉も、「御尤ニ存候、素リ不容易非常之義至仁之　叡慮貫徹候様御処分祈ル所ニ候[35]」と賛意を表した。

「御賑恤」の対象となったのは、戦闘が行われた佐賀県東部の三根・養父・基肄・神埼郡と佐賀郡の一部、第一〜七、一八大区であった。激戦となった神埼駅付近の被害が大きかった。救助は「家族数、家坪広狭、平素貧富」の三条件によって二〇円、一五円、一〇円の三等級に区分された。上等七六名に一五二〇円、中等一〇〇五名に一五〇七五円、下等三二五名に三二五〇円が支給された。乱軍への党与者、家具・小屋・土蔵のみの焼亡者、抱屋・抱家の居住者は除かれた。

こうして「至仁之朝旨」による救助が行われたが、その効果は大きいとはいえなかった。家を焼かれ、家財・農具を焼かれた人々の再建は困難であり、その後も再三にわたって農民からの拝借金願が提出される。岩村権令の後任の北島秀朝県令は、六月二九日、農民からの再三の願があるので、家屋建築、牛馬・農具購入の資金として、八一七名に一二二二〇円を一〇カ年年賦で拝借したいと内務省に対して出願した。内務省と正院は、一〇月、救助米と賑恤金の支給後の拝借金願は不都合としながらも、「無余儀[36]」として半額六一一〇円を許可した。

こうした民心収攬策が展開する一方で、征韓、憂国両党幹部の捕縛が進んでいた。乱後処理の焦点は乱軍の処刑に移ることになるが、この問題には征討総督の任命が関係してくる。

二月二三日、東伏見宮嘉彰が征討総督に任命され、三月一日に兵権に関する「委任状」が交付された。それは、「陸海軍務一切并将官以下黜陟等ヲ以ス」、「名古屋以西四鎮ノ兵馬現役後備役ヲ論セス挙テ卿カ区処ニ聴ス」、「沿道諸県ノ士民召募編成モ亦宜ク便宜ニ従フヘシ」というものであり、軍令・軍政の全権が天皇から与えられた。同日大久保に対して、二月一〇日交付の「委任状」中、「兵事ニ関スルノ条件ハ自今総督権内ニ属シ候[37]」という指令がなされた。その後佐賀県の鎮定がなったため、三月三日、東伏見宮に対して「猶軍事取纏メトシテ県地へ出張」すべきことが命じられた。東伏見宮は三月九日に福岡に到着し、一四日に佐賀に入り、大久保は「兵事ニ関渉之事務者悉皆引渡[38]」した。

ところが、大久保への「委任状」中の第一条但書「死刑ト雖モ臨機処分之事」を、征討総督と大久保のどちらの権内にあるとするかについて二人の間で解釈の対立が生じた。総督は、鎮定が終わり、「軍事取纏」として出張を命令されていることからすれば、処刑は大久保が担当すべきであるとした。大久保は、処刑は兵権に含まれるものであり、総督の権内であると主張した。大久保の伺に対して太政大臣三条実美は三月一八日、第一条但書も総督の権内にあると指令したが、翌日、これを取り消し、大久保への「委任状」の通りであると、前日とは正反対の指令を行った。大久保は、三条・岩倉に対して善処を求めた。結局、三月二七日、東伏見宮に対して「賊徒及平定候ニ付征討総督被免賊徒等犯罪処刑之義更ニ御委任被　仰付候事」と、大久保に対しては「親王之指揮ヲ受夫々可致処分[39]」の指示が届いた。この後、この指示にもとづいて処刑が行われる。

　この問題は、大久保への「全権」の委任がありながら、あらたに征討総督を設置して軍事権を委任したことに端を発した。征討総督の任命は、三条実美によれば「彼此情実モ之有不得止右之次第にも相成申候」と事情があったようであるが、「全体其地戦争は屢々捷報も有之候ニ付無益ニ可有之候得共、此節の義は其所因独佐賀県而已の訳にも無之一般之動静にも関し候得は、大挙威令を示し関西の鎮圧充分ニ相撤し候様可然[40]」と、士族の動揺激しい状況に対処するために行われた。また岩倉は、征討総督の派遣を鎮定後の人心への対策としても考えていた。「賊降伏ノ上寛猛御処置方元ヨリ公論条理ノ帰スル者可有之候得共、一新以来度々此決ニ至リ論議紛紜有之候事定而不一方御配慮と令遠察候、右等ニ至り而ハ宮御下向可然筋も可有之と存候」、と。しかし「惣督宮ヲ被置御委任権ノ別ルル所深ク心痛致候[41]」と岩倉自身が心配した如く、権限の混乱が生じたのである。

　総督は、鎮定後の「軍事取纏」の任務を、「此節佐賀平定ニ就而は何も御関係無く鎮西御巡回の思召」との考えであり、処刑は大久保の権限であると考えていた。これに対して大久保は、「賊徒処刑降伏人始末貫属隊進退等之義兵事より引き続き候訳にて」兵権に属する、「平定後といえとも前条三件等は御権内ニ帰不申候ては体裁上ハ無申迄人心之折合ニも大関係[42]」と主張した。この根底には、「賊徒処刑臨機出張先之処分ニ成候上は事実軍事と区別無之[43]」、「処刑之事律を以て処する能ハス、要するに臨時裁判所にて軍律ニ帰し申候事にて降伏始末等ニおひても同様之訳ニ有之[44]」という認識があったのであり、それ故に征討総督が管轄すべきであると主張したのである。結局は、大久保の主張にそう形で落着をみたが、大久保にとっては、東伏見宮によって処刑が決裁されることになったことは、自らが執行することに比して、「体裁上」においても「人心之折合」においても、「大に安心仕候[45]」結果となった。なお、この詳細については次節で検討する。

処刑に関する意見を求められていた権大判事河野敏鎌は、四月七日、処刑基準の大綱を提出した。河野は、わが国の律令には反逆罪の規定がなく、新律綱領・改訂律令の凶徒聚衆罪の規定は軽重がありすぎ、清律は国情にあわない、そこで、「彼此之権衡且方今ノ情勢ヲ酌量」して基準を設定した。主は梟首、従を三等に分け、斬・懲役一〇年・同三年に処す、大隊長以下諸犯にいたるまで罪の軽重により三等に区分する、付和随従の者は首従の重き者を罰し、その余は「目今ノ情勢ヲ御斟酌相成非常ノ寛典ヲ以一時不問ニ差置カレ候ハヽ、一同其特旨ニ漸感仕却テ懲戒ノ御趣旨貫徹可然(46)」、罪案は後日伺うとした。この大綱は大久保を経て、四月八日に東伏見宮から許可をえた。ここには三月二日の乱後処理方針が具体化されており、主に厳酷、従に寛大の処分方針が示されている。四月一二日、河野は「擬律」通りに処断してよいかの伺を大久保に提出し、大久保は東伏見宮に伺をたて、「上請の通り」という決裁がなされた。一三日に、江藤、島らへの梟首、以下主立った刑の宣告が行われ、梟首・斬刑は直ちに執行された。一七日ころまで、大量の宣告が続いた。

表2-3　党与者処分表

（名）

梟首	2	除族	232	戦死	167
斬罪	11	禁錮100日	2	自殺	6
懲役 10年	6	同 70日	3	戦傷	162
同 7年	9	同 40日	2	官軍に縛せられ死	3
同 5年	18	同 30日	1	行方不明	3
同 3年	62	免罪	9729		
同 2年	46	無構	4		
同 100日	1	処分不済	49		

「騒擾所関一覧概表」（『公文録　内務省之部三　明治八年六月』）より作成。

処刑者、免罪者の人数については、異同がある。四月一〇日の段階では、征韓・憂国両党に党与した者一一一二〇名、両党に組みしなかった者一二九九九名、明細書不明者一四名、医師一一七名、と報告されている(47)。一八七四年一〇月に佐賀県が報告した同年八月調べの処刑者数は、表2-3の通りである。

梟首・斬刑の処刑終了は、直ちに電報で三条実美に報告されたが、この処刑即行は三条らを驚かせた。これについて三条は岩倉具視に「電報之趣意外速成事案外に御座候、御察之通必らす物議は可有之、併已に処刑相済候上は格別御心配程之事は有之間敷と存候[48]」と書き送った。前参議の江藤らに対して、四月八、九日両日のみの裁判によって処刑するという軍律による即行は、三条、岩倉らに批判がおこるであろうという危惧をいだかせたのである。

大久保の佐賀の乱に対する対応は果断であり、法・権限、行政・司法、軍・警察、電信・運輸など必要で可能な全国家機構・機能を一元的に行使して、ことにあたった。その結果迅速に鎮圧が実現し、憂慮された他地域への波及は生じなかった。政府は、その後に向けての貴重な経験を積むことになった。大久保らには、その後の士族対策に対する展望を与えるものであったろう。この点で一定の自信をもちながらも、大久保は次のような自戒を岩倉に書き送った。「今後之事を惟思仕候に段々急務多ク候内、兎角　宸断真ニ万機ヲ決セラレ候事御一大事と奉存候」、「征韓論ニせよ民撰議院にせよ取捨之間におひては誠に大難タル事則目前に有之、天下敢而抗挺スル能ハサル只真之　宸断ニ可有之、此度佐賀平定ニ付而ハ暫ク人心畏伏之形は有之候得共決而安心可致義ニ無之、只此一両年之間可慎可恐御時節歟と奉存候、由而御輔導之事は益御注目被為在候様泣願仕候[49]」、と。

佐賀士族は、鹿児島、高知など期待した勢力の呼応はえられず、孤立したまま、諸力を結集した国家の前に、容易に屈した。特に、「王師に抗する」という論理に対しては、反乱軍士族は対抗不能であった。二月二八日、憂国派の木原義四郎と副島義高が謝罪状を提出したが、政府軍はこれには「王師に抗する」の文言がなく恭順の意志が示されていないとして拒否し、書き直しを命じた。憂国派はこの文言を受け入れることはできないとして、結局、幹部が逃走するに至った。「王師に抗する」という論理は、佐賀士族の主張と行動の正当性を根底から打ち砕くものとなった。兵器の没収は、それをさらに具体化したものであり、以後の抵抗の物理的基礎を奪うとともに、心理的基盤をも弱めることになった。ただ、大久保の鎮圧行動に象徴される政府の強圧的性格への反発心は、士族の間に内向することになったと考えられよう。

（二）岩村高俊権令の県治体制の再建

三月一日の反乱の軍事的鎮定、翌二日の佐賀県庁の開庁によって、岩村高俊権令による県治体制の再建が開始される。大久保は、乱後処理が処刑の実施によって一応決着した四月一七日に佐賀を離れ帰京するが、この間、岩村権令による県治体制の再建は、大久保・内務省の指導と援助によってすすめられるという特徴をもった。「委任状」による権限をもち、地方統治の責任者である内務卿としては、鎮圧した佐賀県に中央集権的で安定した県治体制を早急に編成することは、当然の課題であった。以下、その特徴を、県庁機構と主要な施策に焦点をあてて検討する。

県庁機構についてみよう。二月一五日の佐賀軍の佐賀城攻撃によって佐賀県庁は潰滅した。二月一八日の佐賀城脱出ののち三潴県にあった岩村権令は、二〇日に本営に合流した。岩村は大久保に随従して政府軍と行動をともにし、仮県庁を二月二四日に轟木駅に開設し、二八日にそれを蓮池に移した。三月一日に鎮定がなると、早速岩村権令は佐賀城に入り、翌二日に佐賀城内に県庁を正式に開庁したことを県下に布達した。

県庁首脳部は、岩村権令、二月一四日に岩村と同じ任務地であった神奈川県大属から佐賀県権参事に転任した野村維章であったが、三月二三日に白川県士族太田黒惟信が大久保によって参事心得に任命された。太田黒の任命は、先述のように、岩村権令の四国出張などに備えた補強策であり、彼は乱軍幹部の処刑された四月一三日に解任された。一八七三年七月から参事であった森長義は、二月二三日に大久保から上京を命じられ、即日出発し、罷免される。

県官の反乱時における進退について、内務省は次のように記録している。戦死あるいは県官としての職を全うした者は他県からの出仕者八名であり、佐賀県士族の県官約八〇名の内、殉職あるいは前山隊にあって「臣節ヲ全フスル者」[50]一〇名、反乱軍に党与したもの五四名、そのほかは反乱軍に拘留され、あるいは潜匿してなすところなかった、と。県官の佐賀軍への党与者数を確定することは難しいが、ごく少数の県官によって県治体制の再編を開始しなければならなかった。佐賀県は五月に、反乱軍に党与せず、乱後に県政を担当することになった県官一五名の乱時における出処進退調査を内務省に提出したが、それによると、三月一日以前に轟木仮庁あるいは蓮池仮庁に出庁して執務していた県官は三名であり、このほかに東京から岩村権令に随行してきた五名が執務していた。以後、三月一日に二名、三日に一名、四日に三名、五日に一名、六日に二名、九日に一名が出庁してくるという状況であった。このほかに等外出仕や地租改正雇など六名がいるが、彼らが出庁してきたのは、三月六日から二五日にかけてであった[51]。県官不足は、甚だしかった。

この県官不足に対しては、いくつかの方策がとられた。後にみるように、県治事務の建て直しには内務省、大蔵省の官員が新たに派遣され、指導的な役割をはたすが、県官不足については近県からの補充がはかられた。鎮定がなって岩村権令が入城した三月一日、出張内務省は、「佐賀県開庁ノ末官員寡少ニ付、一時繰替可差出旨大分小倉三潴福岡四県へ達す」措置をとった。さらに、御用伺として出張してきた大分県大属をそのまま「当県人少之趣兼テ申聞モ有之、旁同人ニ当分ノ出仕ヲ命ス[52]」というような、当座の応急措置も実施された。しかし、このような応急対策では対応できない問題もあった。岩村権令は、三月一二日、大久保に対して、前山隊中にある県官の除隊を申請した。岩村は、権中属江口礼蔵、村山十郎ら九名が前山隊にあって「未解隊之御達無之候ニ付出庁之儀差控申候、然ニ当庁人少之折柄殊ニ新任ノ者而已ニて事務差支候条、右之者除隊之御達相成候様仕度[53]」と願い出、出張内務省は一四日に除隊を指令した。この時期、岩村権令は、県官だけでなく、区戸長にも前山隊員を任命したいとしばしば除隊を申請している。これは、政府支持の立場から大久保の乱後処理の嚮導的役割をはたしている前山隊員を、県治推進の担い手とすることが意図されたといえよう。しかし、前山隊の重用は、人心の折り合いの上で問題をもっていた。前山隊は、征韓、憂国両党に激しく対抗し、政府軍の嚮導的役割をはたしてきたがゆえに、県下士族の憎悪の対象であった。権中属江口礼蔵が佐賀県東京出張所詰めに転じたこと、一八七四年一〇月には県官に前山隊員が七名在籍していたが、翌年三月には二名に減少したことなどは、この点に関わっていた。しかし、反乱後の緊急時においては、彼らは県治の重要な担い手として期待されたのであった。

四月三〇日、岩村権令は大久保内務卿に対して、事務錯雑と反乱による帳簿の紛乱を理由として県官の増員を願い出た。「当県新置之砌各県之合併新旧事務錯雑、且其砌官員転遷等有之、旁右事務引分等定額ニテハ繁劇難行届不得止儀ニ付増員相願候処、新旧引分取纏候迄十二等以下十五名増員御聞届相成」、しかし「多年打捨置候事務」であるので昨年中は新旧事務整理は進まず、その上「当今士族暴挙ニ付帳簿紛失、剰新旧事務引分等者勿論自今之儀難取纏、迚モ定員ニテハ相運兼」る、と前年同様の増員を要請した。旧本藩・支藩および譜代領の各県の合併による事務の錯雑、付加税に至る税法や検見法および民費賦課法などの旧慣の存続、長官の再三の転免と不在期間の存在、これらによる県治事務の錯雑と遅れは、岩村権令以前から指摘され、以後もしばしば指摘される佐賀県治上の困難の一つであった。大久保は五月、「増員申立之通ニ而ハ難聞届候得共事務繁劇事実無余儀」[54]として、一八七四年の一年間、十二等出仕以下一〇名の増員を認めた。こうして、県治再編の基礎条件である県官の充足と増強がはかられていった。

このような結果、反乱以前に比して県官の構成は大きく変わった。岩村権令の辞職後一カ月半ほどの時期の一八七四年一〇月、および比較のためにその前後の時期の県官出身別構成表を表2-4に掲げる。

最も大きな特徴は、佐賀県出身士族の県官の減少である。一八七二年五月の県官八〇名中七五名を占めたように、圧倒的多数を県出身士族者が占め、反乱前には、参事など他県出身の上級幹部を孤立させて征韓派が県政を掌握した。ところが一八七四年一〇月では一八名と激減し、この傾向は以後も続いている。権大属以上の幹部には佐賀県出身者は皆無であり、中堅幹部である中属クラス一六名中にも四名がいるだけであり、最下位の十五等出仕に比較的多い。次に、三潴、小倉、長崎、大分、福岡県など、近県出身者がほぼ同じ人数で在職している。これは、先に

表2－4　県官出身別構成表

（名）

出身県	1873年5月	1874年7月	1875年3月	1875年11月
佐賀県	75	18	17	27
三潴県	1	5	4	4
小倉県		5	4	5
長崎県		5	4	5
大分県	1	4	4	4
福岡県		3	4	4
愛知県		3	4	1
東京府		2	5	4
山口県		2		
岡山県		2		
三重県		1	1	2
白川県	1	1		
新治県	1	1	1	
静岡県	1		2	1
浜松県			2	2
高知県		1	2	3
敦賀県				2
		鹿児島，広島，愛媛，大阪，滋賀，岐阜，茨城，石川，青森　各1	鹿児島，広島，大阪，茨城，青森，京都，堺　各1	鹿児島，広島，大阪，茨城，青森，京都，堺，千葉　各1
不　明		6		
合　計	80	68	61	72
士　族		38	50	64
平　民		6	11	8
不　明		24	0	0

1873年5月は『明治六年五月六月分　官省進達』，1874年7月は「明治七年　掌中官員録」（吉岡寿一編『明治にみる官員録・職員録』（吉岡書洞）），1875年3月・1875年11月は「明治八年　官員任解録」（『公文録　府県二十二　明治八年』）より作成。

みた乱後の対策の結果であるといえよう。広く諸県から出仕していることも、以前に比して特徴的であろう。平民の県官がふえていることも以前にはみられなかったことであり、一八七五年には佐賀県出身者もみられる。このように、反乱前と以後では、県官の構成は大きく変わった。これが、反乱後の佐賀県政の性格を変える原動力の一つとなる。

岩村権令の施策面をみてみよう。

この時期の県政は混乱・錯雑を極めており、「県務数年手後レ之末、前陳暴動以降ハ恰モ廃藩置県之際ニ相似タル形情」[55]と後年に評される状況であった。

岩村権令の施策は、その多くが

表2-5　兵災罹災表

村	29村	米	3418石7斗余	雑品代価	3万3803円62銭余
戸　数	1599戸	籾	3636石6升余	貢　米	23石余
男	3510人	雑　穀	1744石3升余	民積米	不　詳
女	3427人	農　具	不　詳		
倉	117棟	家　財	不　詳		
小　屋	92棟	衣　類	不　詳		

「騒擾所関一覧概表」(『公文録　内務省之部三　明治八年六月』)より作成。


先にみたような乱後処理に関わるものや応急的な措置にならざるをえなかった。人心収攬と関わって、注力したのは兵災への対応であった。災害の全容は、表2-5のようである。

　この被害は、主として戦闘の行われた県東部に集中しているが、反乱の影響は、佐賀軍による金穀供出・夫役などの強制や県庁潰滅などの面で県民全体におよぶ性格をもっていた。岩村権令は、先に触れたように、県治条例の救助規則によって一五日間の救助米を支給した。男子一七七六名、女子四二一四名に対して、救助米二〇九石三斗余・代価八四五円七四銭余の救助が実施された。

　このような状況を背景として、地租の分割納入の期限が差し迫っていることへの対応が問題となった。地租の確保は県治上の困難な課題であり、人心のありように密接に関わる。地租は一月に五割、三月二五日と五月二五日までにそれぞれ二割五分ずつを納める慣例であった。この納入が、兵火罹災による納入自体の困難、区戸長の逃亡や区村事務体制の混乱と不備、さらには村蔵などに貯蔵されていた地租用現米の掠奪・兵火による損失などによって、困難視されたのである。岩村権令は三月一五日、大久保に対して納入期限の延期を要請した。岩村は、「戦地之村々ハ住家焼亡之向モ之有リ、且近傍村々人民立退罷在候者モ追々申達漸々帰村仕候ニ付、迚御規則通上納難行届」として、三月納入分を五月まで、五月納入分を七月まで猶予することを願った。大久保は二〇日に「事実無余儀」[56]としてこれを許可し、同日ただちにこれを太政大臣三条実美に報告し、四月四日に正院から大蔵省への通知がなされた。これは、地租に関する問題はほんらい大蔵卿の権限であり、大久保に地租納入期限延期を許可する権限はなかった。これは、「委任状」による「臨機処分」権にもとづいた行為であった。三月二三日、岩村権令は、納入期限猶予を県下に布達した。

なお、兵火罹災地に関しては、七月に北島秀朝県令によって、七月の納入期限をさらに八月に延期する願が大蔵卿宛になされた。「小前之者共ヨリ取立候現米村蔵ヘ詰置き候分罪党之為ニ掠奪セラレ或ハ兵火災ニ罹リ致消失、小前ニ於而ハ一途両度之納ト相成難渋之趣申立」、説諭を加えているが「皆納ハ無覚束」[57]というものであった。

県庁が焼かれ、書類・帳簿が消失し、担当の県官が多く党与して事務処理が困難である状況に対して、岩村権令は、復旧の措置を指示した。岩村は三月七日、二月以前の訴訟で未解決のものは再度提訴すること、一六日には、二月一五日以前に県庁へ提出した諸願伺届で未指令のものは再度提出することを県下に布達した。

県治事務上の未整備、遅れに対する施策は、大久保・内務省の指導と積極的な援助のもとに進められる。佐賀県庁の事務上の遅れの象徴ともいうべきものが、戸籍が未整備であることであった。戸籍編成は、県治の基礎条件である人民掌握に直接関わる施策である。佐賀県では、壬申戸籍が未編成であり、その後の加除も行われていなかった。

岩村権令は三月一九日、内務省戸籍権頭の船越衛と連名で、官費支給による戸籍編成願を提出した。願は、戸籍業務がずさんであり、現状での方策が立たないこと、従って再編成が必要であることを主張した。「当県戸籍編成方甚粗漏之上壬申以来之書類過半今般之暴挙ニ錯雑混乱シ、且戸数人員之加除等ハ固ヨリ取調無之、昨今着手之方向モ不相立更ニ編成之外致方無之」、と。そこで、係官員を各区へ派出し、現場に臨んで毎戸人員を詳細に取り調べたい、ついては「従前之区戸長過半賊徒ニ組シ此節謹慎罷在」状況であるので、「村民中善良且適任之者ヲ雇入使役致シ、期限ヲ立速ニ奏功致度」、これは「此節賊徒等遠郡僻地江致潜伏居候者捜索之一助ニも可相成」、しかし「右雇入諸入費之義ハ管内民費ニ課シ候而者此際下民難渋可致ニ付、此度限リ特別之御詮議ヲ以別途官費ニ相成候様致度」、と主張した。計画では、筆耕を一郡一五名ずつ、九郡で計一三五名、官員随行として一八名を雇用する、その経費一二八二円五〇銭を官費支給としてほしいというものであった。大久保は二二日、「現実不得已次第ニ付此節限リ聞届」[58]と許可した。岩村権令は翌二三日、戸籍再編のため官員が出張し、実地に調査することを県下に布達した。布達は、「壬申年編籍不行届之上其後加除無之」と現状の不備を指摘し、「戸数人員ヲ詳ニスルハ人民其所ヲ得無事安寧ヲ遂ケシムル厚キ御趣意」[59]にもとづくものであると諭した。作業は、四月にかけて県の戸籍掛が各大区へ出張し、村長を大区扱所へ出頭させて調査する形で実施された。

この戸籍編成については、内務省は当初から積極的であった。三月九日、広島県へ出張予定の船越権頭を佐賀県に出張させるよう広島県に電報で指示し、一六日に佐賀へ到着した船越権頭は氏名を指定して官員の出張を本省に掛け合い、その到着を待って、三月二五日に戸籍大属ら五名が各郡に巡回する許可を得た。大久保は三条実美への報告のなかで、「此際ニ当リ一層綿密取調候得ハ同県之戸籍始テ其実ヲ得ルニ至リ、賊徒潜伏之者モ自ラ其踪跡ヲ顕ハシ可申、是非此機ヲ失ハス取調候ハ当然之筋」[60]と述べた。

この作業の結果は、『佐賀県管轄各小区戸籍職分総計』・『佐賀県管轄各大区戸籍職分総計』[61]として残されたと考えられる。これは、各大区小区ごとに士族・平民の族籍別の戸籍・人口、職業を整理した、形式の整った戸籍簿である。この簿冊には「三月二十五日改」の日付が付されているが、これは内務卿からの調査開始の許可が下りた日を編集日としたものであろう。戸籍編成は、人民掌握という県治の基礎条件をなすものであり、戸籍寮を擁する内務省が主導してこの作業を進めたのである。

同様に、県治の基本的課題である地租関係の事務上の条件整備についても、大久保は指導性を発揮した。三月二四日、大蔵省租税寮七頭出仕の川元宣長ら一〇名が佐賀に到着した。これは、「租税寮官員四五名差出候様」との大久保からの要請に応えて、租税権頭松方正義が派遣したものであった。松方は、その意図を「佐賀は素ヨリ租税一条紛紜甚敷込入候事件モ多々之有候故、御申越之官員ニハ甚超過致候得共今般一挙シテ整頓相成度見込、尤同県官員ニ転任之見込ヲ以差出候人名モ四五名ハ之有候間、県令へ御示置被下度候[62]」と述べた。懸案の租税関係の錯雑・混乱を、この機会に根本的に解決しようというものである。松方が指摘した租税関係の錯雑・混乱の主なものは、第一に、税制の複雑さであった。佐賀県が、それぞれ独自の税制をもった旧佐賀本藩、小城・蓮池・鹿島の三支藩、譜代領の唐津藩が合併して成立したため、旧来の税制が存続しており、それは口米・反米などとよばれる付加税から、検見法などにまで至っていた。民費の賦課も同様であり、「旧藩仕来之儘相成居、一村限リ適宜之法方相立致分賦候場所許多有之[63]」状況であった。この旧慣の存続による事務上の錯雑・混乱は甚だしかったが、整理の作業は積極的には進められなかった。先述のように、「新旧引分取纏」は「多年打捨置候事務之義ニ付」容易な問題ではなかった。第二に、「加地子地問題」・「庄屋地問題」とよばれた、旧藩時代の藩政に遠因をもち、県成立後の施策によって激化してきた土地所有権をめぐる対立があった。この問題は、土地所有権、藩政・県の行政措置、農民の税負担と既得権などが複雑に入り組んだ問題であり、これをめぐる農民の行動は一種の一揆的状況にあり、県政の重要課題であった。このほか、県治事務の遅れは多く、地租改正の基礎作業である地券調なども遅延していた。

川元租税寮七等出仕らは、収税の基礎となる地租帳の整備を重視した。乱後処理方針の大綱のなかにも「租税金穀調査」があげられていたが、大久保は、県政の基礎的要件の整備を意図したのである。「騒擾之際地租取調トシテ川元租税寮七等出仕外九名出張相成、県官付属出張之上郡村目帳簿ヲ以夫々取纏相成[64]」という作業が進められた。五月には壬申地租取り調べが雛形とともに布達された。一〇月には、「明治六年地租帳」が編成されて、大蔵省に提出された。

加地子地問題に関しては、大久保は、内務省地理寮の官員を出張させて担当させることとした。大久保は、自分の帰京後も、県に残留させた大蔵大丞渡辺清に後の処理を依頼することにして、四月七日、電報で出張を指令した。五月に、加地子地反別、地主・小作人調査が関係地域へ指令されているが、この作業は順調には進まず、一〇月に再出張が行われる。また、四月から五月にかけて、県域掌握のための里程調べが実施されているが、これは地理寮官員の出張による県治の基礎的条件整備の一環と考えられる。

乱後の新しい施策として、佐賀裁判所の設置がある。行政と司法を分離し、それぞれを自立させて合理的な統治体制をつくりだす施策は全国的に進められてきたが、これを佐賀県にも実施することを意図したものである。三月一四日、権大判事河野敏鎌は、大久保に対して、佐賀県に裁判所を設置することを建言した。「今般当県賊徒追々逮捕処断之上ハ一時可至鎮定ハ必然ニ候得共、畢竟騒擾之末管下一般多少之疲弊ヲ受家産蕩尽之者モ不少、恐クハ将来不逞強盗之徒出没横行之憂モ難測、就テハ兼テ各県江裁判所配置之御趣旨モ被為在候ニ付、当県江裁判所ヲ被設行政裁判之事務不混同相共ニ勉励其分ヲ尽」すことを意図した。河野は、この件は岩村権令と協議済みであると述べた。二日後の一六日、岩村権令も、河野と打ち合わせ済みであるとして、同趣旨の建言を大久保に行った。岩村権令は、「戦塵ヲ蒙生業ヲ休疲弊ニ至候者不少、且戦闘之余焔ヲ帯強盗出没苦良民候者出来候モ難測ト焦慮仕候、就テハ当県下裁判所被差置正律厳令候ハヽ、民庶其身ヲ慎ミ地方之事務速ニ相歩ヒ所謂恩威並行ハル、誼ニ有之」、至急評議されたい、と。反乱軍党与者の裁判・処刑は大久保の権限内であるが、裁判所設置という本来司法省の管轄である問題を両人は大久保に依頼したのである。これは、士族反乱の鎮圧という機会を利用するとともに、大久保の勢威に期待したものであったろう。大久保は、これに積極的に対応し、三月一七日、太政大臣三条実美に対して、「実際至当之見込ト存候条御採用之上速ニ御施行相成度存候[65]」と上申した。さらに翌日の三条への私信においても大久保は、「実際設置不相成テハ差支、極メテ至当之見込ニ付、昨十七日不取敢電報ヲ以申進候得共、尚別紙一包上申候条至急御裁制有之度候[66]」、と再度念押しをした。

この後、この問題は司法省と正院との間で折衝が行われる。裁判所の設置を推進したい司法省は三月二三日、判事・検事以下官員の給料など年間経費三〇二五五円の見積りをそえて、司法卿大木喬任から三条実美に設置の裁可を求めた。これに対して正院は、反乱鎮圧に関わる出張官員の経費の申請ならともかく、「永世ノ裁判所ニ候ハ、右等倉卒御取極可相成筋ニ有之間敷」と慎重な姿勢を示し、臨時出張費のみの再申請を指令した。これに対して司法省は二八日に、再度設置の評議を求め、三〇日にも督促した。ここにおいて、これまで財政的立場から吟味してきた正院財務課は、「当分出張ニテ被差出置候方入費不相掛義ハ不俟論候得共、事務上差支筋有之候ハ、無余儀次第ニ付御創立相成候テモ可然歟[67]」と方針転換し、評議によって設置を決定し、翌五日、年間三万円を定額とすること、準備費五四五六円を認めることを指令した。司法省は同日、権少判事瀧弥太郎に出張を命じ、河野とともに設立準備を進めた。佐賀県へは、司法省と協議して聴訟・断獄・検事事務を同省へ引き渡すべきことが指令され、四月二四日に佐賀裁判所が開庁するにいたった。岩村権令は、五月四日、県下に対して裁判所開設につき、以後盗難届は正副二通を作製し、裁判所・県庁へ提出すべきことを布達した。こうして、大久保の出張による反乱鎮圧を契機として、司法省と県官の提携、大久保の積極的推進によって、行政・司法の分離、裁判所の設置が実現した。

このほか、司法省管轄の分野に関する大久保の関与は、監獄建設に関しても行われた。乱時に佐賀軍は繋獄されていた懲役人・未決囚を解放し、城内にあった監獄は一七日の戦闘時に焼亡した。岩村権令は三月五日に、懲役人・内獄者の姓名取り調べを県下に布達した。一九日、岩村権令は大久保に対して、今般仮獄舎を四カ所に分けて仮建設するが、党与者の繋獄が多く、重罪の者も数名おり、「反獄或ハ脱越之懸念有之[68]」として、当分の間守卒二〇名を設置する許可を要請した。この監獄の仮建設については、大久保は二〇日、「城郭内入札払伺済ノ場所へ仮獄舎取立度旨伺ニ付聞届候旨指令[69]」しており、守卒の件へも、「今般賊徒繋獄中ニ限リ[70]」という条件を付して許可した。本来これらは司法省管轄下にあるが、大久保は「委任状」にもとづいて権限を行使したのである。

以上のように、岩村権令は、直接的な乱後処理に多くの施策と勢力を注ぐことを余儀なくされながらも、県治体制の再建を進めた。その特徴は、大久保・内務省の主導と積極的な援助によって、県治の主要な基礎的条件を整備したことにあった。このことは、佐賀県にとってはその事務上の遅れを回復し、抜本的に県治の条件を整備することであり、県治体制の再編を進展させるものであった。内務省にとっては、その地方統治方針が佐賀県に貫徹することであり、これは発足したばかりの内務省がその行政を貫徹し、国内統治の責任官省としての実質を確立していく一環であった。大久保による佐賀の乱の軍事的な早期の鎮圧自体がその大きな画期となったが、県治の再編においてもその方向は貫かれたのである。

反乱鎮圧後の県政においては、士族の動揺・反発に対する対策が必要であった。この時期は、鎮圧直後であるために士族が行動に出る条件はなかったが、士族感情への対応は不可欠であった。

乱軍幹部の処刑実施によって一応の乱後処理を終えた大久保利通は、四月一七日に佐賀を発ち、翌日福岡から海路帰京した。このとき、大久保は、前山清一郎、竹野敏行、小代靖、納富利邦の前山隊幹部を伴った。これは、士族感情への対応および前山らの身辺保護をはかるための措置であったと考えられる。彼らは船便の都合で神戸から別途上京したが、大久保は彼らに三条実美宛の書簡を持参させ、二六日に東京に到着した前山ら四名には、「御用ニ付東京滞在[71]」が命じられた。

岩村権令が実施した対応は、懲役刑に処せられた者を他府県で駆役することであった。岩村権令の要請によって内務省は、五月五日、「佐賀県賊徒懲役処刑之者同県ニ於テ駆役致し候儀ハ実際不都合ノ次第モ有之、且人心折合方ニモ関係可致ニ付他方へ分配相成度旨県官ヨリ申立、事実尤ノ儀ニ相聞候[72]」として、九二名を大阪府など六府県に分配して駆役することを正院に申請した。さらに五月七日には三県へ四四名の分配を追加申請した。三条実美は九日、九府県へ一三三名を分配することを命じた。これは、獄舎が仮建設であることにもよるが、士族感情への配慮が主要因であった。これらの懲役人は、六月五日、病気および裁判中を除く一一九名が県地を出発し、その後も追加分配された。

県地における人心折り合いの問題は、岩村権令自身の問題でもあった。岩村権令が、鎮台兵を率いて入県したことが士族蜂起の直接的契機をつくり、以後は大久保のもとにあって鎮圧活動に従事し、鎮定後は権令として乱後処理を直接推進した人物である以上、この問題は、乱後処理が一応片づいた段階で、処理されなければならないことであった。

岩村自身は、早くから辞任を決意しており、大久保にはその意思を伝えていた。大久保は、三月二四日に江藤捜索のために岩村を四国に派遣した段階で、岩村の更迭を決断した。大久保は、三月二五日、三条実美に対して、岩村の四国派遣の事情を報告した。大久保は、岩村から権令を辞職したいこと、および逃走を続けている江藤の頼り先である高知の実兄林有造を説得したいことを「嘆願」されたこと、岩村高俊の兄岩村通俊も同意見であり、権大判事河野敏鎌からも岩村高俊派遣の強い要請があったことなど、諸般の事情を考慮した結果であることを述べた。岩村高俊は、林有造説得については、これまでの忠告は意見が齟齬して聞き入れられなかったが、「最早今日之時勢ニ至リ候而者袖襟ニ粘着飽迄説諭、舎弟タルノ悌道相尽度」と主張し、権令辞職については「県治之任素ヨリ其懐養之徳無之、且最初争戦ニ及候訳ヲ以此末トモ許多遺恨モ相帰シ候得者、将来治撫之目途不相立」と主張した。そこで大久保は、兄通俊とも相談の上、太田黒惟信を参事心得に任命して高俊の不在を補うこととし、高俊を四国に派遣したのである。高俊の後任は、太田黒も辞退しており、「当県之儀ハ才力相適ヒ且十分抛身シ黽励従事スル人ニ無之而者詰リ治功無覚束」として三条実美に人選を依頼したが、左院議官の「三浦安ハ如何可有之哉」[73]と書き添えた。大久保は、岩倉具視にもその前日に同趣旨を述べて依頼した。大久保は、太田黒がしばらく在任し、自分が帰京した後も内務・大蔵両省の官員を残しておく予定であるので当分はよいが、「可成速に其人を居へ付不申候而ハ此上人之替り候様にてハ大に不可然と懸念」を表明した。大久保は、三浦安については「能存知不申候得共民政上にハ随分可然人物之由承居候ニ付心付申上候、余に其人あれハ無此上」と記し、大蔵大丞渡辺清は「大村人故決而不宜」、兄岩村通俊は「余りに替かましく候[74]」と評し、適材の選出を依頼した。岩倉はこれに対して、四月一二日、高俊については江藤逮捕後はどうなるのか心配していたこと、高俊は「必死之御奉公仕候義理上ヨリ免職も如何ニ哉、当人より辞表ヲ奉[75]」ことになろうこと、三浦は評議中であること、を返答している。大久保は二四日に帰京した。高俊の後任は結局、四月二七日に岩倉が北島秀朝を招き、「無拠次第申伝、左候へは夫ニ而御請可申旨大に令安心候」という形で決着した。北島は、病身ではあったが、岩倉が旧知の人物であり、「一通り御咄し承り度旨[76]」にて二八日に大久保のもとへ出頭し、その日の内に任命となった。岩村高俊は、「先般権令拝命之砌迚其任ニ無之ト存候得共、物論沸騰之際御辞退可申場合ニモ無之ニ付我一分可相尽ミ心得ヲ以赴任[77]」したと自ら述べた如く、佐賀県士族の動揺を鎮定することを主な任務として赴任したのであり、その意味では、高俊の交替は、大久保が直接指揮した乱後処理の最後のものということができよう。北島は七等出仕伊藤謙吉を伴って五月二二日に入県し、即日事務を引き継いだ。岩村高俊は、翌二三日に離県した。以後、北島秀朝県令のもとで、県治の再編が本格的に展開される。

第二節　佐賀の乱の鎮圧体制と権限「委任」問題

本節では、一八七四年二月に発生した佐賀の乱の鎮定に関して生じた政府方針の混乱と再編について検討する。政府は当初、参議兼内務卿大久保利通に軍事・行政・司法に関する広範な権限を「委任」して鎮定に当たらせたが、各地の情勢不穏が伝えられるなかで戦闘が本格化すると、政府は、前例のない征討総督を任命して軍事に関する全権を「委任」し、征討総督・陸軍省と大久保利通・内務省の二元体制による鎮定の進捗を意図した。これによって「委任」権は分裂し、また軍事的鎮圧後は反乱参加者の処刑をめぐって両者に見解の対立が生じ、政府の方針は二転三転するなど混乱した。結局は、大久保の提起に従って、東伏見宮嘉彰の征討総督の任を解き、さらに処刑を「委任」することに決着したが、これは、先になされた「委任」体制を再編し、鎮定に関する一元的な体制をつくりだしたものであった。またこの一件は、大久保利通の政治的指導性が政局に大きな影響力をもっていることを示したものでもあった。

佐賀県士族の動揺が明らかになると、参議兼内務卿大久保利通は、二月四日、陸軍大輔西郷従道に鎮台兵の出兵を協議し、佐賀県権令岩村高俊に赴任を促した。大久保は、内務卿の職掌のゆえもあり、みずから鎮定のために出張することを太政大臣三条実美に願い出、九日に出張命令を受け、一〇日、三条から鎮定権限に関する「委任状」を交付された。

大久保に「委任」された権限は、六カ条からなり、次のようなものであった。

一 凶徒犯罪判然タル上ハ捕縛処刑之儀ハ勿論、臨機兵力ヲ以鎮圧之事
　但死刑ト雖モ臨機処分ノ事
一 他県方向ヲ誤リ凶徒ニ応援等可疑挙動有之候ハヽ、臨機処分、兵隊ヲ分配之事
一 県官奏任以上ト雖モ方向ヲ失シ其職ヲ誤者ハ之ヲ免黜シ、随行官員又ハ其他人選ヲ以参事等心得申付候事
一 県官中衆ニ超ヘ尽力奏功候者ヘ一時ノ慰労褒賞等取計候事
一 臨時県官ヘ命令ヲ伝ヘ候事
一 時機ニ応シ陸軍出張官員ヘ協議シ鎮台兵ヲ招キ、又ハ最寄県々ヨリ人数ヲ召募候事(1)

ここには、兵力による鎮圧、兵の配備、鎮台兵の動員と士族の召募などの軍令・軍政権、内務卿の権限を中心とす

る地方官への監督・命令・人事・褒賞などの行政上の権限、乱参加者の検察と死刑を含む裁判と処刑に関する司法権、という広範な「臨機処分」の権限が「委任」されている。これは、佐賀県士族の組織的な武力反乱、および各地の士族の動揺という非常事態に的確に対処することを意図したものであった。

大阪鎮台二大隊・東京鎮台第三砲隊に対して出兵が指令され、大久保は、随行を命じられた司法省権大判事河野敏鎌、大検事岸良兼養をはじめ、内務省その他の官員とともに、一四日、横浜を出発した。大久保は、途中大阪で陸軍首脳部と打ち合わせ、一九日に博多に到着し、本営を設置した。この日に征討命令が発せられ、二〇日、陸軍少将野津鎮雄が率いる鎮台兵が進発し、二二日から戦闘が始まった。二三日、政府軍が神埼を攻略すると、江藤新平ら征韓党幹部は鹿児島へ向けて逃走し、二七日の境原の戦闘を経て佐賀軍は壊滅状況となった。二八日には、島義勇ら憂国党幹部も鹿児島へ向けて逃亡した。二月二八日深夜、長崎県から進発してきた海兵隊が佐賀城に入城し、翌三月一日、陸軍本隊も入城して鎮定がなった(2)。

こうして、鎮定に関する軍事・行政・司法権を「委任」された大久保利通の指揮のもとで、佐賀県の士族反乱は鎮定されたのであるが、この間、鎮定のための新たな施策が実施された。それは、これまでに前例のない征討総督の任命であった。

二月二三日、太政大臣三条実美は、奉勅の形で二品親王東伏見宮嘉彰を征討総督に任命し、陸軍中将山県有朋と海軍少将伊東祐麿を参軍に命じた。天皇は、二七日、近衛兵二大隊を東伏見宮に付与し、三月一日、征討総督の進発に際して「委任状」を交付した。「委任状」は、「委スルニ陸海軍務一切並ニ将官以下撰任黜陟等ノ事ヲ以ス、名古屋以西四鎮ノ兵馬現役後備ヲ論セス挙テ以テ卿カ区処ニ聴ス、沿道諸県ノ四民召募編成モ亦宜ク便宜事ニ従フヘシ(3)」というものであり、陸海軍務一切・人事・召募編成権という征討に関する軍令・軍政権の全権が「委任」された。ここに、太政大臣と陸海軍卿から独立した軍事機関が一時的にではあるが出現し、統帥権の独立への地歩が示された。[4]このため、同日、大久保利通に対しては、二月一〇日に交付された「御委任状中兵事ニ関スル条件ハ自今総督権内ニ属シ候[5]」旨の指令が出され、これによって大久保は、兵力による鎮圧や兵隊の配備、鎮台兵の動員や士族隊の召募などの軍令・軍政に関する権限を征討総督に移管することになった。この指令は、宮内省から侍従番長高嶋鞆之助を派遣して伝達されることになった。

征討総督の派遣が検討されたのは、各地の情勢不穏のなかで、佐賀県での戦争が本格化した状況に対応したものであった。二月二〇日に政府軍は進撃を開始し、二二日には朝日山の戦いが行われ、戦闘は激化した。政府のなかには、「兼而肥前国は議論而已トノ評ニ候」、「賊焔意外之熾盛最初見込共相違[6]」のような雰囲気もあった。

征討総督の派遣の準備は、人選その他にわたって陸軍大輔西郷従道が中心になり、太政大臣三条実美と右大臣岩倉具視との協議のもとに進められた。西郷は、「今度征討総督親王之御中被仰出候ニ付」、「兵隊御指揮も出来させられ」ることを理由に、陸軍少尉である東伏見宮を征討総督に推薦した。三条は岩倉に対して、候補は東伏見宮と有栖川宮の二人となるが、「東伏見宮専兵隊中にて御修行にも相成居候事故可然[7]」と推し、決定した。征討総督の任命は前例がなく、急でもあったため、課題は多く、準備は緊急に行われた。たとえば、東伏見宮が陸軍少尉であることが問題となったが、陸軍省は、これは本官を罷免して征討総督に任命すれば差し支えなく、「外国之比例[8]」も調査した結果、不都合なしと判断した。服制についても、陸軍省は「総督之服未タ御定無之且差掛候儀ニ付、此度ハ陸軍大将之服相用候様取極[9]」た。これは、西南戦争時に継承される。そのため調度の費用三〇〇〇円の支給を宮内省が申請し、太政大臣は「比例モ無之臨時非常之儀ニ付特別ヲ以テ[10]」支給した。近衛兵を征討総督に付与することは、二七日に東伏見宮が天皇に面会した時に通達されたが、これは当日になって急に太政大臣が宮内卿徳大寺実則に対して、このことを天皇に奏聞するよう指示を行って、実現した。[11]

征討総督を派遣する意図は、佐賀での戦闘が本格化し、各地が情勢不穏である状況に際して、反乱鎮圧の天皇の意志と政府の決意を誇示することにあった。三条実美は、三月一日付の大久保への書簡で、次のように説明した。「全体其地戦争は屢捷報モ有之候ニ付無益に可有之事に候得共、此節の義は其所因佐賀県而已の訳にも無之一般之動静にも関し候得は、大挙威令を示し関西の鎮圧充分ニ相徹し候様可然[12]」、と。岩倉も同様の趣旨を述べている[13]。維新後前例のない征討総督の設置、皇族の任命、天皇みずからの軍事権の委任と近衛兵の付与、陸海軍幹部の参軍任命は、この意図を表現したものであった。さらに岩倉は、この上は「内務陸軍等諸事御打合にて恩威並行はれ候様只管御担当有之度候[14]」と大久保に申し入れており、陸軍と内務省の緊密な協力のもとでの鎮定を意図していた。これは、征討総督・陸軍が軍事権を、大久保が軍事以外の行政・司法権をそれぞれ担当するという、いわば陸軍・内務卿の二元体制による鎮定の効果的達成を意図したものである。これは、それぞれが専管事項を担当し、両者の緊密な提携によって効果をあげようとするものであった。しかし、このことは「委任」権の分裂を意味するものであり、政府内でも議論となり、また後にみるように、征討総督と大久保との間で権限・任務の認識に関しての対立を生み、さらには政府内部での方針の混乱を招くことになった。

この他に、皇族の派遣について岩倉は、征韓論など維新以来の士族の動揺や抵抗に対しての政治的な効果があることを大久保に対して指摘している。「賊降伏ノ上寛猛御所置方元ヨリ公論条理ノ帰スル者可有之候得とも、御一新来度々此決ニ至リ論議紛紜有之候事定而不一方御配慮と令遠察候、右等ニ至而ハ宮御下向可然筋も可有之と存候[15]」、と。この点については、後にみるように、大久保も同様の認識を持っていた。

征討総督の派遣については、政府部内において、かなりの議論があったようである。三条は「彼是情実モ有之、不得止右之次第にも相成申候[16]」と、岩倉も同様に「至今日候テハ条理不得止義ニテ前条被仰出[17]」と、事情があったことを強調している。「情実」がどのようなものであったかは、詳細は分からないが、最も議論となったのは、軍事・行政・司法権を「委任」された大久保との関係であったと考えられる。征討総督の任命によって「委任」が分裂し、混乱が生じるであろうことを、三条や岩倉は自覚し、憂慮した。岩倉は、端的に「惣督宮ヲ被置御委任権ノ別ル、所深ク心痛致候[18]」と指摘した。三条も、「委任」の分裂が大久保や現地の将兵・官吏に与える影響を危惧した。「固より今日迄捷報モ有之足下始尽力奏功の事故廟堂少しも懸念無之、追々平定無相違御信用之処、総督御出張は御不都合、足下御委任の上に対し且出張諸将吏之気合も如何と配念仕候」、「事情洞察、此上軍気沮喪不致様精々尽力之程所望に御座候[19]」と記している。そこで岩倉は大久保に対して、今回勅使として派遣される侍従番長高嶋鞆之助へは三条から万事申し含めてあるので事情を聞き、不都合のないよう配慮してほしい、と要請している。高嶋は、将兵慰労のための勅使として派遣されたが、実は大久保への指令と征討総督派遣についての事情の伝達を主な任務としていた。高嶋は、二月二八日に東京を発し、三月八日に佐賀に到着した。

このように、三条・岩倉ら政府首脳においては、総督の任命が「委任」の分裂をもたらすことは当初から自覚され、そのことの現地への影響が憂慮されており、それが議論ともなったが、派遣すべきであるとする意向が強く働き、決定せざるをえなかったということであろう。派遣を強く主張したのは陸軍であろう。陸軍省としては、鎮圧のための軍事体制の強化と威令を示す必要があった。反乱鎮定の中核をなす軍事的鎮圧において、大久保という文官の指揮下にあった陸軍が、皇族を指揮官とする天皇直隷の軍事機関をつくりだし、軍事を専管するみずからの役割を貫こうと意図したのであろう。ちょうどこの時期、陸軍省は、その第六局を廃止して参謀局を設置し、近衛都督山県有朋を局長にすえ、軍令権の拡充と独立化の動きを推進しつつあった。また、陸軍省にとっては、一揆や反乱などの鎮定において、地方官などが士族を召募し軍事力とすることに対応する必要もあった。士族を召募編成して軍事力とすることに反対してきた陸軍省は、佐賀の乱鎮圧時においても士族の召募については敏感であった。二月四日、佐賀県権令岩村高俊は、赴任に際して、士族の「暴挙不得止之節ハ兵力ヲ以テ鎮定可仕事　但シ臨機処分ノ節ハ本県貫属士族ヲ召募鎮定可仕事」を太政大臣に申請して許可され、このことは陸軍省にも回達されたが、これに対して陸軍省は批判的であった。陸軍卿山県有朋は、七日、士族召集は「兵隊ノ名義ヲ付シ候哉、又ハ捕亡ノ名目ニ而鎮定為致儀御聞届相成候哉」と伺を提出したのである。これに対して太政大臣は、「兵隊捕亡等ノ名義ニハ無之、臨機処分之節召集候儀ニ有之候事[20]」と、「臨機処分」権の行使である旨を指令した。陸軍省はこの点からも、軍隊編成・指揮権を天皇に直隷させる形で確保する必要があった。

しかしこのような議論のなかで最終的には、三条も岩倉も、「此節の義は其所因独り佐賀県而已の訳にも無之一般之動静にも関し候得は、大挙威令を示し関西の鎮圧充分ニ相徹候様可然」という点、さらに、「内務陸軍等諸事御打合にて恩威並行はれ候」ことを総督派遣に期待した点、の二点では同じ認識であった。その結果として、征討総督は派遣されたのである。

征討総督東伏見宮は、三月一日に天皇から直接「委任状」を受けて東京を発し、二日に横浜を発艦した。三日、佐賀平定の報が正院に届いた。そのため、太政大臣は、「佐賀県賊徒平定之報知有之候へ共、猶軍事取纏メトシテ県地へ出張被仰付候[21]」と、征討総督の任務を、反乱鎮定から「軍事取纏」に変更する指令を行った。「軍事取纏」とは、意味するところが曖昧であるが、東伏見宮は「鎮西御巡廻[22]」と理解しており、九州到着後は将兵を慰労し、戦傷者を慰問し、戦死者の墓に弔し、白川県へ出張して熊本鎮台兵を慰労するなどの活動をしている。参軍山県に対しては近衛兵を率いて帰京することが、伊東には随行が命じられた。ここにおいて、当初の征討総督の任務と派遣の意義は後退し、より名目的、形式的なものへと変化した。この指令は、四日、兵庫港に到着した東伏見宮に伝達された。東伏見宮は、五日、鎮台軍司令である陸軍少将野津鎮雄を征討総督参謀長に任命し、九日に博多に着き、一四日に佐賀に入った。

大久保は、高嶋侍従番長がもたらした征討総督の派遣の報に関して、政府の威令が貫徹するとして歓迎した。

「未巨魁捕縛に至らす甚だ不安心之際御入県有之候得ハ旁御威令も相貫キ、乍此上万事行届可申と小臣ニおひて大幸無此上奉存候[23]」と。大久保は、一四日、征討総督に面会し、「鎮撫ノ命ヲ蒙り臨機処分等全権之御委任ヲ拝受候ヲ以テ、爾後実地ニ就き執行スル所之概略」を提出するとともに、三月一日付の指令にもとづいて「兵事ニ属スル事務[24]」を引き渡した。

このとき、大久保は、「兵権」返上とともに、大久保への「委任状」第一条の「臨機処分」による鎮圧の但書である死刑を含む反乱参加者の処刑、さらに降伏者の処置、士族隊の処理が「兵権」に属することを主張して、征討総督が担当することを依頼した。「兵事ニ関スル事柄ハ既ニ解兵以后賊徒処刑、降伏始末、貫属隊進退等之両三権ニ止リ候旨モ陳述イタシ、爾来御取扱奉願候段上申」したのである。東伏見宮は、書類熟読の上返答すると答えたが、翌日の東伏見宮の返答は、大久保が要請した処置は自分の任務ではないというものであった。総督本営の主張は、反乱が軍事的に平定された後であるので、征討総督の任務は平定と関係なく、三月三日付の「軍事取纏」として出張せよという指令によって「宮ニハ鎮西巡回ノ思食ニテ御出張故、両三日御滞留白川県等江御巡見之筈、依テ賊徒処刑等ノ事ニ御関係難相成候」、また処刑の件は「固ヨリ半途ニシテ手ヲ替ヘ候テハ事務上ノ運モ障碍可有之候間、是マテノ手続ヲ以内務卿ニテ可取扱候[25]」というものであった。この後、この件については、伊東祐麿参軍を中心とする総督本営と、山田顕義陸軍少将を加えた大久保側との間で数度にわたって折衝がくりかえされたが、折り合いはつかなかった。このことから、乱参加者の処刑が「兵権」に含まれるか否か、征討総督と大久保のどちらの権限・任務であるかに関して、両者に見解の違いがあることが明確となり、執務も停滞し、深刻な問題となった。さらに、これに関して双方が政府に判断と指揮を要請するに至って、この問題は政府内部でも紛糾して方針が二転三転し、現地への前後矛盾する指令が行われるなど、混乱をひきおこした。

大久保は、一七日、自分への「委任状」第一条但書の死刑を含む処刑が征討総督の権限内にあるとして、電報で太政大臣に指揮を伺った。翌日、三条は、処刑は征討総督の権限内にあることを電報で指示した。

そこで大久保は、一九日、この指令にもとづいて総督本営の事務体制を整備することを征討総督参謀長の野津鎮雄陸軍少将に申し入れた。野津は、平定後の解兵措置の一環として、大阪鎮台兵を引率して熊本鎮台に出張中であった。大久保は、処刑を征討総督が担当すべきであるという自説を展開し、その上で、「事務の運ひ相立不申てハ不相済候ニ付是非体裁を御立相成度」、「裁判所より降伏係の官員を本営へ御取抜キ相成」、「降伏係ハ本営の内へ一局を設け取扱候て可然」(26)、自分も積極的に協力する、伊東参謀は事情がよく分からないため決断できず、野津の帰営を待っている、至急本営へ帰営してほしい、それまで山田少将を参謀心得に任命されたい、というものであった。野津に対しては、すでに一六日に、大久保よりの上申について諮問したいので帰営せよという指令が総督本営から出されていたが、放置されたため、一八日に征討総督の直接の命令を受けた使者が立てられていた。

大久保は一九日の朝、高嶋侍従番長を、この間の経過と自説を記した三条太政大臣宛の上申書を持参させて、東京へ向けて発たせた。大久保の主張は、以下のようなものであった。征討総督が担当すべき根拠は、第一に、三月一日の征討総督への勅旨の文言「内務卿大久保利通等ヲ遣シ之ヲ鎮静セシメント欲ス、然ルニ益暴逆ヲ逞フシ云々ノ文言ヲ以見レハ、内務卿ノ権ハ鎮静迄ノ処ニ止リ候事明ラカ」であること、第二に、反乱者の処刑は「軍律」によらなければならず、それは「兵事」の一部である、即ち、「抑賊徒処刑降伏始末等ニ於テハ、凡兵事ニ出候事ハ判然ニ有之、臨機処刑ニ於テハ最モ平常ノ律ニ由ル能ハス、到底軍律ニ帰シ候」。死刑といえども「臨機処分」によるという「委任」が行われた以上、その処刑は通常の法的処理になじまないのであり、「軍律」による臨時裁判によって実施しなければならない、それは「兵権」に属する固有の任務である、というものである。第三に、賞罰のような大権は、天皇親任の征討総督が担当すべきであるという。「全体総督宮御下向ノ上ハ、賞罰之大事件等ハ勿論御権内ニ帰シ候様無之候テハ、仮令ハ内務卿ニ其権ヲ有スルニモセヨ、体裁上ニ於テ不可然、況乎其権無キニ於テヲヤ、第一人心之折合ニ関係、総督宮被差出候思食ニ於テモ不相済」、「且此如大事件後来余論モ有之事故、宮モ厚ク御注意被為在度、苟モ内務卿ト雖モ御同様ノ事ト相考候」[27]。処刑のような大事件は、天皇から勅任された皇族の征討総督が担当することが国家・政府の体裁上から当然であり、人心の折り合い上からも重要である、処刑後に生じるであろう批判にも備えなければならない、と大久保は主張している。この第二、三の両点が、大久保のこの問題に対する主張の要点であり、「実ニ不容易一大事件」[28]と重視する理由であった。

大久保は、佐賀の乱が、農民騒擾のような性質のものではなく、国家に対する組織的な武力による叛逆であると位置づけ、処刑による威圧と政府の威厳を示すことが重要であると認識していた。しかも、乱の首謀者江藤新平は、元参議という政府の重臣であったゆえに、その処刑はしかるべき権威付けが行われる必要があり、また人心のありようや後世の批判に備えなければならない、というものである。この点は、前述のように、征討総督を派遣することの政治的効果を主張した岩倉の認識と共通していた。また大久保としては、征韓論争や前年の政変の当事者であり、一方の旗頭であった人物である自分が処刑を担当することは、人心の折り合いの上からは避けたいことであったろう。大久保は、このような趣旨をくりかえし三条や岩倉に主張した。陸軍が軍事的鎮圧のみに自己の任務を限定し、「此節佐賀平定ニ就而は何も御関係無く鎮西御巡回の思召」[29]と征討総督を処刑に関わらせまいとする姿勢に対して、大久保は、政府がこの問題をどのように政治的問題として処理すべきであるかを提起したのである。

大久保の一七日の伺に対抗して、総督本営も、一七日、西郷従道陸軍大輔に対して電報で、処刑は内務卿が担当するよう政府に対して申し立てることを要請した。征討総督は三月三日の「軍事取纏」として出張せよという指令によって出張したのであり、処刑等には一切関係なく、白川県巡回後に帰京のつもりである、大久保からの申し立てがあるようであるから、このことを政府に至急申し立てよ、というものであった。陸軍省の申し立てによってこの総督本営の主張は、そのまま政府内部で通り、一九日、三条は大久保に対して、前日の指令を取り消す、処刑は先日の「委任状」通り大久保の所管である、とする正反対の指令を行った。これを批判して大久保は、二〇日、これは「此上モ無キ大事件」であるので、高嶋から現地の事情と大久保の意向を聞き取り、協議の上で重ねて指揮せよ、それまでは「委任状」第一条但書に関する事項は一切執務しない、と打電した。[30] 大久保は、この政府の措置を「前後齟齬」、「御評議相替り候事歟と恐察仕候」[31]と批判して不信感を示し、この日さらに、調所広丈に三条・岩倉宛の書簡を託して帰京させた。大久保は、「四五日の間は丸て事務も廃し候姿ニ相成り甚不都合千万ニ御座候」[32]、一八日の指令はすでに征討総督にも伝達し、関係の官員にも指示後であるので、取り消しの指令は「如何とも致様無御座困却極り候」[33]と嘆息した。大久保は、さらに二四日にも、今回のことは「如何にも条理難相立ト之見込」、「此如大事件議論を受候様にてハ一身上は扨置、朝廷上之御体裁ニも関係仕候義にて甚安んし兼候付、判然之御沙汰相伺候」[34]、貫属隊給与の支給も凍結したままである、と岩倉に書き送った。

三月二六日に高嶋侍従番長が東京に到着し、三条・岩倉が大久保の真意と主張を把握したことによって、事態は大きく変化することになった。調所も着京し、大久保の意図を伝えた。太政大臣、右大臣、参議による「三職評議」が開催され、席上には西郷陸軍大輔と高嶋も出頭した。その結果、二七日、これまでの指令をくつがえして新しい方針が決定された。東伏見宮嘉彰に「佐賀県下賊徒及平定候ニ付征討総督被免、賊徒等犯罪処刑ノ義更ニ御委任被仰付候事」、大久保に対しては、東伏見宮に処刑が委任されたので「親王之指揮ヲ受夫々可致処分」[35]、また処刑関係以外の「其他一般地方関係之事務又ハ平定後之始末、刑事ニ不干渉事件処分之義ハ伺ニ不及」[36]と指令された。ここに東伏見宮は、佐賀の乱参加者の処刑を任務とすることになり、大久保は、その指揮下で実務をとるとともに、内務卿固有の権限を含めて、先日委任された行政の権限の「委任」を改めて確認されたのである。山県、伊東は、参軍の任務を解かれた。またこの日、東伏見宮に兵士・軍艦の撤収を、大久保に軍艦の撤収を指揮することが指令された。

「三職評議」は、一九日の決定を改め、大久保が提起した内容を採択した。この結果、政府の決定は一八日以来三転したことになる。方針は確固とした見通しのないまま、状況に応じて変化するという混乱をみせたのである。参議という重臣であった者を処刑するという問題であるだけに、東伏見宮への配慮も含めて、議論は紛糾したと考えられる。しかし、大久保の提起、すなわち、佐賀の乱を国家に対する叛逆として位置づけ、鎮圧と処刑が天皇から「委任」されているのであるから、処刑は平常の法によるのではなく、非常の特権を付与された者によって臨時裁判において軍律によって執行されるべきである、その場合天皇に親任された征討総督がそれを担当することが国家の体裁上から、また人心折り合い上からも適当である、それが後日この件に関しておこるであろう批判に対する事前の対処ともなろう、という方針以外に、事態に全面的に対処する方法はなかった。征討総督の派遣を決定したときの「内務・陸軍二元体制」は、鎮定の中核的任務のひとつである処刑の権限については、当初から曖昧なままであったのである。「三職評議」による決定について、岩倉は次のように大久保に対して釈明した。「御伺御返答二途ニ出テ不都合至極申訳無之事ニ候、此始末一朝夕ニ書取リ難申入、則三職評議席江西郷、高島出頭始終承知ニ候間、反復御評議之次第終に今度更ニ御沙汰相成り候件ニ何も高島より御聞取可被下候[37]」と。このような事態は、大久保不在の政府の力量の不足と不安定さを物語り、大久保の政治的指導性を改めて印象づけるものであった。

こうして、三月二七日の「三職評議」によって大久保の構想が実現した。「軍事取纏」という名目的な任務にあった征討総督を、処刑の責任者という実質的な任務に「委任」しなおし、そのもとで処刑の実務を大久保が実質的に取り仕切ることになった。軍事鎮圧後の鎮定の中核的課題は処刑であり、この任務を実現する一元化された体制がつくりだされたのである。大久保に「委任」された司法権は、その主要部分が処刑に関係するものであり、その意味からすれば、実質的には、大久保に「委任」された権限は内務卿の専管事項に限定されたということになろう。

こうして、鎮定の「委任」体制が再編された。そしてこのことは、元参議の処刑を権威づける点で効果が期待されたものでもあった。大久保が強調したように、鎮定体制の頂点には天皇の親任による「二品親王」が位置しなければならなかったのである。

この指令は、高嶋侍従番長が再び出張して伝達することになり、高嶋は二八日に出発し、四月三日に佐賀に到着して大久保に伝えた。大久保は、「大に安心」[38]し、五日に請書を提出した。高島は四日に熊本に行って東伏見宮にこの指令を伝達し、東伏見宮は六日に佐賀に到着した。この間、処刑の準備は、大久保のもとで実質的に進展していた。

この間、反乱幹部の捜索と逮捕が進んでいた。島義勇ら憂国党幹部一六名が三月一〇日に鹿児島で逮捕され、征韓党幹部も二四日以降逮捕が続いた。二九日には鹿児島から高知に逃走していた江藤新平らが捕縛され、江藤らは四月七日に佐賀に到着した。反乱軍への党与者の取り調べは、三月一日から権大検事杉本芳熙を中心とする検事局によって進められており、三月七日には、佐賀・長崎両県に反乱軍への党与士族の詳細な取り調べが、党与しなかった者の調査を含めて指示された。

処刑の準備は、大久保の諮問によって、処刑基準の大綱の作成など、司法省権大判事河野敏鎌によって進められた。すでに前節でみたように、河野は、七日に大久保に処刑基準大綱を提出し、「彼此之権衡且方今ノ情勢ヲ酌量」して、主は梟首、従は斬以下三等に分け、以下罪の軽重によって罰を科し、付和随従の者は重き者以外は「目今ノ情勢ヲ御斟酌相成非常ノ寛典ヲ以一時不問」[39]とすることを提案し、東伏見宮の決済をえた。一二日、河野から「擬律」通り処断してよいかの伺が出ると、大久保は東伏見宮に伺を立て、東伏見宮は「上請の通り」と許可した。翌一三日、江藤、島らへの梟首など主要な刑の宣告が行われ、梟首、斬刑は直ちに執行された。人数については、異同があるが、梟首二名、斬刑一一名、懲役一〇年以下一〇〇日が一四二名、除族二三二名、禁錮一〇〇日以下三〇日が八名、免罪九七二九名、などであった[40]。このように、処刑は、「小臣義ハ是迄行掛りも有之候得ハ参し候丈之御沙汰を拝承仕候得ハ、乍不及御補助申上候事は決而奉辞候心底ニ無御座候」[41]と大久保みずから述べていたように、東伏見宮を形式上の責任者として、実質的には大久保の主導と指揮のもとに進められた。東伏見宮は同日、この後の処刑の執行は一二日に決済した擬律にもとづいて専決するよう大久保に委任し、帰京の途についた。

大久保は一三日、梟首・斬刑が終了すると、直ちに三条に電報で報告した。この処刑の即行は、三条や岩倉を驚かせた。三条は岩倉に、「電報之趣意外速成事案外に御座候、御察之通必らす物議は可有之、併已に処刑相済候上は格別御心配程之事は有之間敷と存候」[42]と書き送った。元参議の江藤らに対して、四月八、九日両日のみの裁判によって処刑を断行するという軍律による即行は、世論の反発と批判を生むであろうと、三条や岩倉に危惧を抱かせたのである。実は三条と岩倉は、東伏見宮に処刑を委任した後も、江藤の処刑方法に関しての東伏見宮の意向を懸念し、処刑への批判や反発がおこることに危惧を持っていた。岩倉は、大久保に対して、「窃ニ条公ト申合候義ハ、今日鎮定之上ハ平常之順序ヲ以而死刑之如キ御伺可相成哉、亦候御委任之訳ヲ以而直ニ御処置可被成哉、乍如何密ニ宮之御見込承知致度存候事ニ候、且は江藤ニ至而は元参議職ニも御登用国之大臣タレハ尋常ニも無之、彼是後日之議ヲ慮リ極密ニ一筆申入候条、真ニ御含迄ニ候間必漏洩無様存候、処刑は尤其地可然存候事ニ候」[43]と申し入れている。この時点でも、三条・岩倉は大久保の果断な方針に完全に同調しているわけではなく、動揺がみられるのである。このことから考えれば、処刑の委任に関する政府方針の再三の変更は、当然であったともいえよう。

佐賀県士族の反乱は、大久保の首尾一貫した政治的指導性と果断な対応によって、早期に鎮定された。反乱軍幹部の処刑によって鎮定を終えた大久保は、四月一七日に佐賀を発ち、翌日、博多から帰京した。三条・岩倉は、「政府上も多事万端殊更に一段御大切之場合深く苦慮候次第も有之、旁両人限り」であり、「何分根軸大事ニ而申す迄も無之候得共、貴卿の如き一日も不可欠」[44]として、早急に帰京するように大久保に要請していた。この時期、政府は、台湾問題が緊急課題となり、朝鮮問題もあり、岩倉は遭難後であり、木戸孝允は兼ねてから参議の辞意を表明しているなど、多事に直面していた。今回の処刑の「委任」問題に示されたように、大久保の不在は政府の力量に直接関係するものであった。

第三節　佐賀の乱と警視庁巡査

一八七三年の征韓論政変後に内務省が設立され、そのもとで、近代的な警察制度の整備が進展した[1]。内務省は、一一月に設立が公表され、一八七四年一月一〇日に省務を開始したが、一月九日に司法省から移管された警保寮を警察業務の担当機関とし、一月一四日に警保寮職制事務章程を制定した。章程は、警保寮が人民の凶害の予防、人民の権利の保守、健康の看護、営業の安全化など、行政警察に関する一切の業務を担当することを規定した。警保寮は、自らの性格を行政警察担当機関として明確にし、全国のそれを管理する機関となった。また大久保利通・川路利良らは、警保寮内部の征韓派を排除し、精選によって増員を実施し、寮内の掌握を強めた。一月一五日、首都の警察を主任務として東京警視庁が設立され、従来の邏卒はすべてここに管轄替され、二月二日には邏卒を巡査と改称し、定員六〇〇〇人の体制が目指された。こうして、内務省の行政警察の整備が進められていく。

発足した東京警視庁の警察業務は、当時の社会的特徴と関わった。警察は、新政反対などの農民一揆や士族反乱などの反政府行動に効果的に対応することが求められ、徴兵軍隊が形成途上にあることもあって、武装化による軍事的実力が必要とされたのである。川路利良は一八七三年九月、みずからの西欧での調査にもとづいて警察制度に関する改革を建議したが、そのなかで、西欧の警察にならって邏卒が銃器を使用することを可能にすること、地方の一揆・暴動に対して警保寮から出動すること、を主張した。この方針は、佐賀の乱の発生を契機として具体化し、警視庁は一八七四年二月、「凶徒」・「国事犯」に対抗するために銃器を使用することを願い出て許可され、二百余名の巡査が佐賀県に派遣された。その後八月から一一月にかけて、陸軍省からの小銃七〇〇〇挺の借り受け、陸軍士官による訓練と隊伍編成による集団訓練、演習事務統轄機関である警備編制所の設置、非常警備を名とする警備隊の小隊編成など、警察の「軍事化」が急速に進められた。この「軍事化」された警察力は、一八七六年の士族反乱や地租改正一揆の鎮圧に動員され、特に翌年の西南戦争に集中的に投入された。しかし、それは軍事と警察の混乱、警察内部の秩序の動揺や矛盾の拡大を結果し、再編・改革を不可避とすることになる。

本節では、内務省の行政警察の開始期にあたり、警察の武装化の端緒となった佐賀の乱に対する警視庁巡査の関わりや行動について、史料的にあまり多くを知ることはできないが、検討する。

警察の武装化の端緒は、次のように展開した。一八七四年二月一八日、内務省は、「非常ノ節巡査兵器ヲ執リ従事為致度旨、別紙ノ通警視庁ヨリ伺出候ニ付可然御評議有之度」と、「警視庁伺」を正院に提出した。二月一〇日に提出された「警視庁伺」は、「凶徒衆ヲ擁シ兵器ヲ持候類或ハ国事犯ヲ警防スルニ当リ、巡査手棒ヲ以之ニ臨ミ候テハ独リ敗衂ヲ取ルノミナラス、制圧其機ヲ失シ凶焔滋蔓ノ恐有之候ニ付、右等非常ノ場合ニ於テハ兵器ヲ以制防イタシ度候ニ付、兼テ相当ノ兵器御渡置有之度、尤平常ハ庁内ニ相納置実ニ不得止場合ニ於テ相用候様可致候」と武装化の必要性を説き、「西洋各国ニ於テモ非常ノ場ニ於テハ警察官吏武器ヲ執リ従事イタシ候ハ一般之躰裁ニ有之[2]」、外国では通常の事態であると主張している。この主張は、前年九月の司法省警保助川路利良の建議「警察制度につき建議」の主旨と同一である。川路は、次のように主張している、「邏卒職掌平常ニハ司法地方ノ警察ヲ勤ムルト雖ドモ、止ムヲ得ザレバ銃器ヲ取リテ兵ト為ル者ナリ。各国警保寮ニハ必ズ銃器ヲ予テ備アリ。是全ク府下ニ事アレバ警察ノ権力ヲ以テ鎮静スルヲ要ス。漫リニ兵ヲ動カスヲ恥レバナリ。故ニ地方ノ一揆暴動ニハ警保寮ニ於テ人数ヲ繰出スノ権アルベシ[3]」、と。これは、川路利良の一八七二年九月から一年間のフランス、プロシアなど大陸型の警察制度の調査にもとづいた提案であった。この建議に示された彼の警察制度の構想は、当面、現存の組織である司法省警保寮が行政警察を管轄することを提案しているが、あるべき姿として、内務省が設置され、その管轄下で行政警察の機構が整備されるべきことを構想したものであったとされている。

この伺の内容は、前例がなく、重要事項でもあったので左院の審議にかけられた。左院の審議結果は、警視庁の要請に添うものとなった。二月二〇日に左院は、「警視庁職掌上ニ対シ万不止得次第ニ付伺ノ趣御聴許可然」と正院に具申したが、「乍併臨時正院或ハ内務卿ヨリ司令アルニ非レハ専ラ之ヲ執用スルヲ不許方ト存候」と、慎重であるべき条件を付した。具申は、この許可を陸軍省にも通達すべきであることを付言しているが、これは、陸軍省から、この措置が陸軍省の軍事に関する専権を侵し、警察と軍事の混乱をもたらすとする批判がおこるであろうことに備えたものと考えることができよう。二月二〇日、正院は、その上申通り決定し、非常の場合であっても「必ス正院或ハ内務卿ノ下命ニ非サレハ難相成候事」という条件をつけて許可し、陸軍省へもこの旨を通知するとともに、兵器ひき渡し方について内務省と打ち合わせるよう指示した。

二月二三日、はたして陸軍省は伺を提出してこれを批判し、武装して隊伍を組む以上それは軍隊と同じものであり、それゆえ陸軍省から指揮すべきであると主張した。「小銃御渡相成候ヘハ隊伍ヲ不組シテハ不相叶、既ニ隊伍ヲ組立候上ハ勿論陸軍兵隊ト異ナル事無之候ニ付、当省ヨリ指揮可致筋ニ有之候間、此意兼テ内務省ヘ御達置相成度」、と。形式論理的ではあるが、それゆえに軍事の専権を侵されることに対する反発の強さが窺われる。正院は左院に審議させたが、左院は、巡査が銃器をもって「凶徒」に対処することは「非常」の措置であり、警察業務の正当な行為であって、陸軍の権を侵すものではない、と診断した。すなわち、「銃器ヲ擁シ人民ノ健康権利ヲ妨害スヘキ場合ニ方ツテハ、警察官吏モ又銃器ヲ執リテ防制ニ従事スル素ヨリ万不得止次第ニテ、西洋各国何レモ同様ノ躰裁ニ有之、且其場合ニ於ルヤ凡ソ事機ノ挙動ヲ偵察シ、凶焔ノ滋蔓ヲ一時警防致シ候迄ノ儀ニ候ヘハ、或ハ其事ノ軽重ヲ測列伍防制ニ接スト雖モ、大躰ノ職務上ニ対シ決シテ陸軍ノ権内ニ波及スヘキ趣意ハ無之筈」と、「人民ノ健康権利」の侵害を「防制」する正当な職務の執行であり、一時的な緊急措置であることを強調した。さらに、「其銃器ヲ帯フルヤ忽チ陸軍ニ於テ指揮致シ候様ニテハ、却テ国家鎮護ノ兵権ト警察官吏ノ職掌ト自然区域混同シテ、終ニハ双方ノ検分ヲ紊シ可申」と陸軍の主張を批判し、斥けた。正院は、三月四日、「警察官吏銃器ヲ執テ一時非常ノ場合ニ従事セシムルハ、全ク人民ノ権利安康ヲ警保為致候迄ノ儀ニ付、其際ニ方リ別段其省ノ指揮ニハ不及候事[4]」と指令した。

こうして、佐賀士族の反乱への対応が必要とされる情勢のなかで、警察の「軍事化」への明確な一歩が踏み出されたのである。

巡査の武装化は、警視庁・内務省によって意図されただけではなく、地方官から要請されたものであったことも注目される。地方の警察体制の現状対応能力の強化が求められる状況のもとで、二月二三日、開港場を抱える神奈川県の中島信行県令は、佐賀の乱の波及への取り締まり、開港場の警備強化のために、邏卒への小銃の貸し下げを願い出た。

内務省宛の神奈川県の伺は、以下のように主張した。佐賀県下の動揺は間もなく沈静化するであろうが、この機に乗じて不逞の者の暴行がおこることも予測され、厳重取り締まりを要する、しかし邏卒は身に寸鉄の武器を帯びず「長サ一尺ノ寸剣一枝ニテハ防御ノ準備無心元」、とくに「当港ハ素ヨリ内外輻輳ノ要津ニモ有之、地方警備ノ道一日モ軽忽ニ難差置」、管内には四百余名の邏卒がいるので小銃一挺ずつ貸し下げを願う、しかし邏卒が急に銃器を携帯して巡邏しては人心の疑惑を招くので、しかるべき所に管理し、県令等の印紙によって出納する、と。これをうけて内務省は、二月二五日、正院に、「頃日佐賀県下騒乱ニ付同港警邏向厳密処分可致旨御達ノ趣モ有之、就テハ邏卒身ニ寸鉄ヲ不帯僅ニ手棒ヲ執テ凶徒防制難相成ハ勿論ニ候ヘトモ、右ハ独リ同県限リ候儀ニモ無之他府県ト雖モ其防御ノ術ニ至リテハ到底同轍ノ儀、就中開港場ノ如キハ内外輻輳ノ地ニ付警備向一層厳密御着手可有之ハ至当ノ儀ト被存候、殊ニ同県ハ府下接近ノ要衝ニテ他府県ト同日ニ不可論儀ト存候条、篤ト御参酌ノ上至急何分ノ御指揮相成候様致度」と伺い出た。ここには、邏卒が武器に欠けることを根本問題視し、その解決の道を探ろうとする内務省の姿勢が窺われるが、特殊事情を理由として武装化をさらに一歩進めたい意図が明白である。開港場であること、および東京に接近の要衝の地であるという事情を理由として、直接的な非常事態ではないにもかかわらず、非常事態に備えるという形で武装化への道を開こうとしているのである。

正院の庶務課は、二月二〇日の内務省への指令に照合し、「全く同轍[5]」として許可するよう答申した。正院は二月二八日、これを許可するとともに、陸軍省に対して小銃四〇〇挺と弾薬を神奈川県砲隊兵営に送付し、県令・参事の印章を証して渡すべきことを指令した。

こうして、巡査・邏卒の武装化、警察の「軍事化」への道は、佐賀の乱に対応することを根拠として開かれ、警視庁巡査の軍事的訓練は八月から本格化する。八月一三日に警視庁は、「定務ノ余暇ヲ以テ当庁内ニ於テ技術演習[6]」することを内務省へ届け出、正院は二八日には内務省の要請を受けて兵器を警視庁に渡すように、九月一五日には、巡査の軍事訓練のために陸軍士官を警視庁へ派遣するように、いずれも陸軍省に命じた。一一月には、軍事訓練を本庁または各出張所の便宜の場所で実施し、稽古用小銃は少しずつ各大区へ分配し、少警視が管理することにしたことが報告されている。

佐賀県下での士族の動揺が激しくなると、一月二八日に佐賀県権令に就任した岩村高俊は、二月四日、正院へ五カ条の「委任」事項を願い出、許可された。①征韓論を主張して集会することは人心動揺の基であるので制止すること、②寺院に集会した憂国党の趣旨を取り糺すこと、③征韓論を唱えて人心を動揺させる巨魁を捕縛し糾問すること、④士族多人数にて上京し建言することを計画する者を制止すること、⑤前条につきもし暴挙となった時は兵力をもって鎮定すること、臨機処分の節は佐賀県貫属を召集して鎮定すること、の五カ条である。武力鎮圧、士族召募の「臨機処分」権が与えられたのである。この第五条の「臨機処分」権に関しては、地方官の士族の召募・指揮に反対である陸軍が、二月七日、太政大臣三条実美に対して伺を提出した。それは、士族召募隊による鎮定は、「士族召集兵隊ノ名義ヲ付シ候哉、又ハ捕亡等ノ名目ニ而鎮定為致儀御聞届相成候哉」、と問い、暗黙に「兵隊ノ名義」での士族の召募に反対した。これに対して指令は、「兵隊捕亡等ノ名義ニハ無之、臨機処分之節召集候儀ニ有之候事」(7)と、日常の体系ではない、非常の際の特別措置であることを強調した。

岩村高俊権令は、赴任のために七日に東京を発ったが、出発前、内務卿大久保利通に対して、「巡査御差廻願」を提出し、警視庁巡査の佐賀県への出張を依頼した。岩村は、「県下御差出相成居候巡査三十名之内二十一名今般病気ニ而出張遂御断引払候跡、右人員相充度候条至急御差出相成度」(8)と、前年一八七三年一〇月に派遣された巡査の欠員の補充を要請したのである。

これより先、一八七三年七月に佐賀県権令に就任した岩村通俊は、佐賀県士族に事実上占拠された形の県庁の状況を打破し、中央集権的県治体制をつくりだすことを県治の主要課題とした。彼は、九月に大蔵省に対して、「格別之御評議ヲ以テ凡一ヶ年間邏卒百人至急御差下ハ相成間敷哉」(9)と、官費による警保寮邏卒一〇〇名の派遣を依頼した。これは、県治上の治安対策上のものであっただけでなく、岩村通俊が県治を展開するための自己の基盤を確立することを意図した対策でもあった。結局は、同様の要請をしていた三潴県へ三〇名、佐賀県へ一〇名が派遣されることになったが、佐賀県は三潴県に相談の上、同県から一〇名を譲り受け、一〇名は借り受け、合計三〇名の邏卒を派遣されることになった。この邏卒は、その後、県内で征韓論が昂揚してくると、相次いで病気を理由とする辞職願を提出するにいたり、任を解かれ帰京した。一八七四年一月二八日、佐賀県は出張巡査二〇名を願いによって帰京させたこと、旅費・月給は渡し済みであることを内務卿に届けた。さらに翌二九日、残り一〇名も、「最早県下番人之方法相立候ニ付、此節暇差遣候[10]」と、帰京させたのである。「番人」は、経費の半額を民費で補い、県下士族から選抜したが、後に佐賀の乱がおこると全員が佐賀軍に加担した。

岩村高俊権令が補充を要求したのは、この警保寮から派遣された邏卒のことであった。岩村は、この直前の二月四日、山県有朋陸軍卿に対して、県内状況が片時もおきがたい緊迫した状況にあることを理由として、熊本鎮台からの六小隊の出兵を依頼していたが、警察力の必要性は大きいと判断していた。

前述のように、内務省の設立によって、旧邏卒は新募集の者を含めて東京警視庁の管轄下に移され、巡査と改称されたが、この警視庁巡査の佐賀県への派遣に関して、『警視庁史』は、警視庁が佐賀県情勢が不穏であることを事前に察知して、権中警部吉田重郎、少警部柳田養拙を長として、巡査四十余名を派遣したと記している[11]。実際には、二月二日に二〇名、岩村高俊が出張要請した翌日の二月八日に二一名が派遣されており、その概算費用四一〇〇円の下げ渡しが内務卿から正院へ要求されている[12]。これらの派遣については、詳細は不明である。

二月になると、県内情勢は緊迫した。岩村高俊権令は、七日に東京を発ち、途中下関で森長義佐賀県参事と会って県内状況を聞き、鎮台兵の出張を要請するために一三日に熊本鎮台にいたり、右半大隊とともに一五日に佐賀城にはいった。その夜、佐賀軍の襲撃をうけ、戦端が開かれ、県庁機構は壊滅する。岩村は一八日に三潴県に脱出した。

大久保利通は、二月九日に佐賀県鎮定の出張命令を受け、翌一〇日、太政大臣三条実美から、鎮定に関する全権を委任され、二月一九日に博多に到着して本営を設置した。この日に征討命令が発せられ、二二日から戦闘が始まった。

大久保は、二一日、正院に対して精選の巡査六〇名を、確かなる警視を添えて長崎へ至急派遣するよう求めた[13]。これをうけて川路利良は内務卿代理木戸孝允と相談し、巡査二一〇名を銃三五〇挺とともに派遣した。川路は大久保に対して、「警部一人、巡査三〇人で警視組をつくったので、戦闘中に到着したら、どうか実践に参加させてほしい、いずれも選りすぐった者だから[14]」と要望したという。ここには、後の西南戦争における「巡査隊」へつながっていく、川路の警察の「軍事化」への展望が語られている。大久保は六〇名の派遣を要請したのであるが、この人数では巡査を戦闘要員とすることを考えていたわけではないであろう。

少警視綿貫吉直、十五等出仕山口武彦、巡査二一一名は、二月二五日に東京を発し、三月三日に長崎に到着した。この日、綿貫は佐賀の大久保に到着したことを報告し、巡査は長崎に上陸した[15]。

この巡査の用い方については、長崎にあった大蔵大丞渡辺清や長崎県令宮川房之らの間で、四〇名ほどを長崎に残して使用することが考えられていたようである。三月一日に佐賀県が鎮定されたことによって、巡査の役割は明確になった。同日、佐賀にあった外務少輔山口尚芳は、大久保の意向を反映して、長崎到着次第、巡査全員を佐賀県に送ることを渡辺・宮川に要請した。「巡査二百名横浜より御地へ相廻候由、右之内四拾人御引残之趣御申越候へ共、当地も賊徒四方ニ散乱捕縛手配リ甚困却候間、是非弐百名ノ者佐賀城下ニ向ケ到着次第早速御廻シ有之度候事」、と。大蔵大丞渡辺清に対しても、「佐賀県も戦争後民政其外甚混雑[16]」として、佐賀への出頭が指示された。巡査には、佐賀軍士族を捜索・逮捕するなど、乱後処理の役割が期待されている。

翌二日には、大久保から宮川県令に対して、「東京ヨリ邏卒二百人佐賀県出張相成筈ニ付、若其県ニ滞在致候ハヽ、其内十五名前条五名ニ差添鹿児島県へ出張可申付候[17]」という指令が届いた。大久保は、征韓党、憂国党幹部の脱走者を捜索するため、山口県士族三刀屋七郎次ら六名、佐賀県にあった巡査五名に出張命令を出したが、これに東京から到着の巡査を加えようとしたのである。

長崎の警視庁巡査は、浅海誠一権大警部ら七名とともに、三月九日に佐賀に到着した。これによって、既に二月二日と八日に派遣されていた四一名をあわせて、警視庁巡査は二五〇名を超えることになり、鎮台兵の帰営や士族召募隊の解散が進む状況のなかで、彼らは、士族召募隊である小倉隊二〇〇名、大村隊（警備隊）三〇〇名とともに、脱走者の捜索と取り調べ、治安回復など、戦後処理の作業の中心的な担い手として機能することになる。

三月一〇日、東京の内務省本省から、銃器を帯びて業務を執行する許可が出た旨の連絡が届いた。「巡査ノ者共非常ニ当リ兵器ヲ執テ従事致度段伺ニ付允許セシメ、仮令非常ノ間ト雖兵器ヲ執ルハ必正院内務卿ノ下命ニ非レハ難相成旨、正院ヨリ仰渡サレタル旨、東京本省ヨリ報告有之」(18)。二月二〇日に許可が出たことからすれば緊張感のない事態であるが、三月一日に鎮定がなったことを考えれば、一面では当然でもあろう。佐賀の乱の場合、川路利良の主観的意図はともかく、巡査の武装化の端緒がつくられたが、それは、後の西南戦争時のように当初から軍事力そのものとしての位置づけを与えられていたのではなく、本来の警察業務を強化する意図に出たものであることを意味していたといえよう。

警視庁巡査の役割で、最も目立ったのは、脱走者の捜索活動に従事したことである。今、諸記録にもとづいて、諸省官員を含めて、出張者と出張先を整理すると、表2－6のようになる。ただし、史料によって日付や人数などに多少の異同がある。

以上のような捜索活動の展開は、軍事的鎮定後の大久保の主要な関心が征韓、憂国両党の脱走幹部の逮捕にあったことを示しており、とくに江藤新平の捕縛に対しての強烈な執心が見られる。警視庁巡査は、この分野の活動に寄与した。

また、三月九日の内務省七等出仕西村亮吉や権大警部浅海誠一らの県下小城・武雄地方への出張も、鎮定後の活動を象徴するものであった。

表２－６　出張者活動表

日　付	出　　張　　者	出　張　先
3月2日	少警部柳田養拙，巡査5名 開拓少判官西村貞陽，外4名，巡査5名，前山隊1名 左院十等出仕新井常保，大村警備隊15名 巡査前田某 海軍秘書官遠武秀行，山口県士族三刀屋七郎次，外1名，巡査5名，巡査15名 巡査3名 内務省五等出仕北代正臣，大蔵省七等出仕河北俊弼	対馬地方 県下小城地方 県下唐津地方 白川県 鹿児島県 白川県 上海・香港
3月3日	開拓使八等出仕永山武史郎，大村警備隊5名 鹿児島県士族岸良真次郎，巡査5名，前山隊5名 笠間海軍大尉	天草地方 天草地方 肥前海地方
3月4日	内務省六等出仕河野通信，外1名	県内近傍村落
3月5日	大蔵大丞渡辺清，大蔵省十三等出仕渡楫男，巡査5名 大検事岸良兼養，長崎県参事兵藤正懿，巡査5名 左院五等議官増田長雄，巡査5名	白川県 鹿児島県 白川県
3月9日	内務省七等出仕西村亮吉，権大警部浅海誠一，外1名	県下小城・武雄地方
3月16日	巡査8名	大分県
3月20日	少警部柳田養拙，巡査5名	宮崎県
3月21日	大検事岸良兼養 海軍秘書官遠武秀行 内務省七等出仕西村亮吉 内務省六等出仕石井邦猷	大阪・神戸 中国・四国地方諸港 高知県 大分県
3月24日	佐賀県権令岩村高俊，山口県士族三刀屋七郎次，巡査5名	高知県
3月25日	左院議官増田長雄 白川県士族古庄嘉門，外2名	中国筋諸県 中国地方
3月26日	藤崎権中警部，巡査15名	大分佐賀関から愛媛・高知県

『公文録　佐賀征討始末三　明治七年』，『公文録　佐賀征討始末四　明治七年』より作成。

大久保は、軍事鎮定を徹底させ、以後の抵抗の条件を奪うために、佐賀軍参加者の銃・刀鎗などの武器の没収を実施した。大久保は、三月一日、「銃器刀鎗ヲ取リ揚サレハ謝罪ノ実際検覈シ難[19]」として、三月五日迄に官に納めよ、と佐賀・長崎両県に布達した。これは、佐賀軍への加担者だけでなく、加担しなかった士族の武器や平民の猟銃なども対象とする徹底したものであり、いったん県庁に提出させた。加担しなかった者の武器や猟銃は、後に返却された。作業の進展がはかばかしくなかったため、七日、大久保は「大村小倉隊ヲシテ毎戸点検セシム[20]」ことを布達し、調査済みの家にはそれを証する貼り紙をするという徹底ぶりであった。これには巡査も動員され、例えば、松浦郡の第二二・二五大区では三月一二日から巡査二名が回村して調査した。

このような強硬な施策が実施されたため、一部では反発が強く、とくに士族間では「小城武雄等器械差出方ニ付人心恟々紛紜之趣[21]」の事態が発生した。三月九日の西村や浅海の出張は、この事態に対処するためであり、一週間にわたって対応することを余儀なくされた。それだけに巡回・調査するにあたっては、粗暴の振る舞いや威権がましい行動が厳しく禁止され、大村警備隊や小倉隊に対しては「出張ニ付心得書」や「警備隊巡邏出張心得書大略」などが交付された。後者は、「一、賊徒共各処屯集之趣ニ付其各処ニ就キ速ニ謝罪之道可相立旨可申聞事　但謝罪不服之輩有之候ハヽ、捕縛ハ勿論若手向候ハヽ、臨機之処分不苦候事　一、銃器槍刀類為差出可然所ニ相纏置封印速ニ本陣ニ可届出事　一、巨魁等潜伏之場所於訴出ハ其罪ヲ宥メ尚褒賞ヲ可給事　一、賊魁等潜伏之場所等捜索可致事　但隠置候者有之候ハヽ、其者共捕縛可致事[22]」、というものであるが、その趣旨は、両隊のみならず、巡査にも当然適用されるものであった。

このように、警視庁巡査は、軍事的鎮定後に到着したこともあって、銃器をもって戦闘に参加することなく、乱後処理と治安回復を主たる任務とした。

鎮定後、人心が安定化に向かい、逃亡幹部の逮捕や佐賀軍への党与士族の取り調べが進み、県治体制の再編が進展しはじめると、東京警視庁派遣の巡査の処置が県政の課題の一つとして浮上してくる。それが動いたのは、一八七四年六月ころである。

佐賀士族の動揺の鎮定を主要な任務とした岩村高俊権令に代わって、北島秀朝が県令に就任し、五月二一日に入県し、直ちに事務を引き継いだ。北島県令は、警視庁巡査の減員を、佐賀軍に党与して処刑された懲役人を他府県に分配駆役するために護送することになったことを機会として、実施した。

六月四日、北島県令は大久保内務卿にあてて、派遣中の警視庁巡査一〇〇名を帰京させることを通知して、次のように要請した。「県下平定未日アラス百般ノ事是ヨリ下手セサルヘカラス中ニ就テ彼此掛念ノ次第モ有之、今日迄旧ニ因テ据置候」と、巡査を漸次帰京させる措置が遅れた事情を述べ、今般一〇〇名を帰京させることになったと表明した。「今般賊徒懲役ノ者他府県へ配布駆役ノ儀伺済ニ付、護送トシテ百名明五時当地発足為仕、右ノ百名ハ其行先ヨリ直ニ帰京致候様申渡候」、と。しかし、残り一五〇名にしても、彼らは一時の見込みにて出張してきたのであり、「既ニ苒々更改ノ時節ニ立至リ苦情モ相聞候得共、目下ノ景況未全ク帰京可申付場合ニ至リ兼候、然レトモ敢テ百五拾名ヲ備ヘ置候ニモ不及見込ニ付、更ニ御地ヨリ交替トシテ六拾名出県御申付相成候様仕度、然ルトキハ県下現在ノ百五十名ハ速ニ帰京為致可申[23]」、と。県内状況が沈静化し、新県令の赴任によって県政が安定化しはじめている一方、巡査の間では長期出張となっていることに対する不満や反発が増大していることが、この背景となっている。そこで懲役人の護送を契機として一〇〇名を帰京させることとし、また残り一五〇名も帰京させる代わりに、新たに六〇名を警視庁から派遣させて実効をあげようというわけである。六月七日には、各府県に分配する懲役人一一九人の護送として警視庁巡査一〇〇人、縄取二七人が昨五日に早津江港を出帆したことが、正院と大久保内務卿宛に報告された。

懲役人の他府県分配は、五月五日、内務大丞林友幸が、県官からの申し立てとして、太政大臣三条実美に伺い、その結果実現したものである。林大丞は、「同県ニ於テ駆役致候儀ハ実際不都合ノ次第モ有之、且人心折合方ニモ関係可致ニ付」[24]他府県への分配を希望していると指摘している。結局、懲役二年以上の服役者が、京都府、大阪府など、主に近畿・中国地方の九府県に分配された。この後も、数は多くないが分配が続けられる。処刑者の処置は、反乱の核心部分に関わる問題であり、人心のありように直接関わり、戦後処理の重要な位置を占めるものである。処刑者の他府県分配が終了したことは、佐賀の乱の戦後処理が大きな峠を越えたことを意味した。士族対策としては、除族士族とその家族への授産資金の支給、士族授産・土着の実施が、この後の県政上の課題となる。警視庁巡査の帰京が、処刑者の他府県分配と結合する形で実施されたことは、佐賀の乱の戦後処理の一つの区切りを示すものであったといえよう。

このような警視庁巡査の削減は、乱後処理の進展と県治再編の展開とを背景としていることは確かである。巡査の滞在と活動が、県内の人心や県政にどのような形で関わり、どのような影響をもったかが問題であるが、この点に関しては史料的にほとんど知り得ない。わずかに残っている史料からすれば、巡査の活動が県民の期待に応えることができていなかったことが窺える。一八七四年一一月の報告であるが、「佐賀ノ地ハ元来窃盗多ク大賊少ナシト、方今モ各地ニ窃盗多シ、右ニ付県官ノ中ニテ語テ曰、当今佐賀滞在ノ巡査東京ニアリシ如ク各自勉励セハ斯ノ如ク各地ニ窃盗アル可ラスト云」[25]、と。このような消極的評価を惹起する状況になっていたのであろう。

六月四日の佐賀県の伺は、前述のように、六〇名の巡査の交替を要請していたが、その後、事情は不明であるが、一〇〇名の交替案に変化している。六月二四日に大警視川路利良は内務卿大久保利通宛に、中警部二名、二等巡査一〇〇名の「佐賀県出張巡査交替之旅費并予備金」の概計一万五七〇六円を請求した。大久保は七月五日に太政大臣三条実美に対して、「去月十九日伺済之通」[26]としてこれの支出を求めている。六〇名交替の要請の直後に、方針の転換があったのであろう。

この一〇〇名の巡査は、結局、一一月末の段階で五〇名に半減され、翌一八七五年二月まで出張が継続されることになる。一一月二八日、北島秀朝県令は大久保内務卿宛に、県内の治安状況や県治上の課題の困難さを強調して、五〇名の出張継続を願い出た。「本県ノ儀ハ加地子ノ処分ヲ始トシテ其余各県ニ無比類改正ノ事務モ有之、動モスレハ狡黠不平ノ徒人心ヲ煽動セシメ候憂モ有之、右ハ未然ニ其害ヲ削除致度、然ニ警部捕亡等ノ手配何分御定額而已ニテハ行届兼、去迚目今民費ヲ以右等ノ設置ヲ補ヒ候訳ニモ到兼痛心仕候」、現在の一〇〇名の出張にては費用も嵩むので、「五十名丈明治八年二月中マテノ見込ヲ以残置、其余ハ引揚帰京致候方可然[27]」、と。一二月二二日、大久保は太政大臣三条実美に対して、事情やむを得ない、一八七五年三月以後は県限りで適宜の方法を建てさせると伺い、一八七五年一月二〇日に正院の許可を得た。このような経過を経て、三月六日、佐賀県は「当県出張之巡査今般悉皆引揚帰京ノ儀相達、本月六日県地発足為致[28]」、今後の警察の制度は追って方法を建て上申する、と届け出た。費用四万一四六〇円余をついやした、「不一通事柄ニ立至意外之入費相嵩候[29]」事態は、こうしてとりあえずの落着をみた。

註

第一節

（1）『公文録　佐賀征討始末一　明治七年』九号（国立公文書館蔵）。「臨機処分」権については、羽賀祥二氏の検討「明治初期太政官制と「臨機処分」権」（明治維新史学会編『幕藩権力と明治維新』吉川弘文館）がある。
以下、使用する『公文録』は、いずれも国立公文書館所蔵のものである。

（2）立教大学日本史研究室編『大久保利通関係文書』二、五頁。

(3)『公文録　佐賀征討始末四　明治七年』百二号。
(4)同前。
(5)『公文録　佐賀征討始末三　明治七年』八十八、九十号。巡査の武装については、大日向純夫『天皇制警察と民衆』(日本評論社)四六―四九頁を参照。
(6)『公文録　佐賀征討始末二　明治七年』四十八号。
(7)「佐賀平賊始末」(『公文録　内務省之部四　明治八年二月』)。
(8)『公文録　佐賀征討始末一　明治七年』三十一号。
(9)『公文録　佐賀征討始末四　明治七年』九十八、百六号。河北・北代の中国出張については、根本敬彦「江藤新平海外指名手配一件小考」(島田正郎博士頌寿記念論集刊行委員会編『東洋法史の探求』)を参照。
(10)大久保利通書簡　黒田清隆宛(日本史籍協会編『大久保利通文書』五、四〇九頁)。
(11)大久保利通書簡　五代友厚宛(前掲『大久保利通文書』五、四三五頁)。
(12)『公文録　佐賀征討始末四　明治七年』百二号。
(13)「佐賀平賊始末」(『公文録　内務省之部四　明治八年二月』)。
(14)「甲子事変録」(長野暹編著『「佐賀の役」と地域社会』(九州大学出版会)二七三頁)。
(15)『騒擾謝罪書類』については、第一章第四節を参照。また、長野暹編著『「佐賀の役」と地域社会』二七四―二八〇頁に長野暹氏による分析がある。
(16)『公文録　佐賀征討始末三　明治七年』九十号。
(17)『明治七年第一月　公布書写　峯烨』(『峯家文書』唐津市相知図書館蔵)。
(18)『公文録　佐賀征討始末三　明治七年』九十号。
(19)『公文録　佐賀征討始末四　明治七年』百二号。
(20)『明治七年一月到六月　官省進達　文書』(佐賀県立図書館蔵)。
(21)『公文録　佐賀征討始末四　明治七年』百二号。

(22)岩倉具視書簡　大久保利通宛（前掲『大久保利通文書』五、四六五頁）。
(23)『明治七年第一月　官事録　峯焠』（『峯家文書』唐津市相知図書館蔵）。
(24)「御処分伺」（『明治七年三月　諸願伺届　第一課』佐賀県立図書館蔵）。
(25)「騒擾所関概表一覧」（『公文録　内務省之部三　明治八年六月』）。
(26)大久保利通書簡　岩倉具視宛（前掲『大久保利通文書』五、三九九―四〇〇頁）。
(27)『公文録　佐賀征討始末四　明治七年』百二号。
(28)『明治七年第一月　公布書写　峯焠』（『峯家文書』唐津市相知図書館蔵）。
(29)「騒擾所関概表一覧」（『公文録　内務省之部三　明治八年六月』）。
(30)『公文録　佐賀征討始末三　明治七年』九十号。
(31)『公文録　佐賀征討始末四　明治七年』百十一号。
(32)『明治七年三月下旬　公布書留』（『峯家文書』唐津市相知図書館蔵）。
(33)『明治七年二月ヨリ六月ニ止ル　管下布達写』（佐賀県立図書館蔵）。
(34)大久保利通書簡　岩倉具視宛（前掲『大久保利通文書』五、四〇〇頁）。
(35)岩倉具視書簡　大久保利通宛（前掲『大久保利通文書』五、四六五―四六六頁）。
(36)『公文録　佐賀征討始末付録　明治七年』十八号。
(37)『公文録　佐賀征討始末二　明治七年』六十四、九十号。
(38)『公文録　佐賀征討始末二　明治七年』六十五号。
(39)『公文録　佐賀征討始末四　明治七年』百号。
(40)三条実美書簡　大久保利通宛（前掲『大久保利通文書』五、三九四頁）。
(41)岩倉具視書簡　大久保利通宛（前掲『大久保利通関係文書』一、三三〇頁）。
(42)大久保利通書簡　野津鎮雄宛（前掲『大久保利通文書』五、四三〇頁）。
(43)大久保利通書簡　三条実美・岩倉具視宛（前掲『大久保利通文書』五、四三七頁）。

(44)大久保利通書簡　野津鎮雄宛（前掲『大久保利通文書』五、四三〇頁）。
(45)大久保利通書簡　三条実美宛（前掲『大久保利通文書』五、四五五頁）。
(46)『公文録　佐賀征討始末四　明治七年』百廿五号。
(47)『公文録　佐賀征討始末四　明治七年』百廿三号。
(48)三条実美書簡　岩倉具視宛（日本史籍協会編『岩倉具視関係文書』六、三九頁）。
(49)大久保利通書簡　岩倉具視宛（前掲『大久保利通文書』五、四七一頁）。
(50)『公文録　内務省之部　明治八年二月』。
(51)「官員履歴」（『明治七年自一月到六月　官省進達』佐賀県立図書館蔵）。
(52)『公文録　佐賀征討始末三　明治七年』九十号。
(53)『明治七年　御指令物　文書』（佐賀県立図書館蔵）。『公文録　佐賀征討始末三　明治七年』九十号。
(54)「官員増之儀ニ付願」（『明治七年三月ヨリ五月迄　官省進達』佐賀県立図書館蔵）。
(55)「地租改正着手之儀ニ付上申」（『明治八年　官省進達三　第一課』佐賀県立図書館蔵）。
(56)『公文録　佐賀征討始末三　明治七年』九十四号。
(57)「貢金上納之儀ニ付御猶予願」（『明治七年自七月ヨリ九月ニ到ル　官省進達　往復係』佐賀県立図書館蔵）。
(58)『公文録　佐賀征討始末四　明治七年』百十号。
(59)『明治七年三月下旬　公布書留』（『峯家文書』唐津市相知図書館蔵）。
(60)『公文録　佐賀征討始末四　明治七年』百十号。
(61)佐賀県立図書館蔵。
(62)松方正義書簡　大久保利通宛（前掲『大久保利通関係文書』五、二六一頁）。
(63)『明治七年自七月到十一月　官省進達下　庶務課』（佐賀県立図書館蔵）。
(64)「地租帳進達ニ付上申」（『明治七年従九月到十月　官省進達写　文書』（佐賀県立図書館蔵））。
(65)『公文録　佐賀征討始末五　明治七年』百十六号。

(66) 大久保利通書簡　三条実美宛（前掲『大久保利通文書』五、四二二頁）。
(67)『公文録　佐賀征討始末五　明治七年』百十六号。
(68)『公文録　佐賀征討始末四　明治七年』百八号。
(69)『公文録　佐賀征討始末四　明治七年』百六号。
(70)『公文録　佐賀征討始末四　明治七年』百八号。
(71)『公文録　佐賀征討始末付録　明治七年』一号。上京の事情については、『公文録　佐賀征討始末七　明治七年』百三十四号。
(72)『公文録　佐賀征討始末付録　明治七年』二号。
(73) 大久保利通の三条実美宛の報告書は、「岩村権令辞職ノ儀同上」（「同上」＝「内務卿上申」）として記録されている。『公文録　佐賀征討始末五　明治七年』百廿二号。
(74) 大久保利通書簡　岩倉具視宛（前掲『大久保利通文書』五、四四二頁）。
(75) 岩倉具視書簡　大久保利通宛（前掲『岩倉具視関係文書』六、三四頁）。
(76) 岩倉具視書簡　大久保利通宛（前掲『大久保利通関係文書』一、三四一頁）。
(77)『公文録　佐賀征討始末五　明治七年』百廿二号。

第二節

(1)『公文録　佐賀征討始末一　明治七年』九号（国立公文書館蔵）。
以下、使用する『公文録』は、いずれも国立公文書館所蔵のものである。
(2) 内務省が一八七五年二月に作成報告した「佐賀平賊始末　全」によると、佐賀の乱の鎮圧に関わった人員・施設・財政は、次のようであった。出張勅任・奏任官三七、同判任官三〇、巡査二五〇、東京鎮台砲兵一大隊、大阪鎮台歩兵三大隊、砲兵一大隊、熊本鎮台歩兵一大隊、広島鎮台歩兵三中隊、海軍歩兵二小隊、同砲兵一小隊、福岡県貫属隊二八四二、長崎県貫属隊一一九一、小倉県貫属隊五三一、三潴県貫属隊六〇五、艦船一四、費用一〇〇万余円（内、内務省諸費一三万三一七円余、海陸両省諸費四九万円、各県諸費三五万四二五一円余）。このほとんどの部分を、大久保利通が指揮・監督して鎮定活動にあたったのである（『公文録　内務省之部四　明治八年二月』）。
（3）『公文録　佐賀征討始末二　明治七年』六十四号。
（4）松下芳男『明治軍制史論』上、四四二頁。
（5）『公文録　佐賀征討始末一　明治七年』六十五号。
（6）岩倉具視書簡　大久保利通宛（立教大学日本史研究室編『大久保利通関係文書』一、三三〇頁）。
（7）三条実美書簡　岩倉具視宛（日本史籍協会編『岩倉具視関係文書』五、五〇八頁）。
（8）同前。
（9）『公文録　佐賀征討始末二　明治七年』四十四号。
（10）『公文録　佐賀征討始末一　明治七年』五十八号。
（11）『公文録　佐賀征討始末一　明治七年』四十九号。
（12）三条実美書簡　大久保利通宛（日本史籍協会編『大久保利通文書』五、三九四頁）。
（13）岩倉具視書簡　大久保利通宛（前掲『大久保利通文書』五、四〇二頁）。
（14）岩倉具視書簡　大久保利通宛（前掲『大久保利通文書』五、四〇三頁）。
（15）岩倉具視書簡　大久保利通宛（前掲『大久保利通関係文書』一、三三二頁）。なお、この部分は、この書簡が収められている前掲『大久保利通文書』五（四〇二―四〇五頁）、および『岩倉具視関係文書』五（五一〇―五一四頁）にはない。
（16）三条実美書簡　大久保利通宛（前掲『大久保利通文書』五、三九四頁）。
（17）岩倉具視書簡　大久保利通宛（前掲『大久保利通関係文書』一、三三〇頁）。
（18）岩倉具視書簡　大久保利通宛（前掲『大久保利通関係文書』一、三三二頁）。
（19）三条実美書簡　大久保利通宛（前掲『大久保利通文書』五、三九四頁）。
（20）『公文録　佐賀征討始末一　明治七年』六号。
（21）『公文録　佐賀征討始末三　明治七年』七十号。
（22）大久保利通書簡　野津鎮雄宛（前掲『大久保利通文書』五、四三〇頁）。

(23)大久保利通書簡　三条実美宛（前掲『大久保利通文書』五、三九〇頁）。
(24)『公文録　佐賀征討始末二　明治七年』六十五号。
(25)「明治七年　佐賀暴動書類」（『岩倉具視関係文書』リール五（北泉社マイクロフィルム））。
(26)大久保利通書簡　野津鎮雄宛（前掲『大久保利通文書』五、四三一―四三二頁）。
(27)「明治七年　佐賀暴動書類」（『岩倉具視関係文書』リール五（北泉社マイクロフィルム））。
(28)大久保利通書簡　三条実美・岩倉具視宛（前掲『大久保利通文書』五、四三八頁）。
(29)大久保利通書簡　野津鎮雄宛（前掲『大久保利通文書』五、四三〇頁）。
(30)電報は『公文録　佐賀征討始末四　明治七年』百一号、および「明治七年佐賀暴動書類」（『岩倉具視関係文書』リール五（北泉社マイクロフィルム））。
(31)大久保利通書簡　三条実美・岩倉具視宛（前掲『大久保利通文書』五、四三七頁）。
(32)大久保利通書簡　野津鎮雄宛（前掲『大久保利通文書』五、四三一頁）。
(33)大久保利通書簡　三条実美・岩倉具視宛（前掲『大久保利通文書』五、四三八頁）。
(34)大久保利通書簡　岩倉具視宛（前掲『大久保利通文書』五、四四〇頁）。
(35)『公文録　佐賀征討始末四　明治七年』百号。
(36)大久保利通書簡　三条実美宛（前掲『大久保利通文書』五、四七四頁）。
(37)岩倉具視書簡　大久保利通宛（前掲『大久保利通関係文書』一、三三八頁）。
(38)大久保利通書簡　三条実美宛（前掲『大久保利通文書』五、四五五頁）。
(39)『公文録　佐賀征討始末四　明治七年』百廿五号。
(40)「騒擾所関一覧概表」（『公文録　諸県之部全　明治七年十月』、および『公文録　内務省之部三　明治八年六月』）。
(41)大久保利通書簡　三条実美・岩倉具視宛（前掲『大久保利通文書』五、四二五頁）。
(42)三条実美書簡　岩倉具視宛（前掲『岩倉具視関係文書』六、三九頁）。
(43)岩倉具視書簡（前掲『大久保利通関係文書』一、三四一頁）。同書は、この書簡の日付を一五日としているが、これは誤りであろう。この書簡は、東伏見宮への処刑「委任」が大久保に伝えられた四月三日から、処刑が執行された一三日の間のものであるはずである。

(44) 三条実美・岩倉具視書簡　大久保利通宛（前掲『大久保利通文書』五、四二八頁）。

第三節

(1) 近代日本の警察に関する本格的な研究は、大日方純夫氏によって進められ、『天皇制警察と民衆』（日本評論社）、『日本近代国家の成立と警察』（校倉書房）にまとめられている。内務省警保寮の行政警察については『日本近代国家の成立と警察』第Ⅰ篇第二・三章、警察の「軍事化」については同第Ⅱ篇第三章第一節を参照。

(2)『太政類典　第二編第百四十七巻　保民十六　警察四』八十二号、『公文録　内務省伺二　明治七年二月』二十五号（国立公文書館蔵）。

以下、使用する『太政類典』および『公文録』は、いずれも国立公文書館所蔵のものである。

(3) 由井正臣・大日方純夫編『日本近代思想大系三　官僚制・警察』（岩波書店）一三二頁。

(4)『太政類典　第二編第百四十七巻　保民十六　警察四』八十二号。

(5)『太政類典　第二編第百四十七巻　保民十六　警察四』八十二号、『公文録　内務省伺二　明治七年二月』三十四号。

(6)『太政類典　第二編第百四十七巻　保民十六　警察四』八十二号。

(7)『公文録　佐賀征討始末一　明治七年』六号。

(8)「巡査御差廻願」（『明治七年一月二月分　官省進達』佐賀県立図書館蔵）。

(9)『明治六年　諸願伺届控』（佐賀県立図書館蔵）。

(10)「警保寮御届案」（『明治七年　官省進達　庶務課』佐賀県立図書館蔵）。

(11) 警視庁史編さん委員会編『警視庁史　明治編』七七頁。

(12)『公文録　内務省伺五　明治八年一月』七十五号。

(13)『公文録　佐賀征討始末二　明治七年』三十九号。

(14) 大日方純夫『天皇制警察と民衆』四七頁。なお、巡査の人数については、関係の『公文録』ではすべて「警視警部并巡査二百十一名」とあり、この人数で費用計算がなされている（『公文録　内務省伺五　明治八年一月』七十五号）。
(15)『公文録　佐賀征討始末三　明治七年』九十号。
(16)『公文録　佐賀征討始末三　明治七年』八十八号。
(17)『公文録　佐賀征討始末四　明治七年』九十八号。
(18)『公文録　佐賀征討始末三　明治七年』九十号。
(19) 同前。
(20) 同前。
(21) 同前。
(22)『公文録　佐賀征討始末四　明治七年』百二号。
(23)「出張巡査交替ノ儀ニ付伺」（『明治七年一月到六月　官省進達　文書課』佐賀県立図書館蔵）。
(24)『公文録　佐賀征討始末付録　明治七年』二号。
(25)「佐賀三潴ノ二県派出中捜索書」（『三条家文書』国立国会図書館憲政資料室蔵）。この史料には、軍事鎮定に関わった兵士に関して、次のような指摘がある。「佐賀動乱ノ節官軍市中ニ充満シ兵士競テ婦人ヲ擁シ材ヲ散スルコト太シク、故ニ美姿アル女児ノ家ハ金ヲ得最モ夥シ、之レヲ見テ各戸売女ノ如キ者ヲ養フ、員数殆ント千人ニ及ヒ尚日ヲ追テ倍殖ス、爰ニ於テ県庁ヨリ本年七月娼妓ノ人員ヲ極メテ印鑑ヲ渡シ其他ヲ禁スルト雖モ未タ止マサル由」。これは、兵士に関する指摘であるが、鎮台兵の帰営後も事態が継続していることからすれば、巡査に関しても、これに類似する行為があったことが推測される。
(26)『公文録　内務省之部二　明治七年七月』三十三号。
(27)「出張巡査之儀ニ付伺」（『御指令物済　二』佐賀県立図書館蔵）、『公文録　内務省伺三　明治八年一月』三十七号。
(28)『公文録　内務省伺四　明治八年三月』八十四号。
(29)『公文録　内務省伺五　明治八年一月』七十五号。

第三章　統治体制の再編と自由民権運動の発生

第一節　北島秀朝県政

（一）県庁機構改革

一八七四年四月二九日、北島秀朝が佐賀県令に任命された。北島は、七等出仕伊藤謙吉をともなって五月二一日に入県し、直ちに岩村高俊前権令から事務を引き継ぎ、翌二二日には赴任したことを県下に布達し、同時に、岩村が二三日に上京することを布達した。北島県令は、六月二日の区戸長会議において県下の区戸長に面会すること、区戸長は会議日以外は受持区で職務に勉励すべきことを指示した。こうして、北島県令、すでに二月一四日に任命されていた野村維章権参事、伊藤七等出仕を最高幹部として、士族反乱の鎮圧後の佐賀県行財政の本格的な再編がはじまる。

北島県政が直面した課題は、士族の武力反乱の鎮圧という事態を踏まえて、中央集権的で安定した県治体制を確立することであったが、それは、具体的には次のような課題を意味していた。第一は、県庁機構を再建して県治推進能力を回復することであり、県官の任用と掌握を進め、県成立以来の事情に加えて佐賀の乱によって相乗された事務錯雑・混乱を解消し、機能的に整備して県治の遅れを回復することであった。第二に、佐賀の乱の乱後処理を終了させ、士族感情を考慮しつつ、授産や土着を進めて士族の解体を推進することであった。第三は、乱の前から顕著になっていた県下住民の県治・村落統治に対する反発や抵抗、人心の不安定さを解消し、安定した効果的な県治を推進する条件をつくりだすことであり、北島県令はこの課題を重視した。この課題は、具体的には、区戸長の統制・管理の強化、民費分課法の改善、区制改革による大区小区制の整備、などを軸として実施された。

まず県庁機構の再編がどのように進められたかについて検討する。

かつて佐賀県の県庁は、県出身士族が県官の圧倒的な人数を占めて県庁を占拠したかのごとき状況であり、このことが、他府県出身の県庁幹部を孤立・排除させ、佐賀の乱を勃発させた主条件の一つをなした。岩村高俊前権令は乱後、大久保利通内務卿の積極的な援助によって、壊滅状況となった県庁の再建を進め、県官の充足と増強をはかった。その方法は、大久保に随従してきた内務省や大蔵省などの官員を県官に任用したこと、大久保が命じて近県の県官から臨時に補充したこと、乱時に政府・県側にたって行動した前山清一郎隊の隊員を任命したこと、などを特徴とした。

北島県令は入県後、この状況を踏まえて、八月と一月の県官の黜陟を中心に、県庁内の掌握と機能的な整備を進めた。

県官の出身府県別構成表3-1を掲げる。この表にみられる第一の特徴は、佐賀県士族の県官が、一八七三年五月段階の県官八〇名中七五名から、一八七四年一〇月は六八名中一八名に激減しており、この傾向は、翌一八七五年も保持されている。ここには、佐賀県士族の県政への影響力を厳しく排除する方針が貫かれており、そのことは、佐賀県政を政府の支配意図の貫徹する中央集権的な県政に転換する根本的条件であった。県官には東京府をはじめとして、多数の府県の出身者が就任しており、そのなかでは九州など、近県出身者が比較的多い。これは、前記の反乱鎮圧直後の県官の補充状況が反映したものであろう。これらのことは、反乱以前と比して、佐賀県政を担う県庁機構の条件が根本的に変化することになったことを意味した。

次に、県官の等級・職責別構成と佐賀県出身者の比率に関する表3－2を掲げる。県行財政の執務の統率者である大属には佐賀県出身者はおらず、実務の執行責任者である中属は一名であり、権中属に二、三名がいる。実務の実質的な推進主体である少属クラスではもう少し増え、記録を担当する史生や実務処理を担当する十五等出仕はそれなりに多くなる。これは、執務が県下の実状の把握を必要としたことに関わっているだろう。県庁機構の幹部、および県務担当の責任者クラスは、ほとんどが他府県出身者によって占められた。

このように、県官の圧倒的部分を佐賀出身士族が占め、事実上県庁機構を独占したかのごとき状況は、佐賀の乱後、決定的に打破された。前記の一八七四年一〇月の状況は、北島県令の入県後の改革の一つの成果を示している。しかし内情は、種々の困難があったようであり、北島県令の県庁掌握は必ずしも順調であったわけではなく、県庁機構が効果的に機能したわけでもなかった。県官内部に反発や対立があり、県官としての資質や能力、協調性などに多くの困難があった。

北島県令は、入県後の一八七四年八月と一〇月に県官の任免を行ったが、その結果、一八七四年一二月の県官構成は、大属二、権大属一、中属六、権中属四、少属九、権少属六、史生一一、県掌一二名、の計五一名となり、県官数は減少している[1]。この八月と一〇月の黜陟については、次の指摘がある。「北島県令入県以来一ト度官員ノ黜陟アリト雖モ至当ナラサル由[2]」、「佐賀県ノ官員本年（一八七四年―引用者）八月ノ黜陟至当ナラサルヲ憤リ出庁セサル者多シ、然ル処本年十月三十一日中属以下等外マテ二拾名程免職スト雖モ未タ至当ナラサル由[3]」と、北島県令の黜陟に反発が大きかったことを伝えている。この背景には、この時期の県官の構成が、その任用事情によって、いわば寄り合い所帯的な性格をもたざるをえなかったという事情があり、北島県令の県官掌握が順調に進んだわけではなかったことを意味していた。このことは、県官の資質や能力などにも関係していた。

表 3 - 1　県官出身府県別構成表

（名）

出身県	1873 年 5 月	1874 年10 月	1875 年 3 月	1875 年 11 月
佐賀県	75	18	17	27
三潴県	1	5	4	4
小倉県		5	4	5
長崎県		5	4	5
大分県	1	4	4	4
福岡県		3	4	4
愛知県		3	4	1
東京府		2	5	4
山口県		2		
岡山県		2		
三重県		1	1	2
白川県	1	1		
新治県	1	1	1	
静岡県	1		2	1
浜松県			2	2
高知県		1	2	3
敦賀県				2
		鹿児島，広島，愛媛，大阪，滋賀，岐阜，茨城，石川，青森　各 1	鹿児島，広島，大阪，茨城，青森，京都，堺　各 1	鹿児島，広島，大阪，茨城，青森，京都，堺，千葉　各 1
不　明		6		
合　計	80	68	61	72
士　族		38	50	64
平　民		6	11	8
不　明		24	0	0

1873 年 5 月は『明治六年五月六月分　官省進達』，1874 年 10 月は「明治七年　掌中官員録」（吉岡寿一編『明治にみる官員録・職員録』（吉岡書洞）），1875 年 3 月・1875 年 11 月は「明治八年　官員任解録」（『公文録　府県二十二　明治八年』）より作成。

表3－2　県官等級・職責別構成表

（名）

	1874年10月		1875年3月		1875年11月	
	県官数	内，佐賀県士族数（内，前山隊）	県官数	内，佐賀県士族数（内，前山隊）	県官数	内，佐賀県士族数(内，前山隊）
県令	1		1		1	
参事	0		1		1	
権参事	1		0		0	
七等出仕	1		1		0	
大属	1		2		1	
八等出仕	1		0		0	
権大属	1		1		1	
中属	10	1（0）	5	1（0）	6	1（0）
十等出仕	1		1		3	2（0）
権中属	5	3（1）	5	2（0）	1	
十一等出仕	1		0		3	2（0）
少属	11	3（1）	7	2（0）	12	2（0）
十二等出仕	0		0		5	
権少属	4	1（1）	7		5	4（1）
十三等出仕	5		5	1（0）	7	1（1）
史生	10	3（1）	11	5（1）	10	6（9）
十四等出仕	0		2	1（1）	2	1（0）
史掌	1	不明1	0		1	
十五等出仕	14	7（3）・不明5	12	4（0）	13	8（1）
合計	69	18(7)・不明6	61	16(2)	72	27(3)

1874年10月は『明治七年　掌中官員録」（吉岡寿一編『明治にみる官員録・職員録』（吉岡書洞)），1875年3月・1875年11月は「明治八年　官員任解録」（『公文録　府県二十二　明治八年』）より作成。

一八七四年の県官は、採用の事情からすれば、佐賀の乱への応急的な対応や乱後処理を課題とする任用など、乱時の県官採用の特徴を色濃く残していた。第一に、県官の一部は、岩村高俊前権令が東京で任命し、赴任時に随行した県官であった。岩村の入県とともに、二月「十一日佐賀県出仕巻退蔵以下五名東京ヨリ至ル」、「五名皆権令ニ随行シテ下ノ関ニ至テ権令ト別ル、者ナリ」[4]などといわれ、巻退蔵は一八七四年一〇月には権大属であった。このほかにも、岩村前権令が任用した県官が残っていたことが考えられる。巻権大属は、一八七五年三月の県官名簿にはその名はない。第二に、中央官省の官員が県官となっていたことが考えられる。大久保内務卿の「租税寮官員四五名差出候様」の要請に対して、租税権頭松方正義は、「佐賀ハ素ヨリ租税一条紛紜甚敷入込候事件モ多々有之候故、御申越之官員ニハ甚超過致候得共今般一挙シテ整頓相成度見込、尤同県官員ニ転任之見込ヲ以差出候人名モ四五名ハ有之候間県令へ御示置被下度候」[5]と措置した。このような任用事情は、その他にもあったであろう。第三に、近隣諸県の県官が任用されていた可能性もあった。乱時、出張内務省は、「佐賀県開庁ノ末官員寡少ニ付一時繰替可差出旨大分小倉三潴福岡四県へ達ス」措置をとり、御用伺として出張してきた大分県大属をそのまま「当県人少之趣兼テ申聞モ有之旁同人ニ当分ノ出仕ヲ命ス」[6]というような応急措置をとった。応急措置は解除されたであろうが、前記の表3-1、2から推測すると、任用が続いていた可能性はないわけではない。第四に、北島県令が、岩村前権令と同様な形で県官に任用した者がいたことが考えられる。当時、新県令が幹部や県官をともなって赴任することは、通常行われたことであった。北島県令とともに入県した伊藤謙吉七等出仕は翌年に離任するが、伊藤の任官は乱後の県政を考慮した措置であった。第五に、佐賀県士族の県官がおり、旧前山隊員の県官がいた。一八七四年一〇月の佐賀県士族の県官一八名のなかに、佐賀の乱時に政府・県側にたって行動し、乱後処理に先導的な役割を果たした前山清一郎隊の隊員が、七名を占めている。旧前山隊員は、佐賀士族から強い反発をうけた。このような複雑な県官の構成状況は、北島県令としては、佐賀県士族を排除して他県人を県官に任用することを推進するだけでなく、県庁の掌握度を強めてみずからの県政推進の主体的条件をつくりだすことが、重要な課題であったことを意味した。前記の八月と一〇月の黜陟は、このような状況を打破し、県庁の掌握度を高めるためのものであったろうが、順調には進まなかったということであろう。県官の任命・免職は、相当に頻繁に行われた。

県官の上記のような状況は、執務上の困難をつくりだした。県官内部に反目や対立を生み出したのである。「方今佐賀県ノ官員熟和セス、甲ハ乙ヲ誹リ乙ハ甲ヲ誹リ互ニ相誹謗ス、且ツ各々自負スルノ弊アリ」(7)、と指摘される事態がおこった。他方では、県官の間に人脈的、派閥的な構成が生まれ、執務にも関係した。例えば、権参事野村維章に関して、「右者決断アリテ能ク事務ニ達スト雖モ愛憎ヲ以取置スル弊アリ」という指摘がなされ、彼に「阿諛」した中属ともどもに、「人物ノ善悪ヲ問ハスシテ謾リニ官員ヲ黜陟スル事アル由」(8)、賄賂を取った捕亡をかばった、などと指摘される事態が存在した。この中属は、一八七四年一〇月の県官名簿にはその名があるが、翌年三月の名簿からは消える。

これらの事態は、県官の資質や姿勢に問題があることを意味していた。北島県令は、大隈重信への書簡のなかで、廃藩置県以来の県治が適正でなく、効果的でなかったことを指摘し、県官の資質のありようについて次のように指摘している。「元来旧藩治ノ節ハ夫々民政モ行届キ居候趣ニ相聞ヒ候得共、新県以降ハ真ニ民政地ニヲチ、官吏ハ私情ヲ以事ヲ執リ又人民ハ官吏ヲ詐偽シテ僥倖ヲ得ントスルノ悪弊士民ノ間ニ醸成実ニ大息之至リニ御座候、然ル処昨今ニ至リ漸ク少シク其弊ヲ除去スルノ端ヲ相開キ候儀ニ御座候、就テハ将来此ノ県ヲ維持スル官員ハ敢テ技芸ヲ主トセス、只公明正大ノ御布告ヲ大本トナシ聊モ私情私心ナキヲ以其職ヲ奉スル様仕度ト愚考仕候儀ニ御座候」(9)、と。この書簡は、一八七五年一月のものであるが、北島県令は、一八七四年八月、一〇月の黜陟などを経て、県庁再編の端緒を築きつつあったということであろう。このように、北島県令は、本格的に県治推進のための条件として、乱後の応急的な性格を解消し、県官の組織的掌握に関して困難に直面しつつも、対処を進めた。

さらに県庁内部の職務の執行体制の改革も、その基礎的な部分の整備から取りかからなければならなかった。一八七四年八月に、県官の勤惰簿を庶務課文書係の管理から当分の間警保掛に担当させることにしたが、これは、前記のような県官の不登庁、反目や対立への対応であったろう。同時期、庶務課や警保掛など、各部署の事務権限や事務受付概目などの制定が実施された。

佐賀の乱直後の県政は、「県務数年手後レ之末前陳暴動以降ハ恰モ廃藩置県之際ニ相似タル形情」[10]と後年に評されたように、混乱と錯雑を極めており、官員不足でもあった。前権令岩村高俊は、四月三〇日、大久保内務卿に対して、県治の条件の困難を説明して、県官の増員を願い出た。「当県新置之砌各県之合併新旧事務錯雑且其砌官員転遷等有之、旁右事務引分等定額ニテハ繁劇難行届」、事務は「多年打捨置候」ゆえに新旧事務整理が困難であり、さらに「当今士族暴挙ニ付帳簿紛失、剰新旧事務引分方等ハ勿論自今之儀難取纏」[11]、と。その結果、一八七四年の一年間、十二等出仕以下一〇名の増員を得た。この背景には、佐賀県が旧佐賀本藩、支藩の鹿島・小城・蓮池藩、および唐津藩など譜代領・幕領の合併によって成立したこと、そのために貢租・付加税などの税法、検見法、民費賦課法などをはじめ統治上の諸法・規則が区々であり、事務も錯雑で繁雑であること、長官が再三にわたって転免し、不在の期間もあったこと、などがある。そのため、県務の遅滞と錯雑は激しく、さらに政府からの大量で矢継ぎ早な諸指令・施策への対応がこれを激化させていた。

北島県政も、この困難には苦慮した。「県官ノ中ニテ語テ曰、当県ノ事務ヲ即今他県ト均シクナラシメンニハ、当官員ヲシテ専ラ目今ノ事務ニ関ハラシメ、尚数多ノ官員ヲ増シ之レニ佐賀置県以来ノ取調ヲ為サシメ、斯ノ如クニシテ至急ニ県庁ノ諸規則ヲ改制シ然シテ後始テ他県ト均シクナラン、然リト雖モ増員等ノアルヘキナシ、故ニ一統勉励シ漸次ヲ以テ改制セスンハ他ニ方法アルヘカラス、然ルニ方今政府ニ於テ他県ト同視シテ指令等アルハ大ニ困迫ナリト云」、と指摘された。そしてさらに、反乱によってこれは増幅され、「当今県庁ノ事務殆ント四年以前置県ノ時ニ異ナラス、加ルニ諸帳簿ハ動乱ノ際賊徒ノ手ニ渡リシュヘ或ハ焼捨テ或ハ投水ス、此故ニ一層混乱シ目今ニ至リテモ未タ県庁ノ諸規則立タサル由[12]」、県官や区戸長が乱軍に党与したために調査もできない、というものであった。

北島県令の入県から年末にかけての期間は、前年一八七三年の地租帳取調、同民費取調、河港道路修築定額取調をはじめ、政府からの取調・提出指令に対する県の対応は、そのほとんどが提出の猶予や期限延期、反乱後の時期の調査での代替を要請するという状況であった。このような事態は、一〇月一二日に三条実美太政大臣に提出した民費取調帳の提出に関する上申に特徴的にみられる。「昨明治六年民費取調之儀ハ本年八月限リ上申候様第五十三号御達之処、今以及延引不都合ニ付急速取調上申候様尚又九月廿七日御達之趣奉畏候、右取調之儀ハ掛リ官員申付為取扱候得共、昨年九月迄之儀ハ旧各藩仕来之侭相成居一村限リ適宜之法方相立致分賦候場所許多有之、就中旧佐賀藩下之儀ハ大蔵省御指令済民間割戻之金額役内夫料急救料等ヲ以区戸長給料等渡方取計、且県庁繕営其外入費之儀ニ右金額之内ヲ以支払候趣ニ御座候得共、右書類等ハ当春暴動之節紛失致シ、剰ヘ其時相務候戸長共之儀過半当春之暴挙ニ党与シ既ニ府県分配之者モ有之何分取調行届兼候次第、縦令煩冗之手数ヲ尽シ取調之目途出来候得共、旧藩仕来区々仕法ノ為不都合ニ可有之奉存候、然ルニ昨年九月ヨリ改正分課之方法相立候趣ニ付爾後之分ハ取調着手仕候得共、以前之分ハ前顕具状之事情御洞察御聞置被下候様仕度此段上申仕候也[13]」。ここに、当時の状況が集約的に現れている。

北島県令の警察機構の整備も、乱後の県治再編の事情と特徴をよく示していた。

一八七四年二月初旬、佐賀士族の動揺を察知した警視庁は、巡査二〇名を佐賀に派遣し、赴任直前の岩村高俊権令の要請に応じてさらに二一名を派遣した。さらに鎮圧を開始した大久保内務卿は警察力を重視し、その要請によって、二一一名の巡査が銃三五〇挺とともに派遣された。このときの巡査は、正院あるいは内務卿の許可を要するという条件つきではあったが、銃器を帯びて業務を執行する許可を与えられており、後に本格化する巡査の「軍事化」の端緒をなした。しかし銃器は使用することなく、二百五十余名の警視庁巡査は、大久保内務卿の指揮のもとで、脱走者の捜索や取り調べ、乱軍党与士族の銃器の没収、動揺の取り締まりや治安回復など、乱後処理の中心的な担い手として機能した。

この時期、佐賀県独自の警察機構は乱によって壊滅しており、存在していなかった。「当県之儀ハ昨癸酉年巡査御差下之処当一月依願都而帰京候処、其砌民費ヲ以失費半高差出賦金ヲ以半金差出為取締貫属之内ヨリ人撰之上取設置候処、先般暴挙之砌党与相組候ニ付悉皆相廃止、自今右様之儀更ニ無之候(14)」であった。乱直前に、県士族を担い手として警察機構が設置されたが、乱軍への参加によって壊滅していたのである。「昨癸酉年巡査御差下之処当一月依願都而帰京候」とは、一八七三年九月、当時の権令岩村通俊が、県治掌握の意図と財政的理由から、大蔵省に邏卒の官費支給による派遣を依頼し、その結果として三〇名の邏卒が派遣されたが、乱直前の一八七四年一月に願によって全員が帰京してしまったことをさしている。この結果、反乱鎮圧時に大久保内務卿の指揮下で進駐してきた警視庁巡査二百五十余名が、乱後も県下の警察業務を執行することになった。

したがって、北島県政下での県治体制の再編が進行するにともなって、この県下駐留中の巡査の処置が県政の課題の一つとなる。北島県令は、後述するように、士族感情を考慮して、佐賀軍に党与して刑を宣告された者の内、二年以上の懲役者を他府県に分配して駆役する策を実施するが、この乱後処理の画期を機会として、警視庁巡査の削減に着手したのである。

六月四日、北島県令は大久保内務卿にあてて、派遣中の一〇〇名を懲役人の護送を機会に帰京させる、交替六〇名を派遣してくれれば残り一五〇名も帰京させる、と伺い出た。北島は、「追々鎮定ニ従ヒ漸次帰京可申付候処、県下ノ平定未日アラス百般ノ事是ヨリ下手セサルヘカラス中ニ就テ彼此掛念ノ次第モ有之、今日迄旧ニ因テ据置候」、と鎮圧後の県内情勢を考慮したために帰京の指示が遅れたことを説明し、「今般賊徒懲役ノ者他府県へ配布駆役ノ儀伺済ニ付、護送トシテ百名明五時当地発足為仕、右ノ百名ハ其行先ヨリ直ニ帰京致様申渡候」。しかし残り一五〇名にしても、彼らは一時の予定で出張してきたのであり、「既ニ苒々更改ノ時節ニ立至リ苦情モ相聞候得共、目下ノ景況全ク帰京可申付場合ニ至リ兼候、然レトモ敢テ百五拾名ヲ備へ置候ニモ不及見込ニ付、更ニ御地ヨリ交替トシテ六拾名出県御申付相成候様仕度、然ルトキハ県下現在ノ百五十名ハ速ニ帰京為致可申[15]」。これは、長期出張となっていることに対する巡査の不満や反発に対処し、新たな派遣によって県内警察を効果的に実施しようとするものであった。これは、乱直後であっただけに、県内から巡査を募集することは困難であり、また財源としての民費の賦課も難しいという判断にたったものであるが、政府直轄の治安力に期待するところが大きかったということであろう。こうして、処刑者の他府県への分配を契機として警視庁巡査の帰京が実施されたが、これは佐賀の乱の乱後処理が一つの画期を迎えたことを意味したといえる。

県の治安体制に関しては、この後、一〇〇名の警視庁巡査が派遣されて、継続される。前記のように、北島県令は六〇名の派遣を要請したが、その直後に一〇〇名を要請することに変更し、電報で内務卿に依頼した。大久保内務卿は六月一四日、警部二名、巡査一〇〇名の派遣を三条太政大臣に要請したが、正院は、「県下一時倥偬ノ余警備之儀ハ尚暫ク被据置候方勿論ノ事[16]」として、九日に許可した。この後一一月末、北島県令は、県治上の課題の困難さや治安対策の必要を理由として、人数を五〇名に半減させることで翌一八七五年二月まで出張を継続することを願い出た。「本県ノ儀ハ加地子ノ処分ヲ始トシテ其余各県ニ無比類改正ノ事務モ有之、動モスレハ狡黠不平ノ徒人心ヲ煽動セシメ候憂モ有之、右ハ未然ニ其害ヲ削除致度、然ニ警部捕亡等ノ手配何分御定額而已ニテハ行届兼、去迚目今民費ヲ以右等ノ設置ヲ補ヒ候訳ニモ到兼痛心仕候」、現在の一〇〇名の出張は費用が嵩むので、「五拾名丈明治八年二月中マテノ見込ヲ以残置、其余ハ引上帰京致方可然[17]」、と。大久保内務卿は、事情やむを得ない、一八七五年三月以降は佐賀県で措置させるとして正院に上申し、許可を受けた。一八七五年三月六日、佐賀県は、出張巡査を全員帰京させたこと、今後の警察制度は計画をたてて追って上申すると届け出た。

この間、一八七四年八月、北島県令は、九月一日から番卒を設置し、各大区に配置することを県下に布達し、「番卒心得書并規則」を制定した。番卒は、「管内ノ非常ヲ警視シ衆庶ノ健康安寧ヲ保護シ諸民ヲシテ安全自由ヲ得セシムル為ニ」設置するものであり、従前の「村取締」を廃止する、番卒は庶務課警保掛が指揮する、「是迄村取締給料トシテ差出候金穀ハ自今番卒給料ニ相充」てるので各大区扱所に納入せよ、というものであった。これは、従来、民費によって大区規模で設置していた村取締を廃止し、非常の監視・安寧保護の理念を前面に打ち出し、県が県治の一環として警察業務を統括することとし、県の警察制度を整備しようとするものであった。区長に対しては、「番卒一身上ノ不埒ハ勿論、職掌上ニ於テ不条理且勤向等怠候者有之節ハ警保掛ヘ具状致スヘシ」[18]、と指示がなされた。こうして、警視庁巡査の駐在という条件の下で、県内の乱後初めての警察組織が設置された。

しかし、不都合も生じた。番卒の職掌に関わる威責行為や詐欺、その類似行為が多発し、県として放置できない事態となったのである。県はその後、「近頃警保課付属番卒捕丁或ハ手先抔ト詐称シ、小民ヲ威責シ又ハ金銭取立ノ中ニ立入人民ノ権利ヲ妨ケ候者モ有之趣ニ相聞不都合」として、以後番卒等には「印鑑」[19]を付与する、と布達した。

この番卒は、翌一八七五年三月に政府が行政警察規則を布達したことにもとづいて、邏卒に編成替される。三月三一日、県は、従来設置してきた番卒を「往々不都合ノ儀有之却テ有名無実ニ属シ候」として廃止し、四月から「精撰」の上で邏卒を設置して「管内ノ非常ヲ警視シ一層人民ヲ保護」[20]することを県下に布達した。邏卒制度は、「佐賀ヲ本営トシ轟宿、諸富津、武雄、伊万里、唐津ヱ五分配所ヲ置キ」、各区内を巡回させる、従来納入してきた番卒費は各大区で取りまとめ、警保課の指揮をうけよ、と指示した。前記のように、警視庁巡査五〇名は、三月六日に帰京していた。こうして、佐賀の乱鎮圧にともなう非常態勢としてはじまり、乱後も県内の治安維持の中核に位置づけられて機能してきた警視庁巡査による警察体制にかわって、全国的な行政警察規則に立脚して、佐賀県の警察制度が編成された。しかし、この五〇名で出発した邏卒制度は、人数の少なさと財政能力の弱さゆえに困難を抱えており、その増員と経費の官費支給が検討されるに至る。県は、六月、八〇名の増員とその経費一万八千余円の官費支給を願い出た。「当県下之儀ハ温泉場其他炭砿山等数ケ所有之彼我之人民輻輳之場所ニ候得者、無頼放蕩ノ徒隠現出没罪行ヲ為ス者モ亦随テ輻輳シ賊難ハ勿論其他種々之害ニ罹ル者不尠、今亦邏卒百三拾名ニ増加」したい、その費用一八〇六七円二〇銭は「右費用之儀ハ従前之捕亡定額ト其他民費ヲ以補ヒ来候金員二千円ナラテハ無之、其余ハ民費ニ賦課ノ方法モ未タ相立兼候」、ゆえに「官費御出方之儀宜御高配被下度[21]」、と。

以上のように、北島県政の初期は、乱後処理や応急措置を解消しつつ、県治の再編に努めたが、困難は大きかった。

(二) 士族対策の推進

次に、士族対策についてみよう。

武力反抗が政府によって早期に鎮圧された結果、佐賀士族は軍事的、政治的に封じ込められることになった。思想的にも、乱軍参加士族に提出が強制された「謝罪書」にみられるように、「王師に抗した罪[22]」を逃れることはできず、この論理に対抗する方法は見いだせなかった。政府による士族所有の武器の没収と「謝罪書」提出の強要は、佐賀士族にたいする精神的拘束を意味した。従って、彼らが乱後に特別の動きを表面化させる条件はなく、県行財政は、後にみるように、対農民政策を基調として進められることになった。しかし、乱直後の士族感情は不安定であり、一部には動揺もみられ、県治上の対応は不可欠であった。北島県令がとった方策の主なものは、懲役刑をうけた乱軍参加者を他府県に分配して士族感情を慰撫することであり、より重要な施策としては、除族のうえ懲役以上の刑をうけた者の家族に対する救助を実施し、除族の刑をうけた者に授産資金を貸与し、一般の士族に対しては資金を貸与することによって土着・授産を推進することであった。

乱直後は、「若年ノ士族輩ハ平常青竹或ハ鉄鞭等ヲ杖テ往来シ、官員ノ通行ト見ル時ハ忽チ道路ヲ妨ケ[23]」るなどの状況があったが、その後沈静化した。士族中には封建論の影響が依然として残存し、憂国派を中心に、島津久光や鹿児島県士族に依頼する者がかなりいたといわれる。五月から七月ころにかけて、行動が活発化した。五月には佐賀市中に放火がおこり、第一二大区二小区の松浦郡相知村では、一八日深夜、覆面で抜刀した七、八名が、戸外に四、五名の見張りをおいて質商宅に押し入り、「征韓論」のための軍資金を強要する事件がおこった。彼らは、「自分共近藩士族ニ候処、又々征韓論沸騰ニ付軍費入用有之候間二千円借用致度[24]」と主張し、断られると家中を捜索して物品を強奪した。この質商は、反乱勃発時にも出金を強要され、六〇円を供出している。六月ころ、士族が佐賀市中の寺院に集会し、罪に問われた士族への財政的な援助を計画した。彼らは、「当春暴挙ニ及ヒシ徒ノ中除族或ハ懲役トナリシ輩一粒ノ家禄ナクシテ追々困窮ニ及フヲ以テ、家禄アル士族ヲ説諭シ禄米一石ニツキ五舛ツヽノ計算ニテ一統ヨリ出米セシメ之ヲ以テ窮迫ヲ救ハン」と意図したが、その「内情ハ説諭スルニ非スシテ暴論ヲ以テ他ノ士族ヲ圧倒スル体ナリシ故、県庁ヨリ議スル事ヲ禁シ」た。

また六月から七月にかけて、一八、九歳から二五、六歳の士族四、五〇名が佐賀市街の寺院に集会し、「盂蘭盆ニ亡江藤其他処刑ニナリシ者及ヒ戦死セシ者ノ祭ヲ為」すことを計画し、「其費ハ各々協力シテ出金スルト雖モ正義派ノ前山隊ヨリモ出費セシメン」としたが、「集合ノ中ニテ会主ト為ルヘキ人物ナク議論区々ニテ一定セス、遂ニ空シク」なった。七月中旬には、元前山隊員二名が割腹自殺する事件がおこり、「県庁ハ狂死トナシ処分アリシ」が、「内情ハ暴徒ノ為ニ議論ヲ以圧倒サレ遂ニ爰ニ及ヒシ由[25]」といわれ、割腹者は四人ともいわれた。「佐賀貫属前山ヲ恨ム事甚シ」く、「近頃聞前山清一郎不遠帰県スルト、甚憂ルナリ、若同人帰県ノトキハ暗殺ナトノ憂ヒアルモ知レス」[26]と県官が憂慮している。前山らは反乱鎮圧後の四月、士族感情と身辺保護を考慮したと考えられる大久保内務卿の指示によって上京し、「御用滞在」を命じられ、前山は内務省六等出仕に、小代靖は工部省八等出仕に任じられる。彼らは七月一三日に、出立が急であったことなどを理由として一時帰県を出願しており、即日認可され、翌日に出立の計画であった。

このように、乱後の士族感情は不安定であり、窮迫化の進展を背景として、何かの事態を契機として動揺しかねない状況にあった。

彼らの士族意識はまた、台湾出兵後の対清国政策の緊張化によって刺激された。先鋒を請願する行動が発生し、県令は説諭に努めた。「当今士族輩北嶋県令ノ宅へ至リ今般清国ノ先鋒ヲ願ハント云ヒ或ハ兵ヲ募ラント云テ頻リニ迫ルト雖モ、北嶋県令懇ニ之ヲ説諭シ」、さらに後述する旧知事鍋島直大が帰県して説諭したことによって止んだ。一部の士族は、海軍による兵士徴募に応じて上京したものもあった。「募兵ノ長」となった人物は、「今ヤ我国危急ニ迫リ国家ノ興廃此一挙ニアリ、斯ル時ニ臨ミ苟モ有志輩尽力セスンハ有ル可ラス、故ニ兵端ヲ開クニ決セハ速カニ帰国シ九州一般ノ兵ヲ募リ先鋒ト為テ清国ニ赴カン、兄等今ヨリ東西ニ奔走シ諸有志ト議シ預メ策略ヲ設置クヘシ」、「然リト雖モ彼ノ征韓論ノ如ク曖昧ニテ和議トナラハ国威ヲ失スル素ヨリ論ヲ待たス、政府ニ於テ若如斯キ因循ノ処置アラハ有志輩ト共ニ廟堂ニ迫リ斃レテ後ニ止マント云テ発足セシ由」[27]、といわれる。この人物は、武雄に在住の士族といわれるが、この地の士族は佐賀の乱時は「武雄団」として封建復帰を主張する憂国派に所属し、政府軍が進撃するとその嚮導となった。ここには、依然として変わらない濃厚な士族意識をみることができる。

このような人心の動揺は、江藤新平の墓所への参詣が流行するという形で、庶民にもおよんだ。これは、県にとって厄介な問題であった。五月ころから、「亡江藤新平ノ霊ニ祈ル時ハ諸病ヲ治シ盲眼ヲ開キ訴訟等ノ延日スルモ忽チ裁判ニナル」などの浮説が広まり、「既ニ某ハ亡霊ニ祈テ盲眼ヲ開キ某ハ処病ガ平癒シタリト證ナキ浮説ヲ唱ヒ、士族ヨリ平民ニ至ル迄男女ノ別ナク参詣」し、三潴県下久留米・柳川などからも墓参者があり、多い日にはおよそ二〇〇名ほどに達し、普段は寂寥たる佐賀郡木原村の蓮成寺に菓子・果物などの物売りが出る騒ぎとなった。墓参には時間帯があり、「江藤ノ亡霊午前第九字ヨリ午後第四字マテ県庁ニ出て民政ヲ聞クト云テ、此時間ハ参詣スル者稀ナリ」(28)、であった。県にとっては、士族の同調だけでなく、民衆が、江藤にみずからの日常生活上の願望を仮託するようなことは、防止しなければならなかった。

七月三一日、県は北島県令名でふり仮名・解釈つきの布達を出し、江藤は「犯罪の者」であり、その墓所への参詣は「多人数誘ひつれ墓参いたし候ては朝廷へ対し奉り誠に以恐入候次第」、「方今人知解明の時ニ至り、一時の浮言に迷ひ病を治し願を遂け候抔いろいろの事を申ふらし、治療第一の医薬を外にし、又ハ無用に家業を欽き寄怗の説を信じ候ハ実に愚の至り愧つへきの事ならすや、今後右怗説を唱衆人を惑し候者ハ厳重捜索の上相当の処分に及へく候」(29)として、親類・縁者以外の参詣を禁止した。この後、「江藤ノ亡霊肥後ヘ赴キシ」として参詣者は減少したが、なお止まなかったため、県は八月中旬から捕亡を派遣して取り締まった。これによって士族の参詣は止んだが、「愚民ハ夜ニ及ンテ参詣スルモアリ、或ハ近傍ニ至テ遥拝等ヲ為スモアリテ未タ止マサル由」(30)、といわれた。八月二日には、三潴県も、佐賀県の布達と同趣旨の江藤の墓所への参詣を禁止する布達を出したが、ひそかに墓参する者があったといわれる。事態が、士族意識の範囲を越え、民衆の意識に関わってくることになると、県は厳しい統制を加えたのである。

八月、旧知事鍋島直大が、このような県内の動揺を沈静化させ、政府・県への帰順意識を促すために、墓参を名目にして帰郷し、旧藩士への説諭を行った。直大は、反乱が勃発したときは欧州にあり、反乱を聞いて帰国し、説諭を計画し、旧藩重臣とともにこれにあたった。(31) 直大は、県の許可を得て、前山清一郎らの行動を賞し、「戸長ノ人々荒々相招キ」説諭したが、この説諭内容は県によって県下に布達された。直大は、前山らに対しては、「許多ノ艱難ヲ凌キ官軍ニ応シ尽力」した「忠烈ノ志」を顕彰した。相当数の旧藩士が就役していた戸長に対しては、乱は「朝憲ヲ犯シ王師ニ抗シ候所業叛賊ノ名遁ル、ニ由ナシ」、「我祖先ノ功徳一旦地ニ墜ントス」、「然ル処方今ニ至ルマテ猶或ハ前非ヲ悟ラス方向ヲ失ヒ候者モ不尠由」、「速ニ大義名分ヲ弁晰シ、且拙者カ兼テ朝廷ヲ尊奉スル区々ノ衷情ヲ体認シ、人々先非ヲ悔ヒ私惑ヲ弁シ、一意ニ朝旨遵奉シ県令ノ施設ニ従ヒ聊カ乖戻ノ意ナク悔悟恭順ノ実効ヲ表」すべきである、「民間ノ者等ニ至テハ猶旧習ニ拘泥シ御一新ノ盛意ヲモ会得セサル者多シ、其間ニ乗シ甘言ヲ以テ誑惑セラレ其惑不浅由[32]」、と諭した。説諭は、旧藩意識と身分関係を骨子としたものであった。説諭に対して、「悔悟セザル輩ハ意外ノ体ニテ驚愕シ是レヨリ以来追々悔悟スル者アリ」、しかし一方では「一時屈シテ時ヲ待チ後日素志ヲ遂ケント云テ未タ悔悟ノ意ナキ[33]」者もあった。

　このような佐賀県士族の不安定な状況は、政府にも伝えられており[34]、特別な直接的措置がとられることはなかったが、警戒され、佐賀県からの政府への諸要請に対しては配慮が加えられた。

　士族のこのような動向に対して、北島県令は説諭などの対策に努めるとともに、慰撫策を実施した。北島県令は、処刑者を他府県で服役させるために分配を実施し、前述のように、この護送を契機として乱時以来駐留していた警視庁巡査を帰京させて削減した。

　北島県令は、一八七四年六月七日、正院と内務卿宛に、「懲役人各府県へ分配之儀ニ付御届」を提出し、処刑者一一九名と警視庁巡査一〇〇名が県地を出発したことを届け出た。「先般御達ニ相成候当県賊徒懲役人之内、病気并裁判所糾問中之者ヲ除キ百拾九人各府県へ、巡査百名縄取廿七名附添、本日五日県下早津江ヨリ乗艦護送致候[35]」、と。懲役人の他府県での服役は、乱直後に岩村高俊権令が提議した施策であった。内務大丞林友幸はそれをうけて、五月五日、太政大臣三条実美に対して「同県ニ於テ駆役致候儀ハ実際不都合ノ次第モ有之、且人身折合方ニモ関係可致ニ付他方へ分配相成度旨県官ヨリ申立、事実尤ノ儀ニ相聞候」[36]、と伺い出、九日に許可を得た。分配はその後追加され、結局、懲役一〇年から二年の服役者一三八名が、京都府、大阪府、滋賀県、広島県、和歌山県、名東県、堺県、飾磨県、岡山県に分配された。[37] 一二月にさらに三名が小田県に分配されるなど、一八七四年内に一四一名が分配された。警視庁巡査の削減とともに、処刑者の他府県での服役が実施されたことは、佐賀の乱の乱後処理が大きな峠を越えたことを意味した。

北島県政のより本格的な士族対策は、士族の土着・授産を推進することであった。家禄奉還については、「方今佐賀県士族二百名程家禄奉還ヲ出願ス、然レトモ県庁ニテ御払下ニナルヘキ官林取調中ユヘ未タ指令ナキ由」、「方今家禄奉還スル佐賀藩士族ノ中、資本金及ヒ御払下地ヲ密ニ他人ヘ売渡シ毎年幾何ツヽト数ヲ極メ、是レマテノ家禄ノ如ク買主ヨリ永世米金ヲ請取ントスル者アリ、其方法到底紛紜ヲ生スル基ナルユヘ県庁ヨリ区長ニ命シ家禄売買ヲ禁タル由」[38]、というような事態が存在していた。これについては、県も苦慮しており、一一月一四日、「家禄奉還之者願之地所其外取調遅延ニ付本年家禄御渡相成度儀ニ付願」を内務・大蔵省へ提出しなければならなかった。「春来家禄奉還之儀願出之者不少」、しかし「嘗テ御猶予相願置候通今春暴動之際右必要之書類紛乱之カ為取調之手順頗ル繁ニ渉リ、主務之吏員ハ勿論県官一同過暑之休暇ヲ廃シ日夜勉強罷在候得共未全整然相成兼、此間地所御払下願之分ニ至リテハ到底本年中申達之運ヒ難相付儀ト痛心致シ候」、「政庁事務之不運資本拝受之期ニ後レ加之今年之家禄其外士族不相渡様成行候テハ、折角御趣意ヲ奉戴シ家禄奉還仕却テ各自窮迫ニ陥リ候様相成、左候テハ御仁恤之御趣意モ如何也ト恐懼仕候間」、「特別之御詮議ヲ以右家禄奉還之者共本年家禄其外士族同様据置御渡被下、明年ニ至リ資本金夫々御下渡相成度」[39]、と。県は、区戸長に調査を指示していたが効果が上がらなかったため、県官を実地に派遣して地所調査を進めた。

除族以上の刑をうけて禄を没収された者の家族の困窮は厳しく、前記のような、士族の間でその救助を標榜する行動が発生する状況は避けなければならず、また懲役刑は免れたものの、多くの除族者の困窮化も進んでいた。除族の上梟首・斬刑・懲役の処刑をうけた者の家族の救助については、既に四月、岩村前権令から大久保内務卿への実施願が提出され、大久保は許可の上、計画を提出するよう指示していた。北島県令は、六月二九日、扶助米の詳細を添えて、一ヵ年一三三四六円五銭四厘の救助を三年間実施したい、授産については別途伺う予定、と願い出た(40)。

この授産については、北島県令は七月八日、伊藤博文内務卿に対して、「庁中所有金」九八五三九円余を、勧業授産・教育のために使用したい、と願い出た。「庁中所有金」とは、「当県新置之砌合併県々ヨリ不用物売払代価及ヒ租税外ノ継金」であるが、これを県民を開化に導き人材を育てる教育と、「管下除族ノ者多分ニシテ縦ヒ将来多少之御扶助ヲ賜ルモ亦持久ノ方法設ケサルヘカラス(41)」、ゆえに勧業授産に使用したい、というものであった。伊藤内務卿は、施行方法を届け出よ、その節に指令する、と指示した。北島県令は、その後、方針を除族者の土着・授産に限定して、一一月二五日、再申請した。この「除族輩土着并授産之義ニ付拝借金願」は、七月の出願内容を変更し、「庁中所有金」の内四〇〇〇〇円を、除族者の土着・授産の資本として拝借したい、というものであり、計画書「除族之者土着方法大綱」を添付していた。除族者は大罪を犯した者であり、「各自勉励シテ力食之道可相立ハ当然ノ儀ニ候得共、多クハ従来家禄ヲ以恒産ト致居候儀ニテ、春来ハ一層ノ困窮ヲ増シ目今ニ到リ候テハ殆ント凍餒ノ形状ヲナシ候(42)」、と事情が緊迫していることを説いている。「除族之者土着方法大綱」は、八カ条からなり、官公地から一戸あたり一町の払い下げをうけ、数戸単位で組合を立てて運用し、桑茶を栽培する、資金の返納は一〇年間据え置きで一一年から五年年賦とする、などを定めている。

前記の六月の佐賀県の伺に関して内務省は、翌一八七五年一月一四日、次のような上申を三条太政大臣に行った。これは類例のない事態であるが、除族の上処刑・懲役の者は本禄を没収されて「恒産ヲ失ヒ豪釐ノ支給ヲ受ヘキ所ナキニ至テハ尋常ノ困難トモ違ヒ」、大久保内務卿が聞き届け済みの上での申請であり、「真ニ憫然ノ至」である、しかし「救助ト有之候テハ多人数ノ儀ニ付自然姑息ニ安ジ候姿ニ相成怠惰偸安ノ弊ヲ生シ候者モ可有之候条、其名義ヲ変換シ更ニ授産ノ一助トシテ下渡度」、現在佐賀県から「庁中所有金」四〇〇〇〇円をもって除族者の土着・授産の資本としたいとの願が出ているが、これは「別途御出方ノ金筋トモ違ヒ数種貯積ノ所有金ニ候得ハ聞届ノ見込ニテ追テ伺候積リニ付、御許可相成候ヘハ右ヘ合併全ク授産ノ資本トシテ夫々勉励為致」、その進退は県令に一任したい、「其実救助ニ候得共更ニ授産ノ名義ヲ下シ候儀ニ付具申ノ通リノ給与ニモ及フ間敷」、一ヵ年の金額を一〇〇〇〇円として支給したい、佐賀県からの伺は前年六月であったが人員その他の「違算」[43]に関する往復のため遅延し、困難を重ねているので至急採決されたい、と。結局正院の許可を経て二月に、六月の除族以上の処刑者の家族への救助に関する佐賀県伺に対しては内務卿代理林友幸大丞が「授産ノ一助トシテ一ヶ年分金壱万円三ケ年間渡候」[44]と、一一月の土着・授産に関する伺に対しては大久保内務卿・大隈大蔵卿が「壱戸百円ニ見込凡三百十九戸合金三万九百円」[45]を下げ渡すと、指令した。

こうして、反乱派士族を救助するという論理ではなく、士着・授産を推進するという建前を前面に立てる形で、没禄除族者およびその家族への資金が下付されることになった。この後佐賀県は、一八七五年一〇月に組合を設立して就産を実施する「就産組合規則」や「土着規則」を定めるなど、除族者惣代との議論を経て、一八七六年一月ころにかけて、実施方法の策定に努めた。除族者から申請された就産方法の計画で圧倒的に多かったのは、不動産を担保として下付金を貸し付けて利子を取得する方法であり、土着開墾、あるいは工業部門への就産を計画した者は多くなかった[46]。なお、支藩の旧小城藩主鍋島直虎も、一八七六年一月、三一名の旧小城藩士の除族懲役者家族に対して一七四〇円の救助金を支給している[47]。

佐賀本藩士族の土着に関しては、北島県令は、旧藩知事鍋島直大が献納した先祖遺金、いわゆる「旧知事遺金」

を資金とする方法を進めた。鍋島直大は、廃藩置県に際して、先祖からの遺金四〇万両を献納することを申し出、その三分の二にあたる二六万六六六六円余を旧藩士族の土着と藩債消却にあてることを願った。佐賀県は、一八七一年八月以来、この遺金を基にして、土地・竹木の払い下げを行って土着を進めた。しかし政府が帰農法による士族の土地所有権を認めなくなったため、従来の払い下げによる土着の道は閉ざされた。一八七二年から翌年にかけて、佐賀県は、再三にわたって、旧来の経過と士族の不満の蓄積を説いて、これまで通りの土着法を進めたいと政府に願い出た。一八七三年四月、参事石井邦猷の、土着に必要な額の知事遺金の下付によって、地所は無償、竹木は有償払い下げという形で土着を進めたいとする願に対して、七月、大蔵省事務総裁大隈重信は、本来は地所の無代価払い下げは聞き届け難いが、知事遺金の内から相当部分を払い下げるので、それをもって地所・竹木の有償による払い下げを行うよう指令した。(48)

一八七四年一一月、北島県令は、「旧佐賀藩士族土着之儀ニ付上申」を提出し、地所の払い下げを急ぐ必要があること、二〇〇〇戸の士族全員に地所を払い下げることはできないので、適当な方法で就産の見込みを立てさせ、組合を結成させて知事遺金を下付したい、と願い出た。一八七三年の指令にもとづいて地所入札を行ったが、「其砌在官見込ヲ以」って落札人へ落札証を渡したため、「右落札ノ地ハ最早各自ノ私有物ト相心得竹木ヲ売却スル者アリ、或ハ開拓ニ着手スルアリ、又其地ヲ転売スル者アリ、其後今春ノ暴動ニ際シ弥以不取締ニ相成」、「追々苦情モ相聞、尚此上差留置候テハ果シテ歎訴可及ト存候」と、不安定な状況を記している。そこで、「従前之仕組ニ基キ一戸六拾円ツ、凡二千戸合テ拾弐万円ヲ総費額為シ」たい、ただし「旧官ノ仕組法ハ一戸ニ付一町歩ト金若干ヲ与フ云々ナレトモ、旧知事献納金ノ儀ハ最早多分ノ遣払ニ相成現今ニ至リテハ拾弐万円ナラテハ無之趣ニ付、地所ト金トヲ両用相渡ス儀ハ断然廃止、今般ハ金ヲ以本トシ此金ニテ各自地ヲ得ルヲ旨トス」、二〇〇〇人に土地を渡すことは不可能であるので、「地ヲ望ムニ其地ナキ者、或ハ土着ヲ不欲者、終身農事ニ不堪者ヘハ各自ノ見込ヲ申出サセ、其方法大概宜シキヲ得タル者ト見受候分ハ組合ヲ立、別紙四印金高割付之通下渡候様仕度」と、「旧佐賀県士族土着金下渡方法大綱」を添付して願い出た。「大綱」は、八条からなり、「地下并立竹木トモ相当代価ヲ積リ下渡シノ金ヲ以テ上納セシムヘキ事」などを規定しているが、第八条は、伺文にもあるように、「地ヲ望ムニ地ナキモノ并ニ農事ニ不堪者ヘハ下渡ノ金員ヲ直ニ下付スヘシト雖モ、就産ノ見込ヲ尋問シ予メ其得失ヲ計リテ之ヲ渡スヘキ事」(49)と定め、開墾に従事しない土着の方向も示している。これに対して大久保内務卿・大隈大蔵卿は、翌年三月、知事遺金の残額は藩債消却その他の使用によって一〇万一七八六円一銭五厘となっており、この額を下げ渡す、落札した一八九名には地所・竹木代価をもって払い下げることを指令した。こうして基本方針が確定し、その後、詳細を詰めて、一八七五年八月、大蔵省出納寮から下げ渡す指令が出た。

すでに士族の中には、地所を開墾し、あるいは買い入れるなどの動きがおこっており、早急な対応が必要とされていた。遺金が配分されたのは、一八七五年一二月のことであったが、この間、北島県令の配分法は大きく転換した。遺金総額を士族に均等に配分する方法から、総額の約七割にあたる七一七八六円一銭五厘を均等に分配し、三〇〇〇〇円は分配しないで運転して利を積み、将来の分配に備える方法に変更した。これは、士族の現状を観察すると、一時に二〇〇〇名の士族をして実効ある土着を成功させる展望が見えない、という判断であった。士族の土着は、桑・茶など実利の大きい作物を栽培すること、土地を購入して自作または小作させること、土地を貸し付け利子を取ること、開墾すること、の四方法が定められ、分配金は士族一九六六名に一人当たり三六円五一銭三厘七毛余であった。(50)三〇〇〇〇円は、士族から公選された「運転生利取扱人」によって運用されることになった。

佐賀県士族は、佐賀の乱の鎮圧によって強力に封じ込められたが、またそれ故に不安定でもあり、士族意識からの脱却は難しく、何かの事態を契機として動揺しかねない状況にあった。したがって、特別の行動をおこす条件になかったとはいえ、県治推進上、士族感情への配慮は不可欠であった。懲役者の他府県分配や除族士族の家族への救助など、岩村前権令が応急的に実施した士族対策を踏まえて、北島県令は、土着・授産を対策の柱として、士族の反発の緩和と解体を意図し、乱後の流動的状況の中で進展させたのである。

第二節　民衆運動の展開

(一) 兵災・自然災害と人心の動揺

佐賀の乱後の県政は、前述のように不安定な士族感情に留意しつつ、土着・授産を推進することによって士族の解体を推進する方策を重視した。しかし、よりいっそうの対応を余儀なくされ、また県政がその基調として重視したのは、農民をはじめとする人心の収攬、慰撫と安定化であり、合理的で実効的な村落統治体制を確立することであった。

まず北島秀朝県政は、何よりも、反乱の発生によって生じ、さらに、乱後の再三にわたる自然災害によって助長された人心の動揺や生活上の困難を収拾するという課題に直面した。この施政のなかで北島県政は、乱後の現実への対応に追われながらも、人心を収攬して民政を安定化することを県治の基本に据える姿勢を強めた。北島県令は、五月に入県後、六月から八月にかけて発生した大規模な自然災害に対する施政を通して、本格的に県政に取り組むことになる。

佐賀の乱は、徹底して佐賀士族のみの行動であり、士族が農村を組織したり、農民に連帯ないし呼応を呼びかけることはなかった。農民の側も、庄屋地問題・加地子地問題をはじめとして、旧来的村行財政や貢租その他の収奪に対する反発を強め、抵抗行動を各処で展開していたが、連帯の行動はおこさなかった。佐賀士族軍は、乱時に「代官」「代官心得」を設置したが、彼らにとって農民は、夫役、資金、食料その他の徴発の対象でしかなかった。

佐賀の乱は人心の動揺を強め、これを機とする農民の独自な行動が発生した。乱時の農民の行動については、あまり多くを知ることはできないが、一部では農民が、県庁機構の壊滅状況に乗じて、自己の主張を明確に行動化したものもあった。乱の前の時期、東松浦地域の農民が旧庄屋居宅・庄屋地の取り戻しを意図して一揆状況ともいえる激しい行動を展開したが、佐賀の乱の前後のころも、このような状況は継続していた。彼らは「自侭之取計」を行い、「暴動」を各処でおこした。彼らは、直接の利害を持つ庄屋居宅・庄屋地でこのように行動を展開するのみならず、「管下物騒」という士族による武力蜂起、県庁の動揺・解体という状況を機として、県庁の布達を拒否し、県庁を「軽視」する行動をとった。庄屋地に関係する「地券取調」その他、県庁のこれまでの施政を「打捨」るという、県政の無視ないし否認の動きを見せたのである。二月一七日、唐津浜崎扱所は、管轄区内の村長・惣代に対して、次の指令を出している。「旧庄屋居宅并田畑山林等小前強情申立暴動之致方不一ヶ所有之趣ニ候、右等之品今般伺書差出置御指令之上可申達筈ニ候処、扱所江一応之尋合も無之自侭之取計以之外ノ儀ニ候、縦令民費営繕且村中ヨリ附属之筋多ク共、戸副長江見込伺ヲ経至当之御処分可相成迄ハ小前ニ於テ勝手ニ取計候儀堅令厳禁候条、村長并惣代中此度説諭ヲ加ヘ可申事。一、今般管下物騒之折ニ付地券取調其外是迄御布達等之件々於テ小前打捨候抔ト致心得違、県庁ヲ軽視スル模様ニ差聞不容易事ニ候条、即今銘々致安堵農業ハ勿論地券其外不相替取纏御布達之旨一々遵奉シ候様、村長并惣代中ヨリ無漏厳達有之候事[1]」。

ほかには、「廿六大区江小前集会之風聞有之」、「同廿日ニ伊万里市中騒擾之趣[2]」などの動きが知られ、副戸長が出張して説諭している。

このような人心のありようは、振幅にかなりの差はあったであろうが、県下全体において共通したものであったろう。県庁機構自体が動揺し、村行財政が混乱・停滞するという事態は、県下の多くの農民に不安定さや動揺を与え、これを機会として抵抗感が強まったであろう。

佐賀の乱によってこうむった県下人民の被害状況は、一八七四年一〇月の県の政府への報告によれば、表3‐3のような状況であった。数字に関しては、史料によって異同がある。

北島県政以前の、佐賀の乱後の被害救済、人心慰撫策について、簡単にみておこう。

被害は、直接的なものとしては、居住地が戦場となったための、戦闘による家屋・財産などの焼亡・損壊、避難や離散、さらに佐賀士族軍の夫役、資金、徴発などによる被害、などであった。戦場となったのは、県東部から中央部にかけての地域、三根郡、養父郡、神埼郡、そして佐賀郡、小城郡の一部などであったが、夫役や金穀の徴発などによる被害は全県下におよんでおり、戸長や村長など、村行財政の担い手が佐賀軍に加わった場合は、その被害は大きかった。

兵火罹災者の救済に関しては、乱鎮圧のために佐賀に出張中であった大久保利通内務卿も、岩村高俊前権令も、人心収攬のために重視した。とりあえず、兵火の罹災者に対しては、目下飢渇にせまる被害者に対して、県治条例

表3‐3　兵火罹災被害・救助表

兵火ニ罹ル部	
村	29カ村
戸数	1599戸
男	3510人
女	3427人
倉庫	171軒
小屋	924軒
米	3418石7斗余
籾	3637石6升余
雑穀	1744石3斗3升余
農具	不詳
家財	不詳
衣類	不詳
雑品代価	3803円62銭余
貢米	123石2斗7合
民積米	不詳
盗ニ遇フ者	
金銭	3631円44銭6厘
衣服	22品
家財	29品
米穀	49石6斗5升5合
賊ノ召募ニ應スル者	
良米	142石5斗8升
金銭	824円77銭3厘
草履	3902足
雑品代価	48円40銭3厘
夫役	9826人
良民救助ヲ受者	
男	1776人
女	4214人
救助米代価	845円74銭4厘4毛
賑恤金給ル戸主	
上等	75人
中等	1127人
下等	316人
合金	22115円

「騒擾所関一覧概表　明治七年八月調」（『公文録　諸県之部全　明治七年十月』十六号より作成。

の救助規則に従って、男一日三合、女同二合の救助米を五九九〇名に対して、一五日間支給した。さらに大久保内務卿は、三月二〇日、「普ク至仁之朝旨貫徹」させるとして、一四〇六名に対して一九八四五円の「格別之御賑恤」を実施した。大久保は、「賊徒暴動之砌兵火ニ罹ル者凡千六百家ニ及ヘリ、中ニハ其財物ヲ掠奪セラレ或ハ兵役ニ駆使セラル、者不少、其残忍苛酷固ヨリ賊之賊タル所以ト雖トモ、憫モ無辜之細民ヲシテ號呼糾走告訴スルナカラシム」と主張し、これをうけて岩村前権令は、「管下一同天明御鴻恩之無限ヲ致感戴、各自安其所無懈怠可励生業」[3]と県下に布達した。対象とされたのは、戦場となった佐賀県東部の三根、養父、神埼郡と佐賀郡、小城郡の一部の第一～七大区および一八大区であり、上等七六名に一五二〇円、中等一〇〇五名に一五〇七五円、下等三二五名に三二五〇円、計一四〇六名に一九八四五円の救助金が支給された。

乱による直接的な被害をうけた農民は、乱後の三月には、貢租の分割納入という困難にも直面した。佐賀県では、地租は一月に五割、三月二五日と五月二五日迄に各二割五分を納める慣例であった。乱による県庁業務・村行財政の停止や混乱、すでに村蔵に納入されていた地租米が佐賀軍によって略奪されたり、兵火によって焼失したことなどによって、明治六年貢租の期限通りの納入は困難視された。岩村前権令は、三月一五日、納入期限の延期を大久保内務卿に要請した。岩村は、戦地になった地域は住家の焼亡もあり、避難した人民が帰村してきているとはいっても、「御規則通上納難行届」として、三月納入分を五月まで、五月納入分を七月まで猶予することを願った。大久保内務卿は、「事実無余儀[4]」として許可し、正院に報告した。この措置は、戦場となった地域だけでなく、全県下に適用された。

士族反乱の鎮圧後、被害の救済と生活の修復・再開、県庁機構や町村の行財政機構の復興と施政の復旧が、いっきょに開始され、人民の生活も行財政も煩雑を極め、混乱も激しかった。このような状況下に、六月から八月にかけて三度にわたって大規模な風水害が県下を襲った。これらは、その規模が大きく、家屋の損壊のみならず、作稲の植付や成育に直接の被害を与えるものであり、さらにまたそれが秋の収穫時の検見、さらに貢租の納入と民費の徴収に影響を及ぼすことが必至であるだけに、北島県令は、人心のありように深刻に関わる県政上の重要課題として位置づけた。兵乱によって被害を受け、その後も日が経過していないために、この災害が農民にもたらす影響と、そのことが与える県政への影響を重視したのである。五月二一日の入県後に展開する北島県政の基調は対農民政策におかれるが、その最初の本格的な着手が、この災害対策であった。

六月一八日から二〇日にかけて、県東部の基肄、三根、養父郡と神埼郡の五区四郡を豪雨が襲い、筑後川が氾濫して洪水となった。豪雨が続き、二〇日には「水量柱定寸二丈四尺ヲ超ル事凡ソ三尺ニ及」び、肥筑境川の堤防が崩壊して、「村落四十五ケ村、家屋凡二千六百余戸水中ニ擔ヲ浸シ」、「近来未曾有之洪水(5)」となった。県は数度にわたって、水難表を添えて、内務卿宛に報告したが、水難表は、四十五カ村、二六二四戸、一三四七二名が被害を受け、二四一七戸に対して一時救助米を施行したことなどを詳細に報告した。県は、「田畑ハ稲苗ヲ始メ其外作物並ニ塘堤道路橋梁等破損不尠、或ハ家屋諸器物流失致シ、偶存在スル品ハ過半腐敗ニ及ヒ候ニ付、此侭差置候而者忽破産ニ至ル者有之ハ必然之勢ニ而深ク痛心仕候」と憂慮を示した。さらに「家作流失之者拝借金之義ニ付伺」を提出し、「兼而貧窮之者共ニ而家作其他日用之品等新調致兼、現今実以裸体同様之訳ニテ路傍江相立殆困迫」している者から「家作料拝借歎願(6)」が出ているとして、一〇カ年年賦での貸与を願い出た。

この地域は、七月九日から一〇日にかけて、再度の洪水に見舞われた。「四拾五ケ村再度洪水」、「向キニ破壊スル大小之塘堤急水留之ケ所々々越水、耕地之レカ為ニ水下ニ相成、就中稲田之儀ハ再度之水害ニ罹リ候分大卒腐敗ニ及ヒ且洗剝等之場所モ有之(7)」と県は内務・大蔵省に報告した。

六月の水害は、規模そのものは大きかったが、具体的な被害は流家二四戸、潰家八八戸、家財流失五二戸、塘堤破壊六七カ所、田畑損地一九町五反余、同減米二九石余、溺死一名、などの事態にとどまった。県がこの水害を注視した理由は、この地域が二月の佐賀の乱の戦場となり、家屋の焼亡・損壊や田畑の荒廃、避難や家族離散、納入済み貢租現米の略奪・焼亡など、兵災の被害を集中的に受けた地域であったからであった。この後、八月に大規模な風水害がおこると、県は、二月の兵災、六月の水害、八月の風水害を関連させて「三大難」あるいは「三難」の語を多用する。兵災と自然災害とが相乗した形になって被害を深刻化させ、人心の動揺を助長することを恐れたのである。六月の水害に対しては、一〇月に、基肄、三根、養父郡の三郡六カ村の極貧四八戸に対して小屋掛料二一二円が五カ年年賦で、同郡五〇戸に対して農具代二五〇円が貸与された[8]。

田植え後の稲の腐敗は、収穫に直接関係するだけに、県は細かな対応を実施しなければならなかった。洪水直後の六月二二日、県は、田植え終了後の余った苗を捨てるな、余苗を調査して届けよ、と県下に布達した。「此度之洪水ニ而水害村々多ク稲苗水腐いたし候場所も不少、就而ハ水害無之村ニおいて田方植付済余苗有之者不取捨囲置可申、且又右苗凡何十何畝何十歩との見込相立、来ル廿七日迄ニ租税課可申立[9]」と。

この水害後の六月二九日、北島県令は内務省に対して、兵災罹災者に対する家屋建築・農具整備資金の拝借願を出願した。これは、直接には佐賀の乱の事後処理に関わる問題であるが、兵災の被害の解消が困難であり、水害がそれを助長したという判断にもとづくものであった。先述のように、同月一九日から翌日にかけての豪雨は、佐賀の乱時の戦場となった県東部地域に被害をもたらした。

この「兵災ニ罹ル者共ヨリ拝借金之儀出願ニ付上申」は、これまでの救助や特別の賑恤は実施されても、農民の家屋の建設や牛馬農具の調達の方策がないことから官金拝借の願が続出していることを指摘して、それらの資本金を貸与する必要があることを申請した。「県下暴動之際兵災ニ罹リ目下凍餒ニ迫ル者共不取敢十五日間之御救助ヲ賜リ、其他借家抱家等ヲ除ク外何レも御賑恤金ヲ賜リ候処、猶且家ヲ建テ牛馬農具等ヲ調ル場合ニハ立至リ不申、頃者拝借金之儀陸続願出候得共、中ニハ不条理ノ者又ハ過分ノ者等相見ヘ候ニ付段々致調査候処、別紙書載之分事実農具等ニ差支候者ニテ此侭苒々打過候テハ自ラ農務ニ後レ遂ニ田畑荒蕪ニ属シ候様相成可申ニ付、別冊表面之金高御借下ケノ上十ヶ年譜ヲ以返納仕度」、実情洞察の上特別の詮議をもって許可ありたい、と述べた。別紙「極難ノ者兵火罹拝借金願表」は、貸与額を、二〇円、一五円、一〇円の三等級に分け、それぞれ二〇九名、三九二名、二一六名の計八一七名に、合計一二二二〇円の貸与金を支給することを申請した。

これに対して内務省は九月二二日、救助金および賑恤金を支給した上に拝借金を願い出るのは「際限無之」であるが、「追々農具等調整ニ至テハ未タ着手難成困難ノ余頻ニ嘆願候次第県官ニモ難黙視、猶又実地熟査之上別紙拝借表之通見込相立伺出候段事実無余儀相聞」るとして、「申立之半高拝借差許度存候条、金六千百拾円別途御出方相成候様仕度」、と正院に対して上申した。正院財務課は、再三の出願は不都合ではあるが、「全ク農具ニ差支候為メ再三嘆願之趣ニ候得者情実無余儀相聞ヘ候ニ付、出格之訳ヲ以伺之通申立之半高御貸下之儀御許可相成可然」[10]と内務省の方針にそって答申し、一〇月二三日に執行された。この判断は、後述するように、八月に大規模な風水害が発生したことを考慮したものであり、再三の自然災害の影響によって収穫時および貢納・民費納入時に人心が不安定になることを予防する意図が込められていたと考えられる。この拝借金は結局、「暴挙之際兵災ニ罹候極貧之者農具代拝借」として、養父、三根、佐賀、神埼、小城郡の四七カ村八四六戸に対して六四〇二円五〇銭が、一八七五年から五年間で返納という条件を付して、一〇月二九日の内務省の認可を経て、貸与された[11]。

ほどなく北島県令はまた、一八七三年分貢租の七月までの延期分の納入に関しても、現実にそった対応を実施する必要に迫られた。前記のように、岩村前権令が納期の延期を大久保内務卿に申し入れ、許可を得ていたが、五月納入分は七月二五日が期限であった。北島県令は七月一七日、これを八月まで再延期することを大蔵卿宛に要請した。北島は、「当二月暴挙之節戦地之村々ハ住家々財諸帳簿ニ至迄悉ク焼失致シ急速取纏難出来ニ付、七月中迄延期之儀上申仕候処御聞置ニ相成」と先の事情を説明した上で、「小前之者共ヨリ取立候現米村蔵ヘ詰置候分賊党之為ニ掠奪セラレ或ハ兵火ニ罹リ致焼失、小前ニ於而ハ一途再度之納ト相成リ難渋之趣申立候ニ付、専説諭ヲ加ヘ為相納候様可仕候得共、迚モ本月中皆納ハ無覚束候間、来ル八月中迄御猶予被成下度」[12]、兵乱の被災をうけなかった地域については七月中に皆納させる、と。六月の水害が、乱時の戦場となった地域を直接襲ったこと、いったん納入した貢租が兵乱によって焼失・略奪をうけるという、農民にとっては自己の責任に起因しない事態によって二重の納入をしなければならないことへの対応であった。

兵災罹災地でない地域では、納入は督励された。東松浦地域の浜崎扱所は、七月三日に納入を厳守すべき布達を出している。「癸酉貢租弐歩五厘当七月迄御猶予相成候ニ付而ハ此後延滞致候而ハ不相済候ニ付、兼而御規則も有之候事故来ル十八日限リ無相違皆納可有之[13]」、と。

県政のもっとも深刻な課題となったのは、八月に全県下が大規模な風水害に見舞われ、甚大な被害を受けたことであった。八月二〇日から翌日にかけて、大規模な暴風雨が県下全域を襲った。この暴風雨は、全壊家屋約六〇〇〇戸、半潰家屋約一〇〇〇戸、あるいは「小屋掛料」の対象となった戸数が八八〇〇戸、などと推計される大規模な被害をもたらした。

事態の深刻さは、内務省から北代正臣内務少丞が実地調査のために出張してきたことに示されており、内務省も注目するところであった。

北島県令にとってこの事態への対処は、入県後に本格的に対処することが迫られた県政上の最重要課題となった。北島県令は、「県治之功ヲ奏スルト否トハ此一事ニ可有之[14]」と表現した。北島は地方長官会議のために上京中であったが、県地との密な連絡のもとに内務省に対する折衝にあたり、県地では野村維章権参事が県政の指揮をとった。

県令代理の野村維章権参事は、風水害を受けると、直ちに内務卿と大蔵卿にこれを上申した。被害が大規模であるという判断とともに、「就中早中稲花盛或ハ花孕之時節ニ付秋熟之程モ難計[15]」ことを憂慮したためであった。この年に入って、兵乱、六月、七月の水害に続く災難であり、その意味からも、県の事態への対応は迅速で効果的でなければならなかった。

野村権参事のもとでの県の対応は、迅速であった。八月二一日、県は、被害の実情を「大小無差別各大区限至急取調其旨可届出」[16]ことを指令すると同時に、県官を各地に派出した。東松浦地域の第二六・二七大区の場合、二三日夜には、主任の十等出仕島義之がみずから見聞出張することを達し、被害の調査箇条、「洪水之節目下凍餒ニ迫救助米ヲ受シモノ」[17]などの項目を示して、至急調査すべきことを大区内の村長に指令し、長谷川区長を先発出張させた。

県はまた、災害による人民間の混乱や衝突の発生の防止にも意を用いた。県にとって民心の動揺は、もっとも避けなければならない事態であり、その憂慮は現実的な根拠をもっていた。

それを端的に示したのは、以下のような施策である。二一日、野村権参事は、災害に乗じて不当な利益を得る行為を戒める布達を出した。「今般暴風雨ニ付而ハ其災ニ罹リ候者諸職人等臨時相雇候者も可有之候処、災害之軽重者可有之候得共天災者一般之事ニ而互ニ可相憐次第ニ付、其情義相弁決而不当之賃銭申受候様之所行無之様、区内其職人之者江無漏可触示[18]」、と。

さらに県は二八日には、「今般風災ニ付米穀輸出之儀詮議之次第有之、当分之内伺出得許可取計候様可致候事」と県下に布達し、三〇日には、各大小区の区戸長に対して、「今般詮議之次第有之候条、米穀五石以上所持之者来ル九月五日限リ無遅延取調可届出候事[19]」を指令した。なお前者は、九月九日、その儀に及ばずとして解禁された。

これらの措置は、再三の災害、特に八月の暴風雨が、収穫の減少や米性の悪化などをもたらし、その後の貢納や民費納入などを契機として人心の不安定化や動揺が深刻化することを憂慮し、そのような事態に備えることを意図したものであった。米穀五石以上所持者の調査は、庶務課の県官が「先般暴風雨ニ付秋熟之程モ難計成ニ付県下物議等有之趣ニ付、為後日左之通御達御取調置相成方歟[20]」という意図から起案したものであり、当初、調査対象を一〇石以上所持者とする原案であったが、修正して五石以上所持者へと対象を拡大した。県がいかに事態を深刻視しているかを示していた。取り調べの提出期限は、その後、二日間延長された。

県のこの判断は、杞憂ではなかった。後に詳述するが、この後、物議や騒動が発生する。九月から一〇月にかけて、杵島郡下で、前年度の民費や石代納に関して疑惑があるとして農民が集会の上、県に釈明を求め、あるいは村長を出訴するなど、農民の活動が活発化する。民費をめぐる動揺は、神埼郡でも発生する。先走って指摘すれば、この後、県は、人心の不安定化が進む状況下で、数百カ村の検見、災害に起因する収穫の減少、農民の石代納要求の高まりのなかでの家禄支給のための現米納の確保、民費賦課法の合理化と改善、区戸長の監督と統制の強化、などの課題に忙殺される。これらは、兵災・自然災害の影響によるものであったことは勿論であるが、旧来的な村行財政のあり方、区戸長の資質や執務状況などに対する農民の反発や抵抗と関係していたが故に深刻であり、県は村落行財政を整備し、再編成しなければならないという課題に直面するのである。

野村権参事が県地で対策を実施する一方で、東京に滞在中であった北島県令は、県下でのこれらの対策をふまえながら、政府との間で施政の軸となる方針と具体策の詰めにあたった。

北島県令は、九月四日に「風災ニ付取計方伺」を、一一日に「風災ニ付取計ケ条追上申」を内務省に提出して、県としての対応方針と具体策の了解を求めた。この伺は、北島県令がこの災害を県政上にどのように位置づけ、取り組もうとしているかの認識を示していた。

四日の伺の趣旨は、ひとつは、県庁の破損、および堤防・道路・橋梁などの損壊は、「緩急見計ヒ其侭難差置」ものはとりあえず修繕・修築した上で、事後に「勘定帳ヲ以上申」することを了解せよというものである。「右取調之上伺ヲ経而修繕着手致候而ハ、時日ヲ費シ実際上ニ於而差支之儀有之」からであった。事態に即応した対策が必要であるとするものであった。他のひとつは、救助規則による一五日間の救助後も、事態は深刻で放置できないので、罹災者が住居の手当がつくまで「仮小屋取設ケ救助」したいというものであり、救助規則に拘束されないで、実効的な対応をしたいという趣旨であった。

北島県令は、この災害が規模が大きいのみならず、兵乱に次いで発生したことの深刻さを「三大難」という表現で強調し、これを乗り切ることが県治上にきわめて重要な位置を占めていると強調した。「当春乱党之県下ヲ蹂躙セシヨリ夏以来不時之暴水ニ遭ヒ、未タ日アラスシテ又今度者暴風狂雨ニ罹リ、就中此際之風難雨災実ニ筆紙ノ尽ス所ニ非ス、風之家ヲ倒シ人ヲ殺シ水ノ堤ヲ潰シ田ヲ埋ムル、其害前難之比ニ非ス」、「抑当県下恤民之義ニ付テハ是迄非常之　聖慈ヲ被為垂候儀ニ候得共、前文之通リ一年ヲ出スシテ三大難ヲ蒙リ候次第、人民之不幸他県ノ比較スル処ニ非ス」、と。「三大難」という、この特別の事情にあるという主張は、この後一貫して強調され、特別な対策が必要であるという要請の根拠として使われる。その上で伺は、「十五日間御救助之外仮小屋ヲ設ケ云々ノ件、特別ヲ以而速ニ御採用相成候様仕度、左様無御座候而ハ管下人民固陋ノ人心ヲ教化シ困難之窮民ヲ撫育シテ県治之功ヲ奏スルト否トハ此一事ニ可有之」[21]、と主張した。北島県令は、佐賀の乱後の人心を安定化し、県治の再編を進める施政の上で、この災害への対応が鍵となると主張したのである。反乱三カ月後の五月に県令として入県した北島にとっては、この問題への対応が県政上の本格的な対農民政策の着手に相当する意味を持っていたのであり、今後の県政の基礎を築く意味を持つものと意識された。また、県下において注目されるところでもあったろう。

一一日の伺は、一週間前の伺の主張をふまえて、「家屋倒壊家具流失之者ニ到リ而ハ夫々家作農具料等速ニ貸与」することを要請した。その根拠としたものは先の特別の事情「三大難」であり、「潰家六千軒余之由、極貧之者及前書之難ヲ被リ候者三分之一ト見倣シ二千戸、一戸十円宛ニシテ二万円之見込」と主張し、「当春之兵火及去ル六月之水難ニ罹ル者共江家作農具料拝借之儀、已ニ夫々伺置候得共未御指令無之」、許可になった場合は「三大難」と八月の風災の罹災者とは金額を区別して措置する、と上申した。救助規則による通常の貸与金は五円と三円であり、北島県令は、「三大難」の被害者に対して一〇円という特別の家作・農具料の貸与を申請したのである。北島県令はここでも、「保護之道ヲ不相付候而ハ到底此窮民ニシテ鎮撫致候儀ハ行届兼可申(22)」ことを強調し、帰県の上この処分を行いたいと述べた。

このように、北島県令は、県治の再編を進める上で、災害対策が中核的な位置を占めるとした。彼は九月中旬、帰県の途につき、長崎に着港した。この時期、長崎には、北代正臣内務少丞が出張してきており、長崎県の被害調査と対策にあたっていた。北島は、この地で北代との間で対応策を協議する。

内務省も、今回の風水害による被害が大規模であり、緊急の救助が必要であることは注目していた。その間の事情について、伊藤博文内務卿は、正院に対して一〇月七日、「長崎県下不容易風災ニ付実況為取調当省北代少丞出張罷在候処、佐賀県下同断、罹災之者救助等之儀急迫難差延、於出先別記之通リ及協議此段申越候」、と報告した。対応が緊急を要するという認識については、内務省と北島県令とは一致していた。後述する北島県令の対策伺に対して、北代少丞は、「右両条之如キハ元来成規外之義ニ付正院御上申之上御処分可相成筋ニ可有之候得共、今般之義ハ目下之急迫ニテ御救助之儀モ時機ヲ失シ候テハ大ニ不都合モ有之候間前書之通取計、此先々共同様之心得ニ候」、と述べた。一〇月七日の三条実美太政大臣宛の伊藤内務卿の上申は、北代少丞の「右等趣預メ御上陳仕置候方ニ可有之歟(23)」という九月二三日付の林友幸内務大丞宛の報告にもとづいて行われたものであった。なお北代少丞は、この後、被害が甚大であると伝えられた三潴県に向かう。

北島県令は、九月一七日ころに長崎に着港したが、直ちに北代少丞に対して折衝を実施した。北島の北代に対する書面による伺は、一七日と一九日の両度に行われる。先の九月四日と一一日の伺に対する内務省の指令が届いていないために、北島県令にとってこの折衝は、事実上その実現をはかろうとするものであった。この折衝の特徴は、救助規則に拘束されない特別な救済を実施することを前面に押し出していること、救済対策の内容を具体的に提起していること、士族の救助を提案していること、規則の形式的でない実際的な適用を実施する姿勢を示していること、などにあった。

一七日の伺書において北島は、「一般同一心得準拠」の基準を確認するとして、調査・救済策実施の基準を示し、内務省に確認させることを意図した。第一は、経費を減少することに意を用いるが、「民心ヲ壅塞スルノ憂ナカラン事ヲ要スヘキ事」、第二は、「拝借金并救助米代渡方之儀実地検査相済候上、各区区戸長立合目前調印之證書等成規之通受取候上人別無洩配布之事」であった。北島は、民心の動向に意を用い、民心を圧伏しないで慰撫すること、貸与・救助の施行は公開で実施し、人心の疑惑や物議が発生することを防ぐことを重視している。特に、区戸長が人民から疑惑をもたれないようにする措置を明記しているが、ここには、県下各所で、区戸長や村長の不明朗な、あるいは専断的な村行財政が人民の批判と抵抗を招き、物議や騒動が発生していることが背景にあろう。第三に、「家屋皆潰自営不能者」の救済として、全壊の者に金五円、半壊の者に三円の拝借金を支給すること、「目今凍餒ニ迫リ候者一時救助」を実施することの許可を求めた。これらは、救助規則に準拠した救済措置であるが、「僅之田畑所持之者ニシテモ現今才覚之手段付兼候者ハ拝借之類ニ差加可然歟」、あるいは「近隣皆潰之如キニ至リ協力モ行兼村備等ヲ以急迫ヲ救置候分ハ、当節ニ限リ救助之類ニ差加候テハ如何有之候哉」と、形式的でない、救済を弾力的で実効的にする姿勢を示した。

第四には、ここでも前記の「三難」論を展開し、「三難ヲ被リ候者ノ内ニモ自ラ貧富之別有之候得共多分ハ貧民ニ候間、是等之者ヘハ特別以金拾円ツヽ御貸与」を、一〇年年賦を条件として、要請した。これは既に在京中の九月一一日に内務省に申請したものであり、「切迫之事情も相聞候」として早急な許可を求めたものである。第五に、「士族之内小禄或ハ病患等ニ依リ貧困之者当節之風災ニ罹リ家屋皆潰等再建自営出来兼候分、其身分ニ応シ五円或ハ三円ッ、当家禄米之内ヨリ引越度、御僉議ニ相成リ候テハ如何可有之哉」、金高は準拠すべき規則はないが、「大凡貳千円内外」でおさまる、と提案した。士族は、佐賀の乱の鎮圧以後、士着・授産金の支給以外の面では、士族であることを前提とする施策の対象となることはなかった。風災が甚大な被害を全県下にもたらしたことが、背景にあろう。以上のような要請を、北島県令は、「御異論も無之候得ハ御一判被成置度候」、と北代少丞に迫った。

これに対して北代少丞は、宮川房之長崎県令からの伺もあるので、同県と同様の対策を実施すべきこと、「三難」を根拠とする一〇円の特別貸与金の件は、指令を早急に行うよう本省に上申すること、「士族給禄前借之儀ハ難相成筋ト存候」[24]、自立不能で親戚もない窮迫士族は調査の上本省へ稟議すること、を回答した。

一九日、北島県令は再び「管下風災ニ付伺」を北代少丞宛に提出した。北島は、県下での調査も整頓するころであろうから、帰県後早々に結果を届け出ると述べたが、この伺の中心的な趣旨は、特別の救済措置を認めよ、ということにあった。伺は、「実際検査イタシ候半ハ自ラ貧富ノ別モ可有之候得共、多クハ貧窮目下ニ迫リ自営スル能ハス可依親戚モ無之者共ニテ、雨露ヲモ凌兼候情態ニ相聞」、とこれまでの論旨をくり返した上で、従って「今般之如キ水火災御救助規則ニハ照当難致候儀ニテ、実ニ目下之危殆不忍見儀ニ付特別之御賑恤有之候様致度」と、特別の救済を要請した。その具体的な措置は、ひとつは、救助規則に準拠した大規模な貸与金の支給であり、「右ハ其機ヲ失シ候而ハ人民ノ不幸且自ラ苦情ヲ可醸儀ト存候ニ付、長崎県打合せ之上」要請した。その規模は、「凡倒家六千戸、壱戸五円ッ、此金三万円、破家凡壱千戸、壱戸三円ッツ此金三千円、総計三万三千円之拝借高」というものであった。その二は、「未一年ヲ不出シテ三難ニ陥リ候儀ニテ、其情実他ヲ以概論スヘキ事ニ無之」という「三難」論を根拠に、「特別ヲ以金拾円ッ、貸与」を求めた。

北代少丞は即日、「三難」被害者に対する貸与金支給は本省が指令するとして、それを除いた措置に関して「事情無余儀次第ニ付御申出之通施行可有之、尤特別之御趣旨徹底候様御尽力可有之事」[25]と指令した。

以上のように北島県令は、執拗なまでの折衝をくり返した。北島のこの行動の意図は、「保護之道ヲ不相付候而ハ到底此窮民ヲシテ鎮撫致候儀ハ行届兼可申」、「県治之功ヲ奏スルト否トハ此一事ニ可有之」との言に示されていた。

九月二二日、北島県令が東京滞在中に行った要請に対して、内務省の指令がでた。これによって、救済策の大枠が決定した。九月四日の、救助規則に準拠する一五日間の救助と、その後の仮小屋建設などの救済の実施を、内務省は、「非常之変災無余儀相聞候間、特別申出之通聞置」、「可成丈入費減少候様注意可取計事」[26]と指令した。九月一一日の伺、「三難」を根拠として家作農具料一〇円を支給する特別措置については、内務省は認めず、救助規則を適用せよ、と指令した。「書面火災救助拝借等之儀ハ県治条例中窮民規則ニ照シ罹災之時々可取計ハ勿論之事ニテ、風災ト雖之ニ準じ救助米拝借金等聞届候而不苦候条、追而内訳記載可届出事」、「但本年兵災ニテ焼亡候者ハ此例ニ非ス」[27]、と。正院・内務省の判断は、自然災害は救助規則によるべきであり、特別な措置は適用しない、これに対して兵乱による災害は特殊のものであって、救助規則を適用すべきものでない、というものであった。北島県令の「三難」論、兵乱と自然災害が集中した佐賀県の特殊事情を根拠とする特別措置の要請は、実現しなかった。拝借金支給の適用そのものは、最終的には、当初の見込みよりもかなり大規模なものになった。「小屋掛料」の名目で、対象戸数は八八〇〇戸となり、五三八四戸に対して五円が、三四一六戸に対して三円が、合計三七一六八円が支給された。対象戸数は、全県下におよんでいる[28]。

先にみたように、六月二九日に北島県令が伺い出た、兵災罹災者に対する家作料・農具料拝借の要請に対する正院の指令は、要請額の半額を許可する形で、一〇月二三日に指令が出た。

以上みてきたように、六月から八月にかけての自然災害は、それが佐賀の乱による被害が解消しない時期に再三にわたって発生し、大規模な被害をもたらした故に、県治上の緊急で深刻な課題となった。県下では収穫時に際して、このような状況を背景として、また伝統的旧慣的な村落行財政に対する農民の反発を要因として、各地で動揺や物議が発生する。収穫をひかえての検見、貢納、民費などをめぐって、また区戸長・村長の村行財政などをめぐって、県下は流動的な状況が進展する。北島県令は、災害対策に対処するなかで、このような民政上の施策を重点に据えて県治を進める姿勢を強める。

一八七四年は、兵乱と再三の自然災害に見舞われた年であったために、秋熟の時期を迎えると、県は人心に配慮しつつ、検見を実施し、貢納を確保することにつとめた。

県は当年の状況を考慮して検見を実施することとし、その方針を大蔵省に対して、「当県下本年五月以来度々之洪水、加之先般之暴風雨ニ而損地水腐皆無之場所数多ニ及、就而者本免難受留旨ヲ以追々歎願可申立、依而田方者検見、畑方者歩引之処ニ而取調候積ニ御座候[29]」と上申した。

県は九月二〇日、検見を実施するにあたって、作業の基準・心得として、「検見ニ付心得」を布達した。布達は、「破免検見之儀ハ容易ニ難聞届筋ニ候得共、凶年ニ依テ田方格別及損傷本免難相保候ハヽ、田主村役ノ者立会一筆限巨細相改内見毛上等正確ニ取調、別紙雛形ニ倣ヒ小前帳相仕立出願いたし可申候事」、地図・内見帳作成や田毎の内見結果の立札表示などの検見時の準備、「坪刈間竿ハ旧慣ニ依テ六尺五寸ヲ相用ヒ、桝之儀ハ佐賀唐津両様相用候事[30]」、などを指示した。県租税課は一〇月、「抜検見」とするか「惣検見」とするかの村毎の調査を二五日迄に提出することを各区に命じた[31]。一一月中旬には、県官が各大区単位で出張し、検分した。例えば、唐津扱所管轄の第二九・三〇・三一大区には、古川保助権中属ら四名が一一月二五日から三〇日にかけて出張した。

検見は、数百カ村[32]が願い出る大規模なものとなり、作業は年末までかかった。県は、「当県之儀ハ惣テ稲作之仕付気候遅レ候上、晩田等ハ翌一月刈取之旧習ニ有之、殊ニ甲戌年之儀ハ違作ニテ数百ケ村検見願出、漸歳末ニ至検見相済[33]」と大蔵省に報告した。

畑方検見に関しては、旧佐賀藩や支藩の慣習があって錯雑しており、また大蔵省の方針が県下の実態にそわない問題もあった。県は、旧慣によって、「当管下畑作引米之儀旧検見方法ニテハ、現畑作之高ニ何歩落ト申割合ヲ以概略之見込相立引米申付来候[34]」と、麦作と夏作の収穫高から概略の割合をもって「歩引き」する方針であったが、大蔵省の三毛作による歩引き方式で行うべきであるとする指令をそのまま受け入れて、八月、次のように布達した。「元来畑作之儀者春夏秋ト三季ニ種類ヲ蒔付候者ニ而、稲作同様秋熟之時ニ至リ一ケ年之引米見込相立候儀者不都合ニ候処、今般大蔵省御指令之趣モ有之ニ付テ者、当戌年ヨリ麦作五歩、夏秋各貳歩五厘宛、凶年之節本免難相保損毛見込相立致出願候ハヽ、実地検査之上右割合ヲ以至当之引米可申付[35]」、と。しかし県は、この措置が県下の実情にそわないことから、また自然災害の影響を考慮し、次のように大蔵省に要請した。「畑方引者容易ニ御採用難相成筋ニ而格別凶年之節ハ麦作五歩、夏秋各二歩五厘宛之割合ヲ以、其地之免合ト比較相立至当之引方」すべきであるとの指令であるが、「管下畑地者元来土中惣而水気ヲ含之痩地ニ而三季作仕付候畑地者稀ニ而、夏作取入後暫時地味相養直ニ麦作仕付候地所而已ニ御座候得共、麦作五分夏作一毛五分之割合ヲ以取調不申而者現業相反シ候間、畑方歩引之儀者当分二毛作之割合ニ而取調申度、追々三季作付等可申諭候得共、差向候処何分御規則通施行難相成」と主張した。大蔵省は、「夏作ヲ五分之割合ニ而取調度ト之趣者無余儀相聞候」とこれを許可し、しかし「水旱等之損傷ニ罹候迚一作皆無ニ相成候者稀之儀[36]」として、厳密な実地調査を指令した。県は一八七五年三月、「甲戌年畑作之儀ニ付損傷不少ヲ以収納歩引ニ付、当三月三十一日迄上納可致[37]」と県下に達した。

検見の推進は県にとって、人心のありように密接に関係していること、その後の収穫作業を控えているために時機を失することができないこと、諸作業が区村長などの区村行財政の担当者に実務上の負担を加重していること、などのゆえに重要ではあるが、難しい問題であった。検見の作業は、この時期に県が直面していたもう一つの難問である、貢納・民費に関する人民の疑惑・物議に対する対応に影響を与えた。この物議・騒動については後に検討するが、県は、第四・五大区の神埼郡、第二一・二五大区の杵島郡大町、第三七大区の同郡武雄地域などでおこっていたこの事態に苦慮した。県は、庶務課から県官を派遣して取り調べていたが、「右者村町小前之者共ニ渉リ明細調査ヲ不遂シテハ其実ヲ難得事ニ御座候、然ルニ今哉稲作熟実ニ至村長小前共も春来之天災ニ而収穫之際実ニ苦心いたし、本免難保田畑者検見出願下調専内見帳仕立候場合ニ付、季節不遅様速ニ取調相運候様巡回説諭致置候、然ル処分課米取調混交いたし扱所村長共深く痛心罹在候段見聞仕候ヘハ、暫時分課米御取調御猶予ニ相成候而者如何可有之哉」と、県官が建議する事態となった。結局、疑惑・物議取り調べの作業の遅れは晩田の検見に差し支える、「惣体此季収穫之際ニ付人民狐疑ヲ生シ不得止村方ハ模様ニ寄リ出張又ハ着手等之儀モ可有之」という県官の吟味を経て、北島秀朝佐賀県令の「不得止村方といへとも村長共之手ヲ経ヘキ分ハ其度々前以租税課ヘ打合ヲ遂、収穫之差支不相成様可致[38]」という決定となった。

貢租の収納に関しても、県は、災害に起因する難しい問題に直面した。その一は、正米納・石代納の収納方法に関する問題であり、その二は貢米そのものの品質から生じた問題であった。

佐賀県の貢納は、その五割を一月に、二割五分ずつを三月と五月に納付すること、正米納とするか石代納とするかを農民に申請させることを原則とした。県は一〇月、大蔵省の指令があるので、本年貢納は「村々貢米辻取決候上者幾分歟正米納可相達候[39]」ことを布達した。正米納は、士族などの家禄支給に対する対策であった。一八七四年の貢納状況に関しては、翌一八七五年五月に県が大蔵省に提出した「五月納貢租米御処分之儀ニ付伺」が詳しいが、それによると、「昨甲戌年県下貢租収納之儀田米五分通リハ正米ニ而収納相成候ニ付、貫属家禄之内分割ヲ以御渡シ、其余ハ何連モ石代ヲ以上納仕度申出ニ候」状況であった。しかし兵乱と自然災害のために米価が高騰したことによって農民の換金の道はふさがり、石代納は困難となった。石代納から正米納に変更したいという農民の願望が強まり、県は苦慮した。この間の事情は、次のようである。「昨七年県下之儀者毎々申立候通リ兵乱并風水災等ニ而県下之米価格別高直ニ有之、仍而石代御定之儀モ自然高価ニ相成候得共、下民共ニ於而ハ近来連々石代ヲ以納来候例ニ習ヒ石代上納申出候儀ニ有之、然処昨年ハ県下不作ニ属シ自ラ米性粗悪ヲ免レス候得共其価ニ至リテハ却テ高直ニ及候、之カ為メ米売買之道殆ソト絶塞随テ不融通相成」、この事情は三月納の時期にも直接影響した。「三月納石代上納期限ニ差迫リ民間所有之米穀金ニ換ル之術無之、石代金上納之道如何とも相付キ兼候趣ヲ以更ニ米上納致度旨歎願之村々不尠[40]」、と。その後、五月納にも影響する。

米価の市中相場は、一八七四年七月に既に一石当たり五円八八銭に高騰していたが、年末にかけてさらに騰貴した[41]。その結果、この年の石代米価は七円二一銭余となった。一八七二年の石代米価が二円九〇銭余、一八七三年が三円六二銭余であり[42]、一八七五年が四円三九銭余であることからすれば[43]、当年の高騰が激しかったことが知られる。このような米価相場の高騰は、通常であれば石代納に有利であるが、前記のように、米性の粗悪さのために売買は阻害されていた。

一一月、県は、農民からの正米納を区戸長・村長らが勝手に石代納に切り替えることを禁じたが、この措置はこのような事情下にある農民の心情をふまえたものであったといえよう。県は、「各区公租之儀者此迄区内小前之者より現米相納候分も、従前之弊風より区村長之取計ヲ以石代ニ交換上納候向間々有之趣甚以不都合之事ニ付、本年より右様之取計決而不相成候条、現米上納候分者其侭相納候儀ト可心得[44]」と。これは直接には、差額を区町村財源としたり、あるいは勘定不分明、不明朗な行為を実施したとして批判されている区戸長・村長らの専断的な行財政を統制し、後述する貢納や民費に関わって発生している物議や騒動を鎮静化することを意図したものであったが、石代納を願いつつも正米納をせざるを得ない農民の心情に配慮したものであったろう。

家禄については、県は一一月、収穫が懸念される事情から、米切手を小区単位で渡すので村割りを実施するように布達した。「士族家禄并賞典米之儀貢納蔵積之上相渡候儀当然之儀ニ候得共、年内収穫之程も難計候ニ付、例年之通壱人別ニ米切手小区割ヲ以相渡候ニ付、於各扱所村割相整士族江相渡可申、尤民間より取立合米之儀各村便宜之場所江備置追而大蔵省伺之上何分処置可及[45]」、と。家禄支給のために、正米は確保しなければならなかったのである。

家禄支給分を確保するための正米納の実施に関しての具体的な例は、次のようであった。一一月末、第二九・三〇・三一大区の唐津扱所は、相知村・梶山村の二カ村に対して、一二月二五日と翌年一月一五日までに貢租額のそれぞれ二割五分の正米を、旧唐津城内切手門内の蔵に、三俵一石の計算で俵拵えを入念にして収めることを指示した。その際、「家禄渡ニ付小路士族自宅江持届之儀望之村方ハ至急可申出事[46]」を指示した。指示にそって二カ村は、米二四〇俵を十人町・同心町に届けた[47]。相知村などは、「当年貢租ノ内現米納之儀田租ノ半高ヲ上納致度旨県庁江相願候処難聞届旨御指令相成候間、当貢租辻之半高ヲ現米ニ而上納[48]」と、畑米を含めた全貢租の正米納は実現せず、田方の正米納をすることになった。なお、同扱所は、この二カ村に隣接した鷹取村など三カ村に対しては正米を貢納するよう命じ、「正米納皆済以前売出候儀可為差控候事[49]」と、正米の確保に努めさせた。

一八七五年三月納に関して県は、大蔵省に対しては、正米納に変更したいとする農民の願望は強いが、「既ニ石代上納云々届済之儀ニ付今更正米納申出候ハ不都合故、先以三月納丈者如何様之手ヲ尽シ石代上納候様懇々相達候処、各非常之融通ヲ為シ夫々上納之運ヒ相付候得共、尚期限ヲ過ルモ未納之分数万円有之[50]」と説明した。

しかし実際には県は、二月の段階で既に三月納分・五月納分の正米納を許可する方針に転換していた。三月三日、県は布達し、「正米石代間取調二月二十五日限申立候様兼而相達置候処、今日ニ至迄為何儀モ不申出不都合」、と両様の納付法を認可する方針に転換したことを明らかにし、「今日迄無届之分ハ悉皆石代納候儀ト可相心得[51]」と、無届けの一二カ大区の大区名を明記して指令した。これは、方針転換を前提とした農民の自己都合に基づく行動が広がり、県の統制が弱まることを防止することを主眼としたものであり、四月三日の布達「各大区江貢租代納之儀ニ付云々達[52]」に、より明確な形で継承される。

正米納認可の方針は、例えば、一月五分納め正米の家禄渡しの残米に限るという限定的な範囲ではあるが、唐津扱所管内では推進された。三月五日、同扱所は、「甲戌貢租五分納之内米券渡残之分者悉皆石代納ニ可致筈之処、正米納願出候分者、壬申八月貢米正納御規則書之通俵拵四斗入ニ合米予備米等相加蔵納[53]」せよ、と指令した。

県は、二月の方針に従って、対策を進めた。県は「本月七日区長御呼出之上、県庁於テ御達相成」、三月九日、唐津扱所はそこでの県の指示に従って、「正米納ニ付御達」三カ条を布達した。規則は、「入実四斗并合米貳升、外ニ予備米差加候向者壱升迄ヲ限」ること、俵拵え、包装や付け札などの指示、「米性善悪検査之節俵毎ニ三夕差テ入候内、籾并補米等三粒迄者用捨、四粒以上有之候得者刎除候事」、俵の水濡れ禁止などを定めていた。第三則の米質の精選は、県が、米性が粗悪であるが故に予想される事態に対処しようとしたものであったが、事実、この問題はすぐに表面化する。規則は最後に、正米納・石代納の両納付法を認可することに転換したことを示して、「追而石代ニ振換候向者来ル十五日迄書付ヲ以可願出事[54]」と明記した。

しかし県のこの両納付法の認可への転換は、農民に対して彼らの自己都合による随時の自在な変更を許容し、農民が県の統制を超えることを認めたことではなかった。四月四日、県は、「各大区江貢租代納之儀ニ付云々達」を布達した。布達は、三月と五月の貢納の米納・金納の区別を二月一五日限りで申請せよと指令したが無届けの区があったこと、そこで無届の村は石代をもって納入せよとする厳達を三月二日に行ったという経過を述べ、その上で、区村長の執務の不行届と農民の自己中心的な行動を批判し、届出済みの納付法を遵守することを命じた。第一に、無届の区村は区村長の執務不行届によるものであり、「右村ニ於テハ正米納之積リ相心得居候趣ヲ以正米之儀歎願申出候ニ付、区村長不行届之廉ハ追テ相当ノ処分ニ可及筈ニテ、先以人民ヨリハ正納之儀聞届候」、とこの間の施政を説明した。第二に、これを知った石代納届出済みの者が変更を希望し、苦情を発するという事態が発生していることを非難する。「已ニ石代納ト相決シ届出候分モ前文之次第ヲ伝聞シテ今更正米ヲ納メ度抔ト苦情申出候向モ有之哉之趣、以之外之儀ニ有之候」、そこで「過日正米納之儀聞届候村々之儀者果シテ村長之不行届ニテ人民ニ詐偽無之事歟、或ハ人民ニモ不埒之筋有之歟、取調之上相当之処分可致ニ付目今官員出張実際取調中ニ有之」。そして第三に、自他を比較して変更するな、三月未納分を至急納めよ、と命じた。「右ヲ以今日期限ニ至リ候村ニ於テ比較致ス可キ儀ハ決シテ無之筈ニ候条、無心得違三月三十一日限リ上納之分至急石代ヲ以皆納可致[55]」と。ここには、現実の困難な事情のなかでの農民の混乱や動揺を防止し、統制力と権威を確保したいという県の意図が込められていたであろうが、県にとっては何よりも、前記「五月納貢租米御処分之儀ニ付伺」が指摘した「未納之分数万円有之」などの事態を解決したいという意図が大きかったであろう。

以上のような経過を経て、県は、五月納を正米納・石代納とするかは「人民之便宜[56]」に任せることとした。「五月納ニ至リ候テハ金調之手段何様苦配仕候共難行届旨区戸長已下人民より屢々歎願申出候故、情実取調候処歎願之旨趣相違無之候間不得止正米石代納之分部可申立旨相達置[57]」いた。県は、農民の申請は正米納八分、石代納二分くらいになるであろうと予測した[58]。五月納分の正米は、大蔵省の指令によって東京へ回漕することになり、県は「甲戌年貢租五月納正米之分東京江回漕相成候条、兼而御規則之通米性者勿論縄俵斤量等ニ至迄聊粗漏之儀無之様屹度入念可申[59]」と指示した。この正米の回漕は、一月五分納分の正米の回漕以来、米質の悪さの故に問題を生じており、この後も県・人民、大蔵省ともに苦慮することになった。

上述のように、貢納方法は貢租収納に関する県治上の難しい問題となったが、さらにもう一つの困難さをもたらしたのは、米の品質の悪さであった。

自然災害の結果が米性の粗悪さを結果し、このことが米穀売買の道を閉塞させ、石代納の条件を狭め、貢納方法の混乱や停滞を招いたことはすでに見た。この米性の粗悪さは、収納後の蔵詰めや船による回漕に関わって、品質の悪化や傷米の発生、欠減米の増大などの問題を生じさせ、さらには一八七五年収穫の新穀米による補塡という事態をまねくことになった。このような貢納の終了の遅れは、人心のありように関わり、苦情を生じさせることにもなった。

県が貢米の米性の悪さを認識し、正米納に際して品質の精選や貢納方法を入念にさせるなど、事情に対応した工夫を進めようとしたことは前記の通りである。五月納での正米量は、三万三六八四石になったが、加米の分の金納額を差し引いて合計三万二八〇八石余となり、これが東京に回漕されることになった。県は、収納過程で正米の品質の実態を知っていたがゆえに、米の品質の悪さを憂慮し、その旨を大蔵省に上申した。六月、東京滞在中であった北島県令は、大隈重信大蔵卿宛に「昨甲戌年貢米五月納正米之分米性粗悪之儀ニ付上申」を提出した。「昨七年ハ県下田作不熟ニ属シ米性粗悪」の件はすでに届け済みであるが、「五月納正米之分精々品位ヲ撰シ候様督責致候得共、果シテ米性宜シカラザル分多々有之、去迚之ヲ剗除ケ候而者外ニ引替之精米モ無之、不得止収納致候」と事情を説明し、また「貢米御回漕之上暑中ニ至リ自然傷米等出来候哉も難計過慮仕候」と述べた。このとき、在県の野村維章権参事が憂慮して送ってきた「見本米二袋」(60)を添えて上申したところに、その深刻さはあらわれていた。

五月の正米納の蔵入れは、六月の大雨・洪水の発生によって遅れ、七月中旬になって皆納となった。

回漕船は九月初めころに県下の港に着港した。船積みには貢米が正米納規則に準拠しているかの検査をしなければならないが、この検査の段階で、大規模な欠減が発生した。しかし対策はなく、欠減のまま積み渡しをせざるをえないという異例の事態となった。九月、北島県令は大隈大蔵卿に対して、「即今回漕船着港ニ付、右米御規則之如ク貫目桝廻等取計候処、毎俵壱舛乃至壱舛五合之欠減相立候間、俵直之上積渡方取扱ハ当然ニ候得共、数千俵之儀ニテ即時調査出来不申、且廻船之儀も空敷滞港為致兼、殊ニ於下方も彼是苦情申立候間、不得止欠減米之儀ハ右舛之侭積渡方取計申候、勿論欠減米之分ハ上納合辻ニ至リ計算ニ相充上納仕候儀ニ有之」、と申請した。県は、この件に関わって、「於下方も彼是苦情申立候」という人民の不満や批判に意を用いなければならなかったのである。この状況は、後に見るように、相当広範に存在していた。大蔵省は、「成規ニ触不都合」ではあるが、「追々縷述之趣モ有之儀ニ付、此度限聞届候事[61]」と指示した。

回漕船が延着したため、貢米の積み渡しは進まず、一一月初頭の段階で、三三八〇〇石余の半分に達しただけであり、残米の米質に関する憂慮はいっそう深くなった。この時期になっても貢米の最終的な処理が終了しないため、欠減米の一八七四年米による補塡が困難となった。すでに時期的には新穀の収穫期であり、新穀による補塡しか方法はなかった。一八七四年貢租の処理が延滞していることに関しての人民の不満は強まった。県は、一一月、新穀による補塡の許可と、回漕の早期決着を大久保利通内務卿と大隈重信大蔵卿宛に要請した。県は、「兎角回漕船延着此節迄漸ク貢米高之五部通回漕相渡候次第」、「方今ニ至而者右欠米上納之儀も差支、其訳ハ当節ニ至リ甲戌米貯置候モノ無之、是迄県内買米ヲ以相償候得共此上ハ欠米上納之手段尽果、当乙亥新穀ヲ以上納仕候外無之旨猶又歎願申出、事実余儀無次第」、「最早本年収納米季節ニ差向キ貢米収入候蔵所ニモ差支候故、旁前顕之次第宜敷御洞察特別ヲ以欠米之分新穀納御許可相成候様仕度」、と申請した。そしてさらに、五月納正米の回漕向け分がまだ半分残っていることを指摘して、この米は虫損が進んでおり、この上損傷が進んで廃物同様になることを憂慮する、何よりも、民情の反発が強まっている故に、早くこの貢納自体から人民を解放する必要がある、と主張した。「追而回漕積渡残米凡壱万五千石余有之、今日ニ至而者多少虫米ト相成、尚此上数月相立候ハ、弥欠減ニ及ヒ終ニハ廃物同様ニ可至存候間、至急御積取相成候歟或者地払等之御処置相成候歟、一日モ早ク郡村各民之手ヲ離不申テハ民情頗ル苦情モ可相生ト存候故、此段も宜敷御指揮被下度候也[62]」、と。

（二）村行財政をめぐる民衆活動の展開

一八七四年秋から翌年にかけて県治上の困難は、これまで見てきたような収穫、検見、貢租納入などに関する問題に加えて、民費の精算と賦課の課題に直面して、いっそう強まった。民費の賦課・運営・精算に対する人民の不信や批判は、地租改正前の「旧慣」維持による旧貢租体系の継続や伝統的旧慣的な村行財政そのものにたいする批判や不満と結びつき、各地で物議や騒動が発生した。このような人民の行動は、佐賀県の設置以来、初めて顕著になった現象であった。

佐賀県の民費は、一〇月から翌年九月を年度として、大区から小区にいたる諸経費を精算し、課目によって賦課範囲を管内割、大区割、小区割に区分して徴収する原則であった。このほか町村には、町村規模の民費である協議費があった。賦課基準について県は、一八七四年一月、貢米高に八割、戸数に二割を賦課することとし、一〇〇軒以上連擔の町村では貢米高に五割、戸数に五割、一〇〇〇軒以上連擔の地域では貢米高に四割、戸数に六割を賦課することを布達していた[63]。ただし実際には、佐賀市街で貢米高五割、戸数五割、それ以外の地域では貢米高八割、戸数二割の賦課法がとられていたようである。

県は一八四七年一〇月三日、前年一〇月から九月までの「民費分課米相場」を、前年の石代相場と当年七月中の米価相場を平均する算出法にもとづいて、一石当たり四円七五銭とすると布達し、正米納でもよいこと、すでに徴収分はこの基準で精算すること、「追而計算済之上民費一覧表ヲ作リ、管下一般へ一見可為致筈ニ候事」を示した。この算出法は区長以下の月給の算出法に準拠したものであり、区長の了解を得て布達された。前年一八七三年貢租の石代相場は三円六二銭五毛七、一八七四年七月の米相場は五円八八銭であった[64]。しかしこの年の米価は、災害による収穫減と米性の悪化によって高騰し続け、石代米価は七円二一銭余となる事態となったのであり[65]、米価の高騰はこの年の民費・貢租に関する人民の重要な関心事となり、県や区村長はその対応に苦慮することになった。

なお、この年から大小区の財政が米単位から貨幣単位に改正され、一〇月以降、区長以下の給料は金給となり、各区扱所の常備米五六石は常備金三〇〇円の定額制となった。[66]

県は一〇月以降、後述するように、一〇月に「民費分課条目・分課取立明細帳」を布達し、一一月には「協議費」を廃止し、一二月には「民費取立明細帳・支払簿雛形」を布達するなど、民費関係の対策を強化した。県は、民費課目を合理的な構成にすること、精算を厳密にすることを県下に指示し、県官を派遣して取り調べを進めるとともに、県庁内部では、賦課基準を適正化する検討を進めた。県が民費問題を重視したのは、前記のような収穫の減少と検見、貢納の困難などの事情と結びついて、この時期、「即今大町、武雄、神埼之如キ差迫リ苦情物議ヲ生シ候次第モ有之[67]」というごとく、物議・騒動が発生し、県下人心の不安定な状況があったためであった。

県は物議のおこっている大町・武雄地域には直ちに県官を派遣して取り調べを実施したが、全県下の監督を強化することが必要であると判断した。「惣体此季収穫之際ニ付、人民狐疑ヲ生シ不得止村方ハ模様ニ寄リ出張又ハ着手等之儀モ可有之[68]」として、県下の全大区に県官を派出して民費の取り調べを実施することを計画した。しかし現地の村長や農民は収穫と検見に忙殺されており、作業が困難であることは明らかであった。先にも引用したごとく、検見のために出張した県官からは、「今哉稲作熟実ニ至村長小前共モ春来之天災ニ而秋穫之際実ニ苦心イタシ、本免難保田畠ハ検見出願下調専内見帳仕立候場合ニ付、季節不後レ候様速ニ取調相運候様巡回説諭致置候」、しかし「分課調混交イタシ扱所村長共深ク痛心罷在候段見聞仕候ヘハ、暫時分課米御取調御猶予相成候而ハ如何可有之哉[69]」と、民費取り調べの一時停止を求める提議がなされる状況であった。しかし現実に物議が発生している以上、その波及を防止して人心の安定化をはかるためにも、年内の処理と遺漏のない民費取り調べが不可欠であるとして、担当課の庶務課は、県官二名ずつを派遣して検見の状況の緩急を見計らいつつ巡回することとしたが、結局、村長が事務繁忙であることに配慮する北島県令の指示にもとづいて、当面各大区の調査を実施することになった。

では、どのような人心の物議、騒動が発生していたのか。

県内の人民の動向については、一八七三年一〇月ころの県官の指摘に、次のようなものがある。「所々村落ニ於テ小沸騰相起之儀有之候得共、多クハ旧庄屋村役等之旧陋ヲ脱セスシテ副長ニ転任シ、民間仕組ノ米金或ハ民費分賦ノ出納等曖昧ノ処ヨリ醸来ル儀ニテ、此度正副戸長改選之上ハ厳密督責旧弊洗除之見込候事(70)」、と。これは、旧庄屋などの村落上層農が大区小区制下で村行財政の担い手となり、彼らが伝統的旧慣的な村落行財政を継続して人民の不信や抵抗を招来したことを指摘している。注目すべきは、一件の一揆も発生しなかったといわれる旧佐賀藩の強烈な農民支配下の時代と異なって、この時期には人民が所々で「小沸騰」をおこすようになっていることである。地租改正前の「旧慣」継承による貢租体系と伝統的な村行財政が継続するなかで、それを批判し、改革を求める行動が活発化していたのである。この傾向は、この後いっそう強まる。これに照応して、県政の基本的な性格は、佐賀の乱以前の士族的動向や利益に重点を置くものから、乱の鎮圧を経て、対人民政策を基本とする性格へ転換していくことになる。

県は、前記のように神埼、大町、武雄地域での騒動への対応に苦慮したが、このうち、武雄、大町の事件についてみてみよう。

一八七四年一〇月、杵島郡の第三三大区川古村の百姓惣代五名が県庁に出頭し、前年の貢租徴収に疑惑があるとして、県の説明を求める願書を提出した。彼らは、「昨癸酉年（一八七三年—引用者）貢租取立方不審之儀モ有之ニ付、愚昧ノ私共へ御説諭之儀別紙ヲ以テ出願」したのである。この貢租に関する公然たる「出訴」に県は驚き、庶務課は一八日、百姓惣代四名を県庁に出頭させ、説諭を加えた。県官は、貢租取り立て等に関する規則・布達を説明するとともに、すでに区長専任の県官が調査中であり、「同人手ニテ取調ヲ不経シテ猥ニ出訴致シ候テハ御規則之順序モ不相立、其上犯罪之筋ニ落合」と説諭し、調査中の県官へ出願するよう指示し、添書を渡した。百姓惣代は「御請書」[71]を提出して帰村したが、村内は承服する状況になかった。村民は「村寄」を行った上で出願しており、説諭は「何分了解難致」ものであった。この地にはすでに検見官が出張していたが、県はさらに警察業務を担当する警保課の県官を派出して鎮静化につとめた。警保課官員は、「癸酉年貢租石代銀納一条ヨリシテ云々ヲ生ジ彼是苦情申立、既ニ村寄等之模様モ有之」、「川古村頑民沸騰」と報告した。

村民が疑惑視し、批判したのは、「癸酉貢租石代銀納云々」、「国桝京桝違之事」、「口米反米云々」、「合米ヲ以テ家禄渡石詰渡之事」、「民費掛口之事」の五カ条であった。

第一条は、貢租の納入が困難であるという事情を背景として、石代納の納付基準が大区行政によって異同があり、そのために不利益をこうむったというものであり、貢租徴収が不公平・不明朗であると批判した。村民は、次のように主張した。癸酉年の貢租は「本年（一八七四年—引用者）一月廿日限リ現米又ハ石代ヲ以テ皆納イタス様御達ニ付、期限通上納相成兼、一同協議之上五日之猶予相願二分通相納、其後追々時々之相場ヲ以テ皆納候末、他区内問合候処石代銀納之儀ハ御定直段ヲ以テ三度之上納承知仕、然ル上ハ区々ニ於テ違有之哉」、と。癸酉年貢租の石代相場は三円六二銭余であったが、石代相場の布達後、売買相場が高騰したことが背景にあった。

これに対して警保課官員は、貢租は「全国一般ニシテ区々之違ハ無之」と説明したが、第三三大区旧区長の区政には専断があり、人民の疑惑を招く事情があったことを釈明した。旧区長は、人民からは正米で納付させ、この米を酒造業者に貸し付けて冥加金をとり、これを小学校設立費に備蓄したのである。県官は、旧区長が「区内学校設之儀ニ付貢租現米ヲ以取立酒造江貸付冥加金ヲ取立、之ヲ学費之一助ニセン事ヲ区内小前ニ至ル迄談之上行フタルヨシ、既ニ書籍ヲ整扱所江備ヘ有之ハ当区長モ申聞タリ[72]」、と報告した。川古村の村民の行動を見れば、このような区政を区内の「小前」にまで協議をして実施したという主張が事実と異なっていることは明らかであるが、このような専断的行財政は、大区小区から町村にいたるまで日常的に行われており、物議や騒動の原因の代表的なものの一つであった。

この背景には、区村行財政経費の捻出に担当者が苦慮している事情がある。この時期、政府・県によって強力に進められている諸政策、特に小学校の設立は、さまざまな困難を区町村に強いており、その財源の捻出は全県下的に難しい問題となっていた。川古村村民が石代納の件を重視したため、県官はさらに調査を進めて何らかの沙汰をすると答えなければならなかった。

第二条は、貢租の国桝と京桝の量差にもとづく疑惑であり、根底に減租を望む意識があった。これまで「貢租国桝ニテ納候ヲ京桝ニテ納ル時ハ、壱石ニ付四升二合七夕七才五毛四弗之減米ト成ル」、それを一石四升余取り立てるのは区長か村長の「徳米」とするためではないか、というものである。この不審は、一般に広く存在した。県官は、大蔵省の布達に依拠して、「貢租之減ハ決テ無之」、桝を変更しただけであると説諭した。

第三条は、「口米」・「反米」は廃止になっているはずであり、それを確認したいと主張した。口米は貢租の損耗を補い、反米は付加税であり、村民は藩政時代と変わらない税の不合理を問題視し、減租を要求したのである。かつて県自体がこの不合理を説いて大蔵省に廃止を上申したことがあったが、地租改正が終了するまでは「旧慣」が継続されるとして許されなかった。県官は、貢租が貢米・口米・反米からなっていることが「仮免状」「本免状」に明記されていることを示して、廃止されていないことを説明した。

第四条も、税の不合理を指摘して減租を要求したものであり、貢租の運送時の欠源に備えて町村に備蓄している「合米」の「割戻」を要求した。士族への「家禄米御渡之節譬ヘハ三斗壱升五合俵ヲ壱升五合ヲ除キ三斗御渡シニ相成候テハ、壱升五合之余米割戻可然方歟」、と。県官は、「家禄石詰渡御規則ニ付士族ノ可受請者ヲ不取シテ之ヲ学費ニ備フ、素ヨリ小前損益ナシ」と説諭した。県官の説明の内容は不詳であるが、この「合米」の存続と使途も、この時期の人民の不審と不満の対象の一つであった。

第五条は、「民費之掛口之儀ハ何々之廉民費ニ相成候哉」と、民費の使途と賦課の基準の説明を求めた。ここには具体的な指摘はないが、むしろ民費の運営全般に関する批判が存在すると考えてよいだろう。県官は、「大ニ確定モ有之候テ賦課ス、尤癸酉年之分ハ当時扱所ニ於テモ専ラ詮議中ナリ」[73]と回答した。後に見るように、この時期から翌年五月ころにかけて、県は、民費分課科目・精算規則、賦課方法の再検討、および区戸長の民費の運営の監督に多大な精力を注いだ。

村民は一一月、警保課官員の鎮静化工作に対して、特に「癸酉年貢租石代銀納」について「懇ニ御教諭蒙リ愚昧之我々共即時了解難相成談申上候処、夫々遂吟味御沙汰有之旨一同承知」した。しかし結局、疑惑が「氷解」したとして、出願を取り下げるにいたった。「銘々種々勘考仕候処、御教諭之趣逐一貫徹仕今更後悔仕候」として、「石代銀納之儀ニ付御取調御取消願」を惣代一四名の連印で、「石代銀納疑惑氷解ニ付御請一札之事」を一八名の連印で提出した。村民は結局は、布達の不徹底、つまり「御布達徹底不仕処ヨリ彼是疑念ヲ生シ愚情申立」[74]という論理で終結させたのである。村民の「種々勘考」の結果という形をとってはいるが、ここには、「右事件及其他何事ニ不寄村寄并徒党ケ間敷儀一切不仕候」[75]という表現に見られるように、県の強力な騒擾封じ込め、治安対策的な鎮静化行動の結果が反映していると考えられよう。

この「川古村頑民沸騰」は、結果としては特別に紛糾化することなく終わったが、県はこの事件を深刻に受け止めた。県が、収穫・検見取り調べのきわめて繁忙で混雑した条件下であるにもかかわらず、民費取り調べのために県官を派遣して広範で厳格な調査を実施する計画を立てたこと、民費規則の検討と民費運営の監督・管理を強力に進めたことなどを考えれば、この事件が大町地域の物議とあいまって、県当局に衝撃を与えたことが窺われる。兵災・天災による収穫の減少と検見という難しい状況下で、旧貢租体系の継続と不合理・不公正な区村行財政が人民の批判と反発を招いていることが明確となった。さらに、村民が、「村寄」での決議という村民の結合を基盤として、県当局に釈明を求めるという公然たる行動に出たことが、県に衝撃を与えた。

県が重視したもう一つの事件、大町地域の物議である「佐留志村騒動」についてみよう。この事件は、貢租・民費、区村行財政に関わる広範な問題点を内包したものであり、村民が村長を出訴し、村長が辞任するにいたった騒動であり、約二年後になって和解が成立して決着をみた。

この主な経過は、次のようなものである。一八七四年九月以前の時期に、第二二大区一小区の杵島郡佐留志村の農民数名が、村長の「吟味」を願うという伺書を、県庁に提出した。彼らは、癸酉年秋の貢租および民費分課について疑惑があるとして、一二カ条を掲げた。九月、村長は「答書」[76]を提出して自己の正当性を弁明したが、県官の取り調べを経て、一〇月、「不束之取計仕候」[77]として進退伺を提出し、辞任した。翌一八七五年一月から県は本格的な取り調べを実施した。九月、庶務課中属の島義之が出訴人側と村長への説諭を実施し、処理の大体の方向性を出したが、両者の和解にはいたらず、なお警察係による取り調べが必要であると報告した。島中属の報告では、一二カ条中六カ条でおおよそ村民側の主張が通り、他の条項に関しては村長の措置の根拠が認められたが、他地域の実施基準との照合、清算・賦課の見直しが行われた。その結果、村行財政の不合理性・不明朗性が存在することが判明した。その後一八七六年九月になって、出訴人を含めた一三名が連名し、「其外、惣百姓中」[78]の名のもとに、この件を和解したいので吟味を願い出た伺書を下げ渡してほしい旨の願書を長崎県令北島秀朝に提出した。この間、佐賀県は一八七六年三月に廃止されて三潴県に合併され、八月には佐賀地域全域が長崎県の管轄下となった。長崎県令には、旧佐賀県令の北島秀朝が就任していた。管轄替のために書類引き継ぎの捜査が手間取り、伺書は一八七七年七月に長崎県から下げ戻され、和解となったのである。

吟味願伺書が下げ戻されたために、出訴人側の詳細な主張や論点はわからないが、一二カ条にわたって村長の行財政を批判している。第一条が貢租徴収の問題、残りの一一カ条は民費、および村独自の民費である協議費の問題である。貢租徴収問題は、村長の行政上の失政によって村民が不利益を受けたというものであり、民費・協議費関係の問題は、違法な賦課があること、課目・賦課のなかに不合理・不明朗な点があること、を出訴人側は主張した。これらは、財政上の問題点を指摘するにとどまらず、村長の行財政の性格や姿勢、手法を批判するものであり、その転換を求めるものであったといえる。

第一条の貢租に関する問題の中心的な論点は、正米納と石代納の納付方法は人民勝手である旨の県の布達を村長が徹底させなかったために、村民は米価高騰にもかかわらず正米で納入し、不利益を蒙ったとするものである。村民は、「人民熟知之儀ニ無之儀ニ付一同正米納ト相心得候故、昨年（一八七四年—引用者）五月六月両度納之節、下米石代相場六円余ニ売買之米ヲ石代三円六拾貳銭相場ニ相納候次第ニ立至、小前一同多分之損失ニ相成下方難渋」と主張した。村長は「惣代小遣等ヲ以テ一々触示置候」（「仮調書」）と主張したが、村民はその証拠がないと反論した。村民は第一一条でも、村長が「時々触示サスル云々」と、村長が布達徹底に関して業務怠慢であることを申し立てている（「仮調書」）。この石代納の問題は、すでに川古村の例で見たように、不作に苦しみ、米価高騰への対処に困惑するこの時期の人民の関心と不満の主要な対象であった。

この問題には、村民の不満を助長した事情があった。第一二大区区務所が納入された正米を換金する方策をとり、米商に貢米を石代値段で売却し、村長自身がこの方法で、自己の営業である酒造用に貢米を買い取っていたのである。村長は、「扱所ニ於テ申付置キ候正米請負商人有之、区長之取計ヲ以テ各村納米之分トモ石代三円六拾貳銭ニ売払候趣ニ付、幸ヒ自分酒造米入用之為貳百八拾六石余買入度段区長ヱ願出則聞届ニ相成候故、右商人引受之代価ヲ以買入候」、違法ではない、と主張した（「上申書」）。

この間の事情は、村長の「答書」に詳細に述べられている。大区区務所は、佐賀県を代表する有力商人である古賀善兵衛、伊丹文右衛門、田上徳十郎、森栄次と契約を結び、米一八八一石三斗余を石代値段三円六二銭で売却し、代金六八一一円六七銭余を受領した。五月に現米をすべて渡し、七月に決算が終了した。村長は、自己の酒造用に二〇〇石、佐賀市街の親類筋の宿屋名義で八六石を買い取った。このような行為は、すでにみたように、行財政経費を捻出する必要という背景もあって、他地域でも広く行われていた。しかしこれは、人民の不利益を犠牲として行われる区村長の専断的行財政として、人民の批判と不満を引きおこした。村長の行為は、違法行為とはされなかったものの、村民の強い反発を招いた。「下方難渋之事情ヲ乍存村長ノ職責トシテ何等ノ教示モ無之、却テ自分勝手之儀ニ付テハ貳百石余モ石代三円六拾貳銭ノ相場ニテ買入候儀ニ付、一同怨視苦情申立候」と、取り調べた県官は報告した（「上申書」）。

さらにこの件では、上記の貢米売買に加えて、区村行財政と商業資本との癒着的な関係があった。大区区務所と米商との間で、一八七四年一月、貢米の売買契約とともに、石代相場と現実の売買相場との差額の一部を区務所に還流させる「補銀」を米商から大区区務所へ提供する「石代米補銀条約[79]」契約が結ばれた。「補銀」は、京桝四斗二升詰めの貢米仕様の四斗俵一俵につき銀一三匁、同三斗入り俵一俵につき同六匁と定めた条約にもとづいて、合計で銀五九貫一三九匁余、円に換算して七九〇円余が、米商から大区区務所へ渡された。村長によれば、佐留志村は、一月段階で、自己の買得分も含めて貢米七一八石を売却し、これによって一月の貢納五割の納付を実現し、「補銀」一七貫九五〇匁、円に換算して二三九円余を得た。村長は、「補銀条約」の締約を惣代の了解を取り付ける形で行い、佐留志村惣代六名が名を連ねた。村長は、この「補銀」を、惣代、小使、「頭百姓」九名の集会・吟味を経て、小学校費用の積金とすることにした（「答書」）。このように、大区区長や村長は、人民から納付された現米を換金し、石代納の財源を確保するとともに行財政経費の捻出を行っていた。そこには、地域的な米穀販売市場が成長していないという事情のもとで、県内の有力商人資本が介在し、自己の利益を確保するとともに、行財政経費の捻出に協力する関係を形成していた。区村行財政と商人資本との癒着的な構造の上に、村長の専断的な行為は成立していた。それは、人民の不利益の犠牲の上に展開している、と村民に意識された。

村長は、「答書」のなかで、自己の正当性を強調する状況証拠的な主張を展開しているが、正米納と石代納の負担の差違、売買相場の差違に関する対応に苦慮した様子を詳細に記している。現米納届出者からの石代値段での取り立てが困難であり、また「石代納之人々ト現米納之人々ト不揃ニ有之及難渋」である故に、「惣米高」一七七四石余から取り立て済みの現米納分の七五三石余を差し引いた「残米」一〇二一石に「掛廻シ」をする「間米掛廻シ」、あるいは米商への売却契約の内から二割方を破棄し、それによって現米納者に補塡することなどを計画した。石代納者についても、一月の納入者と、「当春夏イタリ米価格別高直相成候ニ付而ハ、五月七月金納之人々同様ニハ難取計」ので、自分の買得米から三〇石を差し戻して補塡する計画を立てた。貢租徴収現場での、村長としての苦慮があったのである。しかし後者に関しては、「村方過半承知相成」たが、出訴人らは「法組帳合振之儀甚難落合、於我々ハ承知不仕段差募テ被申聞候」、その結果、前者を含めた全体が実現しなかった。出訴人たちが、この措置方法を了解しなかったのは、前提となる村長の行為そのものを認めることができなかったからであろう。

もっとも、「補銀」からの現米納者への分配は、少し異なった経路を経て、実施された。補銀は前記のように学校費用として備蓄することになったが、着工中の「井樋角代」費用の取り立てが進まなかったために一時その費用に転用した。その後、費用の徴収が終了すると、村長は、「最初現米納差出候人々エハ、四斗俵ニ付右補銀之内ヨリ米四升五合九勺宛之算当ヲ以分配仕候」、これについては「何歟苦情被申立候謂無御座」と主張した。村長が分配の論拠としたものは不明瞭であり、また出訴人側がこれにどう反応したか不明である（「答書」）。

この件について、県は大町・武雄地域の物議が発生すると、ただちにこのような区村長の行為の禁止措置をとった。一八七四年一一月に布達して、区村長が自己の判断によって、人民から納付された現米を換金し、それによって貢納することを禁止した。県は、「各区貢租之儀ハ、此迄区内小前之者ヨリ現米相納候之分モ、従前之弊風ニヨリ区村長之取計ヲ以石代ニ交換上納候向間々有之趣、甚以不都合之事ニ付、本年ヨリ右様之取計決而不相成候条、現米上納之分者其侭相納候儀ト可心得」と指示した。[80]
説諭を実施した庶務課中属島義之は、村長の行為は「取計順序相立候次第ニ付不正私欲ノ訳ニハ無之事ニ相見候得共、全体区長村長ノ職トシテ右御布達之旨趣ヲ人民ヱ教諭ノ道モ不行届ヨリ、人民ノ失費迷惑ヲ醸成致候段不都合之次第」として、区長・村長ともに警察係による取り調べの上で処分すべきであると報告した。これに対して、県令の筆と考えられる朱筆は、「村長米買入方順序相立居ル儀ニ候ハ、職掌柄ト雖モ可取糺廉無之、小前不承服之条ハ該係ニ於テ可取糺」と、農民を取り調べることを指示している（「上申書」）。
なお、石代納の問題と関わって、第二条は、村長が現米納を前提として、前もって手本俵を作製しており、これが無駄な出費にあたると批判した。村長は、現米納・石代納が自由である旨の県の布達が届く以前に作製し、郷蔵に蔵していたと反論した。彼は、「昨壬申ノ秋同様現米御取納ト奉存故、初納二納迄下小田御蔵ヱ出米仕、且ハ扱所ヨリ戸副長立会納米仕候通帳ヲモ所持罷在」、「然ル処十二月中旬石代納不苦段御命候御布達之旨承知、村内小前ヘ触示候様小使惣代之人々江為申触」た、と主張した（「答書」）。
村長の石代納許可の布達が一二月中旬に到着したという主張は、適切ではない。県のこの布達は、石代納を奨励し、その確保を確実にするために、換金に不備がないように処置すべきことを指示したものである。県は一八七三年一二月一三日、佐賀県権令岩村通俊名で布達第四五号を発し、貢納の遅延を戒め、戸副長が適切に措置することを指示し、翌一四日に布達第四六号を布達した。この布達は、一五日に到着したと村長は言う。第四六号布達は、「本年貢米之儀正納石代下民之願出ニ任セ御取計可有之ニ付、石代納之儀ハ村方弁利之筋ニ付成丈金納可願出儀ハ無論、因テ諸郷村ニ於テ最前目論見ヨリハ追々石代納相増、既ニ家禄半渡ニモ不引足正納別テ寡ク」と現状を述べ、「尤其内ニハ近来他ノ管轄ヨリモ姦商人入込石代納引受等之儀談合候趣相聞、若シ小前共僅々之利ニ迷ヒ引請差出候得ハ、石割上納度割仕収納ニ付数ヶ月相延候事ニテ、期限通不行届儀出来候テハ不相済」、そこで「石代納相願候おいてハ、銘々身元等戸副長村長ニ於テ篤ト取糺慥成者而已差許」、「此ノ慥成者トハ即金買入之者ヲ云フ」[81]、というものであった。石代納の進展と人民の関心は、このような状況にあったのである。手本俵の作製の費用は、賦課することになった。

第二の問題は、民費・協議割に関する件である。

民費に関して出訴人は、村長が県の規則に違反して、民費をすべて貢米高を基準として賦課したことを批判した（第三条）。佐賀県は、前記のように、一八七四年一月、人家集中地域以外は、民費は貢米に八割、戸数に二割を賦課するように布達していた。村長は、大区区務所から指定された大区割の民費六三石四斗余を、村内の困窮者の難渋を考慮するとして、すべてを貢米高を基準として賦課したのである。村長は、「戸籍掛ケ之儀ハ戸数ニ相掛ケ候ハ当然之事ニ御座候得共、惣計二百七拾戸余之内三拾戸内外極貧窮之者共ニ而、同家或ハ他出之者モ有之、何分現業不行届候処ヨリ、近村聞合惣代小使吟味之上、難渋之者為救石掛為仕儀ニ御座候」と釈明した。困窮者への配慮からでた措置であったが、県の方針には違反していた。村長は、「今更恐縮」（「仮調書」）と述べ、「此儀ハ八分ヲ貢米二分ヲ戸数ニ割付ヲ改メ支払ノ事ニ承服」（「上申書」）した。

訴人側はまた、祭典料その他の民費三七円余を石代値段で取り立てたことを批判し、「金ニテ割付之分ヲモ石代立直段ニ致米取立」たと主張したが（「仮調書」）、村長は石代値段による現米取り立て自体は問題なく、全体として「出入無之」と応対した（「答書」）。しかしこれも、県の指示に対して違反していた。「御定直段」は貢納の石代相場であり、民費の「分課米相場」について県は、一八七四年一〇月三日に四円七五銭余とすることを布達していた。

協議費関係の問題は、全体として課目・分課の妥当性に関するものであるが、これは同時に、村長の行財政の性格・手法を問い、その専断的性格を批判するものであった。

村長の「補給」の徴収が不当であるとする件（第五条）、執務補助の書記役である筆生の雇用が村長の特権的行為であるとする件（第四条）、検見の費用徴収が同様であるとする件（第八条）、などの項目は、村長の行財政の適法性と手法を批判していた。

「給料補米取立」問題は、村長が、県によって一八七三年に廃止された「補米」六石余を独自に徴収し続けていることを不当とするものである。村長は、「去壬申秋迄之処請負米拾五石余モ有之候処、当癸酉秋御改革ニ付右請負被相廃止」、しかし事務取り扱いのために惣代その他多数が村長宅に出入りして費用が必要であるので、年間の給料一五石のほかに「補米六石」を徴収してきた、これは「惣代百姓勘定之節」に「立方被致呉候事」であって、「全ク私取計ニ而無之」と反論したが、「役中不経伺其侭受納可致心得致候段、恐入候事」と、県の承認を得ない行為であったことを釈明した（「答書」）。出訴人側は、違法な補給取り立ては村長の専断的な行為であると批判し、「村中協議」（「仮調書」）の名の下に専断的な行財政が継続していると認識し、批判したのである。島中属の取り調べの結果、「各村之例ニ比較シ更ニ精算之上割付之事ニ承服」（「上申書」）した。

第四条「雇筆生給米取立」も、同趣旨である。村長は、行財政の補助のためには筆写係が不可欠であり、惣代・頭百姓による集会・協議の上で、費用四石五斗を徴収したと主張した。区村長の業務の補助のあり方やその経費をめぐる区村長と人民との対立は、県下にきわめて広範に多様な形で発生し、筆生の雇用の問題はその代表的な例であった。島中属の説諭の結果、筆生給料はこの年限り賦課することになった。第八条「検見田入費」も、過大な取り立てであるという批判である。村長は、検見の調査が膨大な労力を要するとして、「酒食等之手当大ニ相整」（「答書」）ことを惣代の協議を経て実施した、と主張した。島中属の説諭の結果、各村の例と比較して精算の上で分課することになった。なお、布達類の徹底のための活版費用の分課（第一一条）に関して、村長は「活版之儀時々村方触示置候ニ付」（「答書」）と、布達のたびごとに触れ示したことを徴収の根拠として主張したが、出訴人側は徹底しなかったことを強調して対立した。「時々触示サスル云々申立ラレ候得共、双方証拠無之旨申立候事」と、県官は記録している（「仮調書」）。費用は、賦課することになった。

このほか、出訴人側は、秋の収穫時の奉公人の周旋などを任務とする「村取締」費用三石（第六条）、他村人民からの依頼事務の処理費用（第七条）を村内全体に賦課し、関わりのない者からも取り立てたことを批判した。前者は、「旧藩之砌下人小頭相立被置」の手法を継続したものであり、労働力を必要とする上層農民には利便性の強いものであった。県はすでに一八七三年一〇月、これは「相対勝手」であり、関係者間の契約上の問題であるとして、民費賦課を廃止していた。村取締は、奉公人・臨時雇用などの口入れ周旋のみでなく、村内警備の番人的な性格をもたせて、他の地域でも設置する状況があった。事務処理費用については、「去壬申秋貢租御取納帳ヱ検見落嶋畠落口反返配当不仕、偖又貫物掛越其外数拾ヶ条取納越ニ相成候」として、副戸長に対してなされた「古賀百姓中ヨリ問合」（「答書」）の問題に関してのものであった。この人物は一八七三年九月、「村中不服折合不相付」[82]として、佐留志村副長を辞任しており、この地域では村行財政をめぐる村内対立は少なくなかった。これらは結局、村長が不手際を釈明し、徴収した「村取締」費用は「割戻」し、この二件の費用は関係者から徴収することになった。さらに雨乞費用の二重賦課（第一〇条）は「割戻」すこととし、帳簿への記載漏れ（第九条）は補充し、村長は陳謝した。第一二条は、旧藩時代の備荒貯蓄の種籾代が払い下げられたが、それを売却した代金の一部で石炭商へ貸付られた資金が返却不能のままに放置されている事態を批判したものであるが、今後も督促を進め、県官は取り立てを裁判所に付する方向を示した。

以上が、佐留志村騒動の主要な問題点であった。

ここで、川古村や佐留志村での物議・沸騰の特徴を、行論に必要な限りで整理すると、次のようになろう。

第一に、旧藩政下の貢租・税体系が継続していることが種々の困難をもたらしており、区村行財政の展開にも影響し、人民の批判を招いているということである。地租改正の終了以前においては「旧慣」継続、つまり従来の貢租・付加税・雑税を村請制によって実現する仕組みが基本的に継続していたが、川古村の場合は疑念の論理そのものは比較的単純であった。しかし、負担軽減を求める意思が明確であり、その意味では貢租体系そのものに対する反発は強いものがあった。この後も、川古村と同様な事態は杵島郡下の他の地域でも展開される。

佐留志村の石代納の問題は、米価の高騰という条件下で、区村長の行財政の手法が人民の利益と対立し、人民が反発したものである。布達第四六号が示すように、個人の石代納が進展していたが、一般的には村単位での石代納、つまり村長が村単位で現米を換金し、石代納を行うことが一般化しており、大区段階でも同様の状況があった。この手法は、区村扱所が、有力商人資本と結合して、売買相場よりも安い価格で売却し、差額の一部を獲得するという形で、区村単位での貢租納入を実現するとともに、行財政経費を捻出する方法でもあった。これは、米価騰貴にもかかわらず現米納を強制された人民の不利益の上に展開されたものであり、佐留志村の場合のように、村長の専断的な行財政として「小前」ら一般農民の指弾を受けた。県は、貢米の管理よりも貨幣の管理の方が容易であることから石代納を奨励してきたが、人民の貢租と村行財政への反発を考慮して、一八七四年一一月、人民から納付された現米を区村長の判断で換金し、石代納を行うことを禁止したのである。以上のことは、県に新しい税体系への移行を急ぐことの必要性を認識させ、県は、一八七五年後半から地租改正の作業の着手に向けて準備を急ぐことになる。

第二に、規則の点でも現実の運営においても、民費・協議費の不合理性・不明朗性が広範に存在し、行財政に対する人民の不信と反発がこの問題に集中していたことである。民費・協議費は、人民の生活にもっとも密接したものであり、使途も賦課も身近なものであり、人民の関心の対象になる度合いは強かったが、使途や賦課の課目、賦課法において伝統的旧慣的な性格や範囲が大きく、区村長の手法・運営に左右される要素も大きかった。佐留志村の例を見てもそれは顕著であるが、両事件の取り調べを行った庶務課の島中属はその問題点を、決算が二年単位であること、使途や課目が不分明であり、記録も粗略で杜撰であること、臨時・定則外の賦課が随時なされていること、など具体的に指摘している。「総テ壬申以来ノ精算等不相立、殊ニ従前ノ仕切ニテ二ケ年送リ決算ノ事ニ付、先般ノ御布達モ或ハ右ノ次第ニ相心得、堤防費用等ノ如モ当年一月以来ノ部ハ全ク来年ノ部ニ残シ其他決算ノ事ト相心得候村モ有之ニ付、既往ノ精算仕上ケ勘定ニ至ラス、従来ノ改正モ難相成、且又各村諸入費明細帳ノ類麁略ノ書体ニテ、一課目之綱領ヲ挙ケ事由ニ至テハ唯一口ニ其ノ費用トノミ相記シ仕分明細書ニアラス、或ハ課目ノ名称等通用ノ名言ニ無之、従来村中俗用ノ字ヤ異名等ヲ記シ商家符牒ノ如キ類ニテ名実分明ナラス、加之臨時費協議割ト唱ヘ或ハ定則外ノ費用ヲ記載シ、又ハ村長適宜ノ見込ヲ以テ種々ノ名目ヲ付ケ取立之類モ有之[83]」、と。県は、精算の課目・分課法の規則の整備を急ぐとともに、運営の監督と指導を強めなければならなかった。民費・協議費の負担軽減も緊急の課題となった。

第三に、上記第二の特徴と関連して、区村長の行財政の性格と手法が人民の監視の対象となり、専断的な村行財政として厳しく批判されていることである。佐留志村では、上記のように、石代納自由の布達の不徹底が人民の不利益を強いた、民費の全額貢米掛けの賦課が違法で不公正である、検見費などの過大な賦課が負担増をもたらす、村取締の経費や特定の関係者に関わる執務経費の村内全体への賦課が不公正である、さらに廃止された村長補給財源の取り立てや執務補助者の採用が特権的な行為であるとして、村長は「小前」など一般村民から指弾され、批判された。村長はこれに対して、惣代、小使、あるいは頭百姓などと協議し、その了解のもとに行財政を執行してきたと弁明したが、ここでは、実はそのような村行財政の手法と性格こそが批判されていたのである。これまで継続されてきた、村落上層民などによる自己の利益を優先させる伝統的で慣習的な行財政は、もはや容認されなくなっていたのである。その実態は上記の県官の指摘に詳しいが、第九条の帳簿上で不分明な賦課があるという批判が意味したものは象徴的であった。村長は、先役からの引き継ぎ時の調査が不充分なまま帳簿に記載したことに原因があり、その内容は、「頭百姓」の一人が他県人の病人への薬代、および火災の消化作業時の炊き出し用に自家米を支出したとして、米六斗の返済を求めてきたので、それを全村に分課したのだと釈明した。しかし、その頭百姓が出米したのは四斗五升であり、そこには「利米壱斗五升」が計上されていた（「答書」）。村長自身、酒造を営む商人でもあり、隣接村から民費未納金二九〇円の一時補塡のための資金調達を依頼されるような人物であった。人民は、村落上層民中心の伝統的慣習的な村行財政の不合理性・不公正さを改めることを要求するとともに、自分たちの利益の反映される行財政に転換させることを求めていた。県としても、村行財政の改革は焦眉の課題となり、大区小区制の区制改革の実施と区村行財政の担当者の精選が迫られる。

第四に、人民が自己主張を明確にし、その実現のための行動を活発化させてきていることを、この時期の顕著な特徴として指摘することができよう。これは、人民が政治的に成長してきていることを物語るものといえよう。この後、この傾向はさらに強まる。県は、士族反乱鎮圧後の県政の基本的な重点を対人民政策に置くことになる。

以上が、県が、「武雄・大町の物議・沸騰」として注目し、対応に努めた騒動である。

なお、民費に関しては、一八七五年も各地で取り立て不能やその後の処理をめぐって混乱や物議が生じている。この年後半にこの状況が多く発生するのは、この年三月に大区小区制の区制改革と区戸長の改選が行われ、事務引き継ぎのための精算が行われたことによる。引き継ぎの困難をもたらした主要な要因のひとつは民費金が不足し、その処理が困難になっていたことにあるが、それは純然たる未納によるだけでなく、むしろ貢納金の納入不足の補塡に民費金を転用した結果として不足となった事態が多く、またその補塡のための措置としての借入金の処理の混乱によって区村財政の精算ができなかったことなどにあった。以下、数例をみよう。

五月、旧第一六・一七・二〇大区副区長の徳見知愛は、民費金の取り立て不能のために引き継ぎが困難であるとして、その方法についての指示を県に求めた。彼は、未納の村の村長・惣代に督促してきたが、「民費金取立之内ヨリ当三月二部半貢納不足之筋江繰替相納置候趣ニ而、未納多分ニ相成甚当惑仕候、実ハ初発一時収納可仕筈之処、当年柄小前之困難ヲ恐レ是迄緩怠ニ及候儀ハ奉恐入候」、と届け出た。貢租の徴収が行き届かず、民費で繰り替えて納入せざるをえない状況であったこと、徴収を強行することが「小前之困難」という現実によってできなくなっていること、が記されている。県は、同日に出された新戸長の要請に添って、「過不足差引明細帳ヲ以小前銘々之押印証書ヲ取リ引継」べきと命じた。同時に県は、「民費金ヲ以テ貢納金ニ繰替候儀ハ向後不相成候事」[84]を命じた。県は、貢納は独自に確保されるべきであり、民費の徴収問題と関わらせて混乱を招いてはならないことを明示し、同時に結果としておこる民費に関わる紛擾を防止しようとした。

九月には、旧第一四大区一小区の神埼郡下古賀村の村長であった村岡五郎三郎が県に対して、癸酉年貢租・民費に取り立て不能分があり、督促が困難であるので、未納者に対して県が直接に説諭してほしい旨を出願した。癸酉年貢租・民費の取り立てが「一行埒明不申」ので「借入ヲ以テ弁納皆済」したが、分課は「段々手詰」となり、前年一二月に免職になった後も督促を続けてきたが効果なく、「小前々々三日五日猶予申述、情実之振合難堪時日押送」、もはや「相対ニテハ難埒明」ので、未納者に県から「御吟味之上御教諭」を願う、と。旧区長の関経仲も、村内には「彼是苦情有之由」、しかし新区長への引き継ぎに迫られているとして、これに同調した。これに対して県は、現時点では村長と人民間の問題であり、県が関わる根拠がない、という立場をとった。「右ハ全ク官ヘ上納済ノ儀ニテ、今日ニ至リ候而ハ旧村長ト小前ト相対取引ト相成候訳ニ付、官ヨリ督促之筋ニハ無之」、と。しかし現実には、「此迄右様村長等之取替ヲ以テ貢納致シ候儀ハ管内一般之習慣ニテ、其実無余儀事情モ有之」[85]として、一応呼び出して説諭するが、新旧区戸長によって督促することを指示した。ここには、人民が納付困難である状況、あるいは厭忌している状況を背景として、区村長が別途借入金によって未納分を補塡する行為を行っていたことが知られるが、県はそれを「一般之習慣」であると認識した上で貢納・民費の皆済を確保していた。区村段階では、このように切迫した状況で貢租・民費を調達することが常態化しており、県は、それを認識した上で県治を展開していたのである。区村長は、貢租・民費の徴収の責任を全面的に負わされ、困難と矛盾を抱え込んでいた。従って、物議・沸騰が発生することは、区村行財政においても県治においても、受ける影響は大きかったのである。

同じ九月、旧第二一大区副区長であった元村長であった角田孝三郎は、杵島郡総領分村の貢租・民費未納分の補塡のための調達資金の処理を終了させるために、元村長であった人物に対して県が説諭してほしいと願い出た。角田が主張したのは、同村が癸酉年民費金九三円、および貢租の取り立てが進展しないため、大区区務所に対して村長・惣代・小使から、「三百三拾円取替差出呉」れるよう願いがあり、やむなく「急救料益銀」から融通した。しかしその後「右引合筋ニ付差縺レ之儀有之」、三月に旧惣代五名・小使が元村長に対する「其筋御吟味願」を提出するにいたり、この件は八月に訴答熟議を遂げて「内済」となった。その後新旧事務引き継ぎのために未納分の取り立てに努めてきたが、「庭帳検見費地券取調費其他立込之内、明細小割帳無之テハ承服不致廉有之段小前共申立」、惣代・小使の要請に対して元村長は「曖昧之応接」のみで、「民間ニテハ弥疑惑ヲ生シ、未納金取纏之道相塞リ候」、ということにあった。佐留志村と近接した総領分村でも、癸酉年貢租・民費をめぐって、村長と一般農民との間で佐留志村とほぼ同じ性格の騒動が翌年におきたのである。

杵島郡下のこの地域では、このような人民の活動が活発であった。六月には、疑惑の内容は同じ性格であるが、「代書人」が重要な役割を果たすという特徴的な騒動が発生している。

新大区小区制下の第六大区四小区の杵島郡築切村戸長の中溝秀尭は、人民が五カ条の疑惑を掲げて、「代書人」を招いて物議を生じているので、取り締まりのために邏卒を派遣してほしいと県に願い出た。「第一条　甲戌検田之事件」、「第二条　民費分課之事件」、「第三条　佐賀桝ヲ京桝ニテ改算之事件」、「第四条　旧藩貸付再興米金御取立事件」、「第五条　合米御取立之事件」について、「右ケ条ニ疑惑ヲ生シ候哉ニ申立、凡七拾名位代書人小城居住江島晋ヲ相招キ、物議ヲ相生シ、当貢租取立筋全以相妨、是迄可成丈鎮定致候様追々説諭ヲ加ヘ候得共、彼能呈ニ申陳シ今以テ其場ニ不相到、当上納筋御規則期限ト相成不足次第」であり、もはや扱所では対応不能であるので、「邏卒三名丈被差越度、将又右代書人ヨリ専物議之基礎ト相成、貢租ヲ妨民則ヲ破候者ニ候得ハ見掛次第捕縛致其筋差送申儀ニ御座候」[87]、と。内容の詳細はわからないが、第一条、第四条に違いはあるものの、他は川古村の疑惑とほぼ同じと考えられる。県はただちに、警保課中属の小島正一を派遣して、鎮静化と調査にあたった。

この物議の特徴は、代書人が中心的な役割を果たしていることである。代言人・代書人の活動は、佐賀の乱後に県下に展開した新しい活動であり、乱後の士族の新たな活動分野であった。佐賀市街などでは、一八七五年ころから、事務所や団体を結成して代言・代書活動を実施している。なかには、佐賀の乱時に反乱軍に参加して除族処分を受けた士族が加わって代言結社を結成し、自由民権運動を展開した「松風社（舎）」のような活動もあった。「松風社」は、後に自由民権政党の佐賀開進会の結成の有力な担い手となった。代書人の活動についてわかっていることはあまり多くないが、築切村の場合のように、人民の村方での運動に積極的に関わり、指導的役割を果たしていることは注目される。人民の活動の側面から見ても、詳細が不明であるが、専門的な知識と事務能力を活用して運動する方向に踏み出していると考えることもできる。この後、この地域での人民の運動と結びついた代言人・代書人の活動は強まる[88]。

以上、貢租・民費問題を中心に、それに関わる疑惑や物議、騒動を見てきた。県は、どのように対応を実施したか。

県が対策の柱としたものは、民費規則の整備と運用の合理化、および全県下にわたる大区小区制の大規模な区制改革と区戸長の改選であり、両者は政策上で密接な関係をもって展開された。民費規則の整備は、前記のように、一八七四年一〇月ころから本格化し、区制改革の実施を経て、一八七五年五月に民費規則を布達して、ひとつの節目を迎える。区制改革は、県治体制を整備する北島秀朝県令の中核的な政策であり、一八七五年三月に実施されるが、これは、集約的集権的な区画改正の実施、区村行財政費用および県から町村の段階にいたる民費の削減を大きな課題としており、また行財政の担い手の精選を意図したものであった。北島県令は、これらの施策によって、士族反乱後の県治の再編を完成させようとしたのである。

民費政策の整備については、主として、民費規則の整備と運用の改善、賦課法の再検討、の二点を内容とする。民費規則の整備と運用の改善については、島義之庶務課中属の大町・武雄地域の物議の取り調べ結果が反映された。民費運営の事情の取り調べは、前記のように、島中属の提起によって、民費の運用の実情を調査する方針を立て、時期遅れになることを防ぎ、また大区扱所による取り調べの過誤を防止するためとして、県官二名ずつを派遣して直接取り調べようとしたが、県令の検見実施による事務繁忙を考慮した指令によって、大区扱所のみの調査に切り替えられた。

一〇月二五日、島中属は、大町・武雄の調査報告とともに、民費の取り調べの条件、および取り立て明細帳の雛形を各大区正副区長宛に布達することを提起し、その案文を上申した。それは、八カ条からなり、一八七三年一〇月から翌年九月末までを年度としてその入費を精算すること、管内割、区内割、合村割、一村割、反別割、村中協議割などの区別を立てること、精算明細帳と一覧表を作成すること、「違算并名実相違」の分は「事由ヲ取糺」こと、「各費ノ課目ヲ区別シ、不分明ノ名目村中俗用ノ異名ヲ云ヲ正、其文意ヲ以テ通用ノ名儀ニ書改ム」こと、「新ニ名目ヲ付或ハ集会ノ入費ヲ学校等ノ費用ニ差略ノ儀ハ決シテ不相成[89]」こと、などである。これは、布達第五六号として布達された。例えば、唐津扱所では、この布達を一一月二日に管内に布達し、一一月一〇日迄に精算書を提出するように指示した。[90]

一一月九日には、県は、前記のように、大区区長・村長宛の、「区内小前之者ヨリ現米相納候分モ、従前之弊風ニヨリ区村長之取計ヲ以石代ニ交換上納」することを禁止する布達を、総布告として、また掲示して徹底することを指示して、実施した。

さらに同月、島中属は協議割の廃止を上申し、これも活版の総布告として県下に布達された。布達は、民費は「国家保護」のために必要な費用のみを取り立てるべきであるが、「各村中従前ノ仕来ニテ協議割ト唱ヘ、渾テ定則外種々ノ名目ヲ以テ無益ニ属シ候入費ヲ取立候弊習不尠、殊ニ支払帳簿ニ至テハ証書等モ無之分明ナラス、右ハ多分ノ費用相嵩ミ各人民困窮ノ余リ彼是疑惑苦情ヲ生シ、終ニ不容易物議ヲ起シ候儀間々有之、甚以不都合之次第ニ付、協議割之儀ハ当十一月限リ一般相廃止[91]」する、今後とも無益の費用を削減せよ、民費の改正法・支払明細帳雛形は追って布達する、とした。県は、協議割という、村行財政において伝統的で慣習的な、村長らの専断の生じやすい、それゆえに人民の疑惑と反発の大きい要因を除去しようとした。

一二月一二日、県は、「民費分課取立明細帳」・「支払簿雛形」を布達し、明瞭で精細かつ合理的な精算と分課を実施するように指示した。すでに引用したように、「麁略ノ文章ヲ以テ一課目ノ綱領ヲ挙ケ、事由ニ至テハ唯一口ニ何ノ費用トノミ相記シ仕訳明細ニ無之、或ハ課目ノ名称等普通ニ無之異名等ヲ記シ名実分明ナラサル類モ有之ヨリ、衆人間々疑念ヲ生シ物議ヲ起シ候儀有之不都合之次第」、今後は書式雛形の「其外取立ノ課目増加ノ儀ハ決テ不相成、自然必用差支候事件有之候ハヽ、臨時伺出許可ノ上増加可致[92]」、と諭達した。同布達は同時に、諸帳簿は一二月二五日迄に編成すべきこと、証書を添付すること、収入・支出は区村長の検印を要すること、定則外の別帳の作製を禁止すること、その他帳簿の紙の種類・型式、作製手法などを詳細に指示した。これは、前記の大町・武雄地域などの騒動における調査の結果にもとづいて政策化されたものであった。一二月末、各扱所や公事を扱う場所で飲酒すること、およびその費用を民費に課する悪習があるとして、これを禁止し、「悪習ヲ一洗シ清廉潔白ニシテ各自義務ヲ相尽[93]」すべきことを達した。

民費をどのような基準によって賦課するか自体が、人民の関心の集中するところとなっており、県は賦課法の検討を進めた。県は、貢米に八割、戸数に二割、佐賀市中のみは貢米に五割、戸数に五割を賦課するという従来の賦課法を、六月の大区区長会議での合意をうけて、一八七四年の民費についても継続することにしていた。一〇月に第六・一二・一八大区区長の古賀景敬は「分賦課之儀ニ付見込書[94]」で、地域の広狭や田地と戸数、経済状況など、実態に差違が大きく、全県的に統一的で合理的な基準を設定することは困難であるので、とりあえずは、貢米に八割、戸数に二割を賦課する従来の賦課法を継続する、ただし貧窮者は戸数掛けから除外することが妥当であると上申した。一二月、一一名の区長は「民費分課ニ付伺[95]」を提出し、区長給料、扱所費用、村長給料、その他の課目の分課を申請するとともに、分課法として、貢米に八割・戸数に二割の賦課法を継続するが、旧城下町と津宿など二〇〇戸以上の戸数が集中している所は、佐賀市中の第八・九大区と同様に、貢米五割・戸数五割を課することを建議した。これをうけて民費担当の庶務課少属の木本良幹は、区長提案を支持し、唐津・伊万里・武雄のような「一都会」をなしているところがあるので佐賀市中のみを特別扱いすることはできない、「戸ノ課役ヲ増殖」することが妥当であると、分課の計算試案を添えて上申したが、この問題は「人民保護上ニテモ頗ル重大之事件」、「屢変換セハ人心疑惑ヲ生スル[96]」として、県庁内部で慎重に検討すべきであると提議した。北島県令は、公正の見解が必要であるとして、県庁内の庶務課以下の四課に諮問するとともに、年明け早々の一月四日に会議を開催することを達した。しかし結局は、賦課法の改革案は成案にいたらず、区長に対して一月、従前通りの賦課とする通達がなされた。なお同月には、庶務課権少属笠原忠家が、区制改革に備えて、大区小区の反別・戸数、区長以下の職制・事務章程などとともに、民費分課法について、大分・山口・兵庫・滋賀・山梨・千葉県に照会していた。

賦課法の改革は結局、一八七五年三月の区政改革の実施を経て、実施された。この区制改革については後述する。県は、従来の四一大区九七小区による大区小区制が合併によって事実上は一八大区制として運営され、県下の現状に適合的でない事態を改革することを意図して、七大区四六小区制に再編成したが、その意図の重要なひとつに、大区小区制の経費、民費の削減があった。県は三月、新区制の実施にあたって、経費が従来の一二万九二一二円から六八四一九円に減少する、差額五〇七九三円が削減できると布達した。[97]新しい県治体制の編成は、人民の負担軽減の要求に対応する形で実施しなければならなかった。実際には、削減額は、二九四二八円となり、一八七六年から実現することになった。[98]

県は、四月に新戸長も招集して開催した新大区区長の会議に賦課法を諮問し、五月、「民費賦課法仮則」を、計算法を付して、甲第八九号として布達した。「従来民費賦課其宜ヲ得サル趣ニ相聞候間、追テ公平確定ノ改正可相達候得共」、暫定的に定めるというものであり、次のような特徴をもっている。「民費ハ一切其小区扱所ニオヰテ精算ノ上、惣代ヲ以テ取立」る、賦課は管内割・大区割・小区割・村長割として課目を設定し、その課目に従って徴収する、賦課法は貢米に六割五分、戸数に三割、雑税に五分五厘、家禄賞典禄税に四分五厘を課す、などを定めた。戸数掛けについては、「家産高ノ大小ニヨリ、区戸長以下惣代等協議ノ上実際ノ適度ヲ斟酌シテ、公平ニ等差ヲ立テ賦課スヘシ」、等差は「上、中、下、下々」の四等級とし、「下々」の「鰥寡孤独廃疾等ニテ他人ノ救助ヲ受ケ生活スル者」からも「幾分カ取立ツヘキ事」[99]と定めた。五月には「各扱所所用諸帳簿編成書目」を布達し、六月には「小区扱所民費支払明細帳」[100]雛形を達し、ここに新大小区制に照応した民費規則・賦課法の大要が成立した。

第三節　村落統治機構の改革

北島秀朝県令の統治機構の再編は、基本的には、県官の淘汰・他府県出身者の任用と執務体制の整備を中心とする県庁機構の再編とともに、村落統治体制を再編することを内容とした。北島県令の県政の再編は、反乱の物理的鎮圧を直接的な条件として、士族対策は顧慮しながらも、県政の基本的な性格を県―県下人民の関係にそって構成し、展開することに改めることを意味した。北島県政の課題は、「難治県」から、政府の支配意図・政策に忠順な県政へ転換することにあった。

入県後、村落統治体制に関して北島県令は、大区小区の区戸長の執務の統制と、人民の批判と抵抗の集中している民費の賦課法・使途の改善を重視してきた。区戸長の執務の統制は、伝統的慣習的な村行財政の習弊を除去し、執務の原則と姿勢を基本的な次元から立て直すことに置かれたことが特徴であった。例えば、①諸布告類は活版にして村長・惣代に渡す、区戸長は県庁での会議日以外は任区で職務に勉励せよ（一八七四年五月）、②人家輻輳地に掲示場を設置する（六月）、③戸長は区内人情に考慮して職務に勉励せよ、任区を離れるな、区戸長から筆生に至るまで勤惰簿を作製して県の点検を受けよ、無断欠勤を禁止する（八月）、④公務の執務場所での飲酒とその費用の民費への加算を禁止する（一二月）、などである。このことは、人物の精選や能力の鍛錬の必要とともに、職制・事務章程の編成などによって指揮・監督を強める必要があることを示していた。

民費においては、人心の疑惑を招き、物議が多発している状況が何よりの深刻な問題であった。県は対策として、諸職工商業工場などの営業税以外に、区村長の専断で課税して扱所の収入とすることを禁止し（一八七四年一〇月）、区戸長らに民費の不分明・不明朗な賦課と使途の改善を指示し、賦課項目を定則化し（一〇月）、村段階での賦課である「協議費」の徴収を禁止した（一一月）が、民費を貢米・戸数などにどのような割合で賦課するかという賦課法自体が人民の批判にさらされていた。県は、一八七四年の村行財政をめぐる杵島郡下の騒動の発生などを契機として、民費賦課法の本格的な検討を始めるとともに、それと不可分の政策として大区小区制の改革を進めることになる。

本節は、北島秀朝県令が一八七五年三月に実施した区制改革の内容と特徴を検討する。北島県令はこの区制改革を、村落統治体制の再編の中核的な政策として位置づけ、士族反乱を経過後の佐賀県の、本格的で統一的な大区小区制を実現することを意図した。

佐賀県は一八七五年三月一〇日、区制改革の実施を布達した。県はこの日、「新置大小区画並小区扱所部内村名」、「各大小区配置役員」規則、および区制改革の実施によって民費が減少することを布達し、一二日に「廃区新置区事務取扱章程」を、一五日に区戸長以下役員の「職制並事務章程」、「各大区々長定勤所及小区扱所役員規則並常備金定額」を、二五日に「公文送致規則」を布達した。[1] これらにあわせて、五月一八日に民費賦課法の「仮定」規則、六月二八日に「各小区扱所民費支払月計明細表」の雛形を布達した。[2] 二月末から、区戸長の任命、惣代の選出、事務引き継ぎが実施されたが、一部では事務引き継ぎは八月ころまで延滞した。

北島秀朝県令は、内務省に対しては、区制改革をその実施後に上申した。本来は、事前に上申して許可を得た上で実施すべきであったが、県治上の急ぐべき事情があったことを理由とした。「区画改正之儀ニ付上申」は、「当管内従来区画ノ制并区長戸長等配置ノ法其宜シキヲ得ス不便利ノ義モ有之、是カ為民間ノ事務自ラ留滞ニ及ヒ行政上ニ於テ差支候事情不少候ニ付今般改正、従来ノ四拾壱大区并九拾七小区ヲ廃シ、更ニ七大区四拾六小区ニ分チ、別紙区画一覧表并絵図面ノ通リ区戸長等配置致候、右ハ前以上申着手可仕ノ処実際施行上ニ於テ緩急ノ都合モ有之其機ヲ失シ候テハ懸念ノ見込モ有之、旁以夫々改正仕候間宜シク御聞置被下度[3]」と。内務省は七月、了承した。

この区制改革は、旧来の大区小区制がもっていた制度的、機能的弱点を改革し、また士族反乱の鎮圧を直接的な基盤として再編した本格的な大区小区制であり、これによって佐賀県の村落統治体制は一画期をむかえた。この改革の特徴は、第一に、大区小区の区画を改編した。従来の一郡を複数大区に区分した四一大区九七小区制、一八七三年一〇月からは一八合併大区九七小区制として運営されてきた大区小区制を、一郡規模を一大区として、七大区四六小区に再編した。小区が事実上の行政区画となった。県はこれによって旧藩時代の領地支配の影響を残していた区画設定を再編し、集約的で集権的な機構を整えた。第二に、県は、職制・事務章程を整備し、これにもとづいて町村行財政を展開することを意図した。これは、県の行政意図・政策を、職制や事務取扱規則を厳格化し、指揮・命令体系を明確にすることを通して町村段階まで貫徹させようとするものであり、他方で、区戸長・村長らの伝統的で旧慣的な行財政を排除し、合理的で人民の抵抗の少ない行財政に転換させようとするものであった。第三に、区長・戸長以下の改選を実施したが、末端行財政を担当する能力・経験を重視するとともに、区戸長の官吏化を進めた。県は、士族を区戸長に任命する廃藩置県時いらいの旧来の方法を今回も継承したが、士族反乱を鎮圧した実績を踏まえて、佐賀軍に党与して除族刑に処せられた士族を区戸長に任用するなど、県内統治体制を効果的に再編しようとした。この区制改革は、北島秀朝県令が佐賀の乱後に展開してきた県治体制再編に中核的な位置を占める政策であり、士族対策から軸足を県下人民一般に置く県治への転換をはかるものであった。

北島秀朝県令がこの時期の県政をどのように認識していたかは、彼の一八七五年一月四日付の大隈重信への書簡に示されている。北島は、「追々県下之人心安着之形状ニハ有之候得共、固陋ニシテ不平ヲ唱ヒ候旧弊ハ未タ一洗イタシ兼候」、「元来旧藩治ノ節ハ夫々民政モ行届キ居候趣ニ相聞ヒ候得共、新県以降ハ真ニ民政地ニヲチ、官吏ハ私情ヲ以事ヲ採リ、又人民ハ官吏ヲ詐偽シテ僥倖ヲ得ントスルノ悪弊士民之間ニ醸成、実ニ大息之至リニ御座候。然ル処昨今ニ至リ漸ク少シク其弊ヲ除去スルノ端ヲ相開キ候儀ニ御座候。就テハ将来此県ヲ維持スル官員ハ敢テ技芸ヲ主トセス、只公明正大ノ御布告ヲ大本トナシ、聊モ私情私心ナキヲ以其職ヲ奉スル様仕度ト愚考仕候儀ニ御座候」[4]と表明した。北島のこの県政観は、佐賀の乱の発生にいたる旧佐賀藩士族を主体とした県政の展開、および人民の反発や抵抗を批判しているが、県官吏の執務姿勢、「私情ヲ以事ヲ採」る恣意性・専断性を問題視していた。北島は、「只公明正大ノ御布告ヲ大本トナシ、聊モ私情私心ナキヲ以其職ヲ奉スル」、すなわち政府の支配意図・政策に忠実な県政体制を樹立すること、そのためには県官吏の、政府・県の支配意図と政策に忠実な執務姿勢を樹立することが緊急で必須の課題であると考えていたのであり、北島が入県後に実施してきた県治体制の再編の趣旨もここにあった。

大区小区制の改革について北島県令は、同書簡のなかで、三月までに区画改正と人事の精選を実施する予定であると記している。固陋で不平を唱える人心の旧弊を一洗するために、「此上区戸長ニ其人ヲ挙ケ任シ候ハ、必士民ノ方向モ相定リ可申ト存候間、今三月迄ニハ区画ヲ改正シ村長惣代等ヲ更ニ人撰イタシ、従来ノ民費ヲ幾分カ減省シ、之ヲ学費ニ宛可申見込ニ御座候」[5]、と。北島は、区戸長の精選を主として、区画の改正、村長・惣代の改選、民費の減少、学校費の充実などを課題としている。北島が区制改革をいつごろから構想し始めたかは明確でないが、佐賀の乱による県務の混乱の解消や乱後の事務の急増と錯雑化に対して町村の事務能力を強化する必要があり、本格的な区制改革を必要とする姿勢は早くから顕著であった。県治の現状は、「県務数年手後レ之末、前陳暴動以降ハ恰モ廃藩置県之際ニ相似タル形情ニテ、何分上下之事務一時ニ輻輳候間区役員共ニ於テモ行届兼候ハ已ムヲ得サル儀ニ有之」[6]であった。北島県令は、乱後処理と連結させて、佐賀軍に党与した区戸長の処分、軽罪者留任と政府派士族の採用など、区戸長の暫定的な改選を実施し、区戸長の執務への統制を強化し、一一月には区戸長・村長の改選のための名簿を作成して実施し、一二月には、「分村合併村名改称願出」形式や「戸村長転任免職事務引渡心得」を制定するなど、町村行財政の改革を早くから実施してきた。この間、県民の間には、区戸長・村長らの伝統的で非合理的な村行財政、民費の賦課・使途・精算に対する不信や抵抗、騒擾が頻発しており、民費問題・町村行財政の改革の緊急性は高いものがあった。

区戸長の精選を必要とする意識には、独特の背景があった。廃藩置県後、佐賀県は県庁機構のみならず、町村行財政の担い手にも士族を多く採用したが、このことが行財政の停滞を増大させることになった。この事情を、一八七五年三月末、区制改革の実施の直後の時点で、県は次のように説明した。「先キニ置県之際村吏之習弊ヲ一洗セントシテ唯々条理上ヲ論スルヲ以旨トナス士族輩ヲ多ク村吏ニ採用致シ、之カ為坐上之談ニ歳月ヲ送リ実際之事務ニ至リテハ其何タルヲ知ラサル情態モ有之、到底行政上ニ於テ差支之憂ヲ免レス候間、已ムヲ得ス此間中区画ヲ改正、従テ区戸長其外吏ニ撰挙致シ、職務章程等相授ケ候」[7]、と。

佐賀県は、旧庄屋層などの村役人の旧弊を打破することを目的として、士族を村落統治の担い手に任命した。大区小区制の原型となった一八七一年の戸籍法に基づく大区小区制の設定にあたって、佐賀県は、一郡を複数大区に分割して三四大区とし、大区に一〜三小区を置き、区長・副長を配置した。この複雑な大区の設定は、旧佐賀藩時代、藩中に三支藩、親類・親類格などの「大配分」と称する上級家臣団の領地が存在し、自治的な領地支配を行った事情などを反映して編成されたものであった。戸籍法による区長・副長は、「戸長（区長の旧称―引用者）士族三名、副長　同五名、但卒以下ト雖トモ人才次第撰挙勿論タルヘシ」[8]、と士族から選出された。この仕組みが、行政体系としての大区小区制に転換したのであるが、一八七二年の長崎・福岡・小倉県などとの管轄地の分合を経て、四一大区九七小区に再編された。佐賀地域は、旧藩時代に家臣の「在郷制」が強固に存在し、村落に侍・卒身分が居住したという特徴があったが[9]、この時期、大区小区制の担い手として士族が採用されたのである。大区小区制形成期に、村落行財政体制において旧村役人層の伝統性や旧慣性を排除するという政治方針のもとに士族が採用される現象は、全国的に共通するが、佐賀県の場合はその特徴が顕著であり、それゆえに県執務の停滞と混乱、士族反乱の発生などを生じ、早急に改善されなければならないと意識されたのである。

ただし、一八七五年三月の区制改革において、県の方針は士族の区戸長への採用を廃止する方針へ向かったのではなく、後述するように、人物を精選すること、職制・事務章程を整備し、それを通じて県の指揮・命令体系を厳格化して官吏化し、執務の統制を強化することをはかった。北島県令は、前記のように「区戸長其外吏ニ撰挙致シ、職務章程等相授ケ」ることを重視したのであり、これは、先に見た北島の県政観――「只公明正大ノ御布告ヲ大本トナシ、聊モ私情私心ナキヲ以其職ヲ奉スル」県政、すなわち政府の支配意図・政策に忠順な県官の執務を実現する方針を、町村行財政においても貫こうとしたものであった。そしてこの士族区戸長の精選、職制・事務章程による執務の統制は、士族反乱を鎮圧した実績の上で初めて効果をもつものであった。

大区小区の区画の概況は、表3-4のようである。

県はこの改革によって、一郡を一大区とする本格的な大区小区制を整備した。一郡を複数大区に細分した四一大区九七小区制として設定され、一八七三年一〇月からは一八合併大区九七小区制として運営されてきた大区小区制を、一郡規模を一大区とする七大区四六小区制に再編成した。大区・小区の規模は、郡の規模に大小があるために平均化することは無理があるが、区画改正後の一一月段階の県の内務省宛上申によれば、平均概略で、大区は戸数一二四〇〇戸、人口六九二〇〇人、反別八八〇〇町歩、小区は一八〇〇戸、一〇五〇〇人、一三四〇町歩程度であった[10]。

旧来の四一大区九七小区制という区画割は、旧藩時代の支配領域を考慮したものであり、煩雑で分散的な大区体制であった。この大小区制は、先にも触れたように、大区小区制の原型となった戸籍法が地域主義の原理を採用したがゆえに、廃藩置県時に佐賀県を構成した地域、すなわち旧佐賀本藩領の領域と、三支藩、親類・親類格などの「大配分」領の自治的な領域支配、旧対馬藩領や唐津藩・幕府領の領域、などを考慮して設定されなければならな

表3－4　大区小区概況

大区名	郡名	小区数	町村数	戸数	人口	反別(町)	大区扱所
一	佐賀郡	9	20町 84村	10633	102935	12160	松原名
二	神埼郡	5	43村	6796	37587	6006	神埼駅
三	三根郡 養父郡 基肄郡	4	12村 15村 13村	1667 3617 2443	10036 19115 12737	1710 3310 1200	中原駅
四	小城郡	5	59村	9733	46596	8668	牛津町
五	松浦郡	12	89村	26455	125849	11435	唐津町 伊万里町
六	杵島郡	6	50村	14760	73689	10720	武雄村
七	藤津郡	5	27村	11435	56225	6620	高津原村

「郡大小区及区戸長配置等之儀ニ付上申」(『明治八年九月ヨリ十二月迄　官省進達第一課』),「各大区々長定勤所及小区扱所役員規則并常備金定額」(『管下布達　二』)より作成。

かった。[11]区戸長を士族から選出したことも、そのことと関わっていた。佐賀県内の区戸長が権威主義的であったと指摘されることの背景は、このような事情にもよっている。しかしこの複雑な大区割は、第八大区と第九大区が佐賀城下を中心とする同性格の地域であることをもって合併を出願し、県自身がそれを認め、合併を許可したように、不合理であり、大区の財政負担上からも困難があった。県は一八七三年一〇月に一八大区に合併し、一名の合併区長を任命して事実上の一八大区として運営してきたが、この一八合併大区制も、例えば佐賀郡地域の場合、第六・一二・一八大区、七・一三大区、八・九大区、一〇・一一大区、一四・一五大区に細分されているなど、県東部地域を除いて、各郡域は二大区以上の合併大区に分割されていた。一八七五年三月の区制改革は、一郡規模を一大区とし、地域的なまとまりを原則として、旧大区・小区を分離・統合する区域再編を含みながら、七大区四六大区に再編したのである。県庁が所在する佐賀郡を第一大区とし、三根郡・養父郡・基肄郡を併せて第三大区とし、松浦郡は第五大区としたが、区長を二名置いて東部の唐津地域と西部の伊万里地域をそれぞれ管轄させ、事実上の二区体制とした。

小区の規模は、地域や村の規模による差異があるが、おおよそ八〜一三カ村、第五大区（松浦郡）では二十数カ村〜三十数カ村であった。この小区が、行政の末端組織となった。小区の新編成の方針は不詳であるが、地域の同質性や関係性の強さなどを考慮したものと考えられる。旧大区の旧小区がそのまま新大区の新小区になった区画が五例あるが、一般的な形は、旧大区の複数小区が合併した区画、および複数大区の複数小区が合併した区画、であった。


大区小区制の執務体制は、以下のような特徴をもった。

大区ごとに区長一名、第五大区（松浦郡）は二名を官選で置いた。区長は独自の定勤所をもたず、管内中央の小区扱所に常勤した。大区は所属する小区を管轄するための会議所を置き、筆生・小使を備えた。

小区には原則として正副戸長四名を置くことになったが、通常は戸長一名、三等級に格付けされた副戸長三名程度を官選で配置した。小区扱所には二名の小使を置いた。大区小区制の機能は、次項の職制・事務章程のところで検討するが、区長を県庁の行政機構の末端に密接に結合させ、区長が小区の戸長を直接に指揮する仕組みであった。

町村には、従来は村長を置き、村行財政の全般を管轄する責任者としてきたが、これを廃止し、五〇戸ごとに惣代を設置した。惣代の選出は、人民の協議＝民選によった。この政策変更は、旧庄屋層などから主として任命され、その伝統的旧慣的な行財政が村民の批判や攻撃を集中的に受けている村長を廃止し、民選で設置した惣代を下僚として、区戸長が相対的に「自由」な行財政を実施することを意図したものであった。

区制改革では、職制・事務章程を制定し、大区小区役員の職務内容と指揮・命令体系を整備した。

「区役員職制緒言」は、区役員が県治上の重責を自覚し、職務と分限を忠実に遵守して執務すべきことを規定した。「緒言」は、「夫区長戸長ノ職タルヤ官民ノ間ニ立テ上下ノ情ヲ通シ部内凡百ノ事ヲ調理ス、苟モ其職ヲ失ヘハ衆庶ノ向背ニ関シ県治之隆替ニ係ル、其責最大ナリ」と、彼らの県治上における役割・職務の重要性を位置づける。その上で、職務権限を規定し、それを遵守することの必要性を強調する。「故ニ宜シク其任ヲ守リ其分ヲ出ツ可カラス、蓋シ行事ノ間之カ定規ナケレハ自ラ弊害ナキ事能ハス、依テ職制章程ヲ立テ権限ヲ界シ、干犯ヲ禁シ、諸役員ヲシテ遵守スル所アラシメ、以壅塞ノ弊偏頗ノ害ナカラシム」(12)。この趣旨は、行政組織の原則を示したものであるが、背景には、上記のような、職務内容の明確化と指揮・命令体系の厳格化によって、県下人民の村行財政に対する不信や抵抗を解消し、政府・県に忠順な県政を樹立したいとする北島県令の改革意図が貫かれていると考えられよう。

区長は、大区内役員の監督と区内事務の全般を管理することを職務とし、官選で置かれた。区長の職制は、「公布頒布ノ旨趣ヲ守リ、区内役員ノ勤惰ヲ視察シ、事務ノ挙否ヲ監督シ、人心ヲ協和シ、風俗ヲ正整シ、上下ノ情ヲ通シ、其地ノ形勢事情ヲ斟酌シテ宿弊ヲ除キ、新利ヲ起シ、興学勧業授産ノ事ニ注意シ、以テ人民ヲ誘導スル事ヲ掌ル」ことなど、区内役員の管理、事務の監督、区内民政全般が対象であった。事務は「区内小区事務ノ挙否ヲ監督シ、或ハ民情ノ向背風俗ノ厚薄ヲ視察シ、或ハ興学勧業授産等ノ法方ヲ設ケ、旧害ヲ除キ新利ヲ興ス」ことなどであり、基本的には県庁の許可を得て執行するものであったが、民費分課監督、扱所小使惣代の監督などは、施行後に報告するものとされた。区長は、「平時常務ノ如キハ専ラ正副戸長ヲシテ分掌調理セシム」、ゆえに大区定勤所は設置せず、中央にある小区扱所を日常の業務場所とし、月に一〇日は小区内を巡回することが職務であった。区長は県庁に出張して直ちに県官に面接し、毎月一四日には県庁での区長会議に出席する規定であった。区長の地位に関する規定はないが、一八七四年八月の、区長を十四等、副戸長を十五等相当とする規定が引き継がれたと考えられる。このように区長は、県庁に直結し、大区の行財政全般を管轄することを職務とする行政の末端官吏であった。区長は祝祭日には正副戸長の「拝賀ヲ受ケ」(13)る身分であり、戸長はその指揮下で業務を執行する地位にあった。

戸長は、小区の事務全般を管理することが職制であり、「公布頒令ノ旨趣ヲ守リ、小区一切ノ事務ヲ管理シ、上意ヲ布キ下情ヲ達シ、人民ヲシテ風俗ヲ正ウシ、恒産ニ就カシムル等ノ事ヲ掌ル」と規定された。事務章程は、戸籍事務や諸届事務、災害・土木修繕の状況報告などの日常業務を県庁の認可のもとで実施することを定めた。特に「些少ノ事ト雖モ民費ニ賦課スル金穀ハ総テ具情ノ事[14]」と、民費賦課および定額外経費については県の厳しい監督を受け、布達の徹底、公租雑税の期限内納付、民費精算の住民への公開、出勤簿の提出などの面からも統制を受けた。これは、戸長の職務が県治の枢要部分を担当するものであったからであり、また、行政に対する人民の批判や攻撃がその伝統的旧慣的な運営や民費の賦課・使途に集中している状況に対する対応であった。小区は戸長が管轄し、原則として三名置かれた副戸長が小区内事務を分担、ないし小区内町村の担当を分担した。一八七五年三月の名簿によれば、戸長四一名、副戸長一六二名が、官選で任命されている。基本的に、任地を離れることは許されなかった。

村落では、従来の、戸長のもとで村行財政全般の責任を負った村長は廃止され、惣代が、五〇戸ごとに一名、民選によって置かれた。惣代は、「戸長ノ指揮ヲ受ケ、諸布令ヲ人民ニ配達シ、租税民費取纏等ノ事ニ使用ス」る係である。「惣代事務取扱心得」は、その役割を、「惣代ハ所謂人民ノ惣代ニシテ役員ニ非ス、唯人民ノ用務ヲ弁スル為メ正副戸長ノ指揮ヲ受ケ、公布ヲ配達シ、或ハ租税民費ヲ取纏メ、或ハ臨時公事訴訟犯罪人等県庁裁判所ヘ呼出シノ節付添人トナリ、総テ其区扱所ト人民ノ間ニ立テ上下ノ用務ヲ弁達スル等ノ為ニ使用スル者」と規定した。従って、「役威ニ類似スル弊害ナク、百事丁寧懇切ニ用弁スヘキ事」、また、租税・民費を取りまとめる責任はあっても「集会等ノ名義ヲ以テ飲食等ノ費用ヲ民費ニ賦課スルハ厳禁ノ事[15]」と、村落役員としての性格と権限は禁止された。この惣代は、名称は惣代であるが、「人民惣代」としての機能は認められず、戸長の下僚としての機能のみを負わされた世話係であった。布達の徹底と貢租・民費の徴収という村行財政の中核的業務であり、人民の抵抗が大きく困難な課題を、人民自身の責任によって遂行させようとするものであった。惣代の人選に関して県は、各区長・戸長に対して、「篤実壮健ニシテ筆算ヲ心得、人民ニ代テ能ク町村ノ事務ニ奔走勉励スル者ヲ、其地ノ人民ヱ協議ニ及ヒ篤ト取調ヘ採用ノ上規則之通申付、追テ可届出」[16]と指示した。四月には小区単位の惣代人名届が提出されるが、選出された人数の詳細は不明である。三月に県が発表した民費概算では一九六〇名[17]、一一月の内務省への報告では二〇三二名[18]とされている。

この区制改革では、村の行財政の責任者であった村長が廃止されたが、民選による惣代の設置はこのことと連関している。区制改革の実施にあたって、村長を廃止することは、必ずしも当初から予定されていたわけではなかったようである。一八七四年一一月には「区村長人撰名簿」が作成され、改選が実施されており、また前記のように、北島県令は大隈重信への書簡のなかで、一八七五年三月の区制改革時に村長を改選する予定であることを記している。急きょ廃止されることになった事情は不明であるが、例えば第二二・二五大区の佐留志村騒動の村長に対する村民の批判と抵抗などの例にみられるように、村行財政に関する疑惑から騒動が頻発し、県が民費賦課・精算規則の整備を急ぎ、戸長・村長らに対する統制と監督を強化しなければならなかったような事情と関わっていよう。旧庄屋層など村落上層農出身の村長らによる伝統的旧慣的な行財政や専断は改革されなければならなかったし、批判と攻撃の集中している村長を廃止して攻撃対象を除去し、かわって戸長の統制下で人民自身から選出させた惣代に村長の役割の主要部分を負担させることが意図されたのだと考えられる。さらにこのことは、戸長が、小区を単位として、村落の直接的な利害から相対的に「自由」な形での行財政を展開する条件をつくりだし、官治的な行財政を推進することになった。

以上のように、この区制改革は、郡規模を一大区とし、旧大小区を現状に合わせて七大区四六小区に再編し、集約的で集権的な大区小区制を実現した。県は、その支配意図・政策を、職制・事務章程を整備し、県―区長―戸長の職制の統制、執務の指揮・監督を強化することを通して、村落段階では惣代による執行という人民の共同責任によって貫徹しようとした。県庁機構に直結した官吏的性格の区長が、複数村によって構成した末端行政区画である小区の戸長を監督する。戸長は末端行政区画の責任者として、各村に民選で選出された惣代に布達の徹底と貢租・民費の徴収という、村行財政の中核業務を担当させることを軸として、各村の利害から相対的に「自由」に官治的な行財政を展開する、区制改革はこのことを意図したのである。この区制改革は、第一に、佐賀の乱の鎮圧によって旧藩支配、および士族の政治的社会的影響を排除ないし後退させることが可能となったことに対応して実施されたものであり、第二に、人民の不信や抵抗の直接の対象を除去し、村行財政を合理的で官治的なものに改革しなければならないとする社会状況に促されたものであった。

区戸長などの改選はどのように実施されたか。改選は、士族を多く区戸長に任命するという佐賀県の設置時以来の特徴が継続されたこと、かつての支配経験などの官吏としての能力が重視されたこと、などの特徴があるが、佐賀の乱の鎮圧という実績を踏まえた、いくつかの特徴がみられた。

表3-5が示す特徴の第一は、区戸長への士族の任用が顕著であることである。区長・正副戸長総数二一一名中、士族は約七四%を占める。特に、正副区長八名、戸長四一名は、全員が士族であった。副戸長一六二名は、約六七%の一〇八名が士族であり、第五大区（松浦郡）、第六大区（杵島郡）を除けば、士族が圧倒的に多い。主として旧譜代領唐津藩および幕府領、本藩の伊万里地方からなる第五大区（松浦郡）は士族の約二倍の三一名が平民（農民二六名・平民五名）であり、地域的な特徴が反映している。この区制改革でも、士族を多く区戸長に任用するという佐賀県の特徴は、継続されている。

第二に、佐賀の乱時に佐賀軍に荷担して除族刑を受けた士族一四名が任用されている。区長二名、戸長八名、副戸長四名である。除族士族が採用されたことは、士族反乱の鎮圧という実績の上に、県が士族を村落統治の担い手

表3－5　区戸長表

（名）

大区名	区　長			戸　長			副　戸　長			正副戸長計		
	士族	平民	不明	士族	平民	不明	士族	平民	不明	士族	平民	不明
一	1	0	0	9 (2)	0	0	27 (1)	1	4	36 (3)	1	4
二	1	0	0	5 (1)	0	0	13 (1)	3	0	18 (2)	3	0
三	1	0	0	4 (1)	0	0	12 (1)	1	0	16 (2)	1	0
四	1 (1)	0	0	5 (1)	0	0	16	0	2	21 (1)	0	2
五	2	0	0	7	0	0	15	31	0	22	31	0
六	1	0	0	6 (1)	0	0	10	10	1	16 (1)	10	1
七	1 (1)	0	0	5 (2)	0	0	15 (1)	1	0	20 (3)	1	0
計	8 (2)	0	0	41 (8)	0	0	108 (4)	47	7	149 (12)	47	7

（　）は佐賀の乱時に佐賀軍に党与して除族の刑に処せられた者。
改選時，現職・元職が判明する者
　戸長：県官4（租税課十五等出仕2）・非役2，正副区長15・村長4・筆生1，教師1，神官1，家扶1
　副戸長：県官・県雇（史生1，租税課等外二等出仕1，租税課雇4，出納課雇2，徴兵掛雇1）・非役6，副区長1・村長59・筆生23，教師1，祠官1
『明治八年第三月　管下布達并決議録　区画改正係』，『明治七年十一月　区村長人撰名簿』，『明治九年十月十一月　本庁各課往復』より作成。

として再編する姿勢を強めたことを意味している。

第三に、県官経験者や大小区役員・雇員などの経験をもつものが多く任用されている。戸長の場合、県官経験者四名（非役を含む）、旧正副区長一五名、村長四名、筆生一名などが約五九％を占め、副戸長では県官・雇員経験者一五名（非役を含む）、旧副区長一名、村長五九名、筆生二三名などが約六〇％を占めており、かつての支配経験やその能力が重視されていることが知られる。

第四に、大区・小区を越える転任者が多いことも特徴である。表3－5の作成に用いた史料によって、一八七五年三月の人選名簿を、一八七四年一一月の名簿と照合すると、大区（郡）段階を越えた者二六名、小区段階を越えた者六四名の転任者がおり、特に戸長四一名の内の一二名が大区段階、一一名が小区段階をそれぞれ越えて任用されている。正副戸長の合計一四九名の内の九〇名、六〇%が大区あるいは小区を越えた転任者であった。

一八七五年三月の区制改革における区戸長らの改選は、士族を多く採用するという、置県時いらいの佐賀県の村落統治体制の性格を継承するものであった。旧庄屋層など村落上層農による伝統的旧慣的な行財政に対する人民の批判や抵抗が強まっている状況下では、習弊打破のための士族区戸長への依存は現実的な措置であったであろう。支配経験や能力の面からも、現実的であった。しかし、この士族的な性格は、士族の経験・能力を県治推進の担い手として再編する反乱鎮圧後の新しい性格をも意味していた。前述したように、除族士族一四人を任用したのである。もっとも、この内八名は一八七四年一一月の改選の段階ですでに県官雇、旧正副区長（正副戸長に相当）、村長に任用されており、一八七五年三月の区制改革は、この方向性をいっそう明確に進めたものであったといえよう。今回の新任命は、区長二名、戸長二名、副戸長一名であるが、県の末端官吏に位置し、大区の統括者として村落統治上に枢要な位置を占める区長への新任は注目してよいであろう。第四大区権区長の永田暉明は一八七〇年に旧蓮池県大属であり、第七大区権区長久布白繁雄は旧石高三五石の旧鹿島藩士で、一八七三年には県少属であった。[19] 永田は、居住区とは異なる第四大区（小城郡）に任用された。

第七大区副戸長に任用された除族士族の吉岡耕作は、佐賀の乱時には県の史生であり、一八七四年一一月に旧一七大区一小区久米ケ里村長に任命されたが、「租税民費ノヨッテ起ル所之理ヲ知サレハ是迄納ルノ義務ヲ忽ニスル」として、「貢租ノ大意」「民費ノ大意」を人民に説諭したいと出願した人物であった。彼は、「王土ニ生シ住スルモノハ悉ク政府保護ノ庇護ニ預ラザルヲ得ス」の論理によって納税の必要を説き、民費については、「官費ハ政府保護ナサル、上ニ関シ、民費ハ保護ヲ受ル上ニ関スルモノ」として、区戸長の職務や堤防道路橋梁の利便を例示して経費負担の必要を説いた。地租改正は、旧藩政下の貢租の寛苛軽重を平均化するものであるので、土地の面積・地価の申請を虚偽して事業を遅らせてはならないとも主張した。県はこれを「聞置」として許可したが、北島県令は、区制改革時の人選において「吉岡ナル者ハ新任セシヤ否可調[20]」と指示した。彼の論理は官の論理そのものであり、村行財政の担い手としての条件を認められ、副戸長に任用された。

このような除族士族の任用は、県が士族を、族籍としての士族ではなく、佐賀の乱の鎮圧による士族の解体という条件の上に、県治推進の能力と経験を基準として新たに下級官吏として再編し、県によって付与された権威と権限によって村行財政の実をあげることを意図していた、と考えることができよう。佐賀の乱時に政府派に属した前山隊の士族三名も、戸長に任命された。

また、大区・小区を越えた転任者が多いことは、大区および小区の規模が前記のようなものであることを考えると、区戸長が村行財政を推進する能力を基準として編成された官吏的性格であることを示しており、それは区戸長の多くが士族であったことに基盤をもつものであった。

人民の財政的負担を軽減することも、北島県政がこの区制改革で重視したことであった。細分化された大区小区制が過重な財政負担を区村に強いていることは、すでに見たように、大区からの出願によって、第八、九大区、および第二二、二五大区などをそれぞれ合併しなければならなかったことに示されていた。民費に対する人民の批判や抵抗が強いことも、負担軽減が県政の重要課題であることを意味していた。三月一〇日、県は区制改革の布達とともに、区制改革が大幅な民費軽減をもたらすことを布達した。一八七四年の大区小区経費は一一万九二一二円であったが、改革後の経費は六八四一九円となり、差額五〇七九三円が「従前費用ト比較今般減少ノ金員」であると、実際の施行においては「幾分カ増減」があることを付記して、発表した[21]。民費軽減は、今回の区画改正の正当性の中心的な根拠であった。ただし、県はその後、この削減額は三万余円になると修正し、一一月には正式に、一八七六年から二九四二八円余の削減となると布達した[22]。

以上のように、一八七五年三月の区制改革は、集約的で集権的かつ統一的な大区小区制を形成しようとするものであった。その特徴は第一に、区画に関して、旧藩時代の支配領域に配慮した分散的であった旧大区割を、現実の地域的関連性を考慮した新小区に編成し直し、一郡を一大区とする統一的な大区小区割を実施した。第二に、職制・事務章程を整備し、政府・県の支配意図と政策を大区・小区の行財政に貫徹させることを目指した。これは、行財政における区村役員の恣意性、伝統的旧慣などを排除し、人民の行財政に対する不信や抵抗、民主化要求に対応しようとするものであった。第三に、区戸長の官吏的性格と能力を重視し、その再編を進めた。士族を区戸長に据える特徴が継続されたが、それは、除族士族の任用にみられるように、佐賀の乱の鎮圧の実績の上に、県治の担い手としての新たな活用を意味したのである。第四に、この区制改革は、佐賀県の県政が、従来のように士族的要素・利害に大きく影響されるのではなく、県―県下人民の関係にそった県政、さらに中央政府に忠順な県政を樹立する政策という意味を与えられていた。この村落統治体制の改革は、北島秀朝県令が進めてきた県庁機構の改革、士族対策、人心対策、など士族反乱後の県治体制の再編の中核的な位置にあるものであった。第五に、改革は年間三〇〇〇〇円弱の民費の削減を実現するものであった。

第六に、一八七五年三月の村落統治体制の改革が、地租改正事業を開始する条件を整備するものであったことも指摘しなければならない。県治体制を再編し、政府に忠順な県政を実現することの内実は、ここにもあった。政府は、地租改正事業を一八七六年に終了させることを指令しており、この時期、地租改正は政府政策としても、内務省行政の展開としても最も重要な政策であり、それは県治における位置、および中央政府との関係においても貫かれていた。

佐賀県は政府から、一八七五年三月五日、地租改正作業の着手の打ち合わせのために大蔵省租税寮官吏を巡回させるので協議するように、という通達をうけた。佐賀県は、四点にわたって早期着手が困難である事情を述べ、七月までの延期を願い出た。その事情は、すでに作製済みの地価取調根帳・地引絵図を佐賀の乱で紛失したこと、地租改正に対する人民の不信や抵抗があること、先に引用した如く、佐賀の乱後はあたかも廃藩置県時と同様で「上下之事務一時ニ輻輳」していること、「村吏之習弊ヲ一洗」するために採用した士族区戸長が「条理上」を論じ、「坐上之談」に日を送って、能率的な執務に疎いこと、を指摘している。二点目の人民の不信・抵抗については、「僻陬之人民兎角政体ニ疎ク未タ地租改正之何タルヲ知ラス、徒ニ貢租之減少セン事而已ヲ希望シ、適々差出候地価調帳モ格外之低価ニ申出、或ハ町畝之広狭ヲ誤リ候者モ不少」と指摘しており、少なくなかった。県は、区制改革によって地租改正作業の条件を整備するとして、延期を出願したのである。地租改正は「至大重要之事業ニ付、上下非常之尽力ヲ致サステハ其功ヲ奏シ難ク」、「已ムヲ得ス此間中区画ヲ改正、従テ区戸長其外更ニ撰挙致シ、職務章程等相授ケ候次第ニ候、就テハ新旧事務受続旁一両月ハ頗ル紛冗ニ渉リ可申ト存候、此後弥区治之体制相立候上ハ曾テ御達之地租改正法ニ拠リ夫々着手可仕[23]」と。県は、区制改革による県治体制の整備を地租改正着手の条件を整備するものと位置づけていた。大蔵省は許可し、租税寮官吏の出張の際は協議すべきことを達した。

区制改革での区戸長の任用においても、地租改正事業の条件を整備するための顧慮が見られる。元租税課十五等出仕の二名が戸長に、租税課等外出仕や同課雇五名、出納課雇二名などが副戸長に任命されている。県庁においても、着手前に、大蔵省租税寮権大属を採用し、また租税寮十五等出仕の採用を進めた、などの状況がみられる。

地租改正作業は、租税寮官員との協議、地租改正事務局からの経費の繰り替え貸し下げなどを経て、一八七五年一二月に着手される。県は、地租改正告諭書、人民心得書などを小区扱所へ布達し、全県下の区戸長会議を開催して趣旨の徹底をはかった。

なお、佐賀地域の地租改正作業は一八八一年に終了するが、佐賀地域には「減租」の結果をもたらした。この結果から、県下の地租改正事業が農民対策上においても重要な意味をもっていたことが知られる。この時期、佐賀地域は長崎県管轄下であったが、「管内ヲ通計スレハ荷重ニ失スルヲ以テ改租ニ際シ其減スル所ノ税額金三拾九万貳千四円ノ多キニ至レリ[24]」となり、佐賀地域の減租率は三五%という全国最高となった[25]。

この区制改革にともなって、県は五月に民費賦課法を、当面の「仮定」であり、追って公平確定の規則を制定すると付記して布達し、六月には民費の精算・公開法である「民費支払明細表」の雛形を布達した。民費賦課法の改革は、ことの性格から難航し、四月一四日の区長会議に民費賦課法・学費の方法が諮問され、戸長も参加することを指示された。この区制改革の実施によって、民費対策と連結させての村落統治体制の再編が、とりあえずの一画期をむかえたのである。

区制改革の施行においては、四月に惣代選出が行われるなど進展した地域があった反面、引き継ぎ作業が遅れた地域も少なくなく、県は急ぐべきことをたびたび布達し、県官を巡回させて督促した。引き継ぎの過程で、旧区制時代の行財政上の疑惑や未解決問題が表面化し、区民の批判を引きおこし、県の裁定や調停を必要とした事態も生じた。

このように、大区小区制の改革は、県庁機構の再編、県下人民の民政重視方針への転換、士族感情の緩和と授産政策の実施など、北島秀朝県令が推進してきた士族反乱後の県治体制再編の中核的な位置を占める施策であった。これらの一連の施策によって、佐賀県は、「難治県」という特殊な県治体制から、総体として他府県と平準な性格の県治体制に転換していくことになる。その意味では、佐賀士族の反乱が政府によって強力に鎮圧され、士族が強圧的に封じ込められたことが基盤的で決定的な条件をなしたのである。

もっとも、この後、佐賀県のこの体制が安定的、効果的に展開したわけではなかった。区制改革後すぐに、大区小区制という官治的な村落行財政に関して、区戸長の公選と民会開設が重要な政治問題として浮上する。六月の地方官会議に傍聴出席した区戸長が中心となって、区戸長の公選を県に求め、一部の戸長が辞職する事態となり、県政の混乱を結果した。また第四大区（小城郡）の旧征韓派士族が自由民権結社を設立し、区戸長公選を県に建議するなど、東京などでの活動とも連絡して活動を活発化させた。区戸長自身が区戸長公選を主張することになった要因は、第一に、財源を民費によりながら県の末端官吏として官治的行財政を担当することの矛盾が、人民の政治的成長と抵抗の高まりによって職務遂行を困難にしていることにあった。第二に、一八七五年の地方官会議における民会をめぐる議論や自由民権家の公選民会建白など、全国の情勢に政治意識を刺激されたこと、あるいは学習したことにあった。その意味では、士族区戸長の「唯々条理上ヲ論スルヲ以旨トナス士族輩」の「坐上之談」を論じる性格は継続していたともいえよう。区戸長会は九月には、区村会を開設すべきであるとも決議した。県内では、かつて区戸長公選や民会が提起されたことはなかった。その意味で、県政は、全国の政治状況と連動する新たな段階にはいることになったのである。県政は、区戸長公選、地方民会、自由民権運動という新たな問題に直面し、県は人民の合意を取りつける政策へと方針転換をすることになる。これらについては、次節で検討することにしよう。

第四節　自由民権運動の展開と区戸長公選問題

（一）自由民権運動のはじまりと自明社の活動

本節は、佐賀の乱が鎮圧されて後、県下で開始された自由民権運動の活動を、当時の佐賀県行政の展開と関わらせて検討する。

佐賀地域の自由民権運動については、一八八一年一〇月の佐賀開進会の結成にいたる過程が明らかにされ[1]、大きな流れは知られている。しかし、研究はまだ端緒的な段階にあるといわざるを得ず、史料不足もあって、佐賀自由民権運動の全体像や基本的構造と特徴を描くまでにはいたっていない。特に、当時の県下の政治的、社会的状況のなかに活動を位置づけ、県の行財政と関わらせて具体像を明らかにすることは、課題のまま残されている。本節では、佐賀の乱後の比較的早い時期の自由民権結社の活動を素描することにするが、区戸長公選と民会開設という、当時の県行財政上においても自由民権運動上においても重要課題であった問題と関わらせて検討したい。

佐賀の乱後の士族の新たな政治的行動としての自由民権運動は、大きく三潮流としてあらわれる。第一に、自由民権結社の活動であり、第二に、代言人・代書人の活動であり、第三に、民会活動である。これらは、いずれも征韓派士族を中心に展開されるが、活動の課題や形式、思想性において、士族反乱以前には見られなかった新しい政治的、社会的活動であった。自由民権結社活動は旧藩士族中心の運動であったが、代言人・代書人活動は、士族を中心とする結社的活動が展開されると同時に、農民と結合した活動が行われたことが特徴であった。民会活動は、士族が指導部となり、農民の要求に応え、農民を指導する形で進められた。この農民への指導、ないし農民との提携は、士族反乱以前には見られない特徴であった。時期的には、自由民権結社の活動と代言人・代書人活動が早く、自由民権結社活動は県下中央部の小城郡、佐賀郡で展開され、また代言人・代書人活動は主として佐賀郡、杵島郡を中心に、一八七五年初めころから開始され、後には（東西）松浦郡で活発化した。民会活動は、藤津郡、および隣接した杵島郡の一部で展開されるが、時期的には少し遅れる。佐賀県は一八七六年四月に廃止されて三潴県に合併されるが、三潴県が既に公選民会を開設していたため、この地域から三潴県に開設要求が出された。しかし、旧佐賀県地域は同年六月から八月にかけて長崎県に管轄替となり、八月には旧佐賀県全域が長崎県管轄となり、(2)民会開設要求は長崎県へ引き継がれた。八月、長崎県は公選区会開設を実施したため、これによって民会開設が実現し、活動が展開されたのである。

代言人・代書人活動は、人民の訴訟・法廷活動の代行・援助を業務とするが、士族の活動の新しい分野となり、佐賀の乱後に急増した。これには、特徴的な二潮流があった。その一は、通常の訴訟・法廷活動よりも、人民の日常的な利益を擁護し、県や区戸長などに対する抵抗や対抗を援助したり、指導したりする代言人・代書人が多かったことである。たとえば、一八七五年六月、第六大区（杵島郡）の築切村村民は、「甲戌検田之事件」、「民費分課之事件」など五カ条に関して「右ケ条疑惑ヲ生シ候哉ニ申立、凡七拾名位代書人小城居住江島晋ヲ相招沸議ヲ生シ、当貢租取立筋全以相妨」事件がおこり、戸長は邏卒派遣を県に依頼し、「右代書人ヨリ専沸議之基礎ト相成貢租ヲ妨民則ヲ破候者見掛次第捕縛致其筋差送申」(3)のような事態が発生した。一八七六年に「代言人規則」が制定されてから免許制になり、地方官の審査が行われるようになったが、免許不保持者の類似行為を含めて、このような活動はきわめて多く、県は取り締まりを強化した。特に、維新後農民運動が活発化した杵島郡や、松浦郡や佐賀郡を中心とする加地子地問題、唐津地方の庄屋地問題では、代言人の活動が活発であった。

これらのなかで、民権家がどれくらいの比重を占めたかはわからないが、明治十年代半ばころには、次のようなことが知られる。庄屋地問題では、唐津先憂社社長稲垣速見や同幹事中村吉六らが村民側に立って訴訟活動を支援したといわれ、唐津改進会幹事の士佐人井上忠利も代言活動を行ったといわれる。唐津地域では、旧唐津藩士は征韓隊を組織して佐賀の乱に参加したが、一八八〇年六月、士族三〇名・平民二名によって「政談論議」の結社先憂社が設立された。会員の内九名は、小売商、石炭問屋、農業などを営んだ。先憂社は、一八八二年、五月に樽井唐津改進会の結成に加わり、同会は七月に唐津改進党に改組された。加地子地問題では、一八八二年、五月に樽井藤吉らによって結成された東洋社会党の幹部渡辺政貴が、小作人側の中心人物であった大木村の松尾清兵衛宅に宿泊し、樽井藤吉も伊万里を訪れ、また渡辺、長崎改進党員杉山善次郎や大木佐太郎らは、加地子地問題がもっとも紛糾した村々で政談演説会・学術講演会を開催した。杉山や大木は、数度にわたって講演会の解散を命じられている(4)。

代言人・代書人の活動の第二の潮流として、後の佐賀開進会の結成の主勢力になっていった活動がある。一八七五年一月、武富重美、大塚仁一、横尾寛蔵ら六名が、横尾宅にて「代書代言ノ事務ヲ取扱并律書研究ノ為日々集会仕」[5]と、県に届け出た。横尾は、佐賀の乱に参加して除族の刑を受けた征韓派士族であった。彼らは、四月、一二月、一八七六年二月と、事務所を変えながら、次第に会員を増加して届け出た。野田常貞、米倉経夫、江副靖臣、家永芳彦、田上官次、川浪栄次、秀島行成などが主なメンバーであり、一八七六年二月には村岡致遠が参加する。一八七八年一〇月には、彼らは「松風舎ト相唱候」[6]と届け出た。彼らは、一八八〇年五月ころから、会員宅で政治や法律の討論会を始め、翌年五月からは、寺院での討論会を開始した。この時期の活動の中心人物は武富時敏であり、江藤新平の二人の息子も加わり、樽井藤吉が参加したこともあった。一八八一年一〇月には、東京から帰県した副島種臣の甥諸岡孔一をまじえて、佐賀市街の与賀馬場芝居場で初めての政談演説会を開き、聴衆二四〇〇名という盛況であったという。一〇月八日、代言人グループは、憂国社、共同社と三者で、佐賀開進会を結成した。このように、代言人・代書人の活動は、佐賀地域の自由民権運動の重要な一翼を形成した。

民会活動については、第四章で詳論するので、簡単に特徴を記すにとどめる。民会活動は、大区小区制のもとで、区戸長を担い手として進められてきた県の官治的な行財政に対して、住民が、民会をみずからの意思の反映の場として位置づけ、民会に県—区の行財政に対する監査・監督の役割をになわせることを意図したものであった。第三八大区三小区区会は、一八七六年八月、開設の許可を得ると活発な活動を展開したが、一〇月一日の「区内帳簿ヲ見ル方法ノ決議」にみられるように、区会は、区財政を監視し、区内事業全般を監督することを役割とし、区戸長による行財政に対抗する自治の機関として企図されていた。それゆえに、住民の強い支持を受け、各地で民会の開設が意図された。

第三八大区三小区区会が、三八大区(藤津郡)・三七大区(杵島郡)地域の民会活動の中核的役割をはたしたのであるが、第三八大区三小区区会において指導的役割をはたしたのは、征韓派士族であった。この地域は、佐賀の乱時は征韓派の拠点の一つであった。三小区区会開設願の人民総代の責任者鍋島彬智は、旧鹿島藩の門閥の出身で、征韓派士族隊の事実上の総司令をつとめ、乱後に懲役三年の刑を受けた人物であった。幹部も同じ経歴をもつものが多かった。彼らは、三小区区会の幹部であっただけでなく、他地域から合併の依頼を受け、あるいは農民から民会の指導を依頼された。彼らは、地域における知識人的、政治的・社会的指導者の位置にあったのであり、それが期待され、また彼ら自身それを自覚していた。反乱派士族からの転進は、新しい思想や運動、また農民との社会的接触のなかで、はたされていったといえよう。

一八七五年二月前後の時期に、自由民権結社の結成を試みる行動があらわれた。征韓派士族として乱軍に参加した旧佐賀藩士村岡致遠が、板垣退助や自助社社長井上高格と接触し、愛国社創立大会に出会し、県下で自助社類似の結社を結成しようとしたのである。村岡致遠は、「元来議論多キ者」といわれるが、「昨年（一八七四年―引用者）動乱ノ節賊徒ト倶ニ神埼ニ出張シテ銃丸ニ当リ全快ノ上、昨年九月台湾事件ニ付尋問ノ廉アリテ出府シ都下ニテ病床ニ臥、本年一月愛国社ノ事件ヲ尋問ノ為東京ヨリ大坂ニ至リ同地ニ於テ板垣公ニ謁シ、右公ニ随従シテ阿波ノ自助社ニ至リ社長井上高格ヨリ旅費及ヒ雑費トシテ若干金ヲ貰ヒ請ケ、夫レヨリ同社員小室信夫ト共ニ再ヒ上坂シ、本年三月廿日帰県ス」(7)。彼の行動は、全国的にみても、征韓派士族の特徴をよく示しているといえよう。村岡が愛国社創立大会に参加したのか、見学程度の関わりであったのかについては、この史料には記されていない。『自由党史』には村岡の名前はないが、愛媛県から参加した陶不窳次郎のメモ「明治八年阪府ニ於テ　各県有志集合会同姓名録　但二月十八日発会二十四日参会」によると、村岡は出席者として記されており(8)、自助社からは小室、井上、後に触れる日比野克巳や湯浅直通ら三二名が、九州からは中津の共憂社から四名が参加している。

村岡は、帰県後、「佐賀ニ於テ彼ノ自助社ノ如キモノヲ開カント方今頻リニ尽力スルト雖モ未タ同志ノ輩少ナキ由、然レトモ仮令一人ナリトモ誓テ開社スルト云フ由」、という活動を行った。「自論ニ当今ノ政体及ヒ官員一変セスンハ国内静カナラスト云」、「年齢二拾八歳位ニシテ佐賀ニテハ学力及ヒ人望アル者ニ非ス」[9]、とされている。村岡の自助社類似の結社を設立する試みが成功したか否かは不明であるが、その後に自由民権結社が活動したことを示す形跡はみられないので、おそらく成功しなかったと推測される。しかしこの後村岡は、民権活動家の道を進み、代言結社の活動や民権派の統一組織である佐賀開進会の活動に参加し、さらに後には佐賀市長に就任することになる。村岡は、前述のように一八七六年二月の、事務所を第一大区一小区蓮池町宮田春岱方に移したという県への届に、野田常貞、家永芳彦、江副靖臣、米倉経夫ら一〇名とともに名を連ねており、この代言結社のグループは、後に佐賀開進会を結成する中心勢力となる。村岡の参加はもっと早く行われていたことも考えられる。このような意味では、この村岡の事跡は、反乱後の反乱派士族の新たな転進の一典型を示していると考えられよう。その際、新しい、あるいは全国的な思想や運動に接触し、刺激を受け、あるいは指導・援助されたことが重要な契機となったことが留意されなければならないであろう。

愛国社創立に関しては、憂国派の木原隆忠（義四郎）が関係している。彼は、「右者固陋ノ説ヲ唱ヒ大隈参議ハ人物ニ非スト云」と評され、「台湾問罪ノ一挙ヲ密ニ嘲リ、且ツ愛国社設立ハ結党ノ基ナルユヘ然ル可ラスト云フ由」[10]とされている。彼は、一八七六年九月の大阪での愛国社再興大会に参加したが、席上、「愛国」の二字を「勤王」に換えることを主張し、民権家の批判を受けた。このことも、村岡と同様、反乱派士族が、新しい思想や運動に接触することを通して新たな政治的立場や活動の展望を獲得しようと模索していたことを示すものであろうが、木原の場合、封建復帰を意図する憂国党的な政治的性格から民権派へ脱皮することはできなかったということであろう。

次にあらわれるのは、自明社の結社活動である。一八七五年七月ころ、第四大区の小城郡小城町で、結社活動が開始される。旧小城藩出身の長崎上等裁判所判事中嶋清武と、陸軍省出仕でフランス留学から帰国したばかりの松田正久らが指導的役割をはたし、征韓派士族によって、小城に自由民権結社自明社が設立されたのである。佐賀県下で初めて自由民権結社が設立され、その結社は県に対して区戸長公選を要求する活動を展開し、それは新聞を通じて全国に紹介された。

その経過は、次のようである。七月、休暇を得て中嶋清武が長崎から、松田正久が東京から帰郷し、七月中旬から八月初旬にかけて旧小城藩士北川清次郎ほか一五、六名と集会し、「集議院」のようなものを設置する計画を立て、八月六日には会議して結社を設立することを決定した。すなわち、「七月中旬ト本月四日ト二回旧小城領三間寺天教院ニ於テ集会協議ス、其主旨ハ東京府及ヒ高知県ニ於テ施政ノ方法一変セシ歟ノ旨ニテ、或ハ小城へ集議院ノ如キモノヲ設ケ、日々県庁へ出仕シ管民ヨリ諸願等ノ取計振ヲ見込申立度心意ノ由ニテ、既ニ本月六日ハ小城朝日町住職復職願於テ又々会同決議シ、不日社名ヲ付テ開社スル景況ノ由」、であった。会同者は、中嶋、松田、北川のほか、同藩士族戸田荘之助、同富岡三太夫、同田尻千九郎、同相良三民らであり、その他人名未詳八、九名であった。「集議院ノ如キモノヲ設ケ、日々県庁へ出仕シ管民ヨリ諸願等ノ取計振ヲ見込申立度」の意味は不詳であるが、「集議院」が立法諮問機関的な機構であったこと、および後の結社活動から考えれば、人民の請願や建議等を受けて討議し、それを県に働きかけて行政に反映させようという議会機能的、啓蒙的活動を意図したということであろう。

この活動は旧小城藩士の征韓派士族が推進したものである。同地では旧藩時いらい、厳しい政治的、党派的対立が展開されてきた。「従来旧小城藩ハ過激因循ノ両党ニ分派シ中嶋清武ハ激徒ナリ、旧幕政ノ時代因循党時ヲ得テ中嶋清武ヲ獄ニ下シタリ、然ル処維新ノ際激徒時ヲ得テ中嶋清武ハ旧県ノ大参事ニ昇進ス、昨年暴動ノ際激徒ハ征韓党トナリ因循徒ハ封建党トナル、動乱鎮定後モ右両党ノ舌戦議論止ム時ナク唯表面ニ発セサルマテノ由、元来激徒ノ人員少ナク因循徒多人数ノ由(11)」といわれている。佐賀の乱時、旧支藩の小城藩士族は、二派に分かれて佐賀軍に参加した。一派は同藩「御親類」の田尻種博を隊長として、戊辰戦争出兵時の編成によって三小隊を編成し、憂国党に属した。規模は、三〇〇～三五〇名前後とみられる。他の一派は、第一六・一七・二〇大区戸長の留守経昌、県官武藤貞長、副戸長徳本甲斐・藍山範介らが幹部となって有志を募り、征韓党小城隊を編成して出兵した。戦闘においては、田尻らの小城三小隊は、どのような事情によってかは不明であるが、留守らの征韓党隊とともに、中嶋鼎蔵の指揮下で征韓党隊として行動しており、乱後の分類においても征韓党側に分類されている。[12] したがって、「右ノ如ク平常紛議絶ヘサルニ、目今中嶋清武始メ数名集会スル事件ニテ、一層物議ヲ生シ穏カナラサル由[13]」であった。

これら征韓派士族は、松田正久や中嶋清武らの帰郷を契機として、その指導のもとに、民権運動という新しい活動に転進していったと考えられる。中嶋は、長崎上等裁判所一級判事補であった。松田は、「年譜[14]」によると、一八七二年から一年余のあいだ西周に「仏学」を学び、西の深い期待と信頼を得たといわれる。翌年には陸軍省七等出仕となって陸軍裁判所に勤務したが、八月には依願免となり、陸軍省留学生としてフランスに渡った。松田は、フランスやスイスで主として民法、刑法、経済学を学んだが、特にフランス議会の傍聴に出精し、フランス共和制の確立期の政治状況を学んだといわれる。この留学中に松田は、西園寺公望、中江兆民、光明寺三郎らと親交を結んだ。松田は、一八七五年五月に帰国し、七月初旬に帰郷したのである。

この活動は、八月、結社「自明社」の設立へと発展する。一八七五年八月二七日、第四大区二小区平民香月則之、同士族藍山範介、同千々岩哲六が代表となって、自明社の「立社願」を県宛に提出した。社員は二〇名で、羽舘三根、宮地周輝、千々岩哲六、大科簡、藍山範介、松田正久、川崎和太、本野太造、簑田真蔵、香月則之、相浦三民、秀島米忠、戸田豊顕、牟田義高、松隈聞多、北川清、深江豊生、東琢磨、原口惣次郎、牟田猛が名をつらねた。このうち、香月則之は、佐賀の乱に参加して、除族の刑を受けた征韓派士族であり、後に惣代となる羽舘三根は、佐賀郡の第一大区八小区の士族であった。

「社議」は、次のように主張した。

方今民権主張ノ論四出漸クニ我日本国民自卑自陋ノ汚習ヲ洗除スルノ基ヒヲ開カントス豈国民一般ノ至福ト謂サルヲ得ンヤ、抑モ人権ヲ遺亡シ恬然トシテ其ノ有無ヲ不顧ハ政府圧制ノ原因国民不幸ノ根拠一ニ之ニ外ナラス、夫レ我国民元気委靡精神壊滅絶テ一国ノ興衰政治ノ可否ニ於テ極言至論ノ倔強力ヲ見サル者ハ即チ古来慣行ノ弊政威圧抑制ノ然ラシムルト雖モ、又国民ノ学識浅劣ニシテ権理通義ノ何物タルヲ知ラス憲法法制度ノ何為ナル事ヲ顧ミサルニ由ル、倩ラ欧米各国ノ事実ヲ考フルニ国民常ニ政府ノ挙行ヲ以テ政府存在ノ目的ト相比較シ其得失当否ニ論及スルノ権義ヲ以テ国事ノ一大典款トナス、蓋シ人民ノ権義ヲ認定シ以テ政府ノ弊害ヲ防制スル所以ナリ、由是観之則チ政府ノ良否ハ国民ノ明不明ニ関スル者ニシテ所謂政府ハ人民ノ影響是也、今廟議動スレハ国民ノ不明不開ヲ以テ言ヲ為ス者ノ如果シテ然ルカ、窃ニ思フ二三ノ大臣深ク此理ヲ察シ能ク時勢ニ通スルニ似タリ、是ニ於テ三千有余万ノ兄弟若相率ヒテ奮励振起以テ権理通義ノ何者タルヲ知リ政府存在ノ原因如何ヲ審ニシ、終ニ天性固有ノ不羈自由ハ最貴重ノ一大権理ニシテ敢テ予奪売買ス可ラサル者ナル事ヲ自信スルニ至ツテハ、国民不明不開ノ廟議一朝翕然トシテ已ミ必ス人民ニ還付スルニ立法ノ大権ヲ以テシ、而シテ国民始テ其国民タルノ権理通義ヲ全有シテ自主自由ノ域ニ至ルヤ疑ヒナカルヘシ、民権主張ノ論未タ以テ国民一般ノ意見ト為スニ足ラス是ヲ以テ民選議院ノ論公選民会ノ説未タ行レス、是闔国人民ノ不開ヲ以テ政府ヲ使テ不適時勢ノ惑ヒヲ生セシム其責抑我ニ在リ、故ニ各民相ヒ勧奨シ気運ヲ進ムルノ一策ヲ立テ今一社ヲ設ケ有志相聚リ互ニ意見ヲ陳シ権理通義ノ在ル所ヲ審ニシ国憲法制ノ存スル所以ヲ明ニシ、而シテ現今我国政府ノ体裁ヨリ区制ノ制度及ヒ凡百ノ事理ニ至ルマテ尽ク是之ヲ理学ニ照考シ討論商議社議決スル者ハ四方ノ君子ニ質シ或ハ官庁ニ申稟シテ采択ヲ請ヒ、上ハ以テ広ク衆議ヲ興シ万機公論ニ決スルノ聖旨ニ奉答シ、下ハ以テ民権拡張ノ説ヲ賛成シ終ニ不適時勢ヲ口ニ籍スル者ヲシテ迷惑畏懼スル所アラシメント云爾（下略）

趣旨は、平明で明快である。国民の元気・精神の低調と政治論の不振は、古来からの弊政抑圧の結果であるが、同時に国民自身の権利通義の認識・自覚の弱さ、立憲政治の理解不足にもよっている。西洋においては政治の監視と政府に対する批判の権利が国事の基本要件であり、政府の明不明は国民の明不明に規定される。現在わが政府は、民選議院・公選民会を許容しないなど、国民の不明・不開を理由として施政を行っているが、その責任の一端は国民にもある。そこで、権利通義を理解し、不羈自由の貴重さを自覚し、国憲法制のありようを理解し、政府の体裁から施政の凡百にいたるまで理学に照らして討論商議して民権論を国民一般に拡充することを目的とする。決定した意見は社議として公開の討論に付し、また官庁に採択・実施を要請する、というものである。ここには、人民の自修自立を重視することが基調とされ、人民を官に対置して、人民自身が自律的に学習し、現実の政治を検証するとともに、実践的に人民の意思を国政に反映させようとする姿勢が重視されているといえよう。文意に見る限り、士族反乱時に比して、政治運動を展開する点において、著しい成長を示しているといえよう。

添付された「社則」は、全二六条・追加一条であり、その主要なものは以下の通りである。

第一条　該社ノ趣旨ハ人民ノ権理通義ヨリ政府存在ノ所以及ヒ凡百ノ政務ヲ審覈スルヲ要スレハ、社員タル者能ク此ノ意ヲ体シ真誠忠実ヲ本トシ凡ソ人民ノ利害得失ニ関渉スル事件ハ各自意見ヲ陳述シ衆説ヲ集メ以テ可否ヲ決ス可シ

第二条　該社ハ日本全国ノ人民崇卑ヲ問ハス竭ク入社スルヲ得ルヘシ、入社ヲ欲スル者ハ其事由及ヒ郷貫姓名

等ヲ幹事ニ告ルトキハ直ニ之ヲ社員ト称シ乃チ該社ノ規則ヲ遵守セサルヲ得ス、但シ民権ヲ失スル者ハ入社ヲ許サス

第三条　該社員倫理ヲ破リ国典ヲ犯ス者ハ衆議ノ上直ニ放社ノ処置ヲ行フヘシ

第四条　該社ハ社長一員幹事一員書記二員司計一員ヲ置キ以テ平常社事ヲ分理シ、臨時別途ノ事務アルトキハ更ニ委員ヲ置キ之ヲ担任セシム

第五条　同上諸員ハ社員一般投票ノ多数ヲ以テ撰挙スヘシ、若シ投票ノ数相等シキトキハ再撰ヲ要ス、但自相票ヲ投スル者票数ニ計算セス、以下倣之

第六条　前条二回ニ至リ又同数ナルトキハ其年長ニ決スヘシ

第七条　社長以下各員ノ任ハ満三ヶ月ヲ以テ定期トス、満仕ノ者ハ一期ヲ経ルニ非ラスンハ再撰スル事ヲ得ス

第八条　会日ハ一ヶ月三回乃チ六ノ日ト定メ午後第一時開議同五時ニ至リテ終ル、但シ議事ノ繁簡ニ因リ衆議ノ上時限ヲ伸縮スル事有ルヘシ

第九条　会議ヲ要ス可キ事件次会ニ遷延シガタキ者ハ社長或ハ総社員三分一以上ノ意見ヲ以テ臨時開席ヲ得ルヘシ

第十条　社長ハ社事ヲ統理シ（下略）

第十七条　議長ハ議席ニ臨テ本日会議ノ事件ヲ陳述シ社員ヲシテ各其意見ヲ陳セシメ、若シ会議ノ事件予定セサルトキハ各社員ニ意見ノ有無ヲ問ヒ検次ニ発論セシメ、然ル後各論ヲ逐次衆議ニ付シ、其決定ハ投票ノ多数ヲ以テスヘシ

但シ事件ニ因リ議長ノ特権ヲ以テ臨時公選ノ委員ニ付シ議定セシメ、而ル後総社員ニ付シテ決定ス

第廿条　社員三分一以上議席ニ列班スルトキ議決シタル論説ハ之ヲ該社ノ公論ト認定スヘシ

但シ事件ニ因リ新聞誌ニ掲載スル事有ルヘシ

第廿一条　社員ハ欠席ノ有無ヲ論セス社用金トシテ毎月五銭ヲ納ムヘシ（下略）

第廿五条　会議ノ節ハ随意ニ衆聴ヲ許スト雖モ若傍聴人中自個ノ意見ヲ述ント欲セハ、幹事ニ所見書ヲ出スカ、或ハ口演スルトキハ第十七条ニ准シ社長之ヲ衆議ニ付シ決議ノ上本人ニ報告スヘシ

第廿六条　此社則ハ明治八年第八月十九日ヲ以決定スルト雖モ、以後改訂増減スルコト有ル可シ

追加　会議所ハ当分第四大区二小区元朝日町無量寺ニ仮定ス[15]

特徴としては、「第二条」は、結社を全国民に公開するような開放的な姿勢がみえる。また、「第七条」は、平等性を重視しているようにもみえる。「第廿条」は、この後、県に区戸長の公選を要求する活動を展開する形で実践され、それはまた東京在住の佐賀県士族によって全国紙に投書され、紹介される。

この立社願に対して県は、警戒的であった。北島秀朝県令は九月二三日、大久保利通内務卿に「立社之儀ニ付伺」を提出し、士族の「徒ニ席上之空談ニ光陰ヲ送ル」性向を指摘し、立社が「物議」をおこしかねないとして、全国一般の処置を要請した。「固ヨリ誠実愛国之心ヨリ出候ナラハ国歩ヲ進ムル一端トモ相成リ有益タルコト論ヲ俟タス候得共、万一之ニ反シ候時ハ未開之人民ヲシテ却而方向ヲ誤ラシメ、終ニ官民之間大ニ物議ヲ生シ可申歟ト致杞憂候、抑方今士族ノ輩漸ク窮シ而シテ其志ヲ得サレハ名ヲ公明ニ仮リ不平ヲ鳴ラシ人々為ス可キノ急ヲ為サスシテ徒ニ席上之空談ニ光陰ヲ送ル者尠カラス、然レトモ断然之ヲ差止候而ハ亦多少之紛議モ可有之ト存候ニ付、其権限ヲ分チ章程ヲ定メ他日敢テ政体ヲ犯シ民権ヲ超ユル等之愚無様確乎御定見ヲ被立、全国同一ニ御差許相成度存候」、と上申した。ここには、士族の動向への警戒とともに、自由民権運動の人民への影響が憂慮されている。これに対して、大久保内務卿は一〇月一三日、「書面之趣ハ官庁之詮議ニ不及筋候条、社議社則等ハ可下戻事[16]」と、私的な

結社は官庁の関与するところではないと指令した。県はこの指令に納得がいかなかった模様で、一〇月二八日に「立社之儀ニ付再伺」を提出し、「御指令之次第ニ而ハ届出ヲモ待タサル様相見、然ル時ハ御規則之会ハ所謂商社之如キ者ニシテ」、「該社之如キハ関セサル者ニ可有之哉」と再確認した。指令は、当然「伺之通[17]」であった。こうして、県下で初めての自由民権結社が成立した。

自明社の成立は、「在東京　佐賀県牟田猛、中島痴」の二名によって、一一月三〇日の『郵便報知新聞』に投書された。それは、「頃者佐賀県下に於て同志相会し一社を設立し名けて自明社と云ひ社議社則等を創制して官庁へ呈す、然るに右は官庁の詮議に不及筋に付社議社則等は可下戻旨指令相成候由、是れ蓋し人民社を立て会を設くるとは固より其自主自由の権理内に存する者にして敢て官府の抑圧制止す可き所に非さるを以てなり、我輩の此報を得るや上は以て官府の人民の権理を妨けさることを喜ひ、下は以て該社同志輩の善く其志を達することを賀す、故に今其社議を謄写し新聞の余白を借りて以て江湖の諸彦に告くると云爾[18]」、と。投書者がどのような人物であるか不明であるが、後に自明社の区戸長公選要求活動が同紙に投書されることもあわせてみれば、このような民権家が東京から情報をもたらし、支援していたことが考えられるであろう。佐賀県出身者が関わっていたことも考えられる。自明社の成立と活動は、松田正久らによる活動だけでなく、このような人脈的、あるいは思想的脈絡のなかで生起し展開したものと考えられよう。投書の自明社に関する情報は正確である。

自明社の活動については、多くはわからない。特筆されるべきは、区戸長公選を県に要求し、県の公選方針決定に影響を与えたことである。自明社は、区戸長公選法案を添えて県に建議し、また県令に面会して要請している。このことは、自明社の活動が単なる啓蒙的な学習活動、言論活動にとどまらず、実質的であり、実践的であったことを示している。ただ残念なことに、この間の事情は史料的に不明である。

自明社は、一一月二七日、惣代羽舘三根の名をもって県に「建白書御指令之旨ニ付伺」を提出し、「区戸長公選并法案為参考被留置之旨御指令相成候ニ付テハ、御採用相成候儀ト心得可然哉[19]」と伺い出た。これは、一一月一〇日に県が羽館、藍山範介に対して、「区戸長公選云々建議之趣為参考留置候条此旨可相心得」と指令したことの内容を確認するためであった。県は、当初、「書面羽舘ニ根伺之趣不都合」として、「書面伺之趣先般指令之通参考之為留置候儀ニテ、採用之有無当分難及指令候事」を原案としたが、結局、「区戸長公撰之儀ハ已ニ取調中ニ付、建言之趣ハ採用相成候儀ト可心得候事[20]」と指令した。この時期、後述の如く、県は区戸長公選方針に転換したのである。

これと同時に、二七日、自明社は、相浦三民の名をもって、区戸長公選の建白書を『東京日々新聞』、『郵便報知新聞』の二紙に掲載する許可を県に求めている。県は、二九日、差し支えないとして許可した[21]。

自明社が建白した区戸長公選法案がどのようなものであったかは、史料がないため知ることができないが、建言の文章は『郵便報知新聞』によって知ることができる。一八七六年一月七日の同紙に、「東京南佐久間町寄留佐賀県士族宮崎蘇菴」の投書が掲載されている。「余近日佐賀県下自明社ヨリノ報ヲ得タリ、聞ク該社区戸長公選ノ議ヲ北島県令公ニ呈シタリト、然ルニ其始ノ指令ニハ区戸長公選云々建議之趣為参考留置候ト有之候ニ付、右ノ指令ニテハ御採用相成候儀ト心得可然哉再ヒ相伺候処、区戸長公選ノ義ハ既ニ取調中ニ付建白ノ趣ハ採用相成義ト可心得候事ト指令有之、且該社員中ヨリ再三県令公ヘ面謁致候処、来一月早々ヨリ着手可致面話相成候由」、と。

建言は、「区戸長ノ宜ク公撰スベキハ之ヲ天下ノ真理ト実際ノ景況トニ照シテ照々乎タリ」として三点からこれを論じ、「諸有志輩協議討論シ区戸長公撰ノ法案一編ヲ纂成シ以テ参考ニ供セントス」るものである。三点とは、地域という人民の生活基盤と社会性の観点、政治制度と現在の政治状況の観点、財源の性格―納税者の権利の観点、である。

まず、第一の視点として、地域は生活・社会単位として、あたかも「一小政府」のようなものであって「独立不羈」の性格をもつ、したがって地域民みずから全権をもって地域の独立と政務の処理を担当しなければならず、区戸長の公選は不可欠である、と主張する。「抑区域ハ人生ノ自然地理ノ固形ニ依リ人民相集居シ以テ人間生路ノ目的ヲ達スル所ノモノニシテ乃チ一地方ノ民社ナリ、然シテ其刑政ノ如キモ亦交際ノ間已ムコトヲ得サルニ出テ遂ニ契縄ノ約束ヲ立テ以テ相遵守スルニ至ル者ナリ、然レハ則一区ノ体タル民社政社ノ二権ヲ有シ自ラ独立不羈ノ権利ヲ以テ其公益ヲ経営スルコト猶ホ一人一己不羈自由ノ権理ヲ有シテ動静挙措其思想ニ委スルカ如シ、乃チ之ヲ一小政府ト謂フモ亦不可ナルコトナシ、是ヲ以一区ノ幸福ヲ保全スルハ其不羈独立ヲ認識スルヲ以テ最大緊要ノコトナリトス、故ニ文明ノ諸邦ニ於テ至美至善ト称スル所ノ地方分権ノ制度ニ於テハ必ス一区ノ独立ヲ認メ其政務ニ至リテモ亦之ヲ区民ノ全権ニ付ス、是則チ区会議員及ヒ区長公撰ノ挙アル所以ナリ、蓋シ各人ノ安寧ヲ計ルハ其自ラ之ヲ計ルニ如カス、一区ノ理安ヲ計ルハ該区ノ人民自ラ之ヲ計ルニ如カス、復タ誰カ其ノ共推公撰ニ依ラスシテ之カ保護ヲ為スノ特権ヲ有スル者アランヤ、由是観之即チ区戸長公撰ノ至当至正ナル三尺ノ童子猶且疑ヲ容レサル所ナリ」、と。

第二に、現在「開化」は進展し、国内の過半の府県で県会・区会が開設され、政府も国民の国事負担を奨励している、「廟謨ト国勢ト人民ノ権理通義トヲ如何センヤ」と述べる。すなわち、「我国勢ヲ察スルニ、開化駸々卑陋ノ慣行破レテ尊重ノ気風トナリ無智ノ流俗変シテ識見ノ栄誉ヲ蒙ラントス、往々有志輩出テ以真理公議ヲ伸張シ謬柱株守ノ腐論殆ント跡ヲ潜ムルニ至ラントス、国勢已ニ変シ廟謨従テ進ミ立憲政体基本既ニ確乎トシテ定立セリ、是ヲ以ツテ三府六十県競テ国是ヲ襲ヒ或ハ区会ヲ興シ或ハ県会ヲ開キ或ハ区県会并ヒ設クル者業已ニ其半ニ超ユ、昨年政府各地方ノ長官ヲ召集シ以テ国事ヲ公議シ人民ヲシテ各々国事ヲ担任スルノ義務アルコトヲ知ラシメントス、其末タ之ヲ知サル者ハ能ク此意ヲ体認シ自ラ奮励振起セサルヘカラス、已ニ之ヲ知ル者ハ希世ノ一大機会ニ遇フ豈黙々トシテ盛代ニ負クヘケンヤ」、と。

第三に、「国用」にあてられている「民費」は人民の「私費」であって、これに関係することは人民みずからが関与する権利を持つ、その実践のためには区戸長公選と公選民会が不可欠である、と主張する。「現今国用ノ制ヲ見ルニ官費民費ノ別有リ、我輩其名唱ヲ以テ之ヲ推スニ民費ハ一区ノ私費ニシテ区民自ラ之ヲ弁理シ一区百般ノ事務凡ソ民費ニ関渉スル者区民自ラ全権ヲ以テ施行スヘキコトハ固ヨリ論ヲ須タスシテ知ルヘシ、何ソ独リ区戸長ノ進退ニ於テ区民敢テ与リ知ラサルノ理有ンヤ、若シ夫レ然ラス事実或ハ外邦ノ制度ニ模倣シ国費県費区費ノ制ニ由来セハ我輩ノ惑愈甚シ、夫西洋各邦ノ制凡テ国県区ノ経費ニ係ル者ハ各々代議者ノ公議ヲ以テ経費額ヲ決定シ以テ其濫用ヲ限制ス、蓋シ独立不羈ノ権理ヲ以テ各自其経費ヲ弁理スル所以ナリ、果シテ此制ニ基ツキ徴租ノ法ヲ定メ区県ノ制度ヲ創立セハ必ス公撰民会ノ設有ルニ非サレハ其法実ヲ得タリト謂フ可ラス、豈啻ニ区戸長ノ公撰ニ止ランヤ」。

このように、建言は、生活と社会の基盤や構造、税の性格や機能、政治制度と現状などに則して、原理的検討と現実的対応を提示し、区戸長公選の必要を説いている。ここには、基調として、「人民の自治」が一貫して重視されているという特徴を見ることができるであろう。

なお、この建言は、最後に、県内の区戸長自身が区戸長公選を要求していることに触れている。「仄ニ聞ク近頃一二大区ノ区戸長公撰ノ理ヲ推知シ既ニ辞職ノ挙アリト、其基ク所ハ則チ区県会ノ議員タル者ハ民選ニ非レハ其当ヲ得スト謂ニ過ス、其情況少シク逕庭スル所アリト雖モ亦止ムコトヲ得サルノ理必ス取ル所アラン」[22]、と。これは、後述のように、一八七五年の地方官会議を傍聴して帰県した区戸長らが中心となり、区戸長が連署して県に対して区戸長公選を要請した動きをさしている。区戸長の一部は辞職願を提出し、業務の停滞や混乱を招いた。その結果、この問題は県行政上の一大政治問題となり、県は、ついに区戸長公選方針を決断するに至る。自明社や区戸長による区戸長公選要求活動は、県の大区小区制の官治的行政に転換を迫る、これまでに見られなかった新しい事態であった。

（二）区戸長公選問題と県政方針の転換

佐賀の乱後の本格的な区制改革は、北島秀朝県令のもとで、一八七五年三月に実施された。これによって、従来の一八合併大区九七小区は、郡を大区の規模とする七大区四六小区に整備・再編された。大区に区長一名（第五大区は二名）、小区に戸長一名、副戸長は四名ほどが官選によって置かれ、月に一度の区長会議、時に区戸長会議が開催され、県治方針の徹底、民情の諮問がはかられた。この時期、従来の村落上層農中心の村行財政に対する農民の抵抗が強まっており、村方騒動や村政民主化を求める動きが進行していた。県は、地租改正の着手準備などの重要課題を控えていた。そこで、村行財政の基盤と区戸長の執務の主体的条件を整備することが、北島県政の課題となっていた。

六月の地方官会議の開催が、区戸長公選という新たな政治問題を県下にもたらすことになった。傍聴の許可によって、佐賀県からは、第六大区（杵島郡）副区長持永秀貫と第一大区（佐賀郡）一小区戸長松永方一が傍聴出席した。当初、区戸長による互選によって持永と第一大区三小区戸長原口良輔が決定したが、原口が辞退した結果、松永が出席することになったのであった。北島県令は、佐賀の乱後の県務が軌道にのっていない、および人心安堵に至らない、と県務多忙を理由として、七等出仕伊藤謙吉を代理出席させた。民会を議題とする会議では、伊藤は公選民会案に賛成した。

持永、松永の両名は、出席の後、七月二五日に帰県したが、彼らを中心として区戸長から公選願が提出される。八月九日、第六大区副区長持永と同大区下の六名の全戸長、および副戸長など二九名が「辞職願」を提出し、九月には、松永ら第一大区の全戸長一〇名が「献言」を、一一月三〇日には、第四大区（小城郡）副区長永田暉明と全戸長五名が「公選願」を提出し、区戸長公選を求めた。当時、区長は区長一名、副区長七名、戸長は四二名、副戸長一六二名が置かれていたといわれているので、区長は八名中二名、戸長は半数が公選の立場をとったことになる。これらに共通する特徴の第一は、区戸長たちが、地方官会議における公選民会の是非をめぐる議論に影響を受け、世論は公選民会論にあるとの認識に立ち、区戸長公選もそれと軌を一にするものであると認識していることである。第二に、区戸長はこの背景に人民の政治的成長があることを認識していた。彼らは、区戸長が強いられている、同時に「行政の担い手」と民費によって財政的に維持される「人民の惣代」であるという矛盾した性格に困難の核心があり、公選という形で人民の合意を獲得することを通して、みずからの執務条件の新たな地歩を先取り的に確保しようとしていたのである。

「辞職願」は、次のように主張した。「地方官会議姑ク区戸長ヲ以而府県区会ヲ開クニ決セシ由、固ヨリ正則ノ民会未タ一般ノ適度ニ応セサルヲ以テ権ニ設クル所ナル可ト雖モ、県下今日之区戸長公撰ニ非スシテ苟モ人民ノ代議員トナル名実適セス輿論公議ト云ヒ難シ、抑政府ノ目的タル到底公撰民会ヲ開クニ帰着スルハ言ヲ俟ス、時運ノ開進ニ乗シ既ニ人民ノ情勢モ亦自ツカラ茲ニ属スルアラン事ヲ信ス、此機ニ際シ不肖等頑固トシテ顧ミス官撰ニ安着シテ開明ノ進路ヲ塞ク実ニ恐懼ニ堪ス、依テ一同職務被差免度此段奉懇願候也」[23]、と。地方官会議の議論に影響を受け、公選民会論が今後の趨勢であり、「人民の代議員」は公選によっていなければならないという論理によって、区戸長の公選を要求している。自明社が建言で指摘したのは、この建議のことであった。区戸長の主張は、辞職願という端的な形をとってあらわれ、県にとっては憂慮すべき事態となった。

「献言」は、次のように建議した。区戸長は「其職タル卑シト雖トモ要スルニ官民ノ際ニ立チ上下ノ情ヲ通暢シ阻礙壅滞ノ弊ナカラシムルニアリ、顧フニ其関係スル処亦軽キニ非ラス、故ニ其出所亦詳ニセサルヘカラス、其出所詳カニセント欲ル先ツ其採択ノ法ヲ正フスルニアリ、苟モ採択ノ法其宜キヲ得サレハ衆庶疑惑ヲ生シ物議ヲ醸スノ端ヲ開キ、官民遂ニ其弊ヲ受ントス豈慮カラサル可ンヤ」。問題の第一は、「本県戸長ヲ撰沢スル専ラ官旨ニ出テ衆庶此レニ与カルヲ得ス、是レ時勢ノ止ムヲ得サルニ出ルト云トモ衆情ノ趣ク処ヲ察スルニ、概シテ戸長ヲ視ル県官ト同一敬シテ之レヲ遠サクルノ体アリ而シテ信シテ之ヲ親ムノ情鮮ナシ、而シテ官ハ之ヲ以テ人民ノ惣代トナス、此レ一戸長ニシテ官民ノ視察スル処各相反対セリ」、「仮令ヒ戸長タル者自ラ用テ人民ノ総代ト愚量セン歟其出処人民ハ干カリ知ル所ナシ、又以テ県官ノ一部分ト愚量センカ原ヨリ官員ニ非ス、且ツ其俸給都テ民ニ取ル、今日官撰戸長タル者彼ノ反対ノ想像ヲ解キ人民ノ信ヲ結ハント欲スル抑亦難哉」、ということころにある。さらに第二に、「今日ノ人民ハ昔日ノ人民ニ非ラス、少シク見ル所アレハ動モスレハ指摘スル処有ツテ又抵抗ノ心ヲ挟ムアルカ如ク、実地運動上ニ於テ支牾スル処尠ナカラス、此レ其因ヲ尋ヌルニ職トシテ戸長ヲ信親スルノ情鮮キニヨルカ」、という問題がある。「此其疑惑物議ノ弊因ツテ生スル所以ニシテ、戸長タル者亦早ク其機ヲ察シ自ラ地歩ヲ占メサル可カラサル所以ナリ」、「戸長タル者依然事ヲ執リ実効ヲ収メント欲スル亦其術ヲ得タル者ト云フ可ラス、依テ冀クハ断然更ニ公議ヲ以テ戸長ヲ撰定セシメ、衆庶ノ疑惑ヲ解キ物議ノ源ヲ断チ大信ヲ下ニ示サハ、其公明正大ノ気象下徹スル所アツテ人民初メテ戸長ヲ信親シ、庁旨ヲ遵奉シ上下ノ情意通暢シ県治上将ニ大ニ振起スル所有ラントス」[24]。

ここには、行政の村落における担い手でありながら「人民の惣代」としての性格を持たされている区戸長の政治的性格と、しかもその財源を民費に依存しているという、官治行政そのものがもっている問題があった。さらに、村方騒動や村政民主化を求める運動の展開にみられるように、人民の政治的成長によって、区戸長の旧来の形での任務遂行の困難さは、より深刻化していた。大区小区制の実際の機能からすれば、区戸長に「人民の総代」としての性格は与えられていないのであるが、彼らはこのような認識に立っていた。区戸長たちは、公選の実施によって人民の合意調達を押し進め、それによってみずからの任務遂行のための主体的条件を回復することを意図していた。彼らは、区戸長公選の実施を先導することによって、みずからの新たな地歩を築こうとしていたのである。

「公選願」も、同じ基調にある。「区戸長之儀旧慣ニ依リ官選ニテ被命置候得共、抑人民ヨリ相立候者ニ有之、且方今区会議ヲモ被為開候通ノ時勢ニ移行候間、従来ノ姿ニテハ私共ニ於テ何分在職罷在兼候次第ニ付、公選入札之方法御施行相成度[25]」、と。第四大区は、自明社の本拠地であり、第六大区副区長持永秀貫の出身地であった。第四大区区戸長と自明社との関係はわからない。

こうして、県下中央部を中心に、区戸長は、新しい主張を展開した。この主張を先述の自明社の公選論と比較するとき、自明社の主張の明晰さや精緻さ、先進性は顕著であって、区戸長の主張はそれに及ばないが、区戸長が置かれた状況に由来する現実的視点は自明社に比して特徴的であり、鋭かった。

区戸長の行動は、建言に止まらず、実践行動としてもあらわれた。区戸長は実際に辞職を願い出、その続出は県務の停滞と混乱をもたらすことになり、県に公選方針への転換を迫ることになった。

このように区戸長たちは、みずからの主体的条件を確立する意図によりながらも、地方官会議の議論に学び、あるいは河野広中らの傍聴人会議の活動に学んだことも考えられるが、公選民会と区戸長公選という新たな政治制度への模索を始めたのである。

なお、この点に関して、史料的に確認することは難しいが、新聞が重要な役割をはたしていたようである。徳島の自助社の区戸長公選活動を含めた民権運動の先進性はよく知られており、『東京日々新聞』の明治八年五月二四日号は、自助社総代日比野克巳・湯浅直通の、名東県権令古賀定雄宛の「区戸長撰任宜シク公撰ニ付スヘキ議」を掲載している。一八七五年八月四日の『郵便報知新聞』は、淡路国自助社分社が名東県権令古賀定雄に提出した「区戸長公撰の義建言」を掲載している。これは、「元来私も公撰論が大好物で、同論の人が有りますと味も眠りも忘れる計りで御座ります」という「福岡県下平民当時徳島に寄留する岸田有泉」が投書したもので、自助社分社の岡田真らが公選案を大区会に提出し、決議された文書であった。建言は、「抑人民の区戸長に於けるや各其所得の幾分を出し以て区内各人の安寧幸福を依頼するものなれは、即人民の総代」であるとして公選を要求し、浜松・滋賀・高知・兵庫の四県ですでに実施されていると強調する。さらに、「就中目今地租改正の際に当り公撰の成否は深く今日の事務に関するものあり[26]」と指摘している。この自助社の活動に他地域の自由民権運動が影響をうけたことは考えられよう。

新聞に関しては、一二月九日の同紙は、「佐賀の事情見聞のまま」を載せ、「小城郡小城町には士族方が会議を開き月々六の日に議事があるとか、此頃は区戸長の公撰論を決議し方案を添えて県庁に建白した処が、参考留置当時取調中とか云指令があったと申ます、区戸長さんも気が付たと見へ先日多人数申合せ役を辞し跡は公撰にして下されたしとか願出ました」と報じるとともに、「官員さん士族さん平民さんも新聞紙がすきと見へ、日々郵便局に到来する数が一行李ツ、あると云[27]」と記している。自明社に関する情報の正確さと継続的で詳細な投稿は、在京民権家や自明社の民権派士族が『郵便報知新聞』に期待し依頼するものが大きかったことを物語っていよう。

町村会の開設については、地方官会議は各地方官にこれを一任し、準則は追って布達することとした。一八七五年九月一四日に、佐賀県下の区戸長会は区村会の開設について討議し、開設することを議決した。この時期は、前述のようにすでに区戸長は区戸長公選を県に対して建議しており、したがって、区戸長の政治的課題は、区戸長公選の実施と公選民会の開設の両者にあったのである。これは、地方官会議での民会論の議論に刺激された動きであると考えられようが、区戸長公選と公選民会が同時に主張されていることは、旧来の大区小区制の官治的行政に代わる新たな政治制度が志向されている点で、注目されよう。

九月一四日の決議に関して、早速翌日には県官の間で決議をどう評価するかの検討が行われた。そこでは、町村会は開設すべきであること、しかし区戸長の区村会に関する認識や理解が不足していること、の点で共通していた。若林卓爾権少属は、「衆議開設ニ決シ当今之国勢尤左モ可有之儀ニ奉存候、然ルニ議員中建論スル僅ニ六七名ニ過キス、余ハ皆手ヲ挙テ同意ヲ表スル迄ニテ未審密ヲ尽サヽル様相覚候、且其建論セシ者モ唯々開ク可シト申ス迄ニテ何ニ由テ之ヲ開クカ其根底スル所茫然タリ」と指摘し、民事に関することゆえ官員の発議は禁止されているが、「開鎖之権地方御委任之旨モ有之哉ニ承リ」、かつ「重事」であるゆえ「今一応区戸長之心得ヲ以官員中へ御下問審議有之候テハ如何可有之哉」、と主張した。菊村徳中属は、町村会の開設は政府決定であり地方が論じるのはその適度である、「全区戸長ニ於テ民度ニ適シ興スヘシト決セハ、仮令根底ヲ不尽アリト雖モ理ニ於テ之ヲ翻異スヘカラス、抑村町会下臣ニ於テハ応ニ興スヘシト思ヘリ」[28]、と区戸長の決議を尊重すべきことを主張した。五人の県官の間では即時開設論と慎重論に意見が分かれたが、区戸長会の審議が不十分であり、権限章程等は審議を尽くして慎重に準備すべきであるとする点では一致した。

以上のような状況は、県の官治行政に大きな転換を迫るものであり、県は人民の合意取りつけ方針に転換することを余儀なくされた。

区制改革と区戸長の精選は、佐賀の乱後、北島秀朝が県令として入県した一八七四年五月以来、県行政上の重点課題であった。「佐賀県下ノ区長多クハ頑固ニシテ陋習ヲ墨守シ、謾ニ尊大ニ構ヒ旧弊ヲ改ムル事ナク、諸官省及ヒ県庁ノ布令等ヲ下民ニ説諭スル事ナシ」[29]、あるいは「佐賀県下ノ区戸長ハ旧弊ヲ固守シ謾リニ威権ヲ逞フシ、各区ノ扱所ハ恰モ小県庁ノ如ク、区長等ハ仮令県令ヨリ命スルトモ容易ク出庁セス、加之ニ輙モスルト上下ノ情ヲ壅塞ス」、などとやや過剰ではあるが、評される傾向があった。一八七五年三月の区制改革は、このような状況を整備するためのものであり、「此故ニ県庁ニテ斯ル弊害ヲ除カン為メ漸々ニ従前ノ区戸長ヲ廃シ、他県ノ人ヲシテ更ニ区戸長ニ任シ頻リニ注意セシュヘ目今ハ旧弊ヲ除キシ由」[30]といわれた。北島県令自身、「先ニ置県之際村吏之習弊ヲ一洗セントシテ唯々条理上ヲ論スルヲ以旨トナス士族輩ヲ多ク村吏ニ採用致シ、之レカ為坐上之談ニ歳月ヲ送リ実際之事務ニ至リテハ其何タルヲ知ラサル情態モ有之、到底行政上ニ於テ差支之憂ヲ免レス候間、已ムヲ得ス此間中区画ヲ改正従テ区戸長其外更ニ撰挙致シ職制章程等相授ケ候次第ニ候[31]」と語っていた。北島県令は、大区小区の執務体制の整備と合理化を進め、一八七五年三月に区制改革を実施した。佐賀の乱後、県内各処で発生した村方騒動や農民の動揺への対応に直面していた県は、地租改正など重要課題を実施する体制を準備する必要にも迫られて、その要因の除去と区制改革に取り組まなければならなかったのである。このような状況に、区戸長公選の要求は新たな課題を加えることになった。

「辞職願」や「建言」が提出されると北島県令は、一八七五年九月、大久保内務卿に対して、「区戸長選挙并俸給之儀ニ付伺」を提出し、政府の指揮を求めた。現今区戸長公選論が盛んであるが、区戸長の性格に関しては数種の見解がある、「之ヲ要スルニ畢竟其俸給ヲ民ニ課シテ其人ヲ用ユルニ至ツテハ官選ニ出候ヨリ是等ノ物議ヲ生シ候ト被察候、就テハ右区戸長タル者行政事務ノ一部分ト看做シ官府ニ属スヘキ歟、将タ人民ノ義務ニ代ツテ其職ヲトル者ト看做シ民間ニ属スヘキ歟、或ハ官民ノ両属ト看做シ可然歟、願クハ其性質ヲ分チ選挙ノ法御確定相成度存候」、と。この時点での県の判断は、「区戸長ノ本質ハ行政上ニ属スルヲ以テ至当ト為」す、任免は県令の特権、給料は「締租」から出すとする官選の立場をとっていた。すなわち、「区戸長ノ本質ハ専ラ行政ニ属スルヲ以至当ト為シ、之ヲ撰ムハ地方長官ノ特選トシ人口或ハ反別又ハ貢租等ノ数ニ依リ一般区戸長ノ定員ノ制ヲ設クヘキカ、其俸給ノ如キモ亦尋常ノ民費ト区別シ所謂締租ヨリ出ス可キ者ト看做シ、各区ヨリ一先官納為致更ニ地方官ヨリ之ヲ支給致候ハヽ、民其給ヲ出スノ義務ヲ知リ官其選ヲ専ラニスルノ権界自ラ相立、民間ノ疑惑モ随テ消滅可致ト存候」、というのが県の見解であった。にもかかわらず政府の判断を求めたのは、「近来各地方ニ於テ区戸長ノ選区々ニ渉リ、甲県ハ官選トシ乙県ハ民選トシ一定ノ法則無之ヨリ人民或ハ官是レヲ是トシ彼レヲ非トシ、之カ為当県ノ如キハ最種々ノ紛説ヲ醸シ既ニ区戸長其職ヲ辞スル者尠カラス、実際行政上ニ於テ差支候ニ付、前件之事情宜シク御洞察至急何分ノ御指揮被下度候也[32]」、という事情にあった。地方官会議で佐賀県が公選民会論をとったことからすれば一貫しないが、現実的な政治判断ということなのであろうか。

ところが、県の方針は転換し、先述のように、一一月二八日の自明社宛の指令では公選は既に取調中であり、建言は「採用相成候儀ト可心得[33]」となり、「献言」に対する一一月三〇日の指令も同様に「書面建言之趣ハ採用相成候儀ト可相心得事[34]」とされた。この間の事情は判然としないが、「当県ノ如キハ最種々ノ紛説ヲ醸シ、既ニ区戸長其職ヲ辞スル者尠カラス、実際行政上ニ於テ差支候」という県治の基盤の動揺と県務の遅滞が直接的な要因として考えられよう。これは、地租改正の着手を目前にひかえていた県にとっては、深刻な問題であったろう。一二月に地租改正告諭書・人民心得書を各区へ配布するとともに、区戸長会議で主旨の徹底をはかり、翌一八七六年一月には地方官心得にもとづく「命令状」を地租改正係へ執行し、一月一三日に丈量を開始する、という状況にさしかかっていたのである。さらに、区戸長公選という政治的言論の全国的な展開のなかで、民権結社自明社が法案を添えて直接的な建言活動を行ったことは、無視できない影響をもったであろう。県にとって、区戸長の動揺をくい止めて県治体制を再編し、人民の同意を取りつけて県治の安定化をはかることは焦眉の課題となったと考えられる。

県は一二月二一日、区戸長宛に「区戸長公撰云々之儀ニ付達」を布達し、来年から区戸長公選を実施する方針であることを声明して、執務の遅滞がないよう指令した。「区戸長公撰之儀ニ付第一大区其他之区戸長等ヨリ建言之旨有之候処、右ハ追テ採用之儀ト可相心得旨夫々指令及置候ニ付、明年ニ至リ緩急見計公撰法可相達儀モ可有之候得共、夫カ為種々之詳説相立自然事務延滞ニ及候様之儀有之テハ不相済候条、追テ何分之儀相達候迄ハ諸事勿論是迄之通相心得尚一層精励事務整頓候様可致[35]」と。公選方針のみを急いで表明することによって区戸長の動揺を防止し、執務を奨励しようと意図したのである。

しかしこの県の方針は、内務省の抑止によって挫折させられる。一八七六年一月一三日、県は、「各府県往々公撰ヲ申付候的例モ有之」として「本県之儀ハ公撰法施行可致ト存候」、しかし「折柄御省即今職制章程御制定相成候儀之趣伝承仕候間去ル十三日電報ヲ以テ大丞中迄問合候処、不日職制御達アル迄公撰等ノ儀ハ可見合旨同十七日回答有之」という結果となった。そこで県はさらに、内務省の方針が官選となるのか、公選となるのか、その基本方針だけでも知りたいと伺をたてるが、これも実現しなかった。すなわち、県は、「官公撰之区別丈ハ至急相承不罷在テハ、方今区戸長共進退且事務上ニ於テ差支之儀モ有之候間」としてその方針を問い合わせたが、内務省は二月二〇日、「詮議之次第モ有之候条追テ何分之儀可相達」[36]と、それも拒否した。そこで県は、「県会ヲ起シ人民ヲシテ宜シク其権理ヲ伸得セシムヘシ、尤方今其筋ヱ稟議中ニ付追テ確定スヘキ事」[37]と第一課が内部で確認したように、県会開設によって人民の合意を取りつける方針に転換する。しかしこれも、四月一八日の太政官布告による佐賀県の廃止、三潴県への合併によって実現しないままに終わったのである。区戸長の公選は、一八七八年の地方三新法施行後を待たなければならなかった。

自明社は、この後どうなったか、不明である。恐らく、活動が停滞し、解体状況になったのではないかと推測される。松田正久は、一八七六年二月三日に陸軍裁判所七等出仕の辞令を受けており、上京している。松田の上京によって、自明社は衰退したのであろう。

佐賀県下における民権結社の活動は、この後、佐賀開進会の結成まで見られない。

註

第一節

(1)「辛未以降職員下調帳」(『明治九年中　雑書留　職務記録係』(佐賀県立図書館蔵))。
以下、使用する史料は、特別に註記しない限り、同館所蔵のものである。

(2)「明治七年十月　佐賀三潴山口ノ三県派出中捜索書　新潟県士族桜井虎太郎」(『三条家文書』(国立国会図書館憲政資料室蔵))。これは、いわゆる密偵資料である。一部に誇張が感じられるが、主要な情報源の一つが県官であるためか、全体的に精度は高い。他に、一八七四年一一月、一八七五年五月、同八月のものがある。佐賀県士族に対する評価は、士族意識・藩意識などに関して全体に厳しい。
(3)「明治七年十一月　佐賀三潴ノ二県派出中捜索書　新潟県士族桜井虎太郎」(『三条家文書』(国立国会図書館憲政資料室蔵))。
(4)「賊徒暴挙ニ付官員経歴書申達」(『明治七年三月ヨリ五月迄　官省進達』)。
(5)松方正義書簡　大久保利通宛(立教大学日本史研究室編『大久保利通関係文書』五、二六一頁)。
(6)『公文録　佐賀征討始末三　明治七年』九十号(国立公文書館蔵)。
以下、使用する『公文録』は、いずれも国立公文書館所蔵のものである。
(7)前掲「明治七年十一月　佐賀三潴ノ二県派出中捜索書　新潟県士族桜井虎太郎」。
(8)前掲「明治七年十月　佐賀三潴山口ノ三県派出中捜索書　新潟県士族桜井虎太郎」。
(9)北島秀朝書簡　大隈重信宛(『大隈文書』B一一一〇(早稲田大学図書館蔵))。佐賀県の県治が的確でなかったという見解は、この後も県令によって指摘される。一八七八年二月、内海忠勝長崎県令は、「全体彼地(佐賀県―引用者)儀従前之振合を親シク見聞仕候得ハ、維新以来真之県政ハ施サヌモノト云ツテ可ナリ」(内海忠勝書簡　大隈重信宛(前掲『大隈文書』B二七七―一))と述べている。北島は一八七六年五月に長崎県令に転じ、佐賀県は三潴県への管轄替を経て同年八月に長崎県に合併された。内海は北島の後任である。
(10)「官員増之儀ニ付願」(『明治七年三月ヨリ五月迄　官省進達』)。
(11)「地租改正着手之儀ニ付上申」(『明治八年　官省進達三　第一課』)
(12)前掲「明治七年十月　佐賀三潴山口ノ三県派出中捜索書　新潟県士族桜井虎太郎」。
(13)「民費取調云々正院へ御上申按」(『明治七年自十月到十一月　官省進達下　庶務課』)。
(14)「警邏其外之儀ニ付伺」(『明治七年三月ヨリ五月迄　官省進達』)。
(15)「出張巡査交替之儀ニ付伺」(『明治七年一月到六月　官省進達　文書課』)。

(16)「佐賀県出張巡査之儀伺」(『公文録　内務省之部四　明治七年六月』六十号)。
(17)「出張巡査之儀ニ付伺」(『御指令物済　二』、『公文録　内務之部三　明治八年一月』三十七号)。
(18)『明治七年中　管下布達原書　庶務課』。
(19)同前。警察業務に関わる者の不正行為や権威的行動は、広範に存在したようである。前掲「明治七年十月　佐賀三潴山口ノ三県派出中捜索書」は、実例を挙げて、捕亡の収賄行為とそれを「愛憎」によってかばう県官の問題点を指摘している。一一月の報告では、その事情を次のように指摘している。「佐賀県ノ捕丁ハ一時ノ策ニテ県官ノ食客或ハ従者等ヲ以テ捕丁トナシタリ、然ルニ右ノ輩平常奢侈ヲ好ムト雖モ薄給ナルヲ以テ賄賂ヲ貪リ或ハ他ヨリ金ヲ借リ其他不正ノ挙動ヲ為ス事屢々ナル由」、と(前掲「明治七年十一月　佐賀三潴ノ二県派出中捜索書　新潟県士族桜井虎太郎」)。なお、一八七四年四月に佐賀県に裁判所が設置された結果、県庁内の聴訟課はその検察・裁判業務を裁判所に移譲して警保掛となり、警察業務を担当して庶務課に属した。警保掛は、九月に警保課に昇格した。
(20)「各大区江番卒ヲ廃シ邏卒設立之儀ニ付云々達」(『管下布達　二』)。
(21)「邏卒設置之儀ニ付願」(『八年　官省進達六』)。
(22)佐賀の乱時、憂国派が降伏書を提出したとき、政府軍は文面に「王師に抗した」の文言がないことを理由として降伏を認めなかった。憂国派は、その文言を受け入れることはできないとして、脱走した。県下士族が提出した「謝罪書」には、「王師に抗した」の表現が入っている。鍋島彬智ら、支藩の旧鹿島藩征韓派士族の「謝罪書」に、その典型的な例がある。「私共儀誤テ江藤新平等詐偽謀計ヲ信シ征韓ノ議ニ党与シ、遂ニ王師ニ抗シ候上ハ偏ニ至当御処置ヲ奉仰而已」(前掲『大隈文書』A二四六)。
(23)前掲「明治七年十月　佐賀三潴山口ノ三県派出中捜索書　新潟県士族桜井虎太郎」。
(24)『明治七年四月　官事録』(『峯家文書』(唐津市相知図書館蔵))。
(25)前掲「明治七年十月　佐賀三潴山口ノ三県派出中捜索書　新潟県士族桜井虎太郎」。
(26)「明治七年九月　三潴県ヨリ信報書之抜粋」(『三条家文書』(国立国会図書館憲政資料室蔵))。
(27)前掲「明治七年十月　佐賀三潴山口ノ三県派出中捜索書　新潟県士族桜井虎太郎」。
(28)同前。

(29)『明治七年中　管下布達原書　庶務課』。

(30) 前掲「明治七年十月　佐賀三潴山口ノ三県派出中捜索書　新潟県士族桜井虎太郎」。

(31) 鍋島直大は、八月一八日に佐賀に入ったが、北島県令が上京中であったため、野村維彰権参事と会談し、野村の提案で説諭文を県庁から布達することになり、旧藩重臣中野数馬らが説諭文の検討にあたった。直大に随行した土山盛有は、大隈重信に対して、「同参事県令と既ニ熟議之次第有之、其旨趣全ク閣下御授相成候方略と一々暗合」、県庁からの布達という形式については「此文ハ最初一応県庁へ差出シ同庁ヨリ之付紙ヲ以テ公然区戸長之手ヲ経一般へ触出シ候手順ニ相成居、是れハ全ク参事之気付ニ依リ公私混淆之嫌ヲ避クル為メ之処分」、と報告している（日本史籍協会編『大隈重信関係文書』二、四五三―四五四頁）。なお、『大隈文書』には、一八七四年三月五日付の宮崎市次ら三名の建議が残されており、士族に対する旧知事の説諭の効果を説いている。

(32)『明治七年中　管下布達原書　庶務課』。

(33) 前掲「明治七年十月　佐賀三潴山口ノ三県派出中捜索書　新潟県士族桜井虎太郎」。

(34) 木戸孝允は、六月七日の伊藤博文宛の書簡で、脱隊騒動にも絡ませて、次のように語っている。「節々佐賀之風説は承知仕候処、分営ニ而も被差置一両年は厳重に御取締有之候方却而保護之為と奉存候。尚県令過寛容候故負けおしみ之余種々之流言浮説を世上へ流布させ、再度之好機に会し度などゝ公然県内に而敷言いたし居候由。此際詰度あたまを御押付無之、却而甘言を以可致籠絡などゝ之所致に而は大失策と存申候。速に御着手有之度奉存候。長州脱隊崩れ之如き事に至り候而は色々之御厄害引起し可申と奉存候」、と。しかし、木戸の北島県令に対するこの評価は、大蔵大丞渡辺清からの情報によって、すぐに改まった。「先日渡辺清より近情直に承知仕候処、至極勉励貫属取扱等もよろしき由、左候へは最前之処全謬聞と存申候」、と（伊藤博文関係文書研究会編『伊藤博文関係文書』四、二四〇、二四二頁）。

(35)『明治七年自一月到六月　官省進達　文書』。

(36)『公文録　佐賀征討始末付録　明治七年』二号。

(37)『公文録　佐賀征討始末付録　明治七年』二、九、廿四号。

(38) 前掲「明治七年十一月　佐賀三潴ノ二県派出中捜索書　新潟県士族桜井虎太郎」。

（39）「家禄奉還之者願之地所其外取調方延引ニ付本年家禄御渡相成度儀ニ付願」（『明治七年自十月到十一月　官省進達下　庶務課』）。
（40）「除族ノ上梟首以下家族ノ者共ヘ御扶助之儀ニ付再上申」（『明治七年　官省進達　庶務課』、『公文録　内務省之部三　明治八年二月』四十七号）。
（41）「庁中所有金之儀ニ付伺」（『明治七年七月ヨリ九月ニ到ル　官省進達　往復係』）。
（42）「除族輩士着并授産之儀ニ付拝借金願」（『明治七年十一月ヨリ十二月ニ終ル　官省進達写　往復係』、『公文録　内務省之部三　明治八年二月』四十七号）。佐賀士族および除族士族の士着・授産については、長野暹『明治国家初期財政政策と地域社会』（九州大学出版会）の第八章に詳しい。
（43）「肥前国佐賀県下除族ノ上処刑懲役等相成候者ノ家族救助ノ儀伺」（『公文録　内務省之部三　明治八年二月』四十七号）。
（44）「除族ノ上梟首以下家族ノ者共ヘ御扶助之儀ニ付再上申」（『明治七年　官省進達　庶務課』、『公文録　内務省之部三　明治八年二月』四十七号）。
（45）「除族輩士着并授産之儀ニ付拝借金願」（『明治七年十一月ヨリ十二月ニ終ル　官省進達写　往復係』、『公文録　内務省之部三　明治八年二月』四十七号）。
（46）前掲長野暹『明治国家初期財政政策と地域社会』四〇二頁。
（47）「従五位鍋島直虎除族輩ヘ救助之儀ニ付御届」（『明治九年　官省進達　第一課』）。
（48）『公文録　内務省之部四　明治八年三月』八十一号。
（49）同前。
（50）「旧知事遺金取扱方達」（『明治八年六月ヨリ十二月迄　管下布達　第一課』）。

第二節

（1）『明治七年第一月　公布書写　峯焠』（『峯家文書』（唐津市相知図書館蔵））。
以下、使用する『峯家文書』は、いずれも唐津市相知図書館所蔵のものである。
（2）「武雄本宮江申上候条々御届」（『明治七年三月　願伺届　第一課』（佐賀県立図書館蔵））。

以下、使用する史料は、特別に注記しない限り、同館所蔵のものである。

(3)『明治七年第一月　公布書写　峯烆』(『峯家文書』)。
(4)『公文録　佐賀征討始末付録　明治七年』(国立公文書館蔵)。
(5)「届案」(『明治七年自三月到九月　官省進達上　庶務課』)。
(6)「伺案」(『明治七年自三月到九月　官省進達上　庶務課』)。
(7)「管下基肄郡三根郡養父郡神埼郡之内四拾五ヶ村再度洪水之義ニ付御届」(『明治七年七月ヨリ九月ニ到ル　官省進達上　往復係』)。
(8)同前。
(9)前掲『明治七年第一月　公布書写　峯烆』。
(10)『公文録　佐賀征討始末付録　明治七年』十八号(国立公文書館蔵)。「兵火ニ罹ル者ヨリ拝借金之儀ニ付上申」(『明治八年九月ヨリ十二月マテ　官省進達』)。
(11)「明治四年以降　罹災極窮迫之者江小屋掛料及農具代其他貸下金仕訳書　佐賀県公債掛」(『明治九年　旧三潴県ヨリ引継書　貸付懸』)。
(12)「公金上納之儀ニ付御猶予伺」(『明治七年七月ヨリ九月ニ到　官省進達　往復係』)。
(13)前掲『明治七年第一月　公布書写　峯烆』。
(14)『峯家文書』一〇五四(表紙欠)。
(15)同前。
(16)同前。
(17)同前。
(18)同前。
(19)同前。
(20)『明治七年中　管下布達　庶務課』。

(21)『明治七年従九月到十月　官省進達写　文書』。
(22)同前。
(23)「北代少丞ヨリ長崎佐賀両県下罹災之者救助等之儀報課ニ付上申」(『公文録　内務省之部一　明治七年十月』廿四号(国立公文書館蔵))。
(24)同前。
(25)同前。
(26)前掲『明治七年従九月到十月　官省進達写　文書』。
(27)同前。
(28)前掲「明治四年以降　罹災極窮迫之者江小屋掛料及農具代其他貸下金仕訳書　佐賀県公債掛」。
(29)「当甲戌畑方之儀ニ付御届」(『明治七年従九月到十月　官省進達写　文書』)。
(30)「検見ニ付心得」(『明治七年中　管下布達原書　庶務課』)
(31)『明治七年十月　公布書留』(『峯家文書』)
(32)佐賀県の村数については、史料によって異同がある。一八七四年ころまでを反映していると考えられる『佐賀県史料　歴史稿本　県治之部　地理』によれば、四二一ヵ村である。一八七五年三月の区画改正の実施を報告した一一月の「郡大小区及区戸長配置等之儀ニ付上申」は、五九二村、二〇町としている。同年一一月に送付した、内務省から照会の「府県概表」改訂のための報告書は、三八八村、二六町としている。五二二村としているものもある(『明治八年九月ヨリ十二月迄　官省進達　第一課』)。
(33)「甲戌地租帳進達日延之儀願」(『八年　官省進達三　第一課』)。
(34)『明治七年中　管下布達原書　庶務課』。
(35)同前。
(36)前掲「当甲戌畑方之儀ニ付御届」。
(37)『管下布達　二』。

(38)『明治七年十月ヨリ十二月迄　諸願伺留　第一課民費係』。
(39)『明治七年中　管下布達原書　庶務課』。
(40)「五月納貢租米御処分之儀ニ付伺」(『八年　官省進達六』)。
(41)『明治七年中　管下布達原書　庶務課』。
(42)「家禄御改正石代値段平均之儀ニ付伺」(『八年　官省進達七』)。
(43)「当乙亥貢米相場之儀ニ付達」(『管下布達　十』)。
(44)『明治七年中　管下布達原書　庶務課』。
(45)『明治七年十月　公布書写』(『峯家文書』)。
(46)同前。
(47)同前。
(48)同前。
(49)同前。
(50)前掲「五月納貢租米御処分之儀ニ付伺」。
(51)『管下布達　二』。
(52)『管下布達　三』。
(53)『明治八年二月　公布留』(『峯家文書』)。
(54)「正米納ニ付御達」(『明治八年二月　公布留』(『峯家文書』))。
(55)「各大区江貢租代納之儀ニ付云々達」(『管下布達　三』)。
(56)同前。
(57)「七年貢米上納之儀ニ付伺」(『八年　官省進達　七』)。
(58)前掲「各大区江貢租代納之儀ニ付云々達」。
(59)「各区江正米納之儀ニ付達」(『管下布達　三』)。

(60)『八年　官省進達六』。
(61)「七年貢米回漕之儀ニ付上申」（『八年　官省進達六』）。
(62)『八年　官省進達七』。
(63)『明治七年第一月　公布書写　峯焠』（『峯家文書』）。
(64)『明治七年中　管下布達原書　庶務課』。
(65)『八年　官省進達七』。
(66)『明治七年中　管下布達原書　庶務課』。
(67)『明治七年十月ヨリ十二月迄　諸願伺届留　第一課民費係』。
(68)同前。
(69)同前。
(70)「県下人民動静之儀案」（『明治六年　庁則　文書』）。
(71)『明治七年十月ヨリ十二月迄　諸願伺届留　第一課民費係』。
(72)「川古村頑民沸騰ノ件々」（『明治七年第十月ヨリ同年十二月迄　民費伺届留　民費係』）。
(73)『明治七年第十月ヨリ同年十二月迄　民費伺届留　民費係』。
(74)同前。
(75)「差上申御請證文之事」（『明治七年第十月ヨリ同年十二月迄　民費伺届留　民費係』）。
(76)「第廿二大区一小区佐留志村石井弾三郎其外伺出之末御取調ニ付答書」（『明治九年ヨリ同十四年迄　人民願伺届　庶務課』）。
(77)「進退伺」（『明治九年ヨリ同十四年迄　人民願伺届　庶務課』）。
(78)「伺書御下渡願」（『明治九年ヨリ同十四年迄　人民願伺届　庶務課』）。
「佐留志村騒動」に関する出典は、前掲の『明治九年ヨリ同十四年迄　人民願伺届　庶務課』であるので、文書名を本文中に以下のように（　）で略記する。

「第廿二大区一小区佐留志村石井弾三郎其外伺出之末御取調ニ付答書」を（答書）、

県官による取調の報告書（日付不明、一八七四年九月のころと推定される）を（仮調書）、取り調べを担当した島義之庶務課中属の一八七六年九月一七日の上申書を（上申書）、とする。

(79)「石代米補銀条約」（『明治九年ヨリ同十四年迄　人民願伺届　庶務課』）。

(80)『明治七年中　管下布達原書　庶務課』。

(81)第四六号布達は、『明治九年ヨリ同十四年迄　人民願伺届　庶務課』によれば本文の通りであるが、『明治六年九月ヨリ十二月迄　達帳　県庁』にも記録されており、両者には一部字句に異同がある。本文の「石代納相願い候おいてハ」は、「石代納相願候村々ハ」となっている。

(82)『明治六年　相済物　文書』。

(83)『明治七年十月ヨリ十二月迄　諸願伺届留　第一課民費係』。

(84)『明治八年一月ヨリ六月迄　諸願伺届　民費係』。

(85)『明治八年　区戸長諸願伺届　第一課』。

(86)同前。

(87)同前。

(88)この後、代言人・代書人の活動は杵島郡地域で活発化し、一八七七年六月ころに、戸長は、住民の活動が活発化したことと関わらせて、次のように指摘している。「近来代言代書等狡猾無頼之徒入込ミ、愚民ヲ唆誘シ、区務所ノ障碍相成候義毎度有之」（『明治十年　区吏進退』）。

(89)『明治七年十月ヨリ十二月迄　諸願伺届留　第一課民費係』。

(90)『明治七年十月　公布書留』（『峯家文書』）。

(91)『明治七年十月ヨリ十二月迄　諸願伺届留　第一課民費係』、および『明治七年中　管下布達原書　庶務課』。

(92)『明治七年十月ヨリ十二月迄　諸願伺届留　第一課民費係』。

(93)『明治七年中　管下布達　庶務課』。

(94)『明治七年十月ヨリ十二月迄　諸願伺届留　第一課民費係』。
(95)『明治八年一月ヨリ六月迄　諸願伺届留　民費係』。
(96)同前。
(97)『管下布達　二』。
(98)『明治八年十一月ヨリ同九年　管下布達』。
(99)『明治八年　区画改正書類　第一課』。
(100)『管下布達　四』。

第三節

(1)『管下布達　二』(佐賀県立図書館蔵)。
以下、使用する史料は、特別に註記しない限り、同館所蔵のものである。
(2)『管下布達　三』。
(3)「区画改正之儀ニ付上申」(『明治八年　官省進達三　第一課』)。
(4)北島秀朝書簡　大隈重信宛（一八七五年）一月四日（『大隈文書』B一一一〇（早稲田大学図書館蔵））。
(5)同前。前年秋から民費問題が県治上の緊急の課題となったが、その困難性ゆえに、県官の間に村落統治政策に関する関心は強く存在していた。笠原忠家権少属は、大区小区制および民費は全国同一規則のもとで行うべきことをすでに左院に建議しており、一八七五年一月には、参考にしたいとして関係の規則類を、大分・山口・兵庫・滋賀・山梨・千葉県令宛に照会していた(『明治八年自第一月到第二月　諸願伺届　庶務課』)。
(6)「地租改正着手之儀ニ付上申」(『明治八年　官省進達三　第一課』)。
(7)同前。
(8)「今般戸籍編成ニ付各職人撰ノ儀、各大区中ヨリ左ノ凡例ニヨリ来ル晦日迄於郡務掛ニ相当ノ名書取調伺出可申事」として、「戸長（区長の旧称―引用者）士族三名、副長　同五名、但卒以下ト雖トモ人才次第撰挙勿論タルヘシ」が指令された（『佐賀

県史料七　県治之部』（国立公文書館蔵））。

（9）佐賀藩では、「家臣在郷制が極めて強固に定着していたことである。直臣の三分の二、陪臣のほとんどが城下町以外に居住し、とくに下層家臣の場合、多くは生産活動に従事していた」（高野信治「家臣団の編成と構造」（藤野保編『続佐賀藩の総合研究』吉川弘文館）八一七頁）。支藩蓮池藩のその具体的な存在形態については、長野暹「蓮池藩の藩体制とその解体過程」（長野暹編著『「佐賀の役」と地域社会』九州大学出版会）一四頁以降を参照。

（10）「郡大小区及び区戸長配置等之儀ニ付上申」（『明治八年九月ヨリ十二月迄　官省進達　第一課』）。この上申に、区制改革の概要が記されている。

（11）佐賀藩においては、鹿島・小城・蓮池の三支藩のほかに、上級家臣団は領地を有し、知行権を認められ、独自の家臣団を編成しており、「大配分」と称された。白石・川久保・神代・久保田村田・鳥栖村田家の親類、竜造寺一門の武雄・多久・須古家の親類同格などがそれにあたる。戸籍法の大区小区制はこの地域的な事情のもとに発足し、その後の大区小区制もその影響を受けることになった。

（12）「区役員職制緒言」（『管下布達　二』）。

（13）「区役員職制緒言」・「事務章程緒言」・「区長章程」（『管下布達　二』）。

（14）「区役員職制緒言」・「戸長章程」（『管下布達　二』）。

（15）「区役員職制緒言」・「惣代事務取扱心得」（『管下布達　二』）。

（16）「区戸長へ達」（『管下布達　二』）。県庁文書には、四月以降、例えば、第五大区の第九、一〇、一一小区などから「惣代人名届」が提出されているが、県内の全容は不明である。

（17）三月一五日に県が発表した「定額総計」では一九六〇名である。ここでは、区長八名、戸長四六名、副戸長一五三名、大区小区運営の経費総計を六五四一八円余としている（『管下布達　二』）。

（18）一一月の内務省への報告「郡大小区及区戸長配置等之儀ニ付上申」では、二〇三一名とされている（『明治八年九月ヨリ十二月迄　官省進達　第一課』）。

（19）永田暉明は一八七〇年三月段階で蓮池県大属であり、現米石高一六石余であった（前掲長野暹「蓮池藩の藩体制とその解体過程」八一頁)。彼は一八七八年、西松浦郡長に就任する。久布白繁雄は、安政五年、鹿島藩の大組鍋島左近組の番頭(組頭)のひとりであった(前掲高野信治「家臣団の編成と構造」七九七頁)。
(20)「人民説諭方ニ付伺」(『明治八年自第三月到第五月　諸願伺届　庶務課』)。
(21)『管下布達　二』。
(22)『明治八年一一月ヨリ同九年　管下布達』。
(23)前掲「地租改正着手之儀ニ付上申」。
(24)明治文献資料刊行会『府県地租改正紀要』上　長崎県の部。
(25)丹羽邦男「明治維新と地租改正」(古島敏雄編『日本地主制史研究』)三〇一頁。

第四節

(1)杉谷昭「佐賀開進会の成立過程」(『九州文化史研究所紀要』一一)。
(2)佐賀県は、一八七六年四月一八日の太政官布告によって廃止され、三潴県へ合併された。その後、五月二四日に旧佐賀県の杵島・松浦の二郡が、六月二一日には藤津郡が、八月二一日に残り全域が長崎県へ管轄替となった。長崎県から分離して佐賀県が再置されるのは、一八八三年五月九日のことである。
(3)「届」(『明治八年　諸願伺届　第一課』(佐賀県立図書館蔵))。
以下、使用する史料は、特別に註記しない限り、同館所蔵のものである。
(4)田中惣五郎『東洋社会党考』(新泉社)。庄屋地に関しては、二八三―二九〇頁、加地子地関係は、二八〇―二八一、二九五頁。
(5)「御届」(『明治八年自第一月到第二月　諸願伺届　庶務課』)。
(6)「御届」(『明治十一年　本庁往復』)。渋谷作助『武富時敏』は、明治八、九年ころのこととして、松風舎を設置して同志の集会所とし、社員中の法律の心得のあるものに代言人試験を受けさせたこと、これは村地正治の発案で、判事の経験のある家永芳彦が舎長であったこと、武富は客員として常に出入りしたことを記している(九七頁)。
(7)「明治八年五月三十一日　長崎佐賀福岡大分三潴白川ノ六県派出捜索書　新潟県士族桜井虎太郎」(『三条家文書』国立国会図書

館憲政資料室蔵)。

(8)島津豊幸「創立愛国社関係新資料」(『歴史評論』三九〇)。『自由党史』との関係については、森山誠一「愛国社創立大会(明治八年二月・大阪)の出席者について―『自由党史』の誤述―」(『金沢経済大学論集』二二―二・三合併号　一九八七年一二月)を参照。

(9)前掲「明治八年五月三十一日　長崎佐賀福岡大分三潴白川ノ六県派出捜索書　新潟県士族桜井虎太郎」。

(10)同前。

(11)「明治八年八月十五日　佐賀長崎福岡白川ノ四県派出捜索書　新潟県士族桜井虎太郎」(『三条家文書』国立国会図書館憲政資料室蔵)。

(12)『大木喬任文書』(国立国会図書館憲政資料室蔵)。

(13)前掲「明治八年八月十五日　佐賀長崎福岡白川ノ四県派出捜索書　新潟県士族桜井虎太郎」。

(14)笹川多門『松田正久稿』六三―六四頁(江村会　一九三八年)。

(15)「立社之儀ニ付伺」(『八年　官省進達六』)。

(16)同前。自明社の成立に関しては、杉谷前掲論文は「大久保内務卿の判断で認められなかった」としており、多くの佐賀県内の自治体史などはこれに依拠して、同様の記述をしている。これは、内務卿の指令を誤解したものであり、本文に記した通りである。

(17)「立社之儀ニ付再伺」(『八年　官省進達七』、および『明治九年　官省議案留』)。

(18)『郵便報知新聞』明治八年一一月三〇日。

(19)「建白書御指令之旨ニ付伺」(『明治八年十一月以降　区戸長諸願伺届　第一課』)。

(20)『明治八年中　決議録　第一課』。

(21)『明治八年十一月以降　区戸長諸願伺届　第一課』。

(22)『郵便報知新聞』明治九年一月七日。

(23)「辞職願」(『明治八年十一月以降　区戸長諸願伺届　第一課』)。

(24)「献言」(『明治八年十一月以降　区戸長諸願伺届　第一課』)。「献言」は、後に佐賀県が廃止されて三潴県に合併されたとき、反発した区戸長二六名は三潴県に「上申」を提出したが、これに添付したものである。旧佐賀県地域の区戸長たちは、管轄替が現状を無視していること、旧佐賀県政の実績を後退させていることを指摘し、「今其憂ヲ救ハント欲スレハ則チ速ニ一定ノ良法ヲ制セスンハアル可ラス、其制タルヤ悠久不変ノ基ヒヲ開カント欲スレハ、則人民ノ権利ヲ保存シ、以テ衆心ノ公共ヲ聚合スルニ在リ」、「而シテ民会ノ如キハ未タ定則ノ見ル可キナシト雖モ、幸ニ区戸長公撰ノ議早ク既ニ決定セリ、果然之レヲ施行セハ則悠久不変ノ業ヲ開キ人民ノ幸福ヲ期セン」とのべ、「当時参事野村維章氏ニ開具シ幸ヒニ其允可ヲ領取セリ」として、「献言」を添付したのである(「上申」(『明治九年　各区戸長願伺届　第一課』))。

(25)「公選願」(『明治八年十一月以降　区戸長諸願伺届　第一課』)。

(26)『郵便報知新聞』明治八年八月四日。

(27)『郵便報知新聞』明治八年一二月九日。

(28)『明治八年中決議録　第一課』。

(29)「明治七年十月　佐賀三潴山口ノ三県派出捜索書　新潟県士族桜井虎太郎」(『三条家文書』国立国会図書館憲政資料室蔵)。

(30)前掲「明治八年五月三十一日　長崎佐賀福岡大分三潴白川ノ六県派出捜索書　新潟県士族桜井虎太郎」。

(31)「地租改正着手之儀ニ付上申」(『明治八年　官省進達三　第一課』)。

(32)「区戸長選挙并俸給之儀ニ付伺」(『八年　官省進達七』、および『明治八年　官省進達三　第一課』)。

(33)『明治八年十一月以降　区戸長諸願伺届　第一課』。

(34)同前。

(35)「区戸長公撰云々之儀ニ付達」(『管下布達　十』)。

(36)「区戸長選挙之儀ニ付伺」(『明治九年　官省進達　第一課』、および『明治九年　官省議案留』)。

(37)「方今事務上ニ付課中心得ヘキ条件左之通」(『明治九年　決議録　第一課』)。

第四章　佐賀県の廃県・管轄替と政治状況

第一節　佐賀県の廃止と三潴県への管轄替

（一）人心の反発と復県運動

一八七六年八月、政府は大規模な府県の区画改定を実施した。廃藩置県を経て一八七一年末に三府七二県であった府県数は、この改革によって三府三五県に減少した。

この府県の統廃合は、内務省が主導して従来の地方統治上の弊害をいっきょに改革しようとしたものであり、中央集権的な地方統治体制の形成を大きく進めるものであった。

政府がこの改革で意図したものの第一は、行財政の能力の弱い県を整理することであり、これは政府財政の節減上からも重要であった。第二に、地理や風土、また生活や産業など、地域の民政統治上に関する困難や矛盾を改善することであった。第三に、この改革全体を貫く基調ともいうべきものは、「難治県」を解消し、中央集権的な全国統治体制を再編することであった。政府は、「難治県」とされる県を廃止し、近県に合併することによって、旧藩体制の影響が存続する基盤を奪い、旧藩士族と県庁との結合を遮断して反政府的要素を除去し、政府の府県統制力を強化しようとした。この原則が優先させられた結果、この後に分県要求が相次ぐことにはなったが、政府の地方統治力は強化された[1]。

さらに同年七月、政府は太政官達第七五号県官任期例を達した。これは、地方長官の任期を長期化するとともに、赴任地を本籍として定住させ、それによって県治を効果的ならしめようとしたものであった。内務省は、地方長官の人事を掌握し、それを操作することを通して府県統制を強化していった。

このような政府の企図は、西南戦争の鎮圧、その後の鹿児島県治体制の再編によって、一応の到達点に達したと考えられよう。すなわち、大久保利通の掌握する内務省は、一八七七年の時点で、「地方に屹立した旧藩的権力をほぼ完全に制圧し、地方庁をその手中におさめ」、「中央優位の価値体系の下に地方を従属させる体制の発足[2]」をみるにいたった、と考えられる。

佐賀県は、この一八七六年の府県統廃合の直接的、かつ最も厳酷な適用をうけた。

佐賀県は、四月一八日の太政官布告第五三号によって廃県となり、三潴県に合併された。翌月の五月二四日に旧佐賀県九郡のうち杵島郡と松浦郡が、さらに六月二一日に藤津郡が、三潴県から長崎県へ管轄替となった。この結果、旧佐賀県域は、六郡が三潴県、三郡が長崎県管轄となった。そして八月二一日、太政官布告第一一二号によって三潴県は廃県となり、旧佐賀県全域は長崎県へ合併された。三潴県下の筑後地域は、福岡県に合併された。

佐賀県は、「難治県」と評され、最初の士族反乱をひきおこした。その後北島秀朝県令のもとで県治体制の再編が進展しつつあった時期の、歴史的および社会的その他とくに密接な関係であったわけではない三潴県への管轄替、三潴県の廃県と長崎県への管轄替という経緯は、政府の佐賀県に対する評価がきわめて厳しかったことを示しているといえよう。

本節では、一八七六年の廃県と管轄替の状況を、具体的に素描してみたい。三潴県への管轄替を中心に、それがどのように受けとめられ、どのような問題を県治上にひきおこしたか、それはその後の県治にどのような課題を迫ることになったか、について検討する。

廃県・管轄替の四月一八日の太政官布告は、東京駐在の佐賀県参事によってただちに県庁へ伝えられた。北島秀朝旧佐賀県令は、四月二一日、県官に対してこの報を知らせるとともに、引き渡し作業に遺漏がないように諭達した。そのなかで北島旧県令は、「本県之義ハ置県以来其治外県ニ後レ、就中七年之暴動ニ際シ百事烏有之水泡ニ属ス、秀朝不肖固ヨリ其任ニ堪ヘスト雖トモ赴任爾来日夜憂慮、頼ヒニ諸官之輔欲ヲ得テ少シク県治之端ヲ開キ、漸ク民心ノ信用ヲ占メ、朝旨下徹之地ニ至ラントス、然ルニ今般当県被廃三潴県ヘ合併被仰出(3)」と述べ、今回の措置を歓迎できない気持をにじませている。北島は一八七四年四月の就任いらい、他県人を県官に採用するなど県庁掌握を強める施策を進め、翌年三月の大区小区制の改革を軸として統治体制を再編成し、区戸長公選や県会開設などの準備を進めつつあった。佐賀の乱参加士族に対する救助金や他府県に分配されている懲役人を県下に引き戻す計画などにより、士族の抵抗心もようやく鎮静に向かいつつあった。一八七五年一二月に最重要課題である地租改正に着手し、翌年二月には丈量を開始した。このように、佐賀の乱後の県治の再編が軌道にのりはじめた時期の廃県・管轄替であっただけに、北島は、この措置による県治の混乱・後退を憂慮したのである。このような意識は、県官や区戸長などにも共通するものであった。

三潴県へは、佐賀県の土地・人民を受け取るべき指示と引き継ぎ規則が四月二一日付で発せられ、二六日に到達した。事務引き継ぎ作業は、三潴県権参事松平太郎が権令平川光伸の代理として佐賀に出張し、二九日に北島旧県令と打ち合わせの上、開始した。松平権参事は、五月一日に旧佐賀県から土地・人民を受け取り、同日、旧佐賀県庁を当分の間三潴県佐賀支庁とし、五月二日から執務することを布達した。松平は、とりあえず、旧県下の区戸長をそのまま区戸長に任用し、区戸長事務章程や民費賦課法、また大区小区制の区画名称は「旧」の字を加えるのみで旧来のままとするなど、旧県の方式をそのまま踏襲した。旧県下の第一大区から第七大区までの区称を、第一五大区から第二一大区に正式に改称したのは、五月一七日になってからのことであった。

県庁内事務引き継ぎは五月三日から作業が開始された。事務は六課に分課して処理されていたが、事務そのものがこれまでの県治の遅れや佐賀の乱などによって錯雑・混乱しており、引き継ぎは容易ではなかった。第一課（庶務）の仮受取を四日に行い、精査して本受取に進むとともに、第二課（勧業）以下に順次とりかかる、という手順であったが、第六課（出納）の錯雑・混乱は激しかった。結局、財政関係を除いた事務引き継ぎが終了したのは七月一日のことであった。「経費御勘定帳并別途金」の整頓は、七月末になっても終了しなかった。

三潴県による佐賀支庁詰県官の任用も、はかばかしくなかった。旧佐賀県の県官は、事務整理に必要な二、三名を残して北島旧県令が解雇することになっており、松平権参事は北島とも相談をしながら任用を進めた。その際、松平権参事が重視し、急いだのは、第四課（警保）の警察関係官吏と地租改正係の任用であった。警察業務は一日も閣き難いとして、五月三日に旧県の巡査全員を旧来の等級のまま採用し、県官は六名を任用した。二三日の段階では、警保係は判任官九名、等外出仕三名、巡査七〇名、雇一二名、小使一名、という規模であった。

地租改正関係では、佐賀県は二月に丈量に着手しており、その作業を中断させないことが重要であった。松平権参事は、五月一日に地租改正関係事務を受け取ると、二日、旧県の地租改正係二一名をそのまま継続して任用した。この継続任用は、大久保利通内務卿から布達された事務引き継ぎ規則書に指示されており、また北島旧県令に対してもその方向で進めるよう内務卿から内達がなされていた。地租改正作業は、一八七五年八月、全国的に一八七六年中に完了せよという指令がなされており、この時期の最重要課題の一つであった。

県庁レベルでは、このような状況が進行しつつあったが、旧佐賀県下では、廃県・管轄替の報が広がり、種々の反発をひきおこした。

北島旧県令は、四月二八日、県庁内の各課宛に、県民の反発を鎮静化させる必要があると諭達した。諭達は、「今般廃県被仰出候ニ付テハ人民謹テ朝命遵奉可致ハ勿論之義ニ候処、少シク人心折合兼候事情モ有之趣ニ相聞、左候而ハ以之外不相済、於拙者モ深ク恐入候次第」[4]、旧官員たる者は正理を弁知し、人民の不了解を諭し、不都合なく事務引き継ぎを終了させなければならない、と説いた。この「人心折合兼候事情」とは、寺院に集会するなどの行動や、佐賀県の復旧をもとめる歎願活動などが展開されたことをさしていた。

福岡県の警察係は、「佐賀事件ニ就テハ先輸モ有之事ニ付、前以探索一両輩差遣」していたが、その報告は次のように指摘した。「佐賀元町願正寺トカ申真宗寺ヘ人民集会スルニ因テ年長ノ者共説諭致シ、歎願書ヲ県令ヘ差出候得共、同県令ニ於テハ歎願書ヲ内務省ヘ取次候筈無之旨説諭有之、依テ警察官ヘモ同様申出候得共是亦取次不申、且歎願ノ儀ハ三潴県ヘハ不願出、竟ニ松永芳一外上京ス、然ルニ東京ヘ差出シタル歎願ノ儀ニ付御指令遷延ナリトテ再願ヲ出セシト云」[5]、と。廃県・管轄替に対して、寺院に「人民集会」するなどの行動がみられ、このような人心の反発・動揺を背景として、佐賀県復旧の歎願活動が上京を実施する形で展開されたというのである。これらの活動は、かなり速いテンポで展開されている。上京歎願は、廃県・管轄替の太政官布告が佐賀県にもたらされた四月二一日ころから、北島旧県令が県庁内各課に諭達した二八日までの間、おそらく二八日前後のころに実行されたと考えられる。これは、廃県・管轄替に対する反発がそれだけ強かったことを意味している。

歎願書は、「旧佐賀県人民惣代」の名によって佐賀県の復旧をもとめているが、その事情を次のように述べている。「廃藩置県以後近年尚又保護憐恤厚ク被相加、殊更学校病院等夫々被尽御手士民安堵漸赴開明候処、不計前件ノ趣一統承及篤愕悲歎」、「衆庶至情何分難抑制、第一全県学校忽チ及衰廃、且治下数千戸及失業、其他困窮ノ都合ハ紙上ニ難尽ニ付尚口上ヲ以委曲可申上」[6]、と。この歎願書が提出されると北島旧県令は説諭を加えたが、「願意ハ北島氏ニ於テ引請申立可遣旨ヲ以差止置候」[7]といわれる。しかし結局、旧佐賀藩家老の鍋島茂彬、旧第一大区（佐賀郡）区長の松永芳一、同大区二小区戸長の永田十郎助らが上京し、歎願書を提出した。この後、この歎願に対する指令が遷延したので「再願」を、旧藩側役などを務めた中野数馬や伊藤外記が持参して上京した。この「再願」についても後にふれる。また、このような歎願活動に関わって、次のような「風説」も聞かれた。歎願に対する「御指令振リニ依テハ、旧佐賀県人ニテ諸省府県ヘ奉職ノ官員ヘ報知シテ帰県セシメ、方向ヲ一ニスルナドト云ヘルヨシ」(8)、と。

確かに、廃県前の佐賀県政は、北島旧県令のもとで佐賀の乱後の県治の再編が軌道にのっていた。廃県直前の一月一三日の区戸長会議で小学伝習所の設立が議され、三月二九日の区戸長会議では病院維持のための病院費分課法が審議されるなど、歎願が指摘するような状況であった。ただし、廃県・管轄替によって「治下数千戸及失業」という部分は、意味不明ではあったが。

この復県運動を推進したのは、主として旧佐賀藩士族であった。彼らの行動の根底には、「藩意識」が強く作用していたであろう。彼ら士族は、佐賀の乱の敗北によってすでに県庁との結合意識は弱くなっていたとしても、佐賀県貫属士族としての彼らのよって立つ基盤は「佐賀藩＝佐賀県」なのであり、廃県は「佐賀藩の消滅」を意味するものであった。旧藩重役が主導的役割をはたしたのはこのような事情によるものであり、「帰県セシメ、方向ヲ一ニスル」ような郷党意識にもとづいた行動様式がとられたことも、このことを示していた。士族たちは、佐賀の乱後ようやく鎮静化の方向に向かいつつあった抵抗意識を、再びよびさまされるような結果になったといえよう。

寺院に集会するなどの行動はその後も続き、史料的には五月一二日ころまで知られる。「現今十名二十名位学校ヘ詰メ専ラ勉強スルト雖トモ、其実ニ至テハ何トモ量リ難シト云、書生輩共ニ於テハ時々人民ニ対シ集会ヲ促ス者有之ヨシナレトモ、之ニ応スルモノナシ」、「年長ノ者共頻リニ説諭」している、と。この場合は、人民に集会をよびかけるなどの活動を行ったが、警察の探索係が「即今ノ形勢ナレハ先ツ静謐ニ御座候」と評する状況であった。

上記のように、この集会や歎願活動に対しては、「年長ノ者」による「説諭」がくり返し行われている。「幾度ニテモ歎願スレハ竟ニハ政府ニ於テモ此事情ヲ洞察アルヘシ、然ル後ニハ情願モ成就スヘシ」と、「年長ノ者共頻リニ説諭」[9]したのである。このような状況には、佐賀の乱の敗北という事情が反映していたと考えることができよう。

廃県・管轄替に対する反発は、県治の担い手である区戸長や県官のなかにも存在した。先述した旧藩重役が主導する復県運動に区戸長が参加していたことが示すように、区戸長や県官の行動に「藩意識」や「士族意識」が働いていたことは当然考えられることであるが、それ以上に、彼らの反発が、人心の動揺や県治の混乱、後退という現実的根拠に根ざしていたことが特徴であった。

五月二日、三潴県佐賀支庁が開庁すると、旧県下の全区長八名が連署して「佐賀県旧復之儀ニ付歎願」を三潴県に提出し、佐賀県の復活をもとめた。区長たちは、三潴県への提出に先だって、四月三〇日にこの歎願書を北島旧県令に提出していた。これに対して北島は、「一読ハ致候得共、拙者受理難致」と対応した。

歎願は、まず、「固ヨリ御変革ノ儀特ニ当県ノミナラスト雖トモ、不肖等官民ノ間ニ奉職シ人民ノ状勢ヲ熟視スルニ、実ニ他ト比較シ難キモノアリ」と佐賀県が特殊な事情にあることを指摘する。その事情とは、県治が困難であることを意味していた。すなわち、「如何トナレハ、年来人心ノ折合宣シカラス、置県以還僅々数月ヲ出スシテ長官屢転シ、随テ県治進ムニ遑アラス、難県ノ世評ヲ受亦何ソ遁ル、ヲ得ンヤ、遂ニ一昨七年暴動ノ顚末ニ及フ[10]」、と。この県治の遅れの指摘は、四月二一日の北島旧県令の諭達にも共通している。後年にも、佐賀県は「維新以来真之県政ヲ施サヌモノト云ツテ可ナリ[11]」という評を招いたのであった。

右のような指摘に続けて歎願書は、次のように展開した。「其後県官大ニ焦慮尽力、紊乱ヲ調理シテ百事漸ク端緒ニ就キ民情少シク安堵ニ赴クノ際ニ当リ、廃県ニ付テハ頑固未開ノ人民驚愕ノ余リ物議動揺説諭届兼候事体ニ移リ行、忽チ県治ノ渋滞ニモ相成不容易儀ニ有之」、佐賀県を復旧してほしい、と主張した。さらに歎願書は、「目下切迫ノ景況ハ口上ヲ以テ上申可仕候」、と面会をもとめていた。

この歎願書について松平権参事は、かなりに便宜的性格が存在すると観測している。松平は、「区長共ニ於テハ御趣旨柄承知いたし居儀ニハ候へ共、彼是物議有之、区長丈之説諭ニ而ハ行届兼候場合ヨリ無余儀一応具陳之上、指令ニ依而夫々説諭之都合モ有之哉ニ而」、と区長の意図を平川光伸権令に報告している。松平が指摘するように、復県願を提出することによって人民の批判を発散させ、県庁の権威をかりることによって説諭を行い、みずからの執務の条件をつくる、という計算が区長になかったとはいえないかもしれないが、ことはそれほど単純ではなかった。

翌三日、区長五、六名が松平権参事のもとに出頭し、次のように主張した。すなわち、「人心恟々ノ処ヨリ惣代等過半辞免申立、布告配達方ヲ始メ万端差支候ニ付テハ、自分共モ一応拝命致シ候得共、只今之趣ニテハ実ニ官民ノ間ニ接シ兼候事故、早々ヨリ一同辞職可致外無之モ難計[12]」、と主張した。

惣代は、北島県政下の一八七五年三月の区制改革によって設置された。五〇戸に一名の割で民選によって選出され、その性格は「人民ノ惣代ニシテ役員ニ非ス、唯人民ノ用務ヲ弁スル為メ[13]」のものであると規定された。惣代の任務は、戸長の指揮下で布告・布達を徹底させ、貢租・民費を徴収することを主としていた。惣代は、県治の枢要であるとともに人民の抵抗の最も大きい任務を、人民自身の責任において遂行させる意図から設置されたものであった。惣代の動揺、辞職は人心の動揺に対応したものといえようが、区戸長にとっては、惣代の動揺は、県治の村落段階における執務の条件が失われることを意味していた。平川権令は、「旧復出願一条ニ付区長出頭口演之趣心痛致候、此上懇々御説諭有之度[14]」と憂慮している。

区長の佐賀県旧復歎願に対して三潴県は、松平権参事をもって五月八日、「抑県庁ノ位置ハ政府ノ特権ニシテ人民ノ請求ニ任ス可キモノニ無之ニ付、願書下戻[15]」と指命した。

なお、この五月二日の歎願書に関して、先にふれた福岡県警察係の報告書は、「佐賀県人民惣代」による四月の旧復願への政府の指令が遷延したので再願したが、旧藩重役二名が持参して上京した再歎願書がこの五月二日の歎願書である、としている。しかしこれは、正確でないであろう。四月の歎願書の提出は、松平権参事によれば五月四日時点で「四五日前発出京致」とされており、五月二日の歎願書は四月二〇日には北島旧県令に提出されている。このことからすれば、五月二日の歎願書を、「御指令遷延」による「再願」とすることはできない。おそらく、旧藩士族中心の歎願や県治の担い手である区長からの歎願など、それぞれの性格をもった歎願活動が集中されたということであろう。

その後、五月二日の歎願が却下されると、区戸長一〇名は、「佐賀県御廃止之儀ニ付再願」を提出した。区長らは、「地形ノ便否ハ勿論人口ノ多少等モ有之、徒ニ百方説諭相加ェ候共何分人心折合相付候見込無之」につき、復県が難しいならば、「県庁ノ位置御移転相成候道ハ有御座間敷哉」、と願い出た。三潴県の県庁の位置を佐賀に移すことをもとめたのである。三潴県は、一四日、「難及詮議」、「区務指令之通相心得、尚精々及説諭候事」、とこれを却下した。

こうして廃県・管轄替直後の時期における区戸長の復県運動は、成功しなかった。しかし彼らの批判的姿勢はその後も維持され、後に行動に移されることになる。

県官の反発も、少なからず存在したようである。松平権参事のもとで、旧佐賀県官吏から三潴県官吏として任用され、佐賀支庁で執務することになった者のなかから、かなりの辞職者が出たもようである。五月四日ころは「両名辞表差出」という状況であったが、松平権参事は、「サシタル事情有之義ニテハ無之候得共、聊都合有之ニ付先以書面受取候迄ニ致」と警戒心をもち、平川権令と協議した。その後、辞職者が急増した。五月一三日ころになると、「追々採用之官員事故アリテ辞職出願候者多々有之、右ハ断然願意聞届、爾後ハ雇出仕ニテ事務為取扱可申(16)」、と平川権令をしていわしめる事態となった。

(二) 県政の後退と新たな課題

三潴県の佐賀地域に関する施策は、どのようなものであったか。四月に佐賀県を合併し、八月に廃県となって長崎県に引き渡し、しかもこの間二度にわたって県内三郡を長崎県に移管するという事態は、県治のあり方からみて異常であり、体系的で独自な施策を実施する条件を当初から欠いていた。旧佐賀県域の統治機構の形成については、短期間での再三にわたる管轄替によって修正を重ねた。県庁事務の引き継ぎ・引き渡し作業は結局、佐賀県、三潴県、長崎県の三者間の引き継ぎ・引き渡しが同日に実施されるという異常な事態になった。個々の施策の場合も、旧佐賀県の施策の処理に追われ、一部には停滞、後退現象もみられた。

三潴県は、旧佐賀県を合併後、この地域の統治の再編にあたってどのような問題に直面したかについて見てみよう。

三潴県は、合併直後の佐賀地域の大区名称については、とりあえず、旧県下の区称に「旧」の字を冠して使用してきたが、五月一七日、区称改正を実施した。その理由は、その区称が三潴県庁の直接管轄下の区称と重複したからであった。これによって、旧佐賀県下の第二大区(基肄・養父・三根郡)→三潴県第一五大区、以下同じく、二大区(神埼郡)→一六大区、一大区(佐賀郡)→一七大区、四大区(小城郡)→一八大区、五大区(松浦郡)→一九大区、六大区(杵島郡)→二〇大区、七大区(藤津郡)→二一大区、とそれぞれ変わった。

三潴県は、合併直後に旧佐賀県庁に三潴県佐賀支庁を設置して佐賀地方全域を管轄してきたが、その体制を再考することになった。五月二三日、三潴県は、第五大区の伊万里に支庁を設立し、松浦、杵島、藤津の三郡下をその管轄とすることを内務省に願い出た。現在支庁を設置している佐賀地方は、距離七里にすぎないので本庁直管とし、佐賀地域西部の官民の不便を改善したい、というものであった。その後五月三〇日、県は「追申」によって、支庁の管轄地域の変更を願い出た。杵島郡はおおよそ道路平坦であって、本庁との往来も便利であるので直管とし、遠隔かつ山路で往来不便の松浦、藤津両郡のみを支庁管轄としたい、というものであった。

県地でこのような計画が進行中であった五月二四日、杵島、松浦両郡は三潴県から長崎県に管轄替となった。この通達は六月一日に三潴県に到着し、同日、県は請書を提出した。五月三〇日の出願において伊万里に支庁を置くことを予定していることからすれば、県は通報が到達するまで管轄替を知らなかったということであろう。

この結果、県は方針変更を余儀なくされる。六月六日、県は、藤津郡下に支庁を設立する予定であるので、場所を選定せよと第二一大区区長に命じた。杵島、松浦両郡の長崎県への管轄替は、県治上、困難な事情をつくりだした。管轄替の結果、佐賀地域の最も西部に位置する藤津郡は、孤立した飛地のような点在状態になったのである。第二一大区三小区戸長の井手範蔵は、「当藤津郡貳拾壱大区之義四囲長崎県ニ而相包レ全ク以点在地之姿ニ相成、区務員参庁之節他県通行之訳ニ候得者、其時々他管旅行之御届仕候上参庁可然哉」と伺い出た。県は「届ニ不及」[17]と指令したが、これは管轄替がもたらした県治上の結果を象徴した事態であった。

その後、藤津郡への支庁設立計画がどう進展したか不明であるが、実現しなかったようである。県は、六月一三日、第一五、一六大区を本庁直管とすることを布達し、二五日から事務取り扱いを開始するとした。この結果、第一七、一八、二一大区が佐賀支庁の管轄下に置かれることになったが、県治の体制としては不自然であった。六月二一日、藤津郡は長崎県に管轄替となった。政府としては、予定の行動であったということである。

七月一日に三潴県は、杵島、松浦、藤津郡の土地人民、および「金穀関係」を除いた事務を長崎県に引き渡した。七月四日には、地形・距離など官民に不便はないとして、第一七、一八大区を本庁直管とすることを布達し、佐賀支庁に対して七日限りで事務をとりまとめ帰庁するよう指令した。

こうして、佐賀地方東部は三潴県、西部は長崎県管轄とする体制が成立した。この体制は、統治体制の観点からみる限り、これまでの体制に比して、相対的に安定した形であったとも考えられよう。

しかし、この状態は長く続かなかった。八月二一日、三潴県は廃止され、同県下にあった佐賀地域全域は長崎県へ合併となった。長崎県令には北島秀朝旧県令が五月一五日に就任し、七月四日に入県した。長崎県への管轄替に際しては、三潴県への合併時にみられたような目立った反発や動揺は、佐賀地域にはみられなかった。

佐賀県の廃県と管轄替以後の県庁事務の引き継ぎ作業は、先述のように七月一日におおよその終了をみたが、この間の作業は相当に困難であった。

旧佐賀県からの事務引き継ぎは、作業開始後に困難が目立ってきた。開始直前の四月三〇日には「第六課ヲ除ク之外既ニ整頓ニ付、速ニ引渡度旨申聞」、という展望であったが、実際に作業を開始してみると、「各課概シテ不頓、弥何日受取済可相成之目途モ未タ難相立」という状況となった。結局、地組改正および警察関係事務の引き継ぎのみは早期に終了したものの、全般的には大幅に遅れた。

出納関係の第六課の引き継ぎは、きわめて困難であった。

松平権参事は、「六課ノ事務者殊之外錯雑致居候趣ニ付」、「全く引受済迄ハ凡三カ月間モ可相掛見込ニ有之」と述べた。旧佐賀県側の事務引き渡しの事実上の責任者であった旧佐賀県参事野村維章は、次のように指摘している。「廃県来三潴県へ追々仮ニ引渡候諸課諸帳簿其他租税金経費仕払残并御預リ金等調査之上、第一課ヨリ第五課迄之分ハ悉皆四五日間有之内本引渡之達ニ可相成目途ニ有之」、しかしながら「第六課ニ至候テハ兼テ整調無之上ニ一昨春暴動ニ関シ書帳簿散失頗ル錯雑ヲ究メ、辛未以降之御勘定決算不相整、随テ御勘定向漸次遷延相成居候」、と。

廃藩置県以降、「勘定決算」関係の整理が行われてこなかったこと、佐賀の乱によって帳簿類の散逸が甚しかったことが問題視されている。このような状況であったため、旧佐賀県は、前年の一八七五年春いらい、出納専務の県官を上京させ、「其筋」[18]において調査し整調する作業を進めてきた。しかし廃県をむかえ、期限内に三潴県に引き渡すことは困難であったので、旧県は五月一九日に、五〇日間の猶予を内務省に願い出たという経過があった。

杵島、松浦両郡の長崎県への管轄替が決定すると、三潴県は、事務引き継ぎ方法について野村旧佐賀県参事、長崎県と協議し、実際的な方法を実施した。それは、「金穀出納」なども含めた旧佐賀県の事務整理をまって、旧佐賀県→三潴県→長崎県という順序で引き継ぐ本来のやり方は、「手数ヲ費シ時間も随而遷延不都合之至」であるので、「長崎江分割ノ土地人民タケハ速ニ当県ヨリ引渡、其事務ニ於テハ旧佐賀県江分割ノ分共統而表面当県江受取、其侭長崎県江引渡候様取計候時ハ一挙両便神速相片付便勢ト存、其段両県江協議ヲ遂ケ、今十九日ヨリ当県庁下ニ於而三県官員立会受取事務取扱」というものであった。野村旧佐賀県参事は、「両郡ニ関スル各課ノ事務旧県ニ於テ区分調整之上引継呉度」[19]という三潴県の依頼を実行するために、六月一五日から四〇日間の引き継ぎ猶予の願と、出納関係事務の整理、決算を進めるための出納専務の県官の上京を、内務省に願い出た。この後、藤津郡の管轄替が発表されると、同郡もこの対象に加えられたようである。こうして、七月一日の事務引き継ぎとなったのである。

三潴県の旧佐賀県域に対する施策の具体的な実施について、みてみよう。きわめて短期間であったがゆえに独自で系統的な施策があるわけではなかった。この時期の重点政策であった地租改正作業のようなものは別として、旧佐賀県の施策を引き継ぎ、特別の進展もみないまま長崎県への管轄替をむかえたものがほとんどであるが、一部には後退したものもあった。

地租改正作業は、この時期、丈量作業が峠を越え、地価決定に大きな影響をもつ地位等級調の段階にはいった。三潴県は、前述のように、旧佐賀県を合併時に、政府の指示にもとづいて旧県地租改正係県官をそのまま登用し、作業の中断がないよう留意した。旧県においては、この年二月に丈量に着手していた。なお、三潴県自体は、一八

県側からするならば、一八七六年の府県区画の改定は、多大の犠牲と混乱を強いるものであった。

七六年八月までに、山地を除き一応の終了をみる段階に至っており[20]、佐賀地域よりも相当速かった。

三潴県は、五月四日、区戸長に対して「実地丈量の如キハ最急務ニシテ一日モ忽ニスヘカラサル儀」として、旧県の布達にもとづいて丈量に励むべきことを布達した。五月九日には、旧県から任用した地租改正係に対して、厳正に作業を遂行するように諭達した。この背景には、次の二点が考えられる。その一は、再任用した係員が「地租改正之義者畢竟着手タケノ義ニテ、掛リ官吏ノ内目途相立居候者無之[21]」と、作業の展望をもっておらず、資質・能力の点でも不安があると考えられたことである。第二に、三潴県では地租改正関係の騒擾が発生していたことである。三潴県下では、一八七五年一一月ころから、丈量が福岡県に比して厳酷すぎるという抗議を農民が行い、「物議沸騰各区騒然」という状況になった。農民は、「各県ニ於テ畦畔ニ見取方、且各県官吏胸中ノ寛酷ヨリ自然ト差異」を生じ、三潴県では検地竿一〇竿合計して八畝歩余も福岡県より多くなったと主張したのである[22]。

諭達は、「実際施行ノ日ニ至テハ席上ノ論理ニ帰スヘカラサル儀モ不尠、ママ諸県ニ於テモ事八九歩ニ至トシテ事業ノ転覆ヲ一朝ニ来シ、人民疑団ノ心ヲ起シ不可言挙動ニ至」ることがある、この原因は「他事有ルニアラス、係官吏ノ方向ヲ失スルト、官民懸隔御趣意ノ通徹セサルニアル而已」、「拙者三潴県赴任ノ前、該県ニ於テ比挙アリ、是則後事ノ亀鑑ナリ」、「実際ニ渉リ第一地税ノ賦スヘキト賦スヘカラサルノ地ヲ選択スルヲ緊要トシ、実地丈量ニ至テモ苟モ寛ニ非ラス酷ニアラス、至理至当ノ地積ヲ要求スヘキ儀ヲ厚ク相心得、必ス前件ノ轍跡ヲ復マサル様従事可致[23]」、と説いた。さらに五月二六日には、すでに旧県より布達済みであろうが、念の為として、「人民地所調査ノ概目」を布達している。

六月二三日、地位等級調については三月に旧佐賀県から布達済みであるが、「先般係官員巡回為及協議候次第モ有之候ニ付」、「取調方順序」については後日布達するまで施行「見合置可申[24]」と布達した。何が問題であったのかは不明である。この一月後の七月二二日、三潴県は区戸長に対して、「地位等級撰方参考之為別冊相渡候条、実地検査済之村々ハ本書ニ就キ反復熟考致シ実地着手可致」、と指令した。布達は、「地位ノ撰択至公ヲ得ルヲ以テ最緊要トスル」として、そのための選定の要件を示している。「地味沃瘠、耕耘難易、日当良否、用水便否、人望深浅、水旱損有無」の六件について調査すること、田畑は一二等級、宅地は六等級以内の「手本地」を設定し、これに各土地を比定すること、地位等級の選者は「地理ニ詳ナル公直ノモノ」を選挙することなど、細かく指示している。

同じ七月二二日、県は、市街地の改租作業に着手するよう、佐賀市街の区戸長に指令した。一八七五年太政官布告第一三三号によって市街地も地価の三%を賦課されることになり、「今般郡村地租一同本年分ヨリ改正可致」であるので、市街地の丈量、地価決定に取り組め、というものである。布達は、「先般発行シタル沽券面地積之義、猶又一層精覈ヲ要シ揮テ粗落重複等無之様調査可致ハ勿論、地価之義モ其地営業之便否売買之実価等夫是参酌、更ニ地租改正法ニ準拠調理可致[25]」、期限は九月一五日とする、と指示し、「市街地丈量順序書」を添付した。

旧県下での地券の発行は施行いらい進展せず、一八七三年九月段階で佐賀市街第二大区一五カ町に実施されたのみであり、その後も佐賀の乱の発生、一八七四年七月の租税頭松方正義からの指示によって見合わせてきた。一八七六年八月の段階で、旧佐賀県域で三潴県下にあった四大区の二二五カ村のうち、地券発行済であったのは七六カ村であり、未発行の一四九カ村においては、地券は、地所売買や譲渡などのために地券発行が申請された場合に交付されてきた。旧県下郡村の作業が進展した結果、市街地の改租作業が本格化する時期に入ったのである。

このように、佐賀地域の地租改正は、丈量から地位等級調の段階へ、郡村から市街地へと、作業の焦点が移ってきた。

この時期、新たな活動が生まれた。公選民会開設の要求が、三潴県に対してなされたのである。五月二七日、第二一大区（藤津郡）三小区人民惣代一三名が、「小区会開議ニ付願」を提出した。六月九日には、同大区四小区の五〇名が連署して「小区会ニ付願」を提出した。

第二一大区三小区の小区会開設願は、廃県前に佐賀県に対して提出され、許可にいたらなかったものであった。この願は四月一〇日になされたが、佐賀県は一七日、「書面願之趣取調中ニ付、追而何分之儀相達候迄難及詮議候事」と指令していた。

三小区区会の計画は、以下のようなものであった。大村から六、七名、小村から二、三名の議員を公選し、計四八名の議員が次の八項目を審議する。すなわち、「官省庁ノ成規ノ外該区内一切費用ノ事」、「該区内貢納民費ニ関スル帳簿ヲ見ル事」、「学校保護ノ事」、「貧民救助ノ事」、「道路橋梁提防ヲ修覆シ水利ヲ疎通スル事」、「荒地ヲ開墾シ物産ヲ興シ新地ヲ築造スル事」、「同区内ノ人民ニ法律ヲ知シムル事」、「同区内人民一和ヲ謀ル事」[26]である。費用は、議員が負担する。

以上からすると、構想された小区会は、小区財政を審議・監査し、区内事業全般を民意を基盤として区会が監督することを意図しており、この区会は、県—区戸長による行財政に対抗する自治的組織として企図されたものであった。

この小区会のもう一つの特徴は、この運動が佐賀の乱後の士族によって指導されたことであり、これは士族反乱後の士族の新しい活動のあり方の一つを示すものであった。この地域は旧支藩鹿島藩の本拠地であり、小区会の中心的位置にあった鍋島彬智は藩門閥の出身で、佐賀の乱時に支藩士族隊の事実上の総司令として征韓派に参加し、乱後に徴役三年・除族の刑をうけた人物であった。

すでに三潴県は、前年の一八七五年四月に、岡村義昌権令のもとで「民会議事則」を頒布していた。この構想は、まず県会をおこし、漸次に区会、町村会に及ぼす、議員は区戸長と公選議員とする、審議内容は区域内の雑費、租税・会計の検査、他町村との訴訟、小学校、水利・道路・橋梁、貧民救助、備荒、議員選挙などを対象としていた。[27]岡村は、一八七五年七月の第一回地方官会議では公選民会論を主張した。

第二一大区三小区から区会開設願をうけた佐賀支庁の松平権参事は、不都合がなければ「民会議事則」を佐賀地域にも布達するよう、平川権令に具申した。松平は、「旧佐賀県ニ於テハ未区村会等開設無之、然ルニ本庁ニ於テハ客歳既ニ議事則頒布相成居候得共、右規則今日ニ至リ候テハ時機ニ不適当之件無之トモ不被存候間、尚御審査之上、不都合無之ハ旧佐賀県内ヘモ至急御布達相成候様致度[28]」と主張した。しかし結局、「何様之御指令無之内又復本県ヱ合県[29]」、すなわち、長崎県へ管轄替となった。民会開設願は、三小区、四小区のものとともに、長崎県へ引き継がれた。

旧県から継続した施策の一つに、佐賀の乱に参加して懲役刑をうけ、他府県で服役中の除族士族を県下におよび戻して服役させる計画があった。六月八日、内務省から、「旧佐賀県懲役人各府県ヘ分配之者共引戻之義同県伺之通聞届、各府県ヘハ正院ヨリ夫々御達相成、別紙府県ヘ引合受取可申[30]」との指令が届いた。分配されていたのは、京都、大阪、滋賀、広島、和歌山、名東、岡山の七府県であった。

これは、二月一〇日、北島秀朝旧佐賀県令が出願したものであり、懲役人を県下で服役させ、開墾に従事させる計画であった。「最早人心モ益平隠ニ赴キ、就中懲役除族等ノ輩ハ前非悔悟愈以恭順罷在」、また病気時などの家族の服役府県への往復も難儀であるので、「今日と相成候テハ当県下ニ於テ駆役致シ候方却テ人心安堵可致情態相顕候[31]」、というものである。当時第七大区（藤津郡）五小区の広谷の八〇町歩の荒蕪地に仮囚獄を設け、開墾によって茶、大麦、唐芋などを栽培させ、処刑満期後には希望者に払い下げる予定であった。この計画は、除族士族への救助金の支給などとともに、佐賀の乱後の士族の抵抗心を鎮静化させ、馴化させる政策であった。しかし三潴県下では、この計画が具体的に進められることはなかったと考えられる。

廃県・管轄替によって旧佐賀県の施策が後退した例として、学校問題がある。

三潴県は六月二一日、開成学校の閉校を布達し、学区取締に対して書籍や機具を散逸させないよう命じた。開成学校は、一八七四年九月、征韓派士族を教員として、洋学を中心とし、県庁北堀端に開設された変則中学校であり、病院教師スローンが語学を教えた[32]。閉校の理由は、「旧佐賀県ニ於テ資金ノ方法区戸長会議ニ付シ候趣之処、確定ニ不至竟ニ引継相成候得共、目下備金無之、殊更松浦杵島両郡分割ニ付テハ区戸長会議モ烏有ニ帰シ、維持ノ目途立兼候間閉校[33]」する、というものであった。

区戸長会議は、県治の執行に関する打ち合わせや、県政の諮問機関としての役割を課せられていたが、なかでも民費に関する問題を取り扱うことが多かった。廃県直前の時期をみると、一八七五年一月一三日の区戸長会議は、小学教員伝習所の設立、祠官祠掌給料改正、警察費用分課、などが議題であった。三月二九日の会議では、祠官祠掌給料改正・祭典費減少、県社川上社営繕費管内分課、惣代給料改正、堤防三等普請力夫配当・費用分課、病院費分課、などが議題として予定された。

開成学校の閉校は、これまでの区戸長らの営為や人民の負担の苦労を無にするものと認識され、廃県・管轄替がその直接の原因をつくったとして批判されたのである。

この他に考慮すべき重要なこの時期の問題は、民費増や災害の続発などによって人民の困窮化がすすみ、これが人心の動揺、施政への反発や抵抗の基盤をなしていたことである。この時期、佐賀地域の人民は、地租改正などによる民費増、連年の災害に苦しめられ、貢納期の突然の短縮化にも悩まされていたが、これらは相互に連関する形で影響を強めていた。

六月、三潴県下で第一九大区（松浦郡）の副区長をつとめる菊池山海郎は、現地を無視した管轄替を批判して次のように述べた。「当郡地租改正測量丈量昨今調査済之村過半ニ及不遠御検査可願出之処、右下調ノ儀ニ付伺ヲ不経シテ結局難致条件多々有之、一体当郡之儀福岡県ヨリ数百名之雇人ヲ以調査罷在民費ニ関シ一日モ難徒過、其他至急ヲ要スル件々将来ニ亘リ候儀ニテ旧県庁江可伺出筋ニ無之空敷時日押送候、右之巨細容易筆舌ニ難申[34]」、と。

ここには、地租改正による負担増と管轄替が、人民の生活、さらには区村行財政に大きな困難を強いていることが率直に示されている。

一八七六年は、一八七四年秋の大規模な風水害に続いて、「当春以来未曾有之旱魃」が発生した。このために川上川が渇水となり、水路の浚渫をめぐって小城郡と佐賀郡の「両郡人民物議ヲ醸シ[35]」、県官や区戸長が出張して説諭に当たる事件もおこった。この旱魃の被害は大きく、秋の収穫時には、旱魃のため「土田并枯切大損毛之場所ニ於テハ迚モ旧租五部通之出来モ無之、惣而昨年之五部ヲ本年ニ比スレハ米価之高下ニ依テ凡七部八部位ニモ相及」、「加之丈量取調其他多分之費用実ニ難渋之参懸リ、去迚当年ヨリ御改租ニ付而者旧例之通減租奉願候儀無御座候得共、兼而民力疲弊之処、一昨年之風災ニテ大ニ凶作ニ及尚更貧窮差募り、大概田畑家屋敷沽却書入等ヲ以貢租相弁シ殆ト困却至極[36]」、という状況に至るのである。この指摘は、この年の秋の収穫時の指摘ではあるが、農民はこのような過程のなかにあった。

農民はまた、貢納期短縮の影響をうけていた。従来、貢租は一月に五割、三、五の両月に残部を納付する慣例であったが、一八七六年に政府は突然に第三号布告をもって、一、三月の両度で納付するよう改めた。佐賀県は二月二九日までに三割を、三月末までに二割を納付するよう布達した。この二カ月の納期の短縮に対しては、「人民之苦情少ナカラサル趣ヲ以テ区戸長ヨリ陸続延期之儀歎願申出候」、という事態になった。佐賀県はやむなく、大蔵省へ納期延期を願い出た。その願書は、人民が従来の納期を前提として「已ニ収穫之米穀等夫々期限ヲ立運転之約定致シ、就中五月納之分ニ至リテハ米麦其他製茶等ヲ引当トシテ是又金融之目的相立、昨年之米穀ハ最早支消致シ候者モ不少」、「県官唯々公布面ニ而已ヨリ厳責致候而ハ、終ニ身代限ニ及フ者数フルニ遑アラサル儀ト杞憂仕候、縦令身代限ニ至ラサル者トテモ細民所有之田畑ハ多分富民之有ニ帰シ、民力疲弊之悪ヲ来タス可ク[37]」と主張し、五月一五日までの納期の延期を願った。これは大蔵省の許可するところとなったが、県は三月二八日までの納期内の納入を督責するとともに、期限内に皆納した村に対しては「賞誉」を与えるという方法をとった。すなわち、「向後奨励之都合モ有之、旁以県限リ其村々惣代之者共賞詞之積リニ有之」(38)としたが、「賞誉」は実現しないまま管轄替となり、三潴県へその実行を問い合わせる村があらわれた。

このように、この時期、いくつもの条件が関連、あるいは重なりあう形で人民の困窮化を助長していた。この後、民費未納者が急激に増加してくる。

七月一五日、三潴県下の第一五大区から第一八大区の区戸長二六名が連署して、「上申」を提出した。「上申」は、三潴県の施策、あるいは管轄替が人民の支持を得難いことを指摘し、区戸長公選を実施することによって民意を確保する必要を主張した。「頃日本区ニ於テ師範学校建設ノ命アリ、該校ノ設ケ今日ニ切要ニシテ前令ノ時粗条緒ニ就キシ所ナリ、固ヨリ将ニ其賢命ヲ遵守セントス、既ニシテ而シテ開成ノ如キハ遂ニ閉校ニ帰シ、且側カニ聞ク中学校病院モ亦動揺ノ議アリト」と指摘し、区戸長らは旧佐賀県下で進展していた施策が、管轄替によって後退したことを批判する。すなわち、「卑職等窃ニ惟ルニ、校院等ハ人民ノ協力ニ頼テ以テ興リ、其悠久維持スルヲ俟テ成功ヲ期ス可キ者アリ、県庁ノ廃置土地ノ分合或ハ長官ノ意見ニ従ヒ廃興常ナラサレハ、則チ人民何ノ憑信スル所有テ之カ為ニ財ヲ費シ力ヲ尽サンヤ」、と。この批判は、廃県・管轄替後に区戸長がもち続けたものであった。そこで、「今其憂ヲ救ハント欲スレハ則チ速ニ一定ノ良法ヲ制セスンハアル可ラス、其制タルヤ悠久不変ノ基ヒヲ開カント欲スレハ、則人民ノ権利ヲ保存シ、以テ衆心ノ公共ヲ聚合スルニ在リ」、「而シテ民会ノ如キハ未タ定則ノ見ル可キナシト雖トモ、幸ニ区戸長公撰ノ議早ク既ニ決定セリ、果然之レヲ施行セハ則悠久不変ノ業ヲ開キ人民ノ幸福ヲ期セン」、と述べている。民会や区戸長公選など、人民の権利を保護し、民意の支持を獲得することによって政治の基礎が強化されるというのである。

このなかで、区戸長公選は「早ク既ニ決定セリ」というのは、前年春、自分たちが区戸長に任用された時に、

「実地ノ景況時勢ノ情理ヲ察シ、区戸長撰銓必ス衆庶ノ公議ニ出サレハ凡百ノ事措置ス可ラサルヲ以テ、当時参事野村氏ニ開具シ幸ヒニ其允可ヲ領取セリ[39]」ということを意味していた。一八七五年九月、当時の第一大区（佐賀郡）の各小区の戸長一〇名が、野村参事に「献言」を提出して区戸長公選を要求し、県は「書面建言之趣ハ採用相成候儀ト可相心得事[40]」と指令したのである。しかしこの実施は、「百度ノ煩劇ニ接シ、章程ノ完備ヲ需メ未タ施行スルニ遑アラスシテ該県ノ廃止ニ及ヘリ」、となった。この建言に対して三潴県は、「追テ一定ノ御取懸モ可被為在候得共、該区ニ限リ差向御所分離相成」という判断のもとに、八月二二日、「書面区戸長公撰ノ義ニ付上申ノ趣者、追テ何分ノ指揮ニ可及候条其旨可相心得候事[41]」と指令した。

区戸長は、負担増や災害の拡大などによる困窮化の進展と人心の動揺という状況のなかで、現状を無視した管轄替によって施策が混乱・後退し、みずからの職務の執行にも困難が増大した事態に直面して、政治の基本姿勢にまでさかのぼって、民意の調達、人民の支持の必要性をあらためて確認したのである。

中央集権的な地方統治体制を強化することを最優先させて政府が強行した府県統廃合は、現地においてはこのような問題を招来した。佐賀地方を合併した長崎県は、この後、人民の困窮に対処し、人心の動揺と反発を鎮静化し、区戸長の信頼を回復して県治の基礎を強化するために、効果的で系統的な施策や区戸長公選の実施、公選民会の開設などを進め、また抵抗心を助長された士族の統制につとめなければならなかった。一八七六年から一八七七年という時期は、政府が農民一揆や自由民権運動、士族反乱に挟撃された時期であるが、激化した形態ではないにしても、佐賀地域やそれを合併した長崎県は、同質の課題に直面しなければならなかったのである。

第二節　民会活動の展開

本節では、一八七六年から翌年にかけて、長崎県管轄下にあった旧佐賀県地方の民会活動を検討する。

（一）小区会活動の展開

長崎県は、一八七六年七月一八日、公選民会を開設する方針であることを布達した。その甲一〇六号布達は、「従来民費ニ関スル事及ヒ共力ヲ以成立スベキ事件ハ何レモ県治至要ノ儀ニ付、広ク人民ノ協議ヲ尽シ衆情暢達ノ道ヲ開キ以テ一般共同ノ利益ヲ謀ラン為メ」、「不日公撰区会ヲ起シ、漸次県会ニ及ボス可ク候」[1]、規則・議事権限章程は追って布達する、と表明した。県は「不日」開設という形ではあるが、従来の大区小区制下の官治的行政を一部修正し、大区小区制下において政治の客体の位置にのみ据えてきた人民に対して、行財政への一定の関与を許容する新しい支配様式を採用することにふみきったのである。

公選民会の開設は、この時期の府県で実施された一般的傾向であった。地方民会は、当初は、人心の鎮静、啓蒙と行政の円滑化を意図して、地方官によって設置されたが、それは、県官・区戸長を主要な構成員とし、上意下達・下情上達・事務打ち合わせのための行政上の機関であった。地方民会は、一八七六年から一八七七年のころに、その本来的性格を強めたとされるが、この時期は、地租改正反対一揆などの農民運動、自由民権運動、士族反乱の展開に示されるように、廃藩置県後に開始された統一国家形成のための諸施策の矛盾が集中的にあらわれた時期であった。したがって、人心を鎮静化し、行政と徴税の安定的基盤を確立することは焦眉の課題であり、そのために人民の自発的賛助を喚起する民意調達方式が重視されることになった。各府県での公選民会の開設は、このような緊張した背景に根ざしたものであった。長崎県の場合も、このような全国的情勢と軌を一にしていた。

県が公選民会開設方針を採用することになった背景としては、次のことを指摘できよう。

第一に、北島秀朝県令が民意調達方式を重視する人物であり、旧佐賀県令時代にそれを試みた人物であったことである。この時期は、県令個人の政治的思想的傾向を地方民会創草期の時期ほどに重要視することは避けなければならないが、地方民会の開設は県令の権限に任されていた。

北島秀朝は、一八七四年四月から一八七六年五月に長崎県令に転出するまで二年間、佐賀県令であった。その間、彼は、第一回地方官会議において公選民会論の立場をとり[2]、区戸長公選も意図した。一八七五年八月以後、地方官会議に傍聴出席した区戸長や民権結社である自明社によって区戸長公選要求が展開されると、一二月には、翌年から区戸長を公選する方針であることを布達した。この公選が内務省の抑止指令によって実施不能になると、今度は県会開設方針を採用して内務省に稟議した。またこの間、九月には、区戸長会議に区町村会を開設すべきか否かを諮問し、区戸長会議は開設方針を決議した。このように、この時期、北島県令は、区戸長公選、県会・区町村会など、大区小区制の官治的行政を修正し、人民の自発的合意を獲得する方向を指向していた。この方向は、彼の政治的理念であったが、佐賀の乱後の地方統治体制の本格的再編と地租改正作業の推進の必要という現実的要請にうながされたものであった。

背景の第二には、佐賀地域において、公選民会開設の建議や出願がなされていたことを指摘できよう。長崎県においては、詳細は不明であるが、民権運動家として活躍する長崎区の西道仙が、一八七六年一月、「郡区会」の開設を建議したといわれる[3]。佐賀地域では、第三八大区（藤津郡）三小区および四小区住民が佐賀県へ小区会開設願を提出し、それは、佐賀県の管轄替にともなって三潴県へ、さらに長崎県へ引き継がれた。第三八大区三小区住民（佐賀県当時は第七大区であった）は一八七六年四月、旧佐賀県に対して小区会開設願を提出したが、現在取調中につき追って指令するまで詮議に及び難き旨の指令をうけた。三潴県への管轄替にともなって彼らは再び、一三名の人民惣代をたて、民会規則を付して三潴県庁へ出願した。その書類が長崎県へ引き継がれたのである。また同年六月、同大区四小区人民は五〇名の連署をもって三潴県庁へ小区会開設願を提出し、これも引き継がれた。このように、佐賀県の一部では、公選民会の要求が強まっており、これが長崎県政の佐賀地域に関する政治的な課題となったのである。

第三に、もっとも主要な要因は、「不日」開設するという形で方針だけを急いで表明したことが物語るように、県が、人心の鎮静化をはかり、行財政の安定的基盤を確保する必要に迫られていたことにあった。

この時期の県治上の主要な困難は、おおよそ次の三点に集約できよう。

その一は、廃県と三潴・長崎県への管轄替が旧佐賀県下につくりだした人心の反発と動揺の問題であった。廃県と三潴県への管轄替が布達されると、旧佐賀藩重役を中心とする士族と区戸長とが連携して、政府・三潴県に対して、佐賀県の再置や佐賀への県庁の移転などの歎願を再三にわたって実施した。士族は、寺院に集会し、人民に参加を煽動するなど、佐賀の乱いらいようやく鎮静化しつつあった抵抗心を刺激されたが、区戸長・県官の反発はさらに強いものがあった。区戸長の反発の主要因は、佐賀の乱後ようやく軌道にのりはじめた施政が、管轄替によって混乱・後退し、それが人民の反発を助長したところにあった。それは、事実、学校の閉校や地租改正作業の困難の増大となってあらわれ、旧県下の区戸長二六名は連署して、「上申」を提出し、政府の現状を無視した独善的な施策を批判した。「学校等ハ人民ノ協力ニ頼テ以テ興リ其悠久維持スルヲ俟テ成功ヲ期ス可キ者ナリ、県庁ノ廃置土地ノ分合或ハ長官ノ意見ニ従ヒ廃興常ナラサレバ、則チ人民何ノ憑信スル所有テ之ガ為ニ財ヲ費シ力ヲ尽サンヤ」、「悠久不変ノ基ヒヲ開カント欲スレハ、則人民ノ権利ヲ保存シ以テ衆心ノ公共ヲ聚合スルニ在リ」、「而シテ民会ノ如キハ未タ定制ノ見ル可キナシト雖トモ、幸ニ区戸長公撰ノ議早ク既ニ決定セリ、果然之ヲ施行セハ則悠久不変ノ業ヲ開キ人民ノ幸福ヲ期セン(4)」、と。

人民においては、例えば、管轄替による地租改正作業の停滞や混乱にもとづく負担増など、不満は大きなものがあった。(5)

その二は、この時期、農民の経済的困窮化が著しく深刻化したことであった。例えば、佐賀地域の場合、佐賀の乱による罹災と連年の天災、一八七六年二月からの地租改正丈量開始にともなう民費増、「其最モ苛斂ナルハ壱岐ノ国ナリ佐賀島原之ニ次キ」「苛重ニ失スル」(6)と評された旧貢租の負担などのため、農民の困窮化が進み、区長が連署して、一八七六年の貢納第一期分の納入を延期し、第二期分と同時に収納することを要請する納入延期願を提出せざるをえないような事態であった。願書は、「逐年民力疲弊ニ及ヒ加之一昨年ノ風災ニテ大凶作ニ及ヒ、大概田畑屋敷沽却書入等ヲ以可也ニ貢租相弁シ昨年三月ヨリ当春ニ懸ケ莫大ノ負債ニ及ヒ、昨八年ハ尋常ノ作毛ニ候得共右借金本子ニ被相追少シモ甘キ不相付至極困却」、「当春麦作ヲモ已ニ食糧ニ相潰」(7)してしまっていると窮状を指摘した。このような農民の困窮化は、県・区戸長に対する不満や抵抗心を蔓延させることになり、日常的な人心の不安定さをつくりだしていた。

県治上の主要な困難の第三は、このような状況のなかで、県が、地租改正作業の本格的段階をむかえなければならないことであった。長崎県は一八七六年八月、「当県各区ノ儀実地丈量過半調査済相成候ニ付テハ、本年ヨリ一般改正可致積、就テハ田畑共検見等ハ不致」(8)と布達した状況にあり、佐賀地域もほぼ同様な進行状況にあった。

以上のような県治上の困難は、県において、人心を鎮静化し、区戸長の信頼を確保して県治の基礎を確立するための対応を不可避とした。「衆情暢達ノ道ヲ開キ以テ一般共同ノ利益ヲ謀」ると位置づけられた公選民会の開設方針は、まさにその対応であった。

このような県の意図は、一八七六年一一月から翌月にかけて作成された「長崎県大区会条例」草案のなかに明確にみることができる。以下、その特徴を検討する。

草案は、山梨県県会条例を下敷とし、千葉県大区会議章程を参考として作成され、一五章七三条の規定をもっている。内容の主なものは、①大区会は公選議員のみによって構成し、議長は議員中より選出する。②選挙法は複選法をとる。五〇戸を総選挙区一区、総選挙区一〇区を一代選挙区とする。総選挙区一区につき一名の代選挙人を選出し、代選挙人は代選挙区一区につき一名の代議人を選出する。③総選挙人・代選挙人、代議人ともに、本籍の満二一歳以上の男戸主を資格とする。満一年以上全戸寄留の二一歳以上の男戸主にも全資格を与える。欠格条件はない。④議目は一四カ条であり、旧弊洗除・安寧秩序維持、賦課法・区費歳計公告の方法、共有財産・備荒・学校・土木水利・勧業その他区内事業全般にわたる。⑤議会は議事の権をもち、施行権をもたない。議案提案権は県と議長にあり、決議の採否権は県令にある。⑥区会規則制定権と議会解散権は県令がもつ。⑦「区内ノ人心未タ議事ヲ好マサル者多クシテ急ニ開設ヲ欲セサレハ、敢テ之ヲ促スニハ及ハス」。

以上の内容は、他の府県の規則内容とほとんど大差ない。区会は、民費賦課法と区内事業の審議権を認められたが、予算審議権はもたず、決議の施行を拘束する保証も与えられなかった。県令は、決議採否権や議会解散権をもち、「時宜ニ拠リ官吏ヲ派出シ監視セシムルコトアルヘシ」ということき強い指揮・監督のもとに議会を置いた。したがって県が表明した「衆情暢達」とは「下情上達」の意味であり、県が構想した民会は、人民の意思を行政に利用する県治推進のための諮問機関であった。それは、官治的行財政を民意調達によって補完し、行政と徴税の安定的基盤を確保しようとしたものであり、民会の「上から」の設立のコースの典型であった。しかし、この条例が、財産制限をもうけることなく、「貧富貴賎ヲ論セス」(9)区内事業全般の審議を許容したことは、人民を政治の客体の位置のみに据えてきた従来の統治方式を修正したものであり、県の期待する効果もそこにこめられていた。

県は、七月に公選民会を開設する方針であることのみを表明して人心の収攬をはかり、テスト・ケースとして第三八大区三小区の公選小区会を公認してその効果と問題点をさぐる一方、民会のモデル像をつくる条例作成の作業を急いだのである。

一八七六年八月八日、県は甲一〇六号布達にもとづいて、県下で初めて第三八大区三小区区会の開設を認可した。この認可は、第三八大区三小区住民にとっては、一八七六年四月に初めて出願していらい、「最早百余日ヲ歴、区内一般ノ人民益々奮発興起日夜領ヲ引キ御指令ノ下ルヲ待居候[10]」と開設の認可を催促するなど、ねばりづよい運動を展開した成果であった。この後、三小区区会は、神風連の乱に始まる西日本一帯の士族の動揺と反乱に呼応しようとして、佐賀地域の一部士族が蠢動している時期、区会活動を活発に展開するのである。

三小区区会の認可は、各地に民会開設の刺激を与え、三八大区を中心に活発な運動が展開された。四小区の小区会開設願は長崎県へ引き継がれていたが、九月には同二小区から三小区区会への合併願が、一一月には第三七大区（杵島郡）二小区の馬洗村など二カ村から村会開設願が、一二月には第三八大区五小区から小区会開設願が、それぞれ人民惣代をたてて出願された。その間一〇月には、第三八大区一小区の大草野村農民が村寄合を行って代表を選抜し、三小区区会へ合併を交渉した。このような運動を支援するため三小区区会は一〇月、甲一〇六号布達の実施と規則の布達を区会決議をもって県にもとめた。このように、隣区の一部をもまきこんで運動が昂揚し、その中核的位置に三小区区会があった。この運動は、県の「上から」の対応的な民会設立の動きに対比すれば、明確に「下から」の自生的自主的なコースであった。

では、開設を要求した人民は民会をどのようなものとして構想し、そこに何を期待していたであろうか。開設願・規則を中心に検討する。

第三八大区三小区区会は、大村から六、七名、小村から二、三名ずつ公選された議員によって構成され、費用は議員が負担する。官省庁の成規および官吏・区戸長への「詈罵」は禁止するが、区会は八カ条の議目を審議する。議目は、「官省庁ノ成規ノ外該区内一切費用ノ事」、「該区内貢納民費ニ関スル帳簿ヲ見ル事[11]」のほか、学校保護、貧民救助、土木・水利の推進、土地の拡大と物産振興、法律の徹底、人民一和、などである。三小区区会は、区財政を審議・監視し、区内事業全般を監督することを役割とし、区戸長による行財政に対抗する自治の機関として企図されていたといえる。議員の選出方法は不明であるが、総数四八名であった。

他地域の設立・合併願に付された規則もほぼ同様である。甲一〇六号布達の「種苗の自策」を着手したいとする第三八大区五小区の場合、三〇戸に一名ずつ公選された六三名の議員が、三小区区会とほぼ同内容の九カ条の議目を審議する。その第一条には、「民費ヲ減少スル事」がかかげられた。規則は決議の施行についても定めているが、そのなかで、「区廨ニ於テ若シ民費取扱不正ヨリ起リ、或ハ決議ノ事件等仮令区廨ニ稟議スト雖トモ決セサルトキハ、直ニ県庁ヘ具状スルモノトス」[12]、と区戸長に対する不信感を背景として対策を明記していた。

民会の目的については、第三七大区二小区三カ村の村会開設願が、次のように明確に主張した。「該村々之儀一方ニ僻在シ人民多ハ頑愚ニシテ陋習ニ染ミ卑屈ニ安シ、自治ノ精神薄ク自由ノ気力乏シ」、そのため百般の事業が進捗しない、そこで村会を開設して「上ハ朝旨ノ所在ヲ奉体シ下ハ各自ノ幸福ヲ占得スヘキ事等ヲ議シ、漸々開明ニ進歩シ、遂以近村隣区ト駢立スヘキ様仕度」[13]し、と。愚昧であるがゆえに民会によって「開明」化し、「自治・自由」を振興する、それは人民の「幸福」につながっている、と明快にのべている。「朝旨ノ所在ヲ奉体」するとは、皇室奉戴とも、五カ条の誓文ないし立憲政体漸立の詔の遵守ともうけとれるが、少なくとも、彼らは自己の生産・生活の場で、人民の「幸福」と結合させて「自治・自由」を養成し、具体化しようと意図していたのであり、その役割を民会に託していた。

これらの内容を、県の「上から」の民会構想と対比させるとき、次のような特徴を指摘することができよう。第一に、「開明」化への意欲が強いことを指摘できるが、これは、議目の内容が物語るごとく、現状を打開して生産と生活の発展をはかる要求がその内実をなすものであったと考えることができよう。人民の自治拡大の運動の基底をなすものが、これであった。第二に、区戸長への不信・警戒心が根幹に貫かれていることである。このことが、行財政への監視と規制をつよめなければならないとする、自治拡大の必要性と具体的展開をもたらす現実的契機であった。民費節減が議目の重点課題に据えられる根拠の一つも、この点にあった。第三に、行財政に関与し、自治拡大をめざす意識が鮮明に示されていることであり、議目のなかでの予算審議・公財政の検査の規定はその具体的展開であった。第四に、民会経費を議員自弁と規定していることである。これは、民会指導部である士族の「自負」なり「使命感」のあらわれとも考えられるが、民会を公的性格の機関として位置づける面での政治的未熟さを示すものであった。

以上のように、人民によって自生的自主的に設立されようとした民会は、人民の開化と進歩をはかること、行財政への監視と規制をつよめ、民費節減をはかり、区村内事業全般を監督することを具体的な任務として構想されていた。人民は、「幸福」をもたらす「自治・自由」を、彼らの生産・生活の場において具体的に拡大するものとして、民会に期待した。それは、区戸長・総代による専断と不正、政府・県による収奪と官僚的支配に抗して、大区小区制下において統治の客体としてのみ措定されてきた人民が、その枠をのりこえ、後の地方三新法によって公認される町村自治を先取り的に開拓しようと企図したことを意味するものであった。人民は政治的運動への関心を強めており、背後に、政治的主体として成長しつつある姿をよみとることができるであろう。

では、このような民会の開設を要求する運動は、どのような展開をとげたであろうか。

この運動の主導的位置を占めたのは、第三八大区三小区区会であった。これは、単に同区会が県によって公認されたという事情のみによるのではなく、運動の特徴と密接にむすびついていた。その特徴とは、第一に、民会開設は農民の強い要求であったこと、第二に、にもかかわらず農民は独自に運動を推進することができず、その指導を士族に依頼したこと、第三に、指導をしたのは、かつての征韓派士族であったこと、である。

この時期は農民の困窮化が進展していたがゆえに、農民の民会によせる期待は大きかった。一小区の大草野村の場合、民会の発起は、「区会之体裁ヲ知ラサル小前之者」と区長に評された農民によって行われ、彼らは寄合によって代表を選出し、三小区区会への合併をもとめて交渉した。農民の動きが活発であったことは、「万一心得違等致惣代之宅江押寄」[14]せるなどがあってはならないと、県が警部を派遣して監視させたことに示されていた。

二小区の場合、農民の要求はいっそう強いものがあった。農民は、甲一〇六号布達にもとづく区会の「下組」をしたいとして、小区下の各村を構成するすべての旧村＝名から人民総代を選出し、合併を希望して三小区区会と精力的に折衝した。区会側は、二小区の小学校教師である千々岩誠を指導者として紹介して二小区内での開設をすすめたが、数度の交渉で千々岩に拒否された農民の懇請をうけて、「余儀ナキ情実何分難黙止」と合併を受諾した。農民は「欣喜雀躍」し、その要求のつよさは区戸長を驚かせた。[15]しかし、その後「人民沸騰蜂起之萌」となった。合併願書提出の段階になって突然に、千々岩ら教師たちが二小区内での設立を主張して、合併を貫こうとする農民と激しく対立したのである。[16]千々岩らの居村である下宿村湯宿名は合併願書から村名の削除を要求し、戸長も奥書を拒否した。農民は激昂して湯宿名総代宅へ押寄せて「激論」[17]し、集会を開き、説諭を拒否して戸長に抵抗するなど沸騰した。農民は、千々岩らの行動を、戸長とむすんだ分裂工作、ないし三小区区会の活動に刺激されて活発化することを危惧した農民の運動の封じこめ工作とうけとめたのである。当時、湯宿名には、温泉業を営む上層の村民に対する村内「猖獗之者」[18]の対立が存在していた。沸騰は県の厳しい取締りによって一応鎮静化したが、農民の抵抗は続き、九月末には戸長が病気に託して辞表を提出するにいたった。[19]

農民の民会開設の要求は、このように激しかった。しかし彼らは、民会という新しい運動をみずからの力で独自に進めることはできなかった。農民が三小区区会への合併を望んだのは、そのためであった。彼らは、「長と成ル人物無之」、「頭立世話致呉候人一向無之」[20]、すなわち、指導者がいないことを理由として合併を要請し、三小区区会に指導をもとめた[21]。それは、士族に指導がもとめられたことを意味していた。三小区の場合、開設願の人民総代一三名のうち五名が士族であり、彼らが運動の指導層であった。四八名の議員で構成された三小区会の幹部の内、正副議長、幹事、書記の七名は、族籍不明の一名を除いて全員が士族であり、帳簿係に二名の平民がいただけであった。二小区農民が指導者の不在を主張したことは、この地方にもともと士族が少ない状況と符合しており[22]、三小区区会の一小区大草野村農民に対する対処は、より明確にこの間の事情を示していた。三小区区会は、「其区者二小区と違士族も多数ニ有之、長トナルベキ人モ有之ニ付其区ニ而相開候方可然[23]」とことわったのである。二小区と対照的に、独自に民会開設を出願した第三八大区三、五小区、第三七大区二小区の三カ村は、いずれも旧支藩・親類同格の領地で士族の比重が相対的に高い地域であった。

このように、民会運動の指導者は士族であり、農民もそれを依頼した。このような状況は、全国的には民会活動の指導者が豪農層であることを考えれば、佐賀地域においては士族の社会的な比重が高いという特徴を示すものであり、士族が、その役割を代位・代行する状況にあったということである。そして民会設立をめぐる右のような経過は、彼ら士族が、民会活動の指導を自己の役割として明確に自覚していたことを物語っている。彼らは、農民の要請に積極的に応え、農民の要求を政治的運動として組織し展開することを自己の役割とした。その意味で、彼ら士族は、村落における知識人的な位置にあり、政治的思想的指導者としての役割を農民から期待されるとともに、みずからもそれを自覚していたと考えられる。

この自覚は、士族のかつての特権や地位などの一般的な存在形態がもたらしたものではなかった。民会活動の指導層は、佐賀の乱時の征韓派士族であった。その指導者としての自覚は、佐賀の乱の挫折を契機とする彼らの自己修正・脱皮の模索の所産としてとらえるべきものであろう。

第三八大区は、佐賀の乱時の征韓派の拠点のひとつに数えられる。同区は、佐賀の乱の当時は第三八・三九、第四〇・四一大区の合併区として統轄されていたが、両区とも正副戸長四名の全員が佐賀軍として出軍した。三小区を中心とする旧支藩の鹿島藩士族は、門閥の鍋島彬智を事実上の総司令、第三八・三九大区戸長田中馨治を参謀長として、二小隊・砲四門をもって出軍した。鍋島隊は、戦死六名、負傷二十余名を出す激戦を展開し、鍋島彬智自身も負傷した。乱後かなりの被処罰者をだしたが、鍋島彬智は懲役三年、田中馨治は同二年の懲役刑をうけ、ともに除族に処せられた。[24] したがってこの地域は、乱後も士族の抵抗がつよく、「難治区」であったと考えられる。

民会活動を指導したのは、これらかつての征韓派士族であった。三小区の場合、区会開設願の人民総代の責任者は前記の鍋島彬智であり、公認された区会の議長に就任したのも彼であった。田中馨治も人民総代の一人であり、議員にはならなかったが、指導層の一人であった。彼らのもとで、実質的な活動の担い手として、後に県会議員に進出する副議長の谷口復四郎、書記の森崎三郎、あるいは斎藤利実らが活躍した。[25]

佐賀の乱の鎮圧とその後の急激な解体、授産の推進、および中央集権的な地方統治の進展は、士族の政治的思想的な分化をもたらした。士族は、一方で県治の担い手など体制側に再編される部分、他方で抵抗を継続する部分、[26] およびその中間にあって、前二者のごとく自己の位置を定めえぬまま現実に順応あるいは没落していく部分、に大きく類別される。このなかで、民会の指導者としての自覚は、彼らの新たな転生への模索によってもたらされた村落における自己の位置と役割の認識の、具体的あらわれであったと考えられよう。その際、反乱派と民権派への分岐をみちびく要因を指摘することは、容易ではない。思想的、社会的、経済的なさまざまな条件が考慮されなければならないが、民権派への分岐の場合、とくに新しい思想や全国的運動との関わり、あるいは農民との日常的な接触のあり方などが重要な位置を占めたと考えられる。佐賀市街を中心とする狭い士族のみの結合に埋没し、農民から遠くへだたっていた憂国・征韓派士族と異なって、民会の指導部士族の場合、長崎地方に接する佐賀地域のもっとも西南部の村落に身を置いていた。彼らは、陪臣で微禄であるがゆえに没落に直面しつつ、困窮化が進展するなかで収奪と官僚統制に抵抗している農民と不断に接触せざるをえなかった。そのことが、右のような自覚を助長することになったと考えられる。農民から指導を依頼されるそのことが、彼らのありようを象徴的に示していた。

ただ彼らがどのように「自治」や「民権」の思想を受容し、どのような経過で民会を開設するにいたったかは、現在のところ知ることはできない。鍋島彬智は、初代藩主より出た鹿島藩第一の門閥の出身であり、当地の祐徳稲荷神社の社司を務めた人物であった。おそらく彼の地域における勢威が、民会の設立に一定の役割を果たしたと考えられる。民会活動の実質的指導者は、谷口復四郎であったろう。それは、わりあい早い時期から副議長の肩書きをもって、対外的に民会を代表していることに示されている。谷口は、古賀洞庵や佐藤一斎、佐久間象山、米人フルベッキ、ウィリアムスらに学んだといわれ、一八六九年、鹿島藩主鍋島直彬に招かれて藩学弘文館の儒師兼権大参事に就任した儒者谷口中秋の四子である。この父子は、一八七三年二月に西道仙が長崎に創立した私塾瓊林学館において、英人ラントらとともに教鞭をとったといわれる(27)。西が民権運動家・ジャーナリストとして活躍することを考えると、谷口の民会指導に関する知識は、西との関係からもたらされたことも考えられる。

これら民会指導部の士族は、かつて国権拡張主義と、治者意識と愚民思想を主な内容とする武士意識をかかげて、佐賀の乱に投じた(28)。民会活動の指導者としての彼らは、生活の場である村落において「自治・自由」を拡大することを具体的課題とし、農民と結合し指導することを自己の役割とするにいたった。この変化は、彼らがかつての反乱派から転身し、村落における民権運動の指導者として成長しつつあることを示すものであったと考えることができよう。第三八大区三小区区会の活動内容は、それを具体的に示していた。

次に、三小区区会の活動内容を、主として決議を中心に検討する。

第三八大区三小区区会は、一八七六年八月から翌年一〇月にかけて、少なくとも二〇件以上の決議、伺、願を県に届け出るなど、活発な活動を展開した。区会の活動の最大の特徴は、収奪と官治的行財政に抗して、公財政への関与をはかり、自治を拡大する活動を貫いたことにあった。

最初の決議は、八月の「総代公選決議」であった。決議は、「人民ノ総代」として設置された総代が、実は徴税官吏と同様であり、地域によっては戸長が指名することもあるごとく、県・区戸長の徴税と官治行政の属吏と化している現状を批判し、給料を民費にとる以上は一年毎に公選せよ、と要求した。[29] 徴税や専断・不正によって人民に困難を直接にもたらす総代は、人民の不信と攻撃の対象であり、同時にその改革は自治拡大の第一の課題であった。

九月から一〇月にかけて、区会は、区村財政の監視と規制を強める決議をあいついで可決した。まず「一村課目決議」は、「従来一村課目之名称ヲ以テ賦課表ヲ県庁ニ出スモノ多ハ画餅ニ属シ其実行レズ、其総代ニテ賦課スルモノ其定額ヲ増減シ之ヲ区務所ニモ通知セス、村吏ノ姦ヲ為ス概ネ之ニ由ル」と批判し、今後は「一銭タリトモ」賦課する場合は、県の許可をうけ、歳末決算のうえ区務所および区会に届け出よ、と決議した。これは、民費減少の要求を背景として、総代の専断・不正の防止と同時に、町村会が未開設である現状において、区会が町村財政の査察・監視機能を遂行しようと意図したものであった。次の「正租民費帳簿改製決議」は、紛乱や不正防止のために、従来の一村単位ではなく一総代単位で徴収簿を作製せよ、そうすれば「其地人民ノ一覧ニモ便ナラン」と決議した。ここには、村財政の疑惑や不正を人民の直接の監視によって防止しようとする姿勢が示されているが、根底には、村行財政に関与することを人民の権利であるとする認識の存在が窺われる。

一〇月一日の「区内帳簿ヲ見ル方法ノ決議」は、これまでの決議の姿勢を飛躍的に進めたものであった。決議は、「帳簿明ナラサレハ人民ノ疑団解ケズ」という認識のもとに、毎年一月と七月を帳簿査閲の月と定め、区会から三名の委員を互選し、「委員ハ三日以内ヲ以テ扱所ノ帳簿ヲ熟覧シ、不審ノ件ハ逐一区役員ニ質問スヘシ」、「見畢テ其過不足ノ有無多寡ハ之ヲ紙尾ニ記載シテ調印シ置クヘシ」、「畢テ区会ニテ衆議員ニ示シ其問ニ答フヘシ」、と定めた。村内帳簿の査閲も、小区会委員の立会いで行うとした。この決議は、三つの特徴をもっている。第一に、これまでの決議は貢租・民費の賦課の監視を目的としていたが、この決議は区村財政全般へ監視の対象を拡げていること、第二に、区村財政の査察・監視を区会の公的活動として位置づけていること、第三に、査察結果を「記載・調印」するという形で区村財政に対する区会の規制力を実質化させようとしていること、である。この決議は、区村財政への査察・監視の権限を区会の固有の権限として確立することを意図したものであり、人民の意思の反映の機関としての議会が、自己を行政に対置し、行政への規制力を確立しようとしたものであった。

このような決議の成果をもりこみ、民会設立にこめた意図を町村段階で具体化するために、区会は一一月、決議をもって町村会の開設を県に出願した。そえられた規則は、一〇則一三五条におよぶ整備されたものであった。その特徴は、次の点にある。①まず旧村単位の名会を設立し、互選された名会議員によって町村会を開設し、互選された町村会議員によって小区会を構成する。②議員として、毎年一〇戸に一名を「撰挙人自己ノ名ヲ認メスシテ[30]」選出する。選挙資格は、一六歳以上の戸主で家屋敷を所有し民費を納める者であり[31]、被選挙資格は、戸主要件を除けば選挙資格と同じである。③議会は審議権のみを有し、執行権はない。決議の執行については、区務所は、区会に対して採否を返答しなければならない。④議案提案権は議長にあり、議員は、「忌緯ニ触ルトモ之ヲ糾弾スルヲ得ヘカラス」と審議権を保障される。官省の成規は審議してはならないが、「一村限リ適切管《ママ》係スル事ハ成規ト雖トモ建議ノ為メ議スル事アルヘシ」。⑤議目は、「概略」として三一カ条をかかげる。その多くは先述の民会開設願に規定されたものと同様の町村内事業全般であるが、注目すべき第一は、「冗費ヲ除ク事」を基調として、「同（町村―引用者）費用ノ多少ヲ取極ル事」、「同租税其他諸公費ノ帳簿ヲ検査スル事[32]」、と予算審議権、および公財政の監査の権限[33]を議会固有の権限として規定した。第二に、共有物売買や町村としての訴訟など、議会が町村の公的機能を代表すると規定した、などである。⑥費用は民費同様に賦課される[34]。

町村会の開設要求は、大区小区制下の官治的行財政に対する人民の抵抗をもっとも端的に表現したものであった。

大区小区制においても行財政、ことに財政的負担の実質的な基礎は町村であった。それゆえに、官僚的支配か自治かをめぐる大区小区制下の県と人民との基本的な争点は、町村の自治を認めるか否かにあった。県は甲一〇六号布達が示すように、制約された権限しか与えない区会・県会を開設して官僚的支配を実質的に貫くことを企図し、町村会を無視した。三小区区会は、町村の自治をこそ主要な関心とし、旧村＝名の段階からの議会開設を企図したのである。

このような姿勢で貫かれていたがゆえに、三小区区会が建設しようとした町村会はすぐれた性格のものであった。右にみたごとく、毎年一〇戸に一名あて、一六歳以上の戸主から無記名投票によって議員を選出する規定は、人民の意思の幅広い、より直截な反映をはかろうとしたものであり、それゆえに、議員は誰からも、とくに行政側から拘束をうけないよう審議権の保障がはかられた。概略だけで三一カ条におよぶ議目の設定は、人民の意思の行政へのより強い反映を意図したものであろう。決議の採否権はいぜん行政側に留保されていたが、議会は予算審議権と公財政の監査権を固有の権限と規定し、公財政への関与を強めて自治の拡大をはかろうとした。さらに注目すべきは、三小区区会の関心が、生活の場である村落の段階にとどまっていなかったことである。官省の成規の審議禁止という形で、権力への介入を当初から回避することを強制されていた全国的状況のなかで、規則は、「建議」を名として官省成規を審議する意図をうちだしていた。三小区区会は、生活や地方自治が中央政府の施策と深く関わっていると認識し、活動の視線をそこへも向ける段階に到達していたと考えられよう。以上のように、三小区区会が建設しようとした町村会像は、全国的にみても確かな質をもったものであった。

三小区区会は、自治拡大を決議の形で追求し県に要求したばかりでなく、それを現実化する活動も展開した。一〇月に「区内帳簿ヲ見ル方法」を決議した区会は、それを具体的行動に移した。「三小区々会ニ於テ貢納并民費課出之正否等ヲ検査シ、若シ毫モ不明ノ廉アレハ之ヲ直ニ主務ノ惣代等江督責シ、或ハ弁償セシメ候様ノ儀屢有之」、そのため総代との対立が激化し、総代は執務困難の状況におちいった。副区長（当時は区長は欠く）はこれを、「区内之人民権利義務ヲ弁識スル者十ニ一二ナリシニ、今般区会ヲ開候ヨリ権利義務ヲ相弁候者漸々相増、各自権利ヲ暢シ候故、事大小トナク其当ヲ得サレハ之ヲ論スル者多ク、又頑愚ノ者ハ区会之体裁ヲ了解セス自儘之事ノミ申立[35]」てる、と評した。副区長は、区会の活動が人民の権利意識を伸張させ、それが抵抗を強めることになっていることを指摘した。しかしそれ以上に民会に対して農民の期待したものは、収奪と官治的行財政に抗して彼らの利益を擁護する現実的な力であり、それによって要求を具体的に実現することであったろう。彼らは、区会活動による権利意識の伸張を背景に、区会を前面におしたてて行財政に対する現実的な規制力を強めていったのである[36]。このような抵抗の強まりは、区戸長・総代の執務を日常的な困難におちいらせることになった。このような活動と既にみた決議とは、民会活動の車の両輪であった。

以上のように、第三八大区三小区区会は、行財政への規制力を強め、自治を拡大する活動を貫いた。その方向は、民会によせた農民の期待に添うものであり、区会の活動は、農民の要求を意識化し、組織化する姿勢で貫かれていた。農民が区会を積極的に支持したのは、当然であった。区会への寄付が、九月の指導層の士族を中心とする一七名・二〇円・米五斗五升の段階から、一二月には九〇名・四七円五一銭余・米三斗へと全体的に増大したことが、それを象徴していた。しかも後者の場合は、三名による二五銭、八名による米一斗五升余、とくに谷所村下童名五〇名による五円二五銭の寄付というごとき、農民の零細な出資を特徴としており[37]、農民の広範で強い支持に支えられていた。下童名は、開設願の人民総代の一人で、帳簿係として区会の幹部の一人であった宮崎良市（平民籍[38]）の居村であったが、区会はこのような農民に支えられることによって着実な成長をとげてきたのである。

（二）総代人制度の実施

では、統治の安定化のための県の「上から」の対応としての公選民会開設方針と、第三八大区三小区区会を中心とする「下から」の自生的自主的な民会活動とは、どのような対抗を示し、どのような新しい状況をつくりだしただろうか。県側の対応に重点をおいて、この問題を検討する。

県は当初、第三八大区三小区区会に対して、側面から保護する立場をとった。九月、県官は、県令との間で三小区区会に対する寄付者に対して「賞詞御施行」[39]を検討した。これが実施されたか否かは不明であるが、このような県の姿勢は、民意調達方式による、行政と徴税の安定的な基盤を確保する道を模索している県にとって、三小区区会がテスト・ケース的位置にあったからであった。しかしその後、県の姿勢は急速に変化した。他区の民会開設願の審査の過程において、一二月初旬には、「既ニ隣郡鹿島辺之前轍モ有之、書面ノミヲ以テ可否定メ難ク」、「即今ハ上局ニ於テ御見込之次第モ可ヒ為在」と変化し、月末には、「追テ規則順序等指示候筈」[40]であることを理由に、すべての開設願を不許可とした。このことは、県が、三小区区会の活動の展開に応じてその評価を変え、自生的な民会の保護・監督の方針から、官制の統一的規則によって「上から」開設する方針をあらためて確認したことを意味していた。県が、民会に実質的権限を与えず、県治の諮問機関として設置することを根幹とした「長崎県大区会条例」草案の作成は、このような過程に照応したものであった。

このような県の方針変化の要因が、三小区区会の活動と人民の抵抗が県の思惑を越えて展開したことにあったことは、あらためて指摘するまでもない。変化の契機をなした「鹿島辺之前轍」とは、一〇月の「区内帳簿ヲ見ル方法」決議の実践活動が象徴していた。行政に対するこのような人民の実力による介入こそ、県がもっとも嫌忌するものであった。三小区、あるいは二小区においては、区会活動や人民の抵抗によって、区戸長・総代による県治推進が日常的に困難におちいっており、一種の慢性的な人心動揺の状況にあった。例えば三小区の場合、「士族モ多数、其上小区会所小学伝習所変則中学校等之事務他区ニ倍シ多端ナルノミナラス、聊之事ニ而モ其当ヲ得ザレハ物議相起候」、あるいは、一八七七年一月ころには、「大難事之地位等級取調之最中に有之、色々物議相起取纏如何と焦慮[41]」のような、県治の困難と停滞が存在した。二小区の場合、先述のような人民の動揺が発生したが、その激しさゆえに、三小区区会への合併願提出の四日後にいったん県によって決定された不許可指令は、発令を見合わせなければならなかった。その後、県の「厳達」によって表面は鎮静化した様相となったが、実質的には「尚戸長等へ抗摘スル情状不少」状況であり、それは戸長を病気を理由とする辞職出願に追いこんだ。県は、辞職許可は「愈区民トモ暴状ヲ主張セシムル姿ニ相成[42]」るとして許さず、督励した。

三小区の、区会の矢面にたたなければならなかった戸長は激しく反発し、県に対策をせまった。戸長は、区会の「町村会開設決議ニ付届」の県への上申に際して、次のように具状した。区会は「是迄も或ハ正良之会ニ参リ兼候筋有之やも難斗、右ハ全ク民智之開ケザルニ相基候間、方今民権生之口癖トハ乍申、軽々シク不開之民へ集会議事之権限等御差許相成候テハ却テ開花之障碍ト相成候義モ可有之候条、当分御差止、猶開化之度ヲ斗リ御許容相成候方可然[43]」、と。

県は、「区内帳簿ヲ見ル方法ノ決議」や「町村会設立ニ付願」など区会が重視した決議を、ことごとく不許可とした。もっともいかなる理由からか、戸長の県に対する区会決議の上申は、その主要なもの全部が一八七七年二月以降になされている。県の区会に対する評価と方針の転換をもたらした主要因は、前記のような人民の動向による県治の困難にあったと考えられる。

以上のように、県は、民会の「下から」の自生的自主的コースを拒否して、統一規則による「上から」のコースを再確認したが、その後、この方針そのものが大きく後退し、転換をむかえるにいたる。

安定的で効果的な民意調達方式に苦慮していた県にとっての打開策となったのは、一八七六年一〇月の太政官布告第一三〇号「各区町村金穀公借共有物取扱土木起工規則」であった。

一八七七年一月、甲一〇六号布達の実施の延引に対する疑惑や、一三〇号布告の実施方法に関する伺が増大すると、県首脳の姿勢は、甲一〇六号布達の実施の後退と一三〇号布告の実施の重視へと変化した。八月六日、県はついに甲一〇六号布達の撤回と一三〇号布告の実施を指令した。県は、「管地ノ併合其他近県再度ノ変動」によって両者の実施が「延引」しているので、「今般県庁甲八六号ヲ以テ各町村総代人撰定方布達候条、区会開設ノ儀ハ当分見合」と布達した。県は、総代人制度の実施を代償として、民会開設方針を正式に撤回した。甲八六号「総代人撰挙法」は、一町村三名の総代人を該町村本籍の満二一歳以上の男戸主が選出すると定めたが、総代人の資格を、選挙資格と同様の者のうち「金額百円以上ノ不動産ヲ当管内ニ所有スル者[44]」に限定した。

この措置は、布達に示された単純な論理と異なって、県の慎重な判断にもとづくものであった。実施の「延引」は民会開設方針の撤回の正当な理由たりえず、その真の理由が三小区区会の活動にあったのはもちろんである。二月から四月にかけて、区会の決議が戸長から県に進達されたが、その内容は県に対して、民会が県の思惑を越えて人民の自治拡大の足場となる危惧をいだかせるものであり、県にとって、総代人制度の方がより安全な選択であった。

総代人制度は周知のごとく、区戸長の専断・不正を防止して人民の抵抗を緩和し、町村の財源を確保することを目的として、不動産所有者に限って町村の公財政に関与することを公認したものであり、町村会未設置の地域においては一種の議会機能を成立させた。長崎県が一三〇号布告を実施した理由はこの一点にあった。全国的には、「選挙資格は概ね本籍・不動産所有を要件とする[45]」にもかかわらず、長崎県は、「該町村本籍ノ男戸主満二一歳以上ノ者トス」と選挙人の資格を規定し、不動産所有の条件を設けなかった。この規定は、付属の欠格条件を除けば、「長崎県大区会条例」草案とまったく同一であった。県は、県下人民の公選民会設立の要求の強さを前提に、幅広く選挙権を与え、被選挙人の総代人を一〇〇円以上の不動産所有者に限定し、金穀公借、共有物取扱、土木起工などの限定された部分に介入することを公認した。総代人の資格を限定したことには、一部の代言人・代書人など無産士族層を排除して、その政治的役割を低下させる期待もこめられていたといえよう。[46]

総代人制度の全県的な成立はかなり遅れたが、第三八大区三小区区会は積極的な対応をみせた。区会は、布達の二週間後、総代人をもって区会議員を兼務させることを県に願い出た。兼務の出願は、「此節議員ノ外総代人有之候テハ重複矛盾之弊モ可有之哉、加之区内僻邑ニテハ其人ニ乏キノ恐モ候」と、区会と総代人制度が権限および人物の両面で競合関係におちいることを理由とした。願書にそえられた規則・予算書は、次のような特徴をもっていた。

第一条は、「総代人ヲ以テ議員ヲ兼ネシメ、其撰挙法ハ御布達ノ通タルヘシ」、第五条は総代人に当選した者は区会議員を辞職することができない、と定めた。この規定は、議員は同一人物が兼務するが、区会と総代人会議はそれぞれ別個に独自な機能をもって成立していることを前提としている。したがってこの願は、兼務によって、実質的には区会が総代人会議の機能を取り込み、管掌すること、すなわち、区会が公的財政に関与する権限を拡大しようと意図したものであると考えることができよう。区会は、公的財政に介入して統制力を確立するという、公共機能を獲得するその第一義的な課題を、議員の兼務という形で実現しようとしたのである。

次に、総代人会議が公的機能を行使する機関であるため、議事に関係する区民を招集する権限などを定めたが、第四条は「無届ニテ欠席スル議員ハ巡査ニ乞ヒ怠職役ヲ督責スヘシ」、第七条および第八条は、会議には区戸長および巡査が「臨席スベシ」[47]という規定をもうけた。この規定は、総代人会議の公的性格ゆえに議員の怠役を戒め、また区役員・巡査に議事内容や決議の主旨を撤底させる意図にでたものと考えられる。しかしこの三カ条は、後に県が「公会議事ニシテ行政官吏臨席或ハ勤惰ヲ督責スル等隠当ナラサレハ」[48]改訂せよと指令したごとく、人民の総代の会議としての独立性をみずから放棄したといわざるをえないものであった。

以上のように、この兼務願は、区会が公財政に関与する権限を獲得しようと企図したものであった。この出願が認可されることは、区会が公的機能を拡充させ、議会としてもつ本来の位置を拡大する画期を意味した。しかし同時にそれは、被選挙資格の影響をうけることによって、農民の要求に応え、農民に支えられて発展してきたこれまでの区会の人民的性格を後退させる要素をはらむものでもあった。区会の兼務願の認可を県に要請した区戸長の上申は、彼らの期待するものがそこにあることを端的に表明していた。すなわち、これまで「或ハ官民ニ義務ヲ失シ或ハ其才ニ無之人往々議員選挙ニ当リ、間ニハ区会之本分ヲ尽サヽル義モ有之候条、此度新設之惣代ヘ議員兼務為致候ハヽ、人心之折合宜敷万般協議相整一層官民之稗益ト相成可申」[49]と。また総代人の人数は二四名となって、区会議員数四八名に比して半減することになり、この面からも農民の意思の反映は弱まらざるをえない要素をもっていた。区会は、公財政に関与する公共機能の権限を獲得するために、敢えてこの方向を進んだのである。区会は、一〇月にも再願した。その後の経過は不明であるが、区会の要求の強さと区戸長の後援から考えれば、出願は認可されたものと考えられる。

総代人制度の実施は、県の、人民の民会要求、自治拡大の要求に対する対応として、いちおうの効果をもたらした。第三八大区三小区区会の動向が、県にこの見通しを与えた。この後、総代人制度が人民の政治参加への意欲を刺激し、総代人制度のもつ限定的な枠を破ろうとする活動を活発化させ、いずれ地方議会の開設が必然となるであろうことは予測されるが、当面、総代人制度の実施が県に一定の余裕を与えたことは事実であった。ここに県は、地価決定の最終段階をむかえていた地租改正に専念することが可能となった。地方三新法の実施は急がれず、地租改正終了の見通しが確立した一八七八年一〇月の段階にいたって着手された。

本節では、地方民会の成立と発展には、「下から」の自生的自主的コースと、県の「上から」の対応としてのコースとがあり、この両者の対抗関係が地方民会活動の具体的展開過程であったことを明らかにした。

自生的自主的コースの典型である第三八大区三小区区会は、県が対応体系を模索している条件のなかで存立しえたものであったが、それ自体は自由民権運動の線上にある活動であった。県の対応は、公選民会開設方針の後退を特徴とした。

両者の対抗関係が明らかにしたものは、第一に、この時期には町村の自治が県と人民との基本的争点であったことである。第三八大区三小区区会の活動の主要課題はそこにあったし、区までを行政区画とした大区小区制に照応して、公選区会から県会へと漸進させる方針を採用した県が、町村の総代人制度を実施したのは、そのような情勢への対応であった。公的地位の実質的保証を欠いたまま、町村をして行政と徴税の現実的基盤たらしめる政府・県の政策は、地租改正をはじめとする統一国家形成のための政策の矛盾が激化した時期において、人民の反発を招かざるをえない。県会・区会に比して当初は無視ないし軽視される傾向にあった町村会が、一八七六年から翌年にかけて、統一規定で設置されるようになった[50]という事情は、県と人民との対抗関係のなかで、町村の自治が基本的争点として浮上してきた状況の反映であったといえよう。

第二に、第一の点と関連して、県と人民との対抗の具体的課題は、民会の形態、すなわち公選制か否かの問題ではすでになく、自治の範囲をどこまで許容し拡大するか、すなわち民会の権限の問題であった。「長崎県大区会条例」草案と第三八大区三小区区会の「町村会規則」の関係は、そこにあった。後者の場合、決議の採否権はなお県令・区長にあったが、三小区人民はその限界を異なった形で打破すべく、実力による決議の実効化をはかったのである。

第三に、このような対抗関係における県の対応は、大きくは三新法体制への方向を進むものであったといえよう。

しかし注目すべきは、県の対応は公選民会方針の後退をふくむ曲折のあるものであり、三新法体制まではなお距離があったことである。三新法体制を、地租改正反対一揆を中心とする農民一揆、および自由民権運動への対応体系であるというとき、当然のことながら、その必然性を府県段階から、直線的に結論づけることは避けなければならないであろう。(51)

本節が対象とした佐賀地域は、旧西南雄藩地域であり、士族の占める社会的位置と役割が大きい。民会活動においても、その特徴は貫かれていた。

「士族民権」運動は、日常的利益や市民的自由の軽視、農民との結合の無視、などを一般的な特徴として指摘されている。これに対して第三八大区三小区区会の指導部士族は、全国的には豪農層が担う役割を代位・代行し、「在村的潮流」と評価できる運動を指導したと考えることができる。このことは、「士族民権」運動の性格を一面的に理解してはならないことを意味しており、運動の多様なあり方がありうることを示唆していよう。

その際、士族の自己変革の問題を、避けて通ることはできない。本節では、そこに基底的条件として士族反乱の挫折が大きな比重を占めることを指摘するとともに、新しい思想・全国的運動、および農民との関係を推測した。自己変革が行われるためには、みずからの存在形態そのものに関わる内的契機—自己否定の契機が重要であると考えたからである。このこともふくめて、「士族民権」の性格と自己脱皮のあり方を統一的に検討する必要があるだろう。

第三節　「三新法体制」と戸長公選

（一）「三新法」の施行

一八七八年七月に公布された郡区町村編制法、府県会規則、地方税規則のいわゆる地方三新法は、わが国の地方制度確立過程における画期的変革であった。三新法は、従来の多分に現実を無視した大区小区制下の集権的官僚的統治を修正するものであり、町村を独自の領域として公認し、戸長公選と議会設置によって町村に一定の「自治」を許容することによって徴税と行政の安定的基盤を創出し、内務卿―県令の強力な指揮・監督と末端官吏たる郡長の町村統制によって、中央集権的な官僚的統治を実質的に貫徹しようとするものであった。同時にこの制度は、町村の指導層である豪農層に行財政を分任させる体制であるが、地方名望家としての彼らの町村に対する影響力を行財政に利用するとともに、政府が彼らを自己の側に抱合しようと意図したものであった。三新法のこの基本方針は、数度の制度的変遷は経ながらも、一八八八年の市制・町村制、一八八九年の府県制・郡制の実施による地方制度の一応の完成につながっていくものであり、その意味で、三新法は日本近代の地方制度の礎石をきづいたものであった。三新法は、農民運動や自由民権運動への対応体系として実施され、またそれらの運動の展開が、中央集権的方向にそった形での官治的再編としての一八八四年の改正を必然化した。そのため、農民運動や自由民権運動の激しかった地域の「三新法体制」状況や政治的対抗の研究は、比較的多い。

しかし、全国的にみるならば、右のような地域の動向に包括されえない地域が圧倒的に多かったのであり、一部の激化した地域の特徴を一般化することはできないであろう。そのような地域においては、三新法の機能や安定度は独特の特徴をもったであろうし、独自な検討を要する問題である。さらに、政治的対抗などの研究に比して、戸長公選など三新法の施行そのものの検討などから三新法体制を論じた研究は少ない。ことに旧西南雄藩地域を対象とした研究は、ほとんどないといっていい現状である。

当面の第一歩として、本節では、当時長崎県下にあった佐賀地域を対象として、郡区町村編制法、とくにその中核をなす戸長公選の実態と特徴について検討する。郡区町村編制法、とくに戸長公選の実施が、村落や県の行財政にどのような結果をもたらし、どのような新しい問題を生みだすことになったか、そこに旧西南雄藩地域の特徴がどのように貫かれていたか、それが一八八四年の改正とどのように関わるか、などの点に留意しつつ検討してみたい。

なお、佐賀県は、一八七六年四月一八日の太政官布告によって廃止され、三潴県へ合併された。その後五月二四日、旧佐賀県内の杵島、松浦の二郡が、六月二一日には藤津郡が長崎県へ管轄替となり、八月二一日、残り全郡が長崎県へ合併された。長崎県から分離して佐賀県が再置されるのは、一八八三年五月九日のことである。

長崎県令内海忠勝は、一八七八年七月、三新法の太政官布告を県内に布達したが、二九日の甲第九四号布達をもって、追って布達するまで地方制度は従来通りであることを指示した。そのうえで一〇月二九日、県は甲第一二一号以下の各号布達をもって、郡区改正、郡区長委任条項、郡区役所規則、戸長総則・職務概目・選挙規則などを布達して郡区町村編制法の施行に着手し、翌月から戸長の公選を実施した。一一月には県会議員選挙規則を布達し、一八七九年三月に県会を招集した。区町村会法は同年三月に規則を布達し、五月ころから各町村での開設が進んだ。地方税徴収規則や地方税課目・税額の布達など、地方税規則の施行は四月に着手された。長崎県下は、こうして一八七八年一〇月末から三新法時代をむかえることになった。

この時期に長崎県が三新法を施行したことには、地租改正作業との関連の問題があった。県は、当時の政策上の最重要課題であった地租改正作業の終了の見通しが確立した時点において三新法の施行に着手したのである。

県は一八七八年二月、地租改正収穫見込米の提出を県下に命じたが、連署した区長の歎願をいれて地価申請の期限を七月まで延期した。その後二ヵ月余の間に地価決定が急速に進められ、九月には地租改正事務局からの出張官の復命が行われ、一〇月二三日、県は、地価決定の未了の一部の地域を除いて、改租終了を宣言する許可を事務局に要請した。こうして県は一一月二五日に、長崎区、佐賀、壱岐、石田郡を除く県下地域の改租終了を宣言し、翌一八七九年六月一三日に佐賀、壱岐、石田郡の、七月二日に長崎区の終了を宣言して、一八七八年いらい進めてきた地租改正作業を終了した。三新法の施行の布達は、最初の改租終了宣言の申請の六日後であった。こうして県は、懸案であった地租改正の終了の見通しの得られた時点において三新法の施行にふみきり、村落統治体制の本格的な整備に着手したのである。

長崎県にとって三新法は、県下初の統一的な村落統治体制をつくりだすことになった。それ以前の県下は、大区小区制のもとで、四二大区二六七小区に分割されて統治された。このうち、旧長崎県領域が三五大区二二一小区、旧佐賀県領域が七大区四六小区であり、大小区の規模や区戸長の配置はそれぞれ独自の基準によって施行され、民費賦課法や税額もそれぞれ異なっていた。

これは、一八七六年五月から八月にかけて、旧佐賀県地域が長崎県に合併された際、新長崎県としての統一的な村落統治体制が整備されなかったことに帰因していた。県は佐賀地域を合併するとただちに、旧佐賀県任命の区戸長への長崎県としての新辞令の交付、大区名称の改称、旧佐賀県庁の支庁への改組、佐賀支庁警察出張所および長崎県裁判所佐賀支庁の開設など、主として旧佐賀県の統治体制を長崎県のそれに連動させる暫定措置を実施した。同時に、区制改革、区戸長職制章程、区務所心得の制定、区戸長改選計画など統一化のための政策に着手し、一八七六年一二月には法案がほぼ完成した。しかしそれは、「区画ノ制ニ関スル事ハ当分可見合云々内務省ヨリ内達(1)」

によって実施することができなかった。そのため、両地域では独自の統治方式が継続され、村落統治に関するかぎり、長崎県は旧長崎県、佐賀県の寄合世帯の観を呈していた。

佐賀地域の大区小区制は、一八七五年三月に本格的に形成され、佐賀の乱の鎮圧を経て再編した士族を区戸長に据えて官吏化し、集権的官治的統治を貫徹しようとするものであった。この方針は、長崎県への合併後も基本的に維持されたが、大区小区制の官治的統治に対する人民の抵抗が強まり、一八七六年ころから民会活動など、人民の自治拡大をめざす運動が活発化した。これに対して長崎県は、一八七六年七月、公選民会開設方針を決定して、人民の合意調達によって行財政の安定的基盤を確保しようとしたが、テスト・ケースとして公認した第三八大区（藤津郡）の公選民会の活動は、県の思惑を越えて自治拡大の活動を展開するにいたった。そこで県は公選民会開設方針を後退させ、一八七六年の第一三〇号布告「各区町村金穀公借共有物取扱土木起工規則」にもとづく総代人制度を実施して一定の対応を示し、当時の最重要課題であった地租改正に専念したのである。

このような全県的な統一的村落統治体制の未整備、人民の自治拡大の要求の高まりへの対応の必要性からすれば、地方制度の抜本的改革の実施はいずれ必至の課題であった。

三新法の施行には、右のような事情とともに、とりわけ佐賀地域の統治の困難性が色濃く影響を与えていた。着手に際して県令内海忠勝がとくに意識したのは、そのことであった。彼は、「全体彼地ハ従前之振合を親シク見聞仕候ハヽ、維新以来真之県政ヲ施サヌモノト云ツテ可ナリ、夫故今般之郡区改正ハ佐賀地方改革ノ好機会と相考候間、改正発表前態と中山平四郎（佐賀郡長に新任―引用者）ヲ招キ篤と改正之趣意ヲ説キ彼ヲシテ一層奮発セシメ」(2)た。中山郡長が罹病すると、ただちに郡役所巡視と称して佐賀へ出張し、郡長、書記を督励した。このような県令の行動は、佐賀地域の統治の困難性の打開のために三新法の実施によせる期待の大きさを物語っていた。確かに、一八七八年ころの佐賀地域には、人民統治上の種々の困難が存在しており、情勢は錯綜していた。以下、その主要なものをみてみよう。

その第一は、前記のごとく、当時のもっとも主要な政策課題であった地租改正作業が大詰段階をむかえており、地価決定という困難な作業に直面していたことであった。長崎県の地価改正は、全国的には、「管内ヲ通計スレハ苛重ニ失スルヲ以テ、改租ニ際シ其減スル所ノ税額金三拾九万貳千四円余ノ多キニ至レリ」[3]と、三五％という全国最高の減租率となった。[4]しかし作業は、順調に終了をみたわけではなかった。佐賀郡の場合、「拾五ケ村之義ハ人民申立ノ収穫地価其当ヲ得サルニ付種々説諭ヲ加ヱ候処、畑宅地ハ甘受スト雖トモ田方ニ於テハ稜量ナキヲ口実トシテ苦情申立、未タ承服ノ場ニ至ラス」[5]、「若シ其執拗ニシテ益々固牢ヲ極ムルニ至テ、他ノ甘諾セシ村落ニ波及シ終ニ何等ノ反動ヲ来タスモ難保」[6]といわれる抵抗が発生し、佐賀郡の改租終了を翌年にずれこませた。小城郡では、地価について人民が区戸長の説諭を承服せず、大書記官が出張して説諭することを余儀なくされる問題に発展し、区長は辞表を提出するにいたった。このような明確な抵抗の形をとらないまでも、改租にともなう民費増や地価決定に対する人民の不満は、県下全域に広範に存在していた。

第二に、連年のうちつづく天災、地租改正などによる民費増、「其最モ苛斂ナルハ壱岐ノ国ナリ、佐賀島原之ニ次キ」、「苛重ニ失スル」[7]と称された旧貢租の存続などによって助長された農民の経済的困窮の進展と、それによる農民の動揺・抵抗の高まりの問題があった。農民の困窮化は、一八七六年ころから急激に進み、区長が連署して貢納の延期を出願しなければならない状況が発生した。願書は、「遂年民力疲弊ニ及ヒ加之一昨年ノ風災ニテ大凶作ニ及ヒ大概田畑屋敷沽却書入質入等ヲ以可也ニ貢租相弁シ、昨年三月ヨリ当春ニ懸ケ莫大ノ負債ニ及ヒ、昨八年ハ尋常ノ作毛ニ候得共右借金本子ニ被相追少シモ甘キ不相付至極困却」、「当春麦作ヲモ已ニ食糧ニ相潰」[8]と指摘したが、このような状況はその後民費未納者の激増となって展開した。それは例えば、第四一大区（神埼郡）四小区の下三津村では、一村だけで民費未納者が一七六名を数えたため、処分のための裁判所への民事訴訟自体ができなくなるという状況に象徴されていた。彼らは県の数度にわたる出頭命令に従わず、県は巡査を派遣して拘引することを布達するにいたったが、これも人民の抵抗によって撤回されなければならなかった。人民は、「民費二重掛ケ並番卒差向督促[9]」を不当として出訴するような抵抗を各所でくりひろげた。この民費未納は、単に物理的に困難であることのみによっていたのではなかった。未納者は、「何レモ身元可也ニ有之課出等ニ延滞スル程ノ身分ニ無之、然ルニ兼テ軽薄ニシテ自余貧苦ノ者等未納金遅緩スルヲ幸ニ同的シ何歟ト工情申立斯ク延滞スル訳ニテ、横着物ニ有之[10]」と指摘されるごとき階層をふくんだ抵抗として展開されていた。

　一八七八年当時は、このような経済的困窮の進展によって、各所で動揺や騒擾が発生した。第三六大区甲部の東松浦郡地方では、旱魃によって、「溜水ハ無論諸川減水挿苗出来兼、依之先頃以来各村集合祈雨最中、依テ改租ノ御発令ニ際シ此上数日降雨於無之ハ人心益鼎沸可致ハ必然[11]」といわれる沸騰直前の状況があった。第四〇大区の佐賀郡では、先述の地租改正反対の動きに加えて、四小区の早津江村では農民の動揺が発生した。農民は、戸長が三〇〇〇円余「過度徴収引紛リ罷在」ること、県令が一八七七年地租を規定以上に過度に徴収し、問合せに対して「一口之申開モ無之麁洩之段詫言ヲヒ申」たこと、一八七四年の暴風雨による災害に対する県の融資が「出切」となり返済不要となったこと、など「法外之虚説」をかかげて、隣村までを対象として「大太鼓ヲ打立[12]」て煽動し、日々集会した。また第三七大区（杵島郡）五、六小区の武雄地方においては、区役員による貢金流用問題が発覚し、それは郡区町村編制法施行後の郡書記追放運動へと発展した。

　この事件は、「地租改正ノ為メ費用相層リ候上頻年水旱等ニテ生計相立難ク、最初ノ五分通リ相納候儀モ至極困難ニ候得共、官規ニハ背キ難キ訳ヨリ百方苦心上納仕候ニ、今又成規ノ月ニテ無之貳部通リ御取立相成候テハ何分力ニ任セ難」しという猶予の歎願にもかかわらず、一八七七年八月に「豪モ情実酌量不到急迫ノ督促ヲ以テ取立」てられた人民が、一八七八年一〇月ころになって、他の小区では歎願の結果徴税されなかった事実を知って激昂したことを発端とした。人民は、「他小区ハ取立無之ニ、我カ両小区分ニ限リ数千円ノ貢金ヲ一ケ年余モ区務所へ留メ置キ候トハ甚タ以テ其意ヲ得ス、定テ区役員中利用ノ為メ無利子ニテ貢金ヲ流用スルノ奸計ニハ無之ヤ、現在金庫へ有之候哉」と、一九名の人民総代をたてて、不誠実な対応しか示さない区役員を数度にわたって追及した。その結果、副戸長による一四四八円余の流用が判明し、人民は正副戸長に辞意を表明させるとともに、「相当ノ利子相添ヘラルベキ理ニハ之ナキヤ」と追及して、利子をそえて徴収した貢金を返還させた。この事件は、郡区町村編制法による戸長選挙にも後にふれるごとく直接的影響を与えたが、辞意を表明した正副戸長二名が郡書記に任用されたため、運動は、「此ノ両名共我々郡役所へ致奉職候テハ此ノ後如何ノ不体裁致シ候哉モ計リ難ク、人民ニテ郡役所ヲ信用セサル場合ニモ相成候間」、「右等ノ人々我々郡中ニハ奉職致サヾル道ハ有御座間敷ヤ」[13]という郡職からの追放を要求する運動へと発展した。

これらの事件は、人民の経済的困窮の進展を基礎とし、区戸長の専断・不正、天災その他によって助長された動揺、抵抗であった。大区小区制下の行財政が、人民を政治の客体の位置にのみに据え、県令—区戸長を通じた徴税と官僚的統治として現実化するものであったため、人民の抵抗の鉾先は常に県令や区戸長へと向けられたのであった。右のような事件は、いわば氷山の一角とでもいうべきものであり、これらの事件のような形をとらないまでも、この時期、人民の動揺、抵抗はさまざまの形で県下に広範に存在していた。

これらのほかに、東松浦地方の旧唐津藩時代の村落統治に起源をもつ庄屋地問題[14]が紛糾したのも、この時期であった。

延宝二（一六七四）年、唐津藩は村落統治強化のために、村落統治の実績によって庄屋を配転させる転村庄屋制を開始した。転村庄屋は前任者の土地・居宅を継承したが、維新後の庄屋の削減と廃止に際して、廃役庄屋はこれを給与された。農民はこれを村有地であるとして返還を要求し、また民費によってまかなわれてきた庄屋居宅の修改築費用の払戻しを要求した。地租改正による土地所有権の確立という条件が加わって、この問題は一八七三年五、六月ころから激化し、農民と庄屋との衝突、農民による庄屋宅の公売処分の強行など紛糾化した。県は一八七八年三月、勧第六六号布達などによって、庄屋地を旧庄屋に下げ渡すことをあらためて確認した。反発した農民は、村毎に裁判所へ出訴し、ことに白木村人民は一審で敗訴の後、八月に控訴した長崎上等裁判所の審理で勝訴した。この白木村人民の勝訴は、「忽チ各村流布、東西相顧首尾相応陸続突貫佐賀支庁裁判井上等へ出訴、巨費浪用或ハ各村集会啻家業ヲ怠ノミナラス種々ノ挙動ニ及」び、「一郡忽チ攪乱詭訴百出、人心再ヒ収攬スヘカラサルニ至ハ必然[15]」と区長を苦慮せしめた。ことにこの地域は、宝暦、文政、天保、さらに明治期にも一八七〇年にそれぞれ一揆が発生した経験があるだけに、憂慮されたのである。事実、この判決後、陸続として農民の裁判闘争が開始され、大審院にまで係争はもちこまれた。

さらに、県を苦慮せしめた問題の一は、これらの人民の動揺、抵抗を助長している代言人・代書人の活動への対処であった。佐賀地域におけるこの活動は、一八七五年ころから急激に増大してくる。これは、佐賀の乱の鎮圧を経て士族が新たな転身を必然化されたこと、およびこの活動を必要とする人民の抵抗が県下に広範に存在していたことを背景としていた。

佐賀地域における代言人・代書人の活動は、通常の法廷活動の他に、注目すべき二つの傾向があった。その一は、佐賀・神埼郡など東部地域を中心に、政社的活動を展開し、後に民権政党を結成するにいたる活動である。一八七五年一月、佐賀市街を中心とする除族士族をふくむ旧征韓派士族六名が、「代言代書ノ事務取扱並ニ法律研究ノ為メ日々集会仕[16]」ることを届け出た。彼らは野田常貞、米倉経夫らを中心に組織を拡大し、一八七八年一〇月には「松風舎[17]」と称し、自由民権運動の性格をつよめた。彼らは、一八八〇年ころから演説会その他の活動を活発に展開し、一八八一年一〇月の佐賀開進会の結成の主勢力となる。

しかし県をより悩ませたのは、農民と結合し、農民の県・区戸長への抵抗の援助・指導を主たる性格とする代言人・代書人の活動であった。農民の活動が活発であった第三七大区の杵島郡地域では、すでに一八七五年六月に、農民が民費分課への疑惑など五カ条をかかげて村寄のうえ、「代書人小城居住江嶋晋ヲ相招沸議ヲ相生シ、貢租取立筋全以相妨[18]」げる事態が発生していた。その後活動が活発化して、一八七七年六月ころには、「近来代言代書等狡猾無頼之徒入込ミ、愚民ヲ唆誘シ、区務所ノ障碍相成候儀毎度有之[19]」状況を呈し、とくに四小区では彼らに支えられて、区長の強権的な戸長人事に反対する戸長排斥運動が展開され、農民側の事実上の勝利に終わった。この地域の農民の運動が裁判闘争として展開されることは少なく、県・区戸長への抵抗や村内の民主化を要求する運動として終始することを考えれば、代言人・代書人の活動は、収奪や官僚的統治に抗して農民の日常的利益を擁護する活動としての性格が強く、彼らは農民の抵抗の援助・指導者の役割を担っていたと考えられよう。後にみるごとく、郡区町村編制法の施行後もこの地方での代言人・代書人の活動は活発であった。

県はこのような状況に対して、取り締まりを強化した。一八七八年三月に県は、「近来妄に代言人と唱へ各村町を立回、人民を教唆かし壇に訴訟等を勧め不当之謝料を貪候者有之」、この教唆に乗ぜられるならば「詰は銘々の身体を破難渋なるのみならす、甚しきは罪科に陥るに至る」と、「不筋なる者」による「不理の訴訟[20]」の取り締まりを強化することを、振り仮名つきで布達した。その後県は、訴訟代人の解除や不品行者への代人証書の不与その他について数度にわたる司法卿との交渉を行い、九月、代人は代理すべき親類や雇人がいない旨の戸長の奥書を要す、翌一八七九年五月には、戸長が「代言代書人ノ可否及事故ノ顚末等ヲ迅問シ、不正不理ノ訴訟等有之モノハ懇篤説諭[21]」する、などの規制強化を進めた。

佐賀地域は、一八七八年当時、右のような状況下にあった。したがって、一八七六年の第一三〇号布告の総代人制度の実施によって、狭い範囲での人民の行財政への参加を公認する段階にとどまらず、人心を鎮静化させ、人民の自発性を喚起して行財政を安定化させる抜本的対策の実施が不可欠であった。戸長公選と地方議会の設置を中心として町村に一定の「自治」を与え、郡長を通してそれを統制し、実質的に官僚的統治を貫徹する三新法の施行に、県は大きな期待をよせた。

郡区町村編制法の実施によって県下は、従来の四二大区二六七小区から、一区二〇郡として統轄されることになった。このうち佐賀地域は、七大区四六小区から一〇郡へと編成替されたが、三根、養父、基肄郡が一郡として取扱われたので、実質的には八郡体制となった。町村は、末端の行政区画としての地位を公認された。佐賀地域において町村は、戸数三〇〇〜六〇〇戸、反別二五〇〜五〇〇町をおおよその基準として三二八の戸長管轄区画に編成され、一名ずつの戸長を公選することになった。

内海県令は、郡区町村編制法の施行に際して、前述の行動から察せられるように、郡長の選任をとくに重視した。郡長は、町村戸長を指揮監督し、県令および法律にもとづいて郡の事務を総理する職責であり、県の支配意図を体現し、「自治」を与えた町村に対する統制に直接的責任をもつ官吏であった。郡長には全員士族が選任されたが、佐賀郡長に県一等属で佐賀支庁長であった中山平四郎が任ぜられたごとく、県官か区長などの経験者を中心とした。全国的には豪農などの地方名望家が任用される傾向にあったなかで、佐賀地域では、主に支配経験と能力を重視して士族を任用する旧来の方針が貫かれた。その際、小城郡出身で第三七大区（杵島郡）区長であった持永秀貫を小城郡長に任用するなど、住民との関係をより親密化させようとする対応がなされた。

三新法が意図する徴税と行政の安定的基盤の確立は、郡長の機能もさることながら、町村に与えた「自治」がどのような動向をたどるかにかかっていた。町村の「自治」は、戸長公選と町村会の設置を中心に構成される。次項では、前述のような佐賀地域の情勢のなかで、戸長公選がどのような結果をもたらし、それが県の行財政や村落にどのような影響を与えることになったかについて検討する。

(二) 戸長公選の実施

最初に、一八七八年一〇月二九日に布達された戸長総則、職務概目、選挙規則によって、戸長の性格、職務、選出法について簡単にみておこう。

戸長は、町村人民の公選によって、毎町村あるいは数町村に一名ずつ設置される。任命は、公選後、郡長の具状によって県が命令するが、郡長が不適当であると認めるときは、県令の許可を得て改選できる。戸長の任期は三年とし、「事故ナク」辞職することはできない。月給は任地の戸数・反別によって六円、五円の二等があり、月給および事務取扱費は地方税から支給されるが、その町村あるいは数町村かぎりの事業に関する入費は、町村の協議によって適宜の方法を設けて支弁しなければならない。戸長には、「行政事務ニ従事スルト、其町村理事者タルト二様ノ性格」が与えられ、郡長の「指揮監督[22]」下に置かれる。戸長の職務は、布達の徹底、徴税、戸籍事務、徴兵下調、地券台帳の整備などの国政委任事務の遂行、県令・郡長の命令の執行、「協議費ヲ以テ支弁スル事件ヲ幹理スル[23]」こと、であった。戸長は、その町村本籍の満二〇歳以上の男戸主によって選出される。その際、徴役一年以上の実刑をうけた者、破産処分をうけた者、官吏および教導職は戸長となることができず、先の第一項目に該当する者は選挙権もない。

ここに、戸長は、町村の理事者としての性格が与えられ、選挙によって町村民の依託をうけて町村を運営する権限が公認され、町村会の設置とならんで、町村の自治を実現する基礎が据えられた。このことは、人民にとっては、大区小区制下の官僚的統治のもとで政治の客体としての位置にのみ据えられてきた状況を脱して、政治の主体となる道が開かれたことを意味した。これは、画期的変化であった。しかし同時に、戸長は、「行政事務ニ従事」し、等外一等の県官に準ずる取扱いをうける下級官吏でもあり、人民にとっては、政府・県の支配意図を直接に体現する職責である郡長の全面的な「指揮監督」下の下僚であることを意味していた。この点からすれば、町村はいぜん

表4－1　戸長族籍表

	1878～80年						1880～83年					
	1878年12月選出戸長			1878～80年改選戸長			1880年8月選出戸長			1880～83年改選戸長		
	士族	平民	不明	士族	平民	不明	士族	平民	不明	士族	平民	不明
三・養・基郡	9	13	0	2	4	1	3	5	3	3	3	0
神埼郡				3	1	3				0	1	9
佐賀郡	61	7	0	8	3	6	25	1	4	10	1	1
小城郡				8	0	5	18	1	0	8	1	3
杵島郡				6	5	3				9	3	0
藤津郡				4	2	5				8	0	1
東松浦郡				7	10	3				6	4	2
西松浦郡	11	25	0	2	9	1	3	7	3	3	10	0
計				40	34	27				47	23	16

註：改選戸長＝1878～80年，1880～83年間の辞職者の跡役として改選された戸長。
表中の「三・養・基郡」は，三根・養父・基肄郡の略。
『明治十一年十二月以后十三年七月改正迄　戸長辞令原書』，『従明治十三年至十六年　文書科事務簿』（長）より作成。

として、実質的に県の官僚的統治の末端に位置せしめられる状況を脱することはできなかった。

戸長の公選は、一八七八年一一月から翌月にかけて、各郡長・書記の直接的指揮のもとに、全県下でいっせいに実施され、佐賀地域では三二八名の戸長が選出された。戸長はこの後、一八八〇年八月に区制改革が実施されて受持区域が拡大され、一三九名に減少された。以下・戸長公選が県の行財政や村落にどのような問題をもたらしたかについて検討する。

まず、戸長がどのような層によって担われたかについて、族籍を中心にみてみよう。

表4－1は、判明するかぎりでの戸長の族籍を表化したものである。佐賀、小城の両郡において士族の比重が圧倒的に高く、西松浦、三根・養父・基肄郡において平民籍戸長が著しい。他の郡の傾向は、この表から結論づけることはできないが、藤津郡は前者に近く、東松浦郡は旧幕府領・譜代領であったことから推測すれば基本的に後者であり、杵島、神埼郡は両者の中間に位置すると考えられる。これを一八七五年三月当時の状況[24]と比較すると、三根・養父・基肄郡で平民籍が増大していることが示すように、平民籍戸長の比重が確実に高くなってきているが、総体としていえば、基本的には戸長公

選後も大区小区制の戸長官選期の傾向が維持されていると考えていいであろう。全国的には公選後の戸長には豪農などの名望家層が多く選出される傾向にあるが、佐賀地域においてはいぜんとして士族の比重が高く、旧西南雄藩地域独特の特徴を示している。これは、佐賀地域における士族の村落に占める政治的位置、ないし知識人的性格の強さを窺わせるものであるが、戸長が、執務能力の点から区戸長・小頭・筆生・学区取締などの旧支配経験者から選出される傾向が圧倒的に高かったことを考えれば、官僚的統治を推進するために、県治推進の能力を基準として士族を区戸長の主要な担い手に据えた大区小区制時代の伝統が続いていると考えられよう。郡長の次のような発言は、平民籍戸長の確実な増大をふまえて、このような特徴を指摘したものであった。一八七九年一月、坂本経懿杵島郡長は、地方税による各戸長への新聞支給を願い出て、次のように述べた。「当郡ノ如キハ山間ノ僻陬ニシテ都府ノ人民ト区域ヲ異ニシ方今日新ノ時勢ニ後レ、今度公撰ノ戸長半農商ヨリ新任ノモノニ有之、官撰ノ昔日ニ比スレハ事務ニ疎ク比竟今日天下ノ形勢ヲ聞知セス、井底ノ蛙タルヲ免サル所」、新聞を支給されれば、「各感発興起且興学誘導ノ一端トモ可相成[25]」、と。

次に、表4－2をかかげる。これは、一八七八年および一八八〇年の選出戸長数、その辞職者数と跡役としての改選戸長数、各町村での改選回数、辞職理由を表示したものである。

この表に特徴的に示されていることの一は、辞職者の比率が相対的に高いことである。一八七八年選出の戸長においては三八％余が辞職し、一八八〇年では辞職者は約四四％に増大している。この数字は、辞令交付の後に辞職が県によって許可されて改選が実施された戸長数のみの集計であり、これに公選後の辞令交付に際しての辞退者を加えると、比率はもっと高くなる。たとえば、前述の戸長の不正追及事件のおきた杵島郡武雄町の一八八〇年一月のように、「戸長拝命御請致候哉先以代理戸長順次申付候処、果シテ虚病不参或ハ病気辞表差出[26]」し三名が辞退するごとき状況があり、二、三名の辞退も珍しいことではなかった。このような状況は、農民の活動が活発、ないし

表4-2　戸長選出・辞職・改選数表

	1878年12月の選出戸長数	辞職者	1878〜80年間の改選戸長数	1878〜80年間の改選理由					改　選　回　数		
				諭旨免	犯罪	郡書記転出	死亡	病気	1回	2回	3回
三・養・基郡	22	7	7	1	1	0	1	4	7	0	0
神　埼　郡	31	5	7	0	0	0	0	7	3	2	0
佐　賀　郡	68	15	17	1	0	0	1	15	13	2	0
小　城　郡	40	11	13	0	0	0	0	13	9	2	0
杵　島　郡	40	12	14	6	0	0	0	8	10	2	0
藤　津　郡	25	8	11	0	0	2	1	8	6	1	1
東松浦郡	66	17	20	1	0	0	1	18	12	4	0
西松浦郡	36	11	12	0	0	0	0	12	9	0	1
計	328	86	101	9	1	2	4	85	69	13	2

	1880年9月の選出戸長数	辞職者	1880〜83年間の改選戸長数	1880〜83年間の改選理由					改　選　回　数		
				諭旨免	犯罪	郡書記転出	死亡	病気	1回	2回	3回
三・養・基郡	11	5	6	1	0	2	0	3	4	1	0
神　埼　郡	11	6	10	1	1	0	0	8	4	0	2
佐　賀　郡	29	9	12	3	1	0	1	7	7	1	1
小　城　郡	19	7	12	3	0	0	0	9	3	3	1
杵　島　郡	22	9	12	1	0	0	0	11	7	1	1
藤　津　郡	12	8	9	0	0	0	0	9	7	1	0
東松浦郡	22	11	12	3	0	1	1	7	10	1	0
西松浦郡	13	6	13	1	1	0	0	11	1	3	2
計	139	61	86	13	3	3	2	65	43	11	7

註：諭旨免＝郡長から免職要求がなされ，県によって免職，あるいは辞表提出が指令されたもの。
（出典は表4-1に同じ）

人心の動揺が著しい町村に多かった。さらに、辞職者の跡役として選出された戸長ほど定着度は悪かった。一八七八、一八八〇年選出戸長のうちの辞職者数に比して、改選戸長数が、一八七八〜一八八〇年では四割、一八八〇〜一八八三年では二割弱ほど多いことが、これを立証している。またそれは、一町村で二回、三回の改選が行われたところがかなり多かったことにも示されている。

このような辞職の頻繁さは、行財政の停滞や混乱をもたらすものであった。このことは、官選戸長への抵抗に対する対応として実施された公選制が、後述するような戸長としての資質や能力の点とあわせて、県の行財政の恒常的な安定化を必ずしも直接的にもたらすものでなかったことを示唆しているといえよう。

辞職の理由は、病気、老衰、死亡、あ

るいは筆算能力の不足など戸長としての能力・資質の欠如、および町村民からの免職要求をふくむ郡長による免職要求が中心である。このうち圧倒的に多かったのは、病気による辞職であった。戸長総則が、戸長は「事故ナク」辞職することができないと定めている以上、病気を理由とすることが多くなるのは当然であった。しかし戸長の辞表は、郡長によって事実を審査され、理由が正当であると判断された場合のみ上申されて県の決裁をうける手続きになっており、その点からいえば、戸長に辞職しなければならないほどの病身者が多かったのは事実であったろう。このような事態は県にとっては、期待する人材が得られないことを意味しており、戸長公選制によってもたらされる困難のもっとも大きなものの一であった。

辞職理由の一である郡長による免職要求は、主に次の三点を理由としていた。第一は、職務怠慢、能力不足、品行不良など、戸長としての資質や能力を欠いているという判断であった。とくに、徴税の不徹底や遅延、期限つきの調査や進達の杜撰さが問題とされた。第二は、戸長就任によってもたらされる町村内の対立や混乱を回避することにあった。

これは主に、戸長の執務や旧役時代の専断・不正によって人民の不満や抵抗が増大することへの対策であり、ことに人民からの改選の要求がなされた場合は、ほとんどの場合、郡長は免職を要求した。その典型として、一八七九年二月から四月にかけての杵島郡大町村の場合を指摘することができる。一八七八年一二月の選挙後、就任した戸長に対して反対行動がおこった。村民一二〇名が翌年二月、同村杉谷炭坑の開堀願への重印と壇家総代としての専断を非難し、四月には、戸長が「明治六年村長在勤中検見落米取込ミ、其後小頭在勤中地租改正取調中ニ改正惣代等ト談合シ莫大ノ費用ヲ賦課候儀等、其他数件不宜所業有之」、また選挙の時「人民ヲ教唆不正ノ投票ニ及候」と訴え出た。郡長は、数度の県との接渉の末、「弥増村民沸義ヲ醸シ一村ノ向背ニ関[27]」するとして正式に免職を要求し、県は病気その他の事故を理由として辞表を提出せよと命じた。これは、大町村が従来から村内対立の激しい地方であったからでもあるが、この例に限らず、戸長の経歴や執務がもたらす人民の不満や対立の解消に関して、郡長はきわめて敏感であった。

第三の免職理由は、明らかに人民の利益擁護を重視するとみなされる戸長、郡長の指揮監督に従順でないと考えられる戸長など、県令―郡長の支配意図が貫徹しないと判断される要素を排除することであった。一八七九年四月、坂本経懿杵島郡長は田野上村外二村の戸長の免職を県に申請した。同村では加地子地関係の小作人二八名が、県官や郡長の説諭にもかかわらず第三次処分を承諾しなかった。郡長は戸長に説得を命じたが、それが進展しなかったため郡長は、「戸長ニ於テ最初ヨリ小作人ト同服致居候末、今更変口難致処ヨリ言ヲ左右ニシ、真ニ懇諭落着為致候趣意トハ難被相考(28)」として、免職を要求したのである。一八七八年一二月、同郡鳥海村戸長に対しても、「同人儀道路開鑿ニ付テ奸徒共各村煽動人民ヲ誑惑スル挙動ニ与シ、自村出夫ニ至ラシメザルノミナラス、各村之障害ヲ来シ」、「郡役所呼出シニモ不相応、他用ニハ各地奔走甚以不宜(29)」として、諭旨免職を要求した。また内容は不明であるが、一八八五年三月ころ、「先般郡内各戸長私ニ集会シ委員ヲ設ケ中立タル事件」がおこった小城郡では、郡長藤本頼慶が、小城町外三村戸長など三名の戸長に対して、「悔悟ノ色ナキノミナラス」執務ぶりもよくない、「畢竟郡令ヲ拒ムモノ、如シ」として免職を要求した。免職後の改選においてふたたび三名が当選したが、郡長は「今公撰ニ随ヒ旧戸長再任ニ至ル時ハ、戸長ノ進退ハ一ニ人民ノ左右スル処ト信シ将来統治上差支ノミナラス、郡役所ハ忽チ信ヲ失シ百般就政ニ影響シ不可謂場合ニ立至ル(30)」として、再改選を実施したのである。再改選の結果、彼ら三名は得票がほとんどないという結果になったが、郡長が選挙にかなりの圧力を加えたと考えられる。

右のような郡長による諭旨免職の要求は、郡区町村編制法の焦点の一である戸長公選が、県が期待する戸長の選出と行財政の安定化を必ずしももたらすものでなかった事情を象徴的に示していた。と同時に、県の支配意図を体現し、「自治」を与えた町村を指揮監督する下級官吏としての郡長の機能と役割の重要性を、またその困難性をも端的に物語っていた。

戸長の人材の欠如の点に関しては、政治的な訓練が進んでいなかった人民の側においても同様であった。それは既述のような改選の頻繁さや後述する村内対立に反映されていた。さらに一八七八年の公選時、村内に適当な人物がいないことを理由として、人民が請願して他村在籍者を戸長に選出した例が一〇件あったことにも示されていた。[31]戸長公選がもたらしたこのような状況に対して、県は、二つの対策を実施した。それは、戸長管轄区域の拡大と、選挙法改正による被選挙権の拡大であった。

県は一八八〇年七月、丙第一六号を布達して、戸長管轄区域を改正の予定であるので、戸数・反別、その他戸長配置の目的をもって調査をとげ、郡長か書記が県庁へ出頭するよう命じた。そのうえで、八月、戸長配置を改正し、戸長の改選を命じた。これによって、数町村が連合されて戸長の管轄区域が拡大され、戸長数は三二八名から一五三名へと半数以下に減少された。[32]従来の規模が据え置かれたのは、わずか七町村であった。この措置は、より広い地域から戸長としての適任者を選出しようとするものであり、また戸長に対する共同体的制約を弱めることを意図したものでもあった。

同時に、この改正は、財政的側面から強く要請されたものであった。それは、協議費などの点で人民の負担が大きかったこと、とくに戸長から月給、経費拡大が要求されたことを理由としていた。郡区町村編制法の施行に際して、「地方税施行初年ノ儀ニテ予備金等モ無之追々支出差支候」ゆえに、上納期限の厳守と「内納取計不苦」[33]という財政状況で出発した県は、戸長給料その他経費の急激な増大のために、財政の緊縮化をはかり、従来区戸長に所属して事務を補助していた筆生・筆工などを全廃し、郡長に戸長役場経費の厳しい取り締まりを指示した。そのため戸長は全県的に、筆工などの雇用を頻繁に県に請願した。とくに、一八七九年一一月に小城郡戸長四七名[34]は連署して「月給其他増額并雇筆工願」を提出した。「願」は、「当般ノ戸長月給其他定規ノ給額ニテハ何分諸費不足ハ勿論、殊ニ小使給ノ如キニ至リテハ僅々二円ノ月給ニテハ当時雇傭者実ニ無之、種々便法ヲ設テ辛々其人ヲ得西奔東馳漸ヤク費用ヲ弁セシムルト雖モ、豈敢テ労苦ヲ慰スルニ堪ユルユ興財アランヤ」、戸長一名にては職務も困難であり、「町村理事ノ要務モ百廃一モ挙クル能ハスシテ、今般郡区改革ノ美挙タル町村自治ノ精神モ殆ト却歩ニ属シ遂ニ官民ノ不幸此際ニ胚胎スル実況[35]」、と痛烈に現状を批判した。県は、二カ月間の筆工の雇傭を認めて督励したが、翌年三月にいたって、戸長四二名は連署して辞表を提出したのである。彼らは、郡長の説諭に対抗して、県の先般の「御指令之趣ニテハ追テハ御詮議等可相成文意ニモ不相見、一同退職ニ相決」したと主張した。県は、「右願意ハ即今御詮議難相成候得共、今般地方官会議ニ於テ決議之趣モ有之、追テハ多少便宜之御発令可有之[36]」、と政府の施策に依拠する形で郡長による説得工作を強めた。一八八〇年八月の戸長の削減は、それによって戸長月給その他諸経費の改善をはかるための措置でもあった。

選挙規則の改正の面からの対策は、一八七九年一〇月に実施された。県は、甲第一五三号を布達して、被選挙権から戸主要件を除去した。その町村本籍という要件は、すでに一八七八年の選挙時において「村内人民之請願ニ仍リ[37]」適用を排除することが可能であったから、この布達によって、被選挙権は実質的には満二五歳以上の男子を要件とすることになった。一八八一年九月には、甲第一三〇号布達によって、被選挙権の満二五歳以上の要件を、満二〇歳以上と改正した。この改正は、八月の西松浦郡大川内村からの、満二一歳以上の人物であれば適任者がいるので許可されたいという願が直接の契機であった。県は請願自体は不許可としたが、県官の間での協議の結果、この布達となったのである。以上のように、県は、選出範囲を拡大し、選出条件を緩和することによって、戸長の人材確保を進めようとしたのである。しかしその後もなお、東松浦郡瀧川村のような、「該村之内ェ相当之者無之ヲ以、官撰之儀別紙之通人民惣代ヨリ願出」るという「官撰[38]」願が二件発生する状況であった。

戸長の精選に関しては、郡長の立場からする独自の対策も実施された。そこには、村落の統制者である郡長の関心が直截に反映されていた。

一八八〇年八月、西松浦郡長永田暉明は、「戸長改撰ニ付伺」を提出して、公選によって当選した戸長に対する試験の実施の許可を県にもとめた。永田は、「数村合併戸長一区域ヲ成タル箇所其投票ヲ作スニ、偏ニ自己村内之者ヲ相要シ他村ニ適当ノ人物有モ之ヲ撰挙スルヲ欲セス、斯ノ如ク弊有ヲ以テ往々其人ヲ得ス」、と適任者を得られない現状を指摘した。そこで永田は、郡長において職務不適当と認める場合は県令の許可を得て改選することができるという戸長総則第三条但書に依拠して、「其公撰之戸長人物不適当ナリト認トキハ、役所ニ於テ試験ヲ施シ其不適当之実際ヲ確定」したいと主張した。課目は、「戸長役場必用ニ係ル一二ノ事ヲ以テ問題トナス」ところの「文筆之巧拙」、同じく「算勘之巧拙」、「本省幷本県布達之内一二ノ書類ヲ以テ問題トナス」ところの「読物之巧拙」であった。これは、たてまえは「不適当之実際ヲ確定」するというものであったが、実質的には公選に対する審査であり、その「確定」は郡長の意向を反映するものであった。これに対して県は、「公撰ノ精神タルヤ特リ事務練達ノ者ヲ得ルノミナラズ、兼テ人民信望アル者ヲ撰挙スルモノナレバ、相成丈当撰ノ戸長ヲ任用スルヲ公撰ノ旨意ニ協フタルモノト存候ニ付、容易ニハ不適当トシ貶斥ハ為シ難ク、又予メ試験法ヲ設ケ置キ若シ容易ニ之ヲ用ユルトキハ或ハ半公撰半官撰ノ弊ヲ生スルノ掛念モ有之」(39)、と不許可とした。ここには、その職務上から「事務練達」を重視する郡長に対して、公選による人民の自発性の喚起による行財政の安定化をも重視する県の意図が反映されている。郡長にとっても県にとっても、戸長に関して、「事務練達」と「人民信望」とを同時に獲得することは困難なことであった。

以上、これまで主として戸長の辞職・改選、戸長の資質・能力の点を中心に、戸長の公選制がもたらした結果を、県・郡長のそれに対する対応とあわせて検討してきた。戸長の公選は、人民の抵抗を鎮静化し、自発性を喚起して徴税と行政の安定的基盤を確立することが期待されたが、県にとっては、必ずしも期待する効果をもたらしたわけではなかった。これとならんで、戸長の公選制が村内での社会的政治的な活動を活発化させ、結果として村内対立を激化させ、これが行財政の展開に影響したことにも注意をむけなければならない。

町村に「自治」が与えられ、強い制約のもとではあっても人民が政治主体への道をふみだしたことは、村内の利害関係や社会的政治的関係を直截に表面化させることになった。このため村内対立が激化することになり、一八八〇年ころからは、村民が二派に分かれて選挙を争い、選出された戸長に対して反対派が選挙の無効を訴えて罷免を要求するごとき、村内での対抗関係が顕著となった。この選挙をめぐる対立は、村政全般にわたる対立の一環であり、一つの焦点であった。いまその大きな事件をあげると、一八八〇年の杵島郡山口村、同郡大町村・福母村、一八八一年の佐賀郡久保田村、一八八二年の佐賀郡大詫間村、などの事件がある。これらの地域は従来から人民の活動が活発な地域であり、戸長公選は従来からの村内対立を激化させる作用をもたらした。以下、特徴的な事件をみてみよう。

大町村は、一八八〇年八月の戸長管轄区域の改正によって、福母村とともに戸長を選出することになった。前述の戸長の免職後も対立が継続したが、改正時の選挙では、福母村士族籍の人物が三〇三票、大町村平民籍の人物が二六三票を獲得した。しかし両村人民のうち三百余名が選挙に不都合があるとして戸長を訴え出、その不正投票や買収が明らかになったため、九月に再投票となった。結果は平民籍の人物が当選したが、彼は一八八二年一〇月、地券下付のための運搬費などを村会にはからず、人民総代と協議したのみで賦課したので村民の反発を招き、対立が強まった。郡長は人心への影響を恐れて免職を県に上申したが、県は戸長の措置を緊急の施策と判断して免職しなかった。その後、「十四年度地方税粗漏之賦課ヨリ不都合ヲナシ、且十三年度電信敷地手当料配付之義歳月ヲ経過シ不相渡、為メニ不折合ヲ生シ職務上不都合之至リ(40)」という状況となるにいたって、一八八三年二月に郡長は免職を再度要求し、県も許可した。この地方は、すでにみたごとく代言人・代書人の活動の活発な地域であり、大町村は「抑同村之儀狡猾之徒来合之村柄ニテ、右戸長タル儀を相争不正之挙動有之候ニ付投票も再度為致候得共、終ニハ両党相分レ甲党投票スルトキハ乙党者出席不致、乙党出席スルトキハ甲党者投票不致[41]」、と郡長が評した地域であった。代言人・代書人の活動が村内対立の激化を助長し、選挙は対立の焦点であった。

大詫間村の事件も、ほぼ同様の性格をもっていた。同村は、旧干拓地を中心とする三四一戸の村落であり、加地子地問題でも農民は活発な動きを示したが、一八八二年五月、村民一四七名が戸長改選を歎願した。郡長によれば、「抑同村ノ義ハ僅々三百余戸ノ一小島ナレトモ従来村中二派ノ党派アリテ隠然相対峙シ、其激抗ノ余互ヒニ過失ヲ挙クルニ汲々トシテ毫モ和合ノ状アルヲ見ス、故ヲ以テ村内諸般之事務ハ常ニ渋滞シテ整理ヲ得サルノ難村ナレバ、此歎願ノ如キモ直接ニハ戸長之職務上ニ就テ之ヲ論難スルモ、畢竟党派ノ軋轢ニ起因シタルモノト見込候[42]」というものであった。

山口村の場合は、対立は村会議員をもまきこんで展開された。一八八〇年八月、四四七戸の同村のうち五七名が、士族籍の人物を総代として、戸長が国道・県道修築費や過納地租の下戻し金その他二〇三円余を「領奪[43]」し、村政を専断し、戸長選挙についても不正があったと攻撃した。彼らの行動は活発で、二月ころからたびたび郡役所に訴え出て、それが容れられないと、この総代は、県令に、政治姿勢の原則にまでふれた建言書を提出した。それが却下されると、五七名が再建言を提出し、建言を採用しない郡長をも攻撃したのである。戸長や辞職に追いこまれた八名の戸長派の村会議員は、不正はないと反論し、これらの動きが総代の煽動によるものだと反駁した。すなわち、この総代が「首謀」となり、「不良之徒附和嘯集、剰エ檄文ヲ以テ村民ヲ煽動シ村会々議費其他数多之綱領ヲ挙ケ人民ヲ眩惑ナサシメ、愚昧ノ小前此煽動ニ応」じたのである、彼は「無免許ニシテ代書代言ヲ職トシ、動モスレハ人民ヲ煽動」するのであり、「昨十二年同村地租改正収穫云々ノ際モ右等之挙動判然仕候[44]」、と。このように、杵島郡で活発であった代言人・代書人の活動に影響をうけたと考えられるこの総代は、みずからも類似の活動を展開し、その結果として村内対立が強まり、戸長選挙はその状況とむすびついていた。その影響力は、建言審査のために郡長が取り調べた議員を戸長派であると非難し、他の議員名をあげて再度取り調べよと主張したことから考えれば、村会議員のなかにも及んでおり、村内対立は戸長・村会をまきこんだ全面的な対立の様相を呈していたと考えられる。[45]さらに、この総代が建言書の作製を前述の福母村の士族籍の人物に依頼したように、連絡ないし提携は広がっていた。

以上のように、戸長の公選の実施は、村内の社会的政治的な活動を活発化させ、結果として対立を激化させることになった。それは、県・郡長にとっては、村政の停滞と混乱を意味し、県治の順調な遂行を妨げるものと意識された。その意味では、戸長の辞職の頻繁さや戸長の資質・能力の弱さ以上に、県にとっては深刻な問題であったといえようが、公選制を採用するかぎり避けられない問題であった。

戸長の公選制は、人民の政治的成長に対応した制度であり、そのいっそうの成長を促す契機となり、自治拡大の強力なてこの役割を果たした。しかし一方で、人民の政府・県に対する直接的抵抗を拡散ないし歪曲する結果をもたらしたことにも注意しなければならない。人民の政府・県に対する抵抗の減少は、町村会の開設の最大の効果であると指摘されてきた。三新法の基本構想を示した大久保利通の「地方之体制等改正之儀上申」は、「凡ソ地方ノ事其行政権ト其独立権トヲ分タス皆中央政権内ニ在テ、随テ瑣々タル一小官吏即チ戸長ノ為シタル処分ノ錯誤モ或ハ中央政権ニヨリテスルヲ以テナリ、若シ地方会議ノ法ヲ設立スルトキハ、其地方独立権ノ事ニ於テハ利害得失皆其会議ノ責即チ其住民共同ノ責ニシテ、中央政権ニ対シテハ小怨タモ懐クナク只其監督ノ公力ヲ仰クノミ」[46]、と議会に人民の自発性の喚起と緩衝機能の役割を期待していた。この期待は現実に果たされ、「区町村会ヲ開設セル以来其暴動ヲ見ルノ稀ナルハ此会ノ巧効ト謂フ可シ」[47]と評価された。この効果は、地方議会の開設、戸長公選の実施をふくめた「自治」の付与全体がもたらしたものといえよう。しかし一面では、戸長公選は、大区小区制の官僚的統治のもとでの政府や県・区戸長に対する人民の直接的抵抗を、公選をめぐる対立に転化させ、地域内の政治的対立関係に転化させることにもなったのである。

以上みてきたように、郡区町村編制法の施行、とくに戸長公選の実施は、県にとっては、政府・県に対する人民の直接的抵抗を減少させる点での一定の効果はもちながらも、「自治」の付与による徴税と行政の安定的基盤の確保という所期の目的においては、必ずしも特効薬的な機能をはたしたわけではなかったのである。

一八八四年五月、政府は三新法の改正を実施した。その改正点の主要なものは、第一に、戸長管轄区域が拡大され、数村が併合されて行政単位とされた。第二に、戸長が官選されることになった。第三に、議目や選挙・被選挙資格の限定や戸長の町村会に対する権限の強化など、町村会に対する官僚的統制が強化された。第四に、町村費の徴収に対する強制処分権の付与など、町村費に関する強制権が規定された。こうして三新法は、中央集権的方向にそった官治的再編をうけた。この改変の背景には、松方デフレによる農民の困窮化の進展、自由民権運動の豪農民権から農民民権への変化があり、戸長や町村会の共同体的制約を利用した政府・県への抵抗の激化があった。栃木県や福島県など一部の地方では、このような情勢に対して、一八八二年ころから戸長官選化を実施するなどの動きがすでにみられていた。全国的には、自由民権運動のもっとも激しい地方の情勢が、それへの対応体系としての三新法体制を必然化させ、またその中央集権的方向にそった官治的再編としての一八八四年の再編を導くことになった。

しかし、一八八四年の再編への方向は、これまで検討してきたごとく、自由民権運動が顕著な形で展開されなかった佐賀地域においても、予測させる要因は見られた。一八八〇年の戸長管轄区域の拡大、半官選の方向に実質的に転換することを意味する郡長による試験制度実施の志向、県による官選化とは逆な方向からのものではあるが、人材確保の困難を理由とする人民からの戸長官選の要求、などにそれをみることができよう。三新法、本節に即していえば、郡区町村編制法における戸長公選制が、戸長の資質・能力の確保を充足させるものではなかったこと、戸長の辞職の頻繁さが行財政の停滞・混乱をもたらしたこと、戸長公選の実施が村内対立を激化させることになったことなどに示されているごとく、人心を鎮静化させ、人民の自発性を喚起することによって徴税と行政の安定的基盤を確保することに関して、期待した効果をもたらしたわけではなかった。その意味では、人民の抵抗の高まりもさることながら、郡区町村編制法の戸長公選制自体が、政府・県をして再編を必然化させる要因を内在的にもっていたということができよう。

註

第一節

（1）大島美津子「大久保支配体制下の府県統治」（『年報政治学　近代日本政治における中央と地方』岩波書店）五一—五四頁。

（2）前掲大島論文、五八頁。

（3）『明治九年　支庁内翰往復留　第一課第三部』（佐賀県立図書館蔵）。
以下、使用する史料は、特別に註記しない限り、同館所蔵のものである。

（4）『明治九年　支庁内翰往復留　第一課第三部』。

（5）「旧佐賀県人民歎願ノ近情」（『三条家文書』国立国会図書館憲政資料室蔵）。

（6）同前。

（7）『明治九年　支庁内翰往復留　第一課第三部』。

（8）前掲「旧佐賀県人民歎願ノ近情」。

（9）同前。

(10)『明治九年　支庁内翰往復留　第一課第三部』。
(11)一八七七年一一月に長崎県令に就任した内海忠勝の評。内海忠勝書簡　大隈重信宛（『大隈文書』B二七七（早稲田大学図書館蔵））。
(12)『明治九年　支庁内翰往復留　第一課第三部』。
(13)「区役員職制」（『管下布達　二』）。
(14)『明治九年　支庁内翰往復留　第一課第三部』。
(15)『明治九年五月以後　本庁来翰留　三潴県佐賀支庁』、『明治九年　支庁内翰往復留　第一課第三部』。
(16)『明治九年　支庁内翰往復留　第一課第三部』。
(17)「窺」（『九年　決議録　支庁』）。
(18)『明治九年　支庁内翰往復留　第一課第三部』。
(19)「長崎県江事務引渡等之義ニ付申牒」（『明治九年　官省進達　記録係』）。
(20)『久留米市史』三、二三七頁。
(21)『明治九年　支庁内翰往復留　第一課第三部』。
(22)『久留米市史』三、二三九―二四〇頁。
(23)『明治九年　諸布達留』。
(24)『明治九年　管内布達原書　支庁第一課』。
(25)『明治九年　丙号達留　第一課第三部』。
(26)「小区会ニ付願」（『明治九・十年　区戸長伺届並雑書　庶務課』）。
(27)『久留米市史』三、一六七―一七〇頁。
(28)『明治九年　支庁内翰往復留　第一課第三部』、『明治九年五月以降　本庁発遣　佐賀支所』。
(29)前掲「小区会ニ付願」。
(30)『明治九年　支庁内翰往復留　第一課第三部』。

(31)「暴挙懲役人各府県へ分配之者共引渡之儀ニ付願」(『明治九年　官省進達　第一課第三部』)。
(32)開成学校については、『佐賀県教育史』四、五一五―五二三頁参照。
(33)『管下布達書物原書』。
(34)「上申」(『明治九・十・十一年　区戸長願伺書　庶務課』)。
(35)『明治九年　佐賀支庁往復留　第一課第三部』。
(36)「貢租之儀ニ付上申」(『明治九年従九月至十二月　諸願伺届綴　第三課勧業係地理係』)。
(37)「租税金上納方延期願」(『明治九年　官省御指令原書　記録係』)。
(38)『明治九年　佐賀支庁往復留　第一課第三部』。
(39)『明治九年　各区戸長願伺届　第一課』。
(40)『明治八年　区戸長願伺届　第一課』。
(41)『明治九年　各区戸長願伺届　第一課』。

第二節

(1)『明治九年　県庁甲号布達』(長崎県立図書館蔵)。
以下、使用する史料は、特別に註記しない限り、長崎県立図書館所蔵、および佐賀県立図書館所蔵のものである。以下、史料末尾に、前者は「長」、後者は「佐」と略記する。
(2)実際に会議に出席したのは、七等出仕伊藤謙吉であった。北島県令は、前年の佐賀の乱の事後処理、再三にわたる大規模な風水害による被害救済を民政の緊急事とし、対策実施のために欠席した。
(3)『長崎県議会史』一、三四四頁。西道仙は、天草御領村の生まれで、医学を修めた。一八七三年一月、木本昌造らと長崎新聞をおこし、編集主任をつとめ、その後西海新聞、長崎自由新聞に関係した。彼は、長崎新聞に「国会急進論」を掲載し、新聞紙条例違反に問われて禁獄一カ月の刑をうけたという。
(4)『明治九年　各区戸長願伺留』佐。

（5）例えば、松浦郡の場合、次のような状況であった。「当郡量者之儀福岡県ヨリ数百名之雇人ヲ以調査罷在民費ニ関シ一日モ難徒過、其他至急ヲ要スル件々将来ニ亘リ候儀ニテ、旧県庁江可伺出筋ニ無之空敷時日押送候、右之巨細筆舌ニ難申」（「上申」『九・十・十一年　区戸長願伺書　庶務課』佐）。
（6）明治文献資料刊行会『府県地租改正紀要』上、長崎県の部。
（7）「第一期上納金延期願」（『明治九年十月十一月　本庁各課往復』佐）。
（8）『明治九年　県庁甲号布達』長。
（9）『明治九年　大小区会議に関する書類』長。
（10）「小区会ニ付願」（『明治九・十年　区戸長伺届並雑書』佐）。
（11）「小区会議ニ付願」（『明治九・十年　区戸長伺届並雑書』佐）。
（12）「長崎県第三十八大区五小区公選区会設立ニ付伺」（『明治九年ヨリ同十四年迄　人民願伺届』佐）。
（13）「村会開設仕度儀ニ付願」（『明治九年ヨリ同十四年迄　人民願伺届』佐）。
（14）『明治九年　大小区会議に関する書類』長。
（15）副区長と戸長は、「角迄《ママ》人民之希望ニ候得者扱所ニ而如何取扱候而者自然沸騰候哉モ難計、先人民之望ニ任セ願書差出何分之御指令相受候方可然示合」せた（『明治九年　大小区会議に関する書類』長）。
（16）農民は数度の懇請に誠意をみせなかった千々岩らの突然の翻意に不信を表明し、三小区区会の好意的態度への信頼を示して、合併を貫かなくては「信義モ難相立」と応酬した（『明治九年　大小区会議に関する書類』長）。これは、三小区区会の民会活動に対する積極的姿勢と、後述するような活動内容に対する信頼を意味するものであろう。千々岩の翻意の理由は不明であるが、註（19）の村内対立と関係しているのかもしれない。
（17）『明治九年　大小区会議に関する書類』長。
（18）『明治十年　区吏進退』佐。
（19）湯宿名では、「従来頑固之者勝ニ御座候処方今聊開化ニ趣、有志之者共二十余名結社温泉浴室建築ニ専尽力罷在候ヲ、宿内猖獗之者共之ヲ忌嫌シ動モスレハ障碍ヲ成、夫カ為結社瓦壊ニ及数度ナリシヲ百方説諭ヲ加漸建築ニ取掛居候得共、隠然妨害ヲ成候処ヨリ独立耿介之志ナキ者ハ已ニ両三名モ退社仕」、という村内対立があった。副区長久布白繁雄は、事業を成功させるために、「其地ノ産ニテ地下之人情ヲ熟知シ人望モ有之」る一小区戸長諸石彬文を二小区に転任させて「看護」させた（八月二五日辞令交付）。民会に関する人民の動揺は、県の「厳達」によって表面は鎖静化したが、「陰ニハ尚戸長等ヘ抗敵スル情状不少」、九月三〇日に諸石は辞表を提出した（『明治十年　区吏進退』佐）。

（20）『明治九年　大小区会議に関する書類』長。

（21）県官は二小区の動きを、「該区之儀ハ最未開之人民ニシテ、未タ民会之何モノタルヲモ識別スル者殆ト稀少ナルヨリ遂ニ雷同ノ所為ニ流レ」、「確実発会之見込無之哉ヒ考申候」と評した（『明治九年ヨリ同十四年迄　人民願伺届』佐）。

（22）『鹿島市史』によれば、二小区の嬉野地方には、一八六九年段階で一名の士族・卒の居住者もいなかった（中巻　四九二頁）。

（23）『明治九年　大小区会議に関する書類』長。

（24）佐賀の乱関係の部分は、『明治七年　騒擾一件ニ付伺書』佐、『明治七年　騒擾謝罪書類』佐、『明治九年十月十一月　本庁各課往復』佐、『西南記伝』下巻一の七〇五―七〇八頁による。

（25）『明治九年　大小区会議に関する書類』長、『明治九・十年　区戸長伺届並雑書』佐。

（26）この内、抵抗を継続する士族は、反乱派的潮流と民権派的潮流に分けられる。この両者は截然と区別できない側面があるが、民権派が明確な潮流となるのが乱後の特徴であった。民権派には、

①自助社類似の結社の創立の計画や自明社の結社など、征韓派士族を中心とする民権結社的潮流、

②代言人・代書人の活動の潮流――この潮流は、結社的活動を行って、後に佐賀地域の統一的民権政党である佐賀開進会結成の主勢力となる活動、および通常の法廷・裁判闘争を含めて、県や区戸長への抵抗など、農民の即自的要求にもとづく運動の援助・指導を主たる任務とする活動、

③民会活動の潮流、

の三潮流があった。

（27）人物については、肥前史談会『先覚者小伝』、『鹿島市史』下巻二一六頁、長崎市小学校職員会『明治維新以後の長崎』九二、二八八―二九〇頁。

(28)彼らは、「方今文武之常職ハ既ニ之ヲ解クト雖トモ、是（征韓―引用者）又人民邦家ヲ保護スルノ義務ニテ苟モ憂国ノ者固ヨリ其義ニ与セサルヲ得」ず、と主張して参軍した（「謝罪書」（『大隈文書』A一二四六（早稲田大学図書館蔵））。

(29)総代は、一八七五年三月の区制改革によって設けられた。「総代ハ所謂人民ノ総代ニシテ役員ニ非ス」、「区務所ト人民ノ間ニ立テ上下ノ用務ヲ弁達スル等ノ為ニ使用スル者」と規定されたが、実質的には「正副戸長ノ指揮ヲ受ケ公布ヲ配達シ或ハ租税ヲ取纏メ」ることが職務であった。「人民エ協議」のうえ採用するとして、五〇戸に一名を民選で設置した（『明治八年　管下布達二』佐）。三小区会は、総代を「租税民費其他ニ奔走スル」「村吏ニ類スルモノ」であり、「区務所ヨリ申付ル事モ之ア」るゆえに、公選によって「人民ノ総代」の実質化をはかろうとした（「昨明治九年第百三拾号ノ御布告ニ付伺」（『明治九年　民費ニ係ル書類及諸雑書留　庶務課』佐））。

(30)無記名投票方式は全国的にはきわめてまれであった。福島正夫・徳田良治「明治初年の町村会」（明治史料研究連絡会『地租改正と地方自治制』）所載の各府県規則にはみられず、尾佐竹猛『日本憲政史論集』所載の、一八七三年五月の大阪府区会議員規則に「己レノ名ヲハ記サス」とあるのみである。しかしそれも、「当分ハ名前ヲ認メ入ヘシ」（二八六頁）とされている。

(31)寄留人・窃盗犯・官員・役員・散使・筆者は、選挙権・被選挙権ともにない。他村人で村内に不動産を所有する者は「代人」を出すことが許されている。

(32)「町村会規則制定ニ付届」（『明治九年　民費ニ係ル書類及諸雑書留　庶務課』佐）。

(33)「租税其他諸公費ノ帳簿ヲ検査スル」場合は、「区内帳簿ヲ見ル方法ノ決議」と同様の形式で進められるが、町村での検査終了のうえ、「其帳簿ヲ小区会所エ持出シ、小区会帳簿調委員検査問答ノ後始テ検査本済タルヘシ」、とより明確に定めた。

(34)規則は他に、当選確定後、選挙人は議員に委任状を出し、議員は総代人に次のような誓約文を提出することを定めている。「皇上ヲ奉戴シ国家ヲ愛護スルノ心ニ基キ、我町村ノ為メ務メテ公平ニシテ偏頗ナキノ議事ヲナシ、以テ我町村ヲシテ張ルヘキノ権利ヲ張リ、尽スヘキノ義務ヲ尽シ、興スヘキノ公事ヲ起サシメン事ヲ天地神明ニ誓ヒ奉ル」（『明治九年　民費ニ係ル書類及諸雑書留　庶務課』佐）。公共心を強調する点に特徴がある。

なお、このような宣誓の形式は、オランダ法の規定の「直訳的輸入」といわれ、諸方で行われた（福島正夫・徳田良治「明治初年の町村会」（明治史料研究連絡会『地租改正と地方自治制』）二六七、二七七頁）。

(35)『明治九年　大小区会議に関する書類』長。

(36)この問題に対する県と副区長久布白繁雄との間には、見解に多少の齟齬があった。県は「区会議目中第二条該区内貢納民費ニ関スル帳簿ヲ見ル事ト云正条アリト雖、右ハ其帳簿ヲ見得スル迄ニテ検査スルノ趣意ニ無之」、と権限のないことを主張して、久布白副区長に取り締まり強化を督励した。これに対して久布白は、県の甲一〇六号布達は「全ク十分開花ノ適度ニ到候ニアラス、卑屈之人民ナルヲ以テ区会ヲ開漸々開化之道ニ入レ」ることが主旨であると述べ、本文のごとき評価をし、「創造之際些少之弊害ナキヲ難免」と主張した（『明治九年　民費ニ係ル書類及雑書留　庶務課』佐）。

(37)「三小区会ェ金円寄付届」（『明治九年　民費ニ係ル書類及諸雑書留　庶務課』佐）。九月の寄付は「寄付金ニ付届」（『明治九年　大小区会議に関する書類』長）。なお、この二つの届には、副区長、一名の副戸長（同一人物）の名がみえる。

(38)下童名五〇名からの醵金は、宮崎が名代となっている。宮崎の階層的位置づけを行うことはできないが、みずから名代となって本文のごとき醵金を行うことから推測すれば、豪農とは考えられないであろう。

(39)『明治九年　大小区会議に関する書類』長。

(40)『明治九年ヨリ同十四年迄　人民願伺届』佐。

(41)『明治十年　区吏進退』佐。

(42)『明治十年　区吏進退』佐。

(43)『明治九年　民費ニ係ル書類及諸雑書留　庶務課』佐。

(44)『明治十年　県庁甲号布達』長。

(45)徳田良治「わが国における町村会の起源」（明治史料研究連絡会『明治権力の法的構造』）二九頁。

(46)不動産一〇〇円が田畑のどれくらいの規模に相当するかを判定することは難しいが、『佐賀県農地改革史』記載の「地券交付頃」の売買価格を平均すると、田一反が約三〇円、畑一反が一一円となる（三六一頁）。佐賀地域における地券は、一八七三年の条例による交付が、佐賀市街などごく一部において実施されただけで中止され、一般には地租改正によって交付された。佐賀地域の改租終了宣言がなされるのは、一八七九年六月のことである。

(47)「当県管下第三十八大区三小区総代撰挙ニ付願」（『明治九・十年　区戸長伺届並雑書』佐）。

(48)『明治九年ヨリ同十四年迄　人民願伺届』佐。

(49)『明治九・十年　区戸長伺届並雑書』佐。

(50)大石嘉一郎『日本地方財行政史序説』六八―六九頁。大石氏はその背景として、農民一揆の激発と総代人制度の発達、「上流の民権」から「下流の民権」への性格変化、民権家豪農の農民運動との結合、を指摘している。

(51)三新法の制定は、大久保利通の建議にみられるごとく、全国的情勢を掌握した上での高度に政治的な判断にもとづくと考えられる。長崎県の場合、三新法を審議する第二回地方官会議に出席する県令への参考意見上申のなかで、ある県官は三法の主旨を、「区ヲ郡ニ改ムル件」、県会設立の件、民費の件と理解した。県官は、「区ヲ郡ニ改ムル件」は、大小区と郡町村の「復称」を「単称」に改めるのみと理解し、県会は必要である、賦課徴収法は「人民協議」が不可欠である、と主張した(『明治十一年至同十三年、庶務課調査係事務簿』長)。三新法の主旨を理解できず、従来の民意調達方式の延長上で認識していた。

第三節

(1)『第一課演説書』(長崎県立図書館蔵)。

以下、使用する史料は、特別に註記しない限り長崎県立図書館、および佐賀県立図書館所蔵のものである。以下、前者は「長」、後者は「佐」と略記する。

(2)内海忠勝書簡　大隈重信宛(『大隈文書』B二七七(早稲田大学図書館蔵))。内海は、別の書簡で、佐賀地域の県務の遅れと統治の困難性を次のように指摘した。「重大之事件ハ四五年間も打捨有之姿ニて万務渋滞困難此事ニ御座候、今日より其原因を探れば、多く先年来隣県之騒擾と県之廃合と長官屢遷任するとの口実ニ出、事情亦無余儀次第も有之候へ共、畢竟是迄之諸長官ハ総て智者識者ニて今日之喜楽ヲ売り明日之憂苦を遷延する之策ニ當ミシものと相見、事々物々人民之不好事ハ今日ニ渋滞如何とも不可為」、と(内海忠勝書簡大隈重信宛『大隈文書』B六七三)。

(3)明治文献資料刊行会編『府県地租改正紀要』上、長崎県の部。

(4)丹羽邦男「明治維新と地租改正」(古島敏雄編『日本地主制史研究』三〇一頁)。

(5)「長崎県伺」(『明治初年地租改正基礎資料』下、一〇〇頁)。

(6)「長崎県出張復命書」(『明治初年地租改正基礎資料』下、一〇一頁)。
(7)前掲『府県地租改正紀要』。
(8)「第一期上納金延期願」(『明治九年十月十一月　本庁各課往復』佐)。
(9)『明治十一年自一月至二月　管下達留』佐。
(10)「民費金延滞ニ付上申」(『明治十年五月六月　管下達留』佐)。
(11)「旱魃届」(『明治十一年　区戸長届書』佐)。
(12)「御届」(『明治十一年八月後　本庁稟議留』佐)。
(13)『十二年　郡区願伺届　庶務課』佐。
(14)庄屋地問題は、以下本文で述べるごとく、農民と庄屋との間で激しい対立をみ、単なる土地所有権をめぐる対立以上の社会的政治的対立の観を呈したが、まとまった研究はない。『佐賀県農業史』一四一頁、『相知町史』下巻の五〇三頁以下、などを参照。
(15)「上申」(『明治十一年　区戸長届書』佐)。
(16)「御届」(『明治八年自第一月到第二月　諸願伺届』佐)。
(17)「御届」(『明治十一年　本庁往復』佐)。
(18)「届」(『明治八年　諸願伺届　第一課』佐)。
(19)『明治十年　区吏進退』佐。
(20)「甲四三号布達」(『明治十一年　県庁甲号布達』長)。
(21)「乙一四六号布達」(『明治十二年　県庁乙号布達』長)。
(22)内務省乙第八一号達によれば、「監督」とは、行政事務委任の権限内については、郡長は戸長に「命令」する権限があるとされている。
(23)「甲一一三号布達」(『明治十一年　県庁甲号布達』長)。

別表　区戸長族籍表(1875年3月)　(名)

大区	区長			戸長			副戸長			計		
	士族	平民	不明	士族	平民	不明	士族	平民	不明	士族	平民	不明
一(佐賀郡)	1	0	0	9	0	0	26	1	6	36	1	6
二(神埼郡)	1	0	0	5	0	0	13	3	0	19	3	0
三(三・養・基郡)	1	0	0	4	0	0	12	1	0	17	1	0
四(小城郡)	1	0	0	5	0	0	16	0	2	22	0	2
五(松浦郡)	2	0	0	7	0	0	14	31	1	23	31	1
六(杵島郡)	1	0	0	6	0	0	10	10	1	17	10	1
七(藤津郡)	1	0	0	5	0	0	15	1	0	21	1	0
計	8	0	0	41	0	0	106	47	10	155	47	10

註:五大区の松浦郡は,東松浦,西松浦の両地域をふくむ。

表中の「三・養・基郡」は,三根・養父・基肄郡の略。

『明治八年第三月　管下布達并決議録』,『明治九年十月十一月　本庁各課往復』(佐)より作成。

(24)別表参照。
(25)「各戸長ェ西海新聞御下渡上申」(『十二年　郡区願伺届書　庶務課』佐)。
(26)『明治十一年十二月以后全十三年七月改正迄　戸長辞令原書』長。
(27)同前。
(28)同前。
(29)同前。
(30)『従明治十三年至十六年　文書科事務簿』長。
(31)本来はその町村本籍の人物であることが被選挙権の要件であったが、人民からの誓願があいつぐに及んで、県は条件つきで許可する方針をとった。「村内本籍ノ者ニ戸長タルベキ人物無之節他村より適任之者公撰ノ儀ハ難聞届候得共、村内人民之請願ニ仍リ事実相違無之節ハ請願ニ任セ公撰取斗不苦」(『十一・十二年　郡区願伺指令留　調査係』佐)と指令した。
(32)八月一四日から二五日にかけて布達された丙第一七〜一九号によれば、一五三名となる(『明治十三年　県庁乙号布達』長)。しかし、『従明治十三年至十六年　文書科事務簿』長によれば、一八八〇年九月に実際に選出された戸長は一三九名であり、この間に変更があったと考えられる。
(33)「乙二七三号布達」(『明治十一年　県庁乙号布達』長)。
(34)一八七八年一二月の公選時は四〇名である(『明治十一年十二月以后同十三年七月改正迄　戸長辞令原書』長)。
(35)『明治十三年　郡区願伺届　庶務課』佐。同様な出願は各所から提出された。例えば、一八七九年五月、東松浦郡戸長は全員が連署のうえ、筆生雇傭の許可願を提出した。
(36)『十三年　郡区往復留　調査係』佐。
(37)註(31)を参照。
(38)『従明治十三年至十六年　文書科事務簿』長。
(39)「戸長改撰ニ付伺」(『十二・十三年　郡区伺指令留　調査係』佐)。
(40)「上申」(『従明治十三年至十六年　文書科事務簿』長)。

（41）坂本経懿郡長書簡（『明治十一年十二月以后同十三年七月改正迄　戸長辞令原書』長）。
（42）「戸長改撰ニ付副申」（『明治十五年　大詫間村犬井道村戸長改撰一件書類』佐）。
（43）「戸長民金ヲ領奪セルニ付再建言」（『明治十二年　建白書（雑）長崎県』長）。選挙については、『明治十三年　建白書　杵島郡大町村福母村』長。
（44）坂本経懿郡長報告（『十三・十四年　各郡へ達並照会書』佐）。
（45）町村会は、一八七九年三月の町村会規則の布達の後、五月ころから各地で開設が進んだ。佐賀地域全域において、全体として町村会規則の範囲内での活動に終始しており、県・郡長との対立はみられない。しかし、町村会内部、および町村会と町村民との対立は、村内対立がからんでかなり存在したようである。一八七九年一二月、佐賀郡では、戸長が町村会の決議を「実際施行協収之際ニ至リ其決セシ事件不当ト固慮シ協収ヲ拒ムモノアリト難モ、戸長ニ於テ可成説諭ヲ加完納可為致ハ不俟言」、しかし、「満村若シクハ数十ノ人民同シク不当ト認メ出願スルニ至ツテハ其事由ナキヲ保シ難ク」、「一村ノ人民不当ト認メ其決議破毀願出候節ハ如何取計可然哉」（「町村会之儀ニ付伺」『十一・十二年　郡区願伺指令留　調査係』佐））と伺い出ている。
（46）日本史籍協会編『大久保利通文書』一〇、一一八頁。
（47）『明治十七年元老院会議筆記』一七六頁。

むすびにかえて

内容の全般にわたる要約的なまとめはやめ、地方統治体制の形成の特徴、民衆活動の活発化の特徴、佐賀の乱の性格、の三点について簡単に言及して、むすびにかえたい。

旧西南雄藩の佐賀県は、廃藩置県時に、政権を構成した「薩長土肥」の一翼としての政治的地位を県名・県域・規模において反映して、成立した。佐賀県の県治体制は、第一に、旧佐賀藩政・士族の強い影響のもとに形成された。一八七三年一月まで県出身士族が長官に在任し、県庁機構の圧倒的部分を県出身士族が占め、村落統治にも士族が配置された。第二に、県が旧佐賀本藩と三支藩、譜代領の旧唐津藩と旧幕府領の合併によって成立した事情と、政府の「旧慣据置」政策などによって、税制その他にみられたように、県は統一的な制度・政策を実現することができなかった。県治は錯雑して遅滞しがちであり、機能的に未整備であり、県の政治姿勢は現状維持的であった。これらの背景には、旧藩政下の三支藩や上級家臣団の領地支配や、その解体後の家臣団の私的結合の存続、侍卒の「在郷制」などの、旧藩政期いらいの事情が存在した。この後、佐賀県は、明治政権の忠実な支持基盤の道ではなく、「難治県」の道をたどった。

初の実質的な他県出身長官の岩村通俊は、本格的な中央集権的県治体制を編成することを課題とした。岩村権令は、県庁・村落統治機構の改革を進めたが、その特徴は、県政に新しい政治方針や政策を持ち込んだことであった。

第一に、加地子地問題の第二次令にみられるように、人心慰撫、民政重視の方針を実施し、県政を県―県下人民の関係に即したあり方に転換することを意図した。第二に、違式註違条例の実施、「五カ条の誓文」の県庁内への掲示、民会である議事所の開設など、新しい理念と政策を県治の重要要素とした。しかし議事所が、士族的合意によって民意調達を代位させようとしたような事態は、従来の性格に対する一種の妥協であり、旧藩政・士族の影響力が強いことを意味した。

征韓論争・政変は、県下の士族を刺激した。征韓派、憂国派の結集が進み、征韓派は県庁機構の掌握を強めた。旧藩政・士族の県政・県庁機構への影響の強さは、このような形でその危険性を現実化した。「臨機処分」権を委任された大久保利通の鎮圧活動は素早く、果断であった。反乱の軍事的鎮圧と乱後処理は、佐賀士族の政治的社会的影響力を決定的に後退させ、中央集権的な県治体制を形成する直接的条件をつくりだした。政府にとって、国家機構・機能を一元的に行使したこの鎮圧活動は貴重な経験となり、西南戦争時に効果的に発揮される。佐賀士族においては、このような意味でみずからの行動が「国家との戦い」になるという意識は、ほとんどなかったといえる。

岩村高俊権令の乱後処理と県治体制の再建は、大久保・内務省の主導と援助のもとで進展した。発足したばかりの内務省にとって、県治の再建は、国内統轄の責任機関としての実質を形成する画期を意味するものであった。

北島秀朝県令の県政は、「難治県」から脱却した、政府の支配意図・政策の貫徹する中央集権的な県治体制を再編することを課題として進められた。北島県政は、第一に、県出身士族の排除・他府県出身者の大量採用によって県庁機構を再編し、職制・事務章程の制定によって県官・区村役員への指揮・監督を強化し、旧藩政期の領地支配の残滓を解消した集約的で集権的な大区小区制に改革するなど、旧藩政・士族の影響を排除し、政府・県の支配意図・政策を県内に徹底しうる県治体制を形成することに努めた。士族の一部は、除族士族を含めて、県政の担い手の官吏としてあらためて再編された。第二に、廃藩置県いらい強まってきていた民衆の活動への対応として、伝統的旧慣的な行財政を合理的で規範的なものに改革することを重視した。県は、区制改革と民費規則改革、区戸長への統制の強化などを実施した。県―県下人民という基本的な関係に即した県政の展開が、いっそう重視された。第三に、県政は、区戸長公選・民会開設という全国的な政治課題に直面し、県政方針を区戸長公選、県会・区村会開設という民意調達方針に転換した。自由民権結社や区戸長層が、これらの活動を展開した。「難治県」からの脱却は、全国の政治課題・運動と県内のそれとを直接に関係させる状況をもたらした。

このように、北島秀朝県政は、中央集権的な佐賀県統治体制の形成の過程において、重要な画期となった。佐賀の乱の鎮圧が、その基盤的な条件をなした。士族は政治的社会的に封じ込められ、県政への影響力を著しく後退させた。新しい活動としての自由民権運動、代言人・代書人活動などが開始されるのは、このような状況と関係していた。

しかし政府の、かつての「難治県」佐賀県に対する評価は厳しく、それは、一八七六年の佐賀県廃止、三潴県へ管轄替、さらに長崎県への管轄替という形であらわれた。それは、内務省が全国府県に対する統治権を確立する政策の一環であり、佐賀県はその厳酷な実施対象となった。

次に、民衆活動について触れる。

廃藩置県後の佐賀県の政治状況において注目すべきことは、民衆の活動が活発化したことであり、県政がそれを軸として展開されることになったことである。これは、旧佐賀藩政下の政治的特徴と大きく異なるものであり、廃藩置県後の新しい特徴であった。

民衆活動の特徴は、第一に、廃藩置県による旧藩政の廃止、貢租・租税の「旧慣据置」と地租改正費その他の新たな負担増、伝統的旧慣的な村行財政の継続、自然災害などを要因または背景として、県下に広範に、日常的に展開されたことである。民衆は各地で、区戸長・村長の専断・不正に抵抗し、収奪に反対し、村寄、出訴、県への釈明要求など、自己主張と目的意識的な行動を展開し、村行財政の民主化を求めた。加地子地問題や庄屋地・居宅問題では、一揆同様の行動を展開した。この結果、県政は、村落統治の改革を緊急課題とし、民政重視方針を強めなければならなかった。第二に、民衆の関心や活動は、民会活動、代言人・代書人の活動など、佐賀の乱後の新しい活動と結合する傾向をもった。民衆の活動が活発化したことは廃藩置県後の特徴であるが、このような新しい活動と結合したことは佐賀の乱後の民衆活動の特徴であった。第三に、民衆の関心と要求は、「自治」を指向していた。それは、伝統的旧慣的な村行財政への反発と抵抗という即自的で直接的な段階から、例えば、農民が、長崎県下第三八大区三小区区会を中心とする民会活動を積極的に支持するような段階に至ったことが示していた。三小区区会が制定した「町村会規則」は、一つの到達点であった。民衆活動の活発化は、廃藩置県後の県内の政治的な基本的要素をなしたのであり、県政は民衆運動との対応関係を軸として展開されることになった。民衆運動の展開は、近代社会形成の不可欠の要素であった。

佐賀の乱の性格と特徴については、第一章第四節、特に(三)で考察した。ここで繰り返すことはしないが、特徴の第一として、佐賀の乱が征韓派と憂国派との提携によっておこったことは軽視してはならないだろう。征韓派は、基本的に中央集権的統一国家の形成を肯定し、地租改正・領有制解体を含めて、政権の内部にあってそれを推進した勢力であり、国家威信の確立を重視した。憂国派は、封建復帰を標榜する勢力であり、現政権による国家形成に批判的であり、旧藩主擁護・禄の復旧などを掲げた。それゆえに、普段は対立関係にさえあったが、この両者が「国難意識」と「有司専制」批判で提携し、蜂起した。明治国家形成過程における士族反乱の意味については、この両者の性格と提携の意味や実態を考慮する必要がある。本書では、このような論理を主張したが、今後いっそう検討を深めなければならない。第二に、佐賀の乱は、その発生の要因、佐賀軍の組織と行動、県下への影響において、旧佐賀藩政とその解体の特徴の刻印を強くうけ、また佐賀県統治体制と密接な関わりをもっていた。佐賀の乱を佐賀地域社会や県統治体制と関わらせて検討することは、士族とその反乱を、その置かれた状況や性格、直面した課題に即して、存在形態から具体的にとらえ、実態と行動を把握することであり、士族反乱のなかにおける佐賀の乱の固有性と共通性を明らかにすることである。士族反乱は、そのような固有の性格と共通の性格の考察の上に、その歴史的性格と意味が考えられる必要がある。本書は、その一つの試みを行ったものであるが、残されている課題は多い。

第三に注目したいのは、佐賀の乱後に新しい活動が開始されたことである。旧征韓派の自由民権結社の活動や民会活動が展開され、代言人・代書人活動が活発化した。士族反乱後に士族の自由民権運動が活発化するのは全国に共通する。佐賀地域の場合、民会活動や代言人・代書人活動は、農民に依頼され、支持された活動であったこと、士族は農民を指導・援助することをみずからの役割と自覚して活動したこと、などの特徴をもっている。佐賀の乱後に士族たちがどのように自己変革を実現し、どのように新しい活動を開始するに至ったかの過程を、具体的に明らかにすることが必要となる。これは、民衆に関しても同様である。両者の過程をあわせて考察することが課題となる。

本書は、近代国家形成期の早い時期の、県段階に視点を置いた地方統治の形成という観点で、「近代佐賀県」の形成過程とその特徴を検討した。今後、県内部の構造的で内在的な、具体的な解明が必要となる。

あとがき

本書に収録した論文の初出は、以下の通りである。

第一章

第一節・第二節　明治初期における地方支配の形成と士族反乱（一）

西南学院大学『文理論集』第二二巻二号　一九八二年二月

第三節　明治初期における地方支配の形成と士族反乱（二）（三）

西南学院大学『文理論集』第二三巻一、二号　一九八二年二、八月

第四節　明治初期における地方支配の形成と士族反乱（四）

西南学院大学『国際文化論集』第一巻二号　一九八六年一二月

第二章

第一節　士族反乱の乱後処理と県治体制の再編　西南学院大学『国際文化論集』第一一巻二号　一九九七年二月

第二節　士族反乱と権限「委任」問題　西南学院大学『国際文化論集』第一二巻一号　一九九七年九月

第三節　佐賀の乱と警視庁巡査　西南学院大学『国際文化論集』第一三巻二号　一九九九年二月

第三章

第一節　士族反乱後における県治体制の再編（一）　西南学院大学『国際文化論集』第一五巻二号　二〇〇一年二月

第二節　士族反乱後における県治体制の再編（二）（三）（四）
西南学院大学『国際文化論集』第一七巻二号、第一八巻二号、第二〇巻二号　二〇〇三年二月、二〇〇四年二月、二〇〇六年二月
第三節　士族反乱後の県治体制の再編と区制改革　西南学院大学『国際文化論集』第二四巻一号　二〇〇九年九月
第四節　士族反乱後の自由民権結社活動　西南学院大学『国際文化論集』第一四巻二号　二〇〇〇年二月

第四章

第一節　一八七六年の府県統合―佐賀県の場合―　西南学院大学『国際文化論集』第八巻二号　一九九四年二月
第二節　地方民会活動の展開―佐賀地方を素材として―　『日本史研究』第二一七号　一九八〇年九月
第三節　佐賀地方における「三新法体制」の成立―戸長公選の実施を中心に―
西南学院大学『文理論集』第二一巻二号　一九八一年二月

長野暹先生のこれまでのご指導とご厚情に、心から感謝申し上げます。

本書の刊行は、課題の特徴を考えて、九州大学出版会にお願いし、お引き受けいただいた。お世話くださった編集部長永山俊二さんにお礼申し上げます。編集を担当してくださった奥野有希さんには、終始、適切でこまやかなご配慮をいただいた。ありがとうございました。

本書の刊行にあたっては、西南学院大学出版奨励制度の適用をうけた。感謝いたします。

最後に私事ながら、妻泰子に一言、ありがとうと伝えたい。

二〇一〇年二月

著　者

索　引

著者紹介

堤　啓次郎（つつみ・けいじろう）

1940 年生
1978 年　京都大学大学院文学研究科博士課程単位取得満期退学
1989 年より西南学院大学教授（現職）

地《ち》方《ほう》統《とう》治《ち》体制《たいせい》の形成《けいせい》と士族反乱《しぞくはんらん》

2010 年 3 月 31 日　初版発行

著　者　堤　　啓次郎

発行者　五十川　直　行

発行所　（財）九州大学出版会
〒812-0053 福岡市東区箱崎 7-1-146
九州大学構内
電話　092-641-0515（直通）
振替　01710-6-3677

印刷／城島印刷㈱　製本／篠原製本㈱

ISBN978-4-7985-0009-6